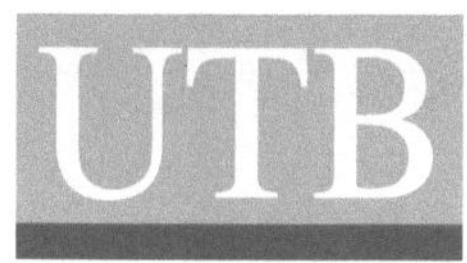

UTB **3103**

Eine Arbeitsgemeinschaft der Verlage

Böhlau Verlag Köln · Weimar · Wien
Verlag Barbara Budrich · Opladen · Farmington Hills
facultas.wuv · Wien
Wilhelm Fink · München
A. Francke Verlag · Tübingen und Basel
Haupt Verlag · Bern · Stuttgart · Wien
Julius Klinkhardt Verlagsbuchhandlung · Bad Heilbrunn
Lucius & Lucius Verlagsgesellschaft · Stuttgart
Mohr Siebeck · Tübingen
Orell Füssli Verlag · Zürich
Ernst Reinhardt Verlag · München · Basel
Ferdinand Schöningh · Paderborn · München · Wien · Zürich
Eugen Ulmer Verlag · Stuttgart
UVK Verlagsgesellschaft · Konstanz
Vandenhoeck & Ruprecht · Göttingen
vdf Hochschulverlag AG an der ETH Zürich

Erika Fischer-Lichte

Theaterwissenschaft

Eine Einführung in die Grundlagen des Faches

A. Francke Verlag Tübingen und Basel

Erika Fischer-Lichte ist Professorin für Theaterwissenschaft an der Freien Universität Berlin.

Umschlagabbildung:
Walter Gropius: Totaltheater-Entwurf: Innenisometrie. Die halbmondförmige Hinterbühne wird ausgegrenzt, wenn die runde Spielfläche in die Zentralstellung rotiert wird.

Bibliografische Information der Deutschen Nationalbibliothek

Die Deutsche Nationalbibliothek verzeichnet diese Publikation in der Deutschen Nationalbibliografie; detaillierte bibliografische Daten sind im Internet über <http://dnb.d-nb.de> abrufbar.

Dischingerweg 5 · D-72070 Tübingen
ISBN 978-3-7720-8277-1

Gedruckt auf chlorfrei gebleichtem und säurefreiem Werkdruckpapier.

Internet: http://www.francke.de
E-Mail: info@francke.de

Einbandgestaltung: Atelier Reichert, Stuttgart
Satz: Informationsdesign D. Fratzke, Kirchentellinsfurt
Druck und Bindung: CPI – Ebner & Spiegel, Ulm
Printed in Germany

ISBN 978-3-8252-3103-3 (UTB Bestellnummer)

Inhalt

Vorwort

Das vorliegende Buch ist als eine Einführung in das Studium der Theaterwissenschaft konzipiert. Es berücksichtigt die neu eingeführte Zweiteilung des Studiums in eine grundständige (undergraduate) Phase, die mit dem Grad des Bachelor of Arts abgeschlossen wird, und eine darauf aufbauende zweite Phase (graduate) für ein vertieftes forschungsbezogenes Studium, das zum Grad des Master of Arts führt. Während die ersten beiden Teile des Buches sich an die Studierenden eines Bachelor-Studienganges wenden, richtet sich der dritte Teil an Studierende von Masterstudiengängen.

Die beiden ersten Teile behandeln die Gegenstände und Grundbegriffe der Theaterwissenschaft und führen in ihre wichtigsten Arbeitsfelder und methodischen Zugänge ein. Sie legen das Fundament für ein erfolgreiches Studium. Auf dieser Basis wendet sich der dritte Teil solchen Gegenständen des Faches zu, die sich hinsichtlich vieler Fragestellungen nur in Kooperation mit Vertretern anderer Disziplinen sinnvoll untersuchen lassen.

In dieser Einführung wird nicht der Versuch unternommen, getreulich zusammenzutragen, was an verschiedenen Universitäten im In- und Ausland in Theaterwissenschaft, Theatre Studies, Performance Studies, Études Théâtrales etc. gelehrt wird. Sie ist vielmehr aus meiner eigenen Perspektive geschrieben, wie sie sich in langjähriger Lehrtätigkeit entwickelt hat, die stets aus meinen aktuellen Forschungen gespeist wurde. Sie ist daher aus der von mir konsequent praktizierten Einheit von Forschung und Lehre hervorgegangen. Andere Einführungen setzen andere Schwerpunkte und vermitteln andere Vorstellungen vom Fach Theaterwissenschaft.[1]

Jede Einführung folgt einer anderen Systematik. Man wird daher in einzelnen Feldern Überschneidungen und Übereinstimmungen, in anderen jedoch nicht unerhebliche Unterschiede feststellen. Eine vergleichende Lektüre verschiedener Einführungen kann daher durchaus lohnend sein.

---

1 Vgl. u.a. Christopher Balme, *Einführung in die Theaterwissenschaft*, 1999, 4. durchgesehene Aufl. 2008a, ders., *The Cambridge Introduction to Theatre Studies*, 2008b, Andreas Kotte, *Theaterwissenschaft. Eine Einführung*, 2005 und Marvin Carlson, *Performance. A Critical Introduction*, 1996, 2. erweiterte Aufl. 2004.

Prolog

Alles Theater?

In der Karnevalszeit des Jahres 1723 lud der Medizinprofessor Andreas Ottomar Goelicke die hohe Gesellschaft Frankfurts (an der Oder) zu folgender Veranstaltung ein:

ZUR
ANATOMIE
EINER WEIBLICHEN LEICHE
EINER KINDSMÖRDERIN,
die am kommenden Sonnabend und den darauffolgenden Tagen
von 5–6 Uhr nachmittags
im
ANATOMISCHEN THEATER
zelebriert wird,
nach einer einführenden Vorlesung
über
das Zusammenwirken von Anatomie und Chirurgie,
lädt
allzeit mit gebührender Achtung und Diensteifer
ein:

DIE EHRWÜRDIGEN HERREN GRAFEN
UND EHRWÜRDIGEN HERREN BARONE,
als auch
DIE VORNEHMSTEN UND HOCHADELIGEN
STUDIERENDEN
ALLER FAKULTÄTEN,
UND ALLE ANDEREN INTERESSIERTE
FÖRDERER
DER ANATOMISCHEN DARSTELLUNGEN
ANDREAS OTTOMAR GOELICKE
Doktor und öffentlicher Professor der Medizin als auch des Kreises
Lebuliensis
Physicus Ordinarius

Druck bei Tobias Schwarzer[1]

***

1 Zit. n. Anna Bergmann, *Der entseelte Patient. Die moderne Medizin und der Tod* 2004, S. 177f.

In seiner *Hamburgischen Dramaturgie* (1766/67) schreibt Lessing im 13. Stück über das Spiel der Schauspielerin Sophie Friederike Hensel als Sara in einer Aufführung seiner *Miß Sara Sampson* vom 6. Mai 1767:

> Madame Henseln starb ungemein anständig; in der malerischsten Stellung; und besonders hat mich ein Zug außerordentlich überrascht. Es ist eine Bemerkung an Sterbenden, daß sie mit den Fingern an ihren Kleidern oder Betten zu rupfen anfangen. Diese Bemerkung machte sie sich auf die glücklichste Art zu Nutze; in dem Augenblicke, da die Seele von ihr wich, äußerte sich auf einmal, aber nur in den Fingern des erstarrten Armes, ein gelinder Spasmus; sie kniff den Rock, der um ein weniges erhoben ward und gleich wieder sank: das letzte Aufflattern eines verlöschenden Lichts; der jüngste Strahl einer untergehenden Sonne.[2]

***

In seiner Performance *Visiting Hours* (1992) ließ Bob Flanagan, der an einer unheilbaren Krankheit litt, welche die Lunge und das Verdauungssystem befällt, in einer New Yorker Galerie sein Krankenzimmer aufbauen. An Sauerstoffflaschen angeschlossen und umgeben von Bildern seiner sadomasochistischen Experimente lag er auf dem Bett und hieß die Zuschauer/Besucher willkommen. Sie kamen wie bei einem Krankenbesuch im Krankenhaus zur „Besuchszeit" und wurden von einem Kranken erwartet, der sein Bett nicht verlassen konnte. Ihnen stand es frei, im Zimmer auf- und abzugehen und die Bilder zu betrachten oder auch den Kranken zu beobachten oder sich mit ihm – seinem jeweiligen Zustand entsprechend – zu unterhalten. Bob Flanagan starb vier Jahre nach dieser Performance.

***

Das Zentrum von Christoph Schlingensiefs Inszenierung *Kunst und Gemüse. Theater ALS Krankheit* (Volksbühne am Rosa-Luxemburg-Platz Berlin 2004) bildete die an der Krankheit ALS (amyotrophe laterale Sklerose) leidende Angela Jansen in ihrem mitten im Zuschauerraum platzierten Bett. Aufgrund dieser heimtückischen Krankheit, die bereits ein weit fortgeschrittenes Stadium erreicht hatte, war sie völlig gelähmt. Es war ihr lediglich möglich, durch das Senken der Wimpern über einen Computer zu kommunizieren. Im Laufe der Aufführung erschienen auf großen Leinwänden die Sätze, die sie auf diese Weise in den Computer eingab. So schilderte sie zum Beispiel ihren Kampf mit der Krankenkasse, welche die Finanzierung

2 Gotthold Ephraim Lessing, „Hamburgische Dramaturgie" (1766/67), in: ders., *Werke*, hg. von Herbert G. Göpfert, Bd. 4., 1973, S. 229–720, hier: S. 293f.

des Computers zunächst mit der Begründung abgelehnt hatte, dass sich eine so teure Anschaffung nicht lohne, da sie voraussichtlich nicht mehr länger als sechs Monate zu leben habe. Anfangs realisierten die Zuschauer mit Verstörung, dass mitten unter ihnen eine todgeweihte Frau weilte, die sich weigerte, ihr langsames Sterben vor den Blicken anderer zu verbergen, sondern mit ihnen darüber im öffentlichen Raum des Theaters im Rahmen einer thematisch völlig anders ausgerichteten, zum Teil sehr komischen Aufführung kommunizieren wollte. Im weiteren Verlauf des Abends jedoch wurde die Situation zunehmend entspannter; es kam eine gewisse Heiterkeit auf und gelegentlich wurde sogar über die Vorgänge auf der Bühne gelacht. Hier wurde in gewissem Sinne eine neue *Ars moriendi*, eine neue Kunst des Sterbens erfunden.

Die vier Beispiele, die aus dem 18. Jahrhundert und der Wende vom 20. zum 21. Jahrhundert stammen, verbindet offensichtlich die Thematik von Tod und Sterben. Was aber haben sie darüber hinaus gemeinsam, das sie als einleitende Exempla für eine Einführung in die Theaterwissenschaft qualifizieren würde?

Im ersten Fall wird zu einer anatomischen Sektion in ein Gebäude eingeladen, das als *Theatrum anatomicum* bezeichnet wird. Das zweite Beispiel beschreibt die Kunst einer Schauspielerin, mit der sie das Sterben einer dramatischen Figur in einer Schauspielaufführung darstellt. Im dritten Fall stellt ein tatsächlich schwerkranker Performance-Künstler sich und seine Krankheit in einer Galerie vor Besuchern zur Schau. Das letzte Beispiel betrifft eine Aufführung, in der einerseits auf der Bühne eines Theaters fiktive Vorgänge überwiegend von behinderten Laien dargestellt werden und andererseits eine tatsächlich todkranke Frau aus dem Zuschauerraum heraus mit den Zuschauern über ihre Krankheit kommuniziert. Bei derartig offenkundigen Unterschieden erhebt sich die Frage, ob es sich denn überhaupt in allen vier Fällen um Theater handelte.

Wer ein Studium der Theaterwissenschaft aufnimmt, meint in der Regel genau zu wissen, was den Gegenstand seines Faches ausmacht – Theater eben. Was aber meinen wir, wenn wir von Theater sprechen? Auf welche Art von Ereignissen beziehen wir uns? Lassen sich alle in den Beispielen erwähnten Ereignisse als Theater bezeichnen und damit als Gegenstand der Theaterwissenschaft betrachten und untersuchen oder nur einige von ihnen? Anatomische Sektionen beispielsweise stellen zweifellos auch einen Gegenstand der Medizin- und der Wissenschaftsgeschichte dar. Die Performance-Kunst wird von den Kunsthistorikern als ihr Gegenstand reklamiert. Wie lässt sich also entscheiden, welche Gegenstände die Theaterwissenschaft ‚legitimerweise' als ‚ihre' Objekte der Untersuchung in Anspruch nehmen kann?

Es erscheint sinnvoll, sich am Anfang einer Einführung in die Theaterwissenschaft ebenso wie zu Beginn eines Studiums der Theaterwissenschaft mit derartigen Fragen ernsthaft auseinanderzusetzen. Denn bereits ein kurzer Blick in die Geschichte des Begriffs „Theater" zeigt, dass hinsichtlich seiner möglichen Bedeutungen und Verwendungen erhebliche Unterschiede auftreten. Es muss also zunächst darum gehen, sich Klarheit über die mögliche Reichweite des Theaterbegriffs zu verschaffen.

Teil I

Gegenstände und Grundbegriffe

1. Theaterbegriffe

Das deutsche Wort „Theater“ geht ebenso wie die entsprechenden Ausdrücke in anderen, wenn auch keineswegs allen indoeuropäischen Sprachen (z.B. engl. *theatre*, frz. *théâtre*, span. und ital. *teatro*, russ. *teatr*) auf das griechische Wort *theatron* zurück, das von *thea* – die Schau bzw. *theâsthai* – schauen abgeleitet ist. Mit ihm wurde im Griechischen ein Ort bezeichnet, der als Versammlungsort für festliche, kultische, politische und sportliche Veranstaltungen durch Anlage von Sitzreihen oder die Aufstellung von Tribünen hergerichtet war, von denen aus man den Einzug von Prozessionen, Tänze mit Lied- und Musikbegleitung, Aufführungen von Tragödien und Komödien, die unterschiedlichsten Akte der Selbstdarstellung der Polis (des Stadtstaates) Athen oder sportliche Wettkämpfe verfolgen konnte. Der Begriff bezeichnete also generell einen Ort zum Schauen, an dem vielfältige Arten von Veranstaltungen stattfinden konnten.

Als der Begriff gegen Ende des 16., zu Beginn des 17. Jahrhunderts in die deutsche Sprache eingeführt wurde, verwendete man ihn zunächst ebenso wie den lateinischen Begriff *theatrum* in vergleichbarer Breite für einen Schauplatz bzw. für Orte, an denen sich etwas des Zeigens Würdiges ereignet. Der Begriff bezeichnete entsprechend jeden erhöhten Ort von Demonstration und Ostentation, also betonter Zur-Schau-Stellung, sei dieser eine Hinrichtungsstätte oder Ort einer anatomischen Sektion, das Podest für Komödianten oder ein hochgelegener Platz, von dem aus man die Vorgänge auf dem Schlachtfeld verfolgen konnte.

In der zweiten Hälfte des 18. Jahrhunderts wurde der Begriff allmählich auf die Aufführungen von Dramen, Opern und Balletten sowie die zum Zwecke dieser Aufführungen errichteten Gebäude eingeschränkt – auf die Institution des Kunst-Theaters. Schauereignisse wie Zirkus, Varieté, Striptease Show, Völker- und Kolonialausstellungen, die im 19. Jahrhundert entstanden, wurden nicht unter den Begriff „Theater“ gefasst. Die historischen Theateravantgarde-Bewegungen zu Beginn des 20. Jahrhunderts (ca. 1900–1935) intendierten dagegen eine Neubestimmung des Theaterbegriffs, die einerseits auf eine weitere Einengung, andererseits auf eine enorme Ausweitung zielte. So verengten sie ihn zum einen auf einen rein ästhetischen Begriff, der nur auf Theater als eine autonome Kunst anwendbar ist – eine eigenständige Kunst, die nicht der Vermittlung einer anderen, nämlich der Literatur dient, sondern durch ihr eigenes Material bestimmt ist, das von dem jeder anderen Kunst grundsätzlich verschieden ist – durch den menschlichen Körper im Raum. Zum anderen erhoben sie die Forderung, die Kluft zwischen Kunst und Leben zu schließen und Theater in Wirklichkeit zu überführen.

Aus dieser Forderung folgte eine erhebliche Ausweitung des Theaterbegriffs. Er konnte nun auf jede Art Ausstellungs-, Demonstrations- und Spektakelereignis Anwendung finden: auf das Auftreten von Zirkusartisten, Clowns und Entertainern, auf die „Happenings" *avant la lettre*, welche Dadaisten und Surrealisten auf Straßen und Plätzen, in Cafés, Kirchen und Parlamenten veranstalteten, auf Maifeiern, Kundgebungen, Sportfeste der Gewerkschaften und Parteien, auf Völkerausstellungen sowie auf alltägliche „Szenen", wie Brechts berühmter Text über die Straßenszene zeigt. Dieser radikal erweiterte Theaterbegriff wurde seit den ausgehenden 1930er Jahren wieder erheblich eingeschränkt und auf die Bedeutungs- und Verwendungsmöglichkeiten des ausgehenden 19. Jahrhunderts zurückgeführt.

In den sechziger Jahren setzte im Theater der westlichen Kulturen eine Reflexion auf den Theaterbegriff mit den Mitteln des Theaters ein. In entschiedener Negation des wieder fest etablierten bürgerlichen Literaturtheaters wurde Theater ausdrücklich als das definiert, „was zwischen Zuschauer und Schauspieler stattfindet", wie der polnische Regisseur Jerzy Grotowski es formulierte.[1] Zur selben Zeit begann ein Auszug aus den in Deutschland gerade erst wieder oder neu errichteten Theatergebäuden. Auf Straßen und Plätzen, in Parks und Zirkuszelten, in Schaufenstern von Kaufhäusern, in ehemaligen Fabriken, Straßenbahndepots, Schlachthäusern, in Wohnzimmern, ja selbst an den Fassaden von Hochhäusern wurde Theater gespielt.

Es bildeten sich sogenannte Freie Gruppen, die – zum Teil als eine Art Lebens- und Arbeitsgemeinschaft – neue Formen von Theater erprobten. Sie propagierten u.a. Straßentheater und griffen auf theatrale Traditionen vergangener Jahrhunderte wie Umzüge und Spektakel von Gauklern, Akrobaten, Feuerschluckern, Narren und Clowns zurück. Oder sie bedienten sich gleichzeitig aus so unterschiedlichen Traditionen wie klassischem und modernem Tanz auf der einen und Music Hall, Zirkus, Pantomime und Striptease auf der anderen Seite, unbekümmert Trivialität, Kitsch und Kunst mischend. Einzeldarsteller traten auf und kreierten höchst unter-

1 Jerzy Grotowski, *Für ein armes Theater*, 1986, S. 25.

schiedliche Formen eines Ein-Mann- oder Eine-Frau-Theaters. Als neue theatrale Gattungen entstanden Happening, Aktions- und Performance-Kunst – überwiegend durch Künstler, die aus der bildenden Kunst oder auch der Musik stammten wie Alan Kaprow, Hermann Nitsch, Joseph Beuys, John Cage.

Ungefähr zur selben Zeit setzte im allgemeinen Sprachgebrauch eine Entwicklung ein, die sich als Ausweitung einer metaphorischen Verwendung des Theaterbegriffs beschreiben lässt. Seit der Antike wird immer wieder mit der Theatermetapher gearbeitet, mit der die Welt (*theatrum mundi*) oder das menschliche Leben (*theatrum vitae humanae*) als Theater bezeichnet bzw. zum Theater in eine Beziehung gesetzt werden. Im 17. Jahrhundert erfuhr die Verwendung dieser Metapher eine beispiellose Verallgemeinerung. „Theater" und „Welt" bzw. „menschliches Leben" erschienen dieser Zeit als zwei grundsätzlich aufeinander bezogene Größen, die sich nur durch Hinweis auf diesen ihren wechselseitigen Bezug angemessen charakterisieren und begreifen ließen. So wurde das Leben an den europäischen Höfen zunehmend wie eine Theateraufführung inszeniert. Ob es sich um das strenge, bizarre spanische Hofzeremoniell handelte, das am Madrider und Wiener Hof üblich war, oder um das französische, das vom *Lever* des Königs an, d.h. seinem morgendlichen Aufstehen, jeden seiner Schritte bestimmte – in allen Fällen wurde das Auftreten bei Hofe wie ein theatraler Auftritt in Szene gesetzt. Dieses Phänomen fand im höfischen Fest eine weitere Steigerung. Hier wurde jeder Festraum zur Bühne: Mitglieder des Hofes traten als Schauspieler auf, der König bzw. Kaiser spielte seine eigene Rolle und die übrigen Hofleute wurden auch außerhalb des Bühnenraums nicht nach ihrem wirklichen Rang, sondern nach dem ihrer Rolle angesprochen.

Aber nicht nur auf das höfische Leben wurde die Theatermetapher bezogen. Abgesehen von ihrem extensiven Gebrauch im Theater selbst (so zum Beispiel bei Shakespeare, Calderón, Gryphius oder Lohenstein) fand sie in den verschiedensten Arten von Abhandlungen Anwendung: in philosophischen, theologisch-moralischen, literarischen, historischen, biografischen und zeitgeschichtlichen, naturwissenschaftlichen, technischen, medizinischen, geografischen u.a. Diskursen. Eine Fülle von Publikationen überflutete den europäischen Buchmarkt, die dem geläufigen Verständnis von Theater als einem Schauplatz bzw. einem Ort, an dem etwas des Wissens Würdiges gezeigt wird, entsprechend die Begriffe „Theater" und „Theatrum" im Titel führten: *Theatrum Orbis Terrarum* (Antwerpen 1570), *Theatrum Virtutis et Honoris Oder Tugend = Büchlein* (Nürnberg 1606), *Theatrum Chemicum* (Argentorati 1613–1661), *Theatrum Florae* (Paris 1622),

Theatrum Insectorum (London 1634), *Theatrum Europaeum* (Frankfurt a.M. 1634–1738), *Theatrum Machinarum* (Nürnberg 1661), *Theatrum Pacis, oder Friedensschauplatz aller führnembsten Friedens-Instrumenten und Tractaten* (Nürnberg 1663–1685). Ausdrücklich wurde so das Buch metaphorisch als ein Schauplatz bezeichnet, auf dem etwas vor den sinnenden Blicken der Leser ausgestellt wird.[2] Damit wurde zugleich der etymologisch begründete Zusammenhang zwischen ‚theatron' bzw. ‚theatrum' und ‚theoria' unterstrichen, die beide von *thea* (Schau) abgeleitet sind.

In den 1970er Jahren setzte eine in mancher Hinsicht vergleichbare Entwicklung ein. Mit zunehmender Tendenz wurde die Theatermetapher in den unterschiedlichsten kulturellen Bereichen verwendet: von Journalisten und Politikern, von Managern wie von Gewerkschaftlern, von Vertretern der Kirchen wie von Wissenschaftlern. Dabei wurde nicht nur der Theaterbegriff selbst metaphorisch gebraucht, sondern auch eine mit ihm verbundene Begrifflichkeit wie Bühne, Maske, Auftritt, Rolle, Inszenierung u.ä.

So werden sich die Leser beim nachfolgenden Zitat fragen, wer hier spricht und wovon die Rede ist:

> Pavarotti ist abgetreten von der Bonner Bühne. Sein Abgang noch überragte die ganze Inszenierung – im Positiven wie im Negativen. Deutlicher als bisher prägt sich jene Katastrophe ein, die uns der Dirigent (und Regisseur) Kohl mit seinem Blechorchester seit anderthalb Jahren en suite zumutet […]. Auf der Bonner Bühne stimmt nichts mehr. Lassen wir uns nicht beirren, daß der Pavarotti beinahe von einer aufgemotzten Soubrette ersetzt worden wäre, hätte der FDP-Chor nicht noch schnell einen Nachwuchstenor verpflichtet. Das ist alles nur Ausstattungszauber. Auf dem Bühnenboden gähnen Löcher, vom Schnürboden hängen Galgenstricke – und das alles ganze zwei Jahre, nachdem Dirigent Kohl mitsamt seinem außenpolitischen Heldentenor als Wiedervereiniger Deutschlands in einem Meer von Bravo-Rufen schier erstickt wurde […].
>
> Vorbei die Zeit, in der Kohl […] mit Personalintrigen und Besetzungstricks sein Publikum bei Laune gehalten hat […]. Ich denke, wir haben diese Inszenierung nicht verdient. Vorhang! Es bleiben nur noch zwei Möglichkeiten. Entweder Personen und Stück austauschen, oder das Publikum wechseln.[3]

Hier berichtet ein Journalist über ein politisches Ereignis – den Rücktritt Hans Dietrich Genschers als deutscher Außenminister und seine Ersetzung durch Klaus Kinkel – mit einer Begrifflichkeit, die ganz und gar dem insti-

---

2 Welch enorme Bedeutung die Theatrum-Metapher beispielsweise im Spiegel philosophischer Texte des 16. und 17. Jahrhunderts erhält, wird in folgender historisch-komparatistischer Studie gezeigt: Helmar Schramm, *Karneval des Denkens*, 1996.

3 Erich Böhme, *Berliner Zeitung* vom 2./3. Mai 1992.

tutionellen Theater entnommen ist: Von der Bonner Bühne, vom Bühnenboden, vom Schnürboden und vom Vorhang ist die Rede; von Regisseuren, Dirigenten, Heldentenören, Soubretten und Nachwuchstenören, von Besetzungstricks, von Inszenierung und Stück, vom Publikum und seinen Bravo-Rufen. Theaterbegrifflichkeit scheint dem Journalisten offensichtlich bestens geeignet, um seine kritische Haltung gegenüber bestimmten politischen Vorgängen zum Ausdruck zu bringen.

Sie findet allerdings auch in vielen anderen Kontexten Verwendung. In den verschiedensten Geistes- und Kulturwissenschaften mehrten – und mehren – sich Studien, die Theaterbegrifflichkeit für spezifische Untersuchungszwecke instrumentalisieren. Michel Foucault schlägt sein „Theatrum philosophicum" auf, Jean-François Lyotard beobachtet „die philosophische und politische Bühne", Jean Baudrillard sinnt über „die Bühne des Körpers" nach. Der Soziologe Erving Goffman untersucht die „Selbstdarstellung im Alltag" als Theater und Paul Zumthor die „Aufführungen" der Erzähler und Sänger in oralen Kulturen. Der Ethnologe Clifford Geertz erforscht den „Theater-Staat" im Bali des 19. Jahrhunderts, der Historiker Hayden White erläutert „den historischen Realismus als Tragödie" und sein Kollege Richard von Dülmen Gerichtspraxis und Strafrituale der Frühen Neuzeit als „Theater des Schreckens"; Richard Sennett geht dem „Wandel der Rollen auf der Bühne und auf der Straße" vom 18. zum 19. Jahrhundert nach, der Architekt Werner Durth beschreibt den Städteplan nach dem „Bühnenmodell" sowie die Arbeit eines Bauplaners als die eines „Bühnenbildners"; der Politologe Ulrich Sarcinelli studiert die „Inszenierung symbolischer Politikvermittlung", während die Psychologin Joyce McDougall im „Theater der Seele" seziert. Die Liste ist beliebig fortsetzbar. In Philosophie, Psychologie, Anthropologie, Ethnologie, Soziologie, Politologie, Geschichte, Kommunikationswissenschaft, Medienwissenschaft, Kunstgeschichte, Literaturwissenschaft, kurz: in allen Kulturwissenschaften scheint Theaterbegrifflichkeit seit den 1970er Jahren als eine Art Schlüsselbegrifflichkeit zu fungieren. Selbst der Physiker Heinz von Foerster spricht von einer „Guckkastenphilosophie", der er ein bestimmtes Weltbild zuordnet, und bezieht sich damit ganz explizit auf einen spezifischen Theaterbegriff. Bei einem derart extensiven Gebrauch von Theaterbegrifflichkeit stellt sich die Frage, ob alles, was da von den unterschiedlichsten Wissenschaften untersucht wird, letztlich auch als „Theater" betrachtet werden kann.[4] Mit Blick

[4] Zur Geschichte des Theaterbegriffs vgl. Erika Fischer-Lichte, Doris Kolesch, Matthias Warstat (Hg.), *Metzler Lexikon Theatertheorie* 2005b, „Theaterbegriffe", S. 337–339, von Andreas Kotte sowie derselbe, *Theaterwissenschaft*, 2005, „Theaterbegriffe", S. 62–139.

auf eine derartige metaphorische Verwendung von Theaterbegrifflichkeit, die zwar vom Kunsttheater abgeleitet ist, jedoch auf theatrales Handeln jenseits seines Rahmens und außerhalb seines Kontextes zielt, hat sich in den letzten Jahrzehnten daher der Begriff der „Theatralität" eingebürgert.[5] Er wird sowohl für unterschiedliche Arten von Aufführungen verwendet – so zum Beispiel, wenn in der Ritualforschung von der Theatralität eines Rituals die Rede ist –, als auch für Inszenierungen außerhalb von Aufführungen, wie zum Beispiel in der Kunstgeschichte für die spezifische Komposition eines Bildes.[6]

Angesichts der Erweiterung des Theaterbegriffs durch Theater- und andere Künstler auf der einen und der geradezu inflationären Verwendung von Theaterbegrifflichkeit in den unterschiedlichsten Kulturwissenschaften auf der anderen Seite erscheint es für die Theaterwissenschaft umso notwendiger, offenzulegen, mit welchem Theaterbegriff sie arbeitet und was sie entsprechend als „ihre" Gegenstände betrachtet. Denn wenn alles Theater ist und von den unterschiedlichsten Wissenschaften unter jeweils anderen Perspektiven, mit anderen Problemstellungen und anderen Methoden untersucht werden kann, erhebt sich die Frage, warum man eine spezielle Wissenschaft vom Theater überhaupt braucht. Die Frage lässt sich allerdings ohne eine spezifische Eingrenzung des Theaterbegriffs nicht sinnvoll beantworten. Ehe sie jedoch nicht beantwortet ist, erscheint es kaum aussichtsreich, über Arbeitsfelder, Theorien und Methoden der Theaterwissenschaft zu diskutieren.

Da es sich bei Theaterwissenschaft anders als bei Philosophie, Geschichte oder den Philologien nicht um eine jahrhundertealte Disziplin handelt, sondern sie in Deutschland ebenso wie in anderen westlichen Ländern erst im 20. Jahrhundert als eine Universitätsdisziplin etabliert wurde, ist zu erwarten, dass die Untersuchung der Umstände und Gründe, unter bzw. aus denen die Einrichtung erfolgte, eine Antwort zumindest auf die Frage geben wird, warum zu *diesem* Zeitpunkt eine Wissenschaft vom Theater gebraucht wurde. Ausgehend von dieser Antwort soll dann eine sinnvolle Eingrenzung des Theaterbegriffs vorgenommen werden.

---

5 Zum Begriff „Theatralität" vgl. den entsprechenden Eintrag von Matthias Warstat im *Metzler Lexikon Theatertheorie* 2005b, S. 358–364.

6 Vgl. vor allem Michael Fried, *Absorption and Theatricality, Painting and the Beholder in the Age of Diderot* 1980.

2. Zur Geschichte des Faches

Um die Wende vom 19. zum 20. Jahrhundert wurden an deutschen Universitäten die ersten theatergeschichtlichen Vorlesungen abgehalten: von Max Herrmann in Berlin, Berthold Litzmann in Bonn, Albert Köster in Leipzig, Hugo Dinger in Jena, Arthur Kutscher in München, Julius Petersen in Frankfurt, Eugen Wolff in Kiel und etwas später von Carl Niessen in Köln. Dies geschah in der Regel innerhalb der Germanistik, im Falle von Hugo Dinger allerdings bemerkenswerterweise im Kontext einer Allgemeinen Ästhetik. Theatergeschichte verstanden als Geschichte des deutschsprachigen Theaters galt als legitimer Gegenstand der Germanistik, so wie die Geschichte des griechischen Theaters von der Altphilologie erforscht wurde oder das elisabethanische Theater von der Englischen Philologie.

Als zu Beginn des 20. Jahrhunderts in Deutschland Theaterwissenschaft als eine eigenständige Universitätsdisziplin proklamiert und später begründet wurde, markierte dies einen radikalen Bruch mit dem im 19. Jahrhundert vorherrschenden Verständnis von Theater. Seit den im 18. Jahrhundert einsetzenden Bestrebungen, Theater zu literarisieren, hatte sich die Vorstellung von Theater nicht nur als einer moralischen Anstalt (Schiller), sondern auch als einer literarischen Kunst allgemein durchgesetzt. Im ausgehenden 19. Jahrhundert galt der Kunstcharakter von Theater ausschließlich durch seinen Bezug auf dramatische Kunstwerke, auf literarische Texte garantiert. Zwar hatte Goethe bereits in seinem Dialog *Über Wahrheit und Wahrscheinlichkeit der Kunstwerke* (1798) mit Bezug auf die Oper den Gedanken formuliert, dass es die Aufführung sei, welcher der Kunstcharakter zugesprochen werden müsse, und nicht einzelne an ihrer Entstehung beteiligte Elemente wie das Stück oder die Partitur. Richard Wagner hatte diesen Gedanken aufgegriffen und in seiner 1849 entstandenen Schrift *Das Kunstwerk der Zukunft* weiterentwickelt. Gleichwohl war für die überwiegende Mehrzahl der Zeitgenossen im 19. Jahrhundert der Kunstcharakter einer Aufführung ausschließlich durch den aufgeführten Text bzw. die aufgeführte Musik beglaubigt. Noch 1918 schrieb der Theaterkritiker Alfred Klaar in einer Polemik gegen die sich formierende Theaterwissenschaft: „Die Bühne kann nur ihren vollen Wert behaupten, wenn ihr die Dichtung den Gehalt zufügt.“[7] Dieser Auffassung entsprechend war Schauspieltheater bisher als Gegenstand der Literaturwissenschaft betrachtet worden und Oper und Ballett als Gegenstände der Musikwissenschaft.

Der Begründer der Berliner Theaterwissenschaft, der auf Mittelalter und Frühe Neuzeit spezialisierte Germanist Max Herrmann (1865–1942), lenk-

[7] Alfred Klaar, „Bühne und Drama“, in: *Vossische Zeitung* vom 30. Juli 1918.

te dagegen die Aufmerksamkeit auf die Aufführung. Er plädierte für die Einrichtung einer neuen Kunstwissenschaft – der Theaterwissenschaft – mit dem Argument, dass es nicht die Literatur sei, welche Theater als eine Kunst konstituiere, sondern die Aufführung: „[…] die Aufführung ist das Wichtigste […].“[8] Er beließ es nicht bei einer einfachen Schwerpunktverschiebung vom literarischen Text zur Aufführung, sondern ging sogar so weit, einen grundsätzlichen Gegensatz zwischen beiden zu behaupten:

> Theater und Drama […] sind nach meiner Überzeugung […] ursprünglich Gegensätze, […] die zu wesenhaft sind, als daß sich ihre Symptome nicht immer wieder zeigen sollten: das Drama ist die wortkünstlerische Schöpfung des Einzelnen, das Theater ist eine Leistung des Publikums und seiner Diener.[9]

Da keine der bestehenden Disziplinen Aufführungen unter ihre Gegenstände subsumiere, sondern alle Texte und/oder Monumente, müsse folglich eine neue Disziplin geschaffen werden, die sich der Erforschung von Aufführungen widme. Damit wurde der Begriff der Aufführung zu einem Schlüsselbegriff, der einer sorgfältigen Bestimmung bedurfte. Denn aus ihm war die Notwendigkeit einer neuen, einer eigenständigen Disziplin abzuleiten. Herrmann bemühte sich um eine solche Bestimmung in verschiedenen Schriften zwischen 1910 und 1930.

Zum Ausgangs- und Angelpunkt seiner Überlegungen machte er das Verhältnis zwischen Darstellern und Zuschauern:

> [Der] Ur-sinn des Theaters […] besteht darin, daß das Theater ein soziales Spiel war, – ein Spiel Aller für Alle. Ein Spiel, in dem alle Teilnehmer sind, – Teilnehmer und Zuschauer. […] Das Publikum ist als mitspielender Faktor beteiligt. Das Publikum ist sozusagen Schöpfer der Theaterkunst. Es bleiben so viel Teilvertreter übrig, die das Theater-Fest bilden, so daß der soziale Grundcharakter nicht verloren geht. Es ist beim Theater immer eine soziale Gemeinde vorhanden.[10]

Während sich das Interesse der Literaturwissenschaftler und der Theaterkritiker ausschließlich auf die Vorgänge auf der Bühne konzentriert hatte, an die sie die Frage richteten, mit welchen Mitteln der zugrunde liegende literarische Text dargestellt wurde und ob die Darstellung dem literarischen Werk angemessen sei, lenkte Herrmann die Aufmerksamkeit auf das Verhältnis zwischen Schauspielern und Publikum. Er stellte die These auf, dass

---

8 Max Herrmann, *Forschungen zur deutschen Theatergeschichte des Mittelalters und der Renaissance* 1914, Teil II, S. 118.

9 Max Herrmann, „Bühne und Drama“, in: *Vossische Zeitung* vom 30. Juli 1918 – Antwort an Prof. Dr. Klaar.

10 Max Herrmann, „Über die Aufgaben eines theaterwissenschaftlichen Instituts“ 1981, S. 19.

es sich bei einer Aufführung um ein Spiel handele, an dem alle im Raum Anwesenden beteiligt seien, also auch die Zuschauer. Ja, er ging sogar so weit zu behaupten, dass es eigentlich erst das Publikum sei, welches als Schöpfer der Theaterkunst zu begreifen sei.

Damit bestimmte Herrmann das Verhältnis von Darstellern und Zuschauern radikal neu. Die Zuschauer erscheinen nicht länger als distanzierte oder einfühlsame Beobachter von Handlungen, welche die Schauspieler auf der Bühne vollziehen und denen sie – die Zuschauer – auf der Grundlage ihrer Beobachtungen und ihrer Kenntnis des Stücks bestimmte Bedeutungen beilegen. Sie werden auch nicht als intellektuelle Entzifferer von Botschaften begriffen, die mit bzw. von den Handlungen und Reden der Schauspieler formuliert werden. Die kreative Beteiligung der Zuschauer bleibt dabei keineswegs auf ihre Einbildungskraft beschränkt. Vielmehr handelt es sich um körperliche Prozesse, die sich zwischen Darstellern und Zuschauern vollziehen. So sieht Herrmann die kreative Aktivität, welche die Zuschauer entfalten, realisiert

> in einem heimlichen Nacherleben, in einer schattenhaften Nachbildung der schauspielerischen Leistung, in einer Aufnahme nicht sowohl durch den Gesichtssinn wie vielmehr durch das Körpergefühl, in einem geheimen Drang, die gleichen Bewegungen auszuführen, den gleichen Stimmenklang in der Kehle hervorzubringen.[11]

Damit wird betont, dass für den Verlauf der Aufführung und die Erfahrung, welche die Zuschauer in ihr machen können, „das theatralisch Entscheidendste das Miterleben der wirklichen Körper und des wirklichen Raumes“[12] sei. Es geht in der Aufführung also nicht zuvörderst darum, dass der Zuschauer bestimmte ihm durch die Darsteller übermittelte Bedeutungen versteht, wie die vom Schauspieler dargestellten Motive Gedanken, Gefühle, seelischen Zustände einer dramatischen Figur, oder den dargestellten fiktiven Raum eines Palastes, Waldes oder Flusstals. Vielmehr ist entscheidend „das Miterleben der wirklichen Körper und des wirklichen Raums“ – eben das, was sich *zwischen* Darstellern und Zuschauern ereignet.

Die Aktivität des Zuschauers wird also nicht nur als eine Tätigkeit der Einbildungskraft begriffen, wie es bei flüchtiger Lektüre dieser Passage vielleicht den Anschein haben mag, sondern als ein leiblicher Vorgang. Dieser Prozess wird durch die Teilnahme an der Aufführung in Gang gesetzt, und zwar durch die Wahrnehmung, die nicht nur Auge und Ohr, sondern durch das „Körpergefühl“ der ganze Leib synästhetisch vollziehen.

---

11 Max Herrmann, „Das theatralische Raumerlebnis“ 1930, S. 153.

12 Ebenda.

Dabei reagieren die Zuschauer allerdings nicht nur auf die körperlichen Handlungen der Darsteller, sondern auch auf das Verhalten der anderen Zuschauer. So weist Herrmann darauf hin, dass

> sich ja stets im Publikum Elemente befinden werden, die zu jenem innerlichen Nacherleben der schauspielerischen Leistung nicht recht befähigt sind und die nun durch die allgemeine, sonst so ungeheuer günstige, hier aber ungünstige seelische Ansteckung des Gesamtpublikumkörpers auch die Leistung der für das Nacherleben geeigneten Elemente herabsetzen.[13]

und so die Aufführung insgesamt in ihrem Verlauf negativ beeinflussen. Mit dieser Reflexion auf die Rolle des Zuschauers als eines Mit-Spielers in der Aufführung wurde eine neue Vorstellung von Theater formuliert und entsprechend ein neues Konzept entwickelt.

Als Goethe die Aufführung zum Kunstwerk erklärte, hatte er das Zusammenspiel der verschiedensten Elemente und Künste wie Poesie, Rhetorik, Deklamation, Mimik, Architektur, Plastik, Malerei, Musik im Blick, also allein die Bühnenvorgänge und die Gestaltung der Bühne. Herrmann dagegen begriff die Aufführung als ein Geschehen, das sich zwischen Darstellern und Zuschauern, zwischen Bühne und Publikum vollzieht und an dem entsprechend alle beteiligt sind.

Zu dieser neuen Bestimmung des Aufführungsbegriffs gelangte Herrmann wohl kaum allein auf dem Wege rein theoretischer oder aus der Theatergeschichte abgeleiteter Überlegungen. Es ist vielmehr anzunehmen, dass auch Aufführungen des ihm zeitgenössischen Theaters wesentlich dazu beigetragen haben – vor allem des Theaters von Max Reinhardt (1873–1943).

Max Reinhardt, der seit 1894 zunächst als Schauspieler, seit 1900 zusätzlich als Regisseur und ab 1903 auch als Theaterdirektor (Intendant) in Berlin wirkte, schuf für seine Inszenierungen immer wieder räumliche Arrangements, welche die Zuschauer aus der Beobachterposition des Guckkastentheaters hinausdrängten. Damit ermöglichte er ein neues Verhältnis zwischen Schauspielern und Zuschauern. In der Pantomime *Sumurun* zum Beispiel, die 1910 im Deutschen Theater Berlin zur Aufführung kam, ließ Reinhardt einen *hanamichi*, einen breiten Laufsteg, wie er im japanischen Kabuki-Theater üblich ist, quer durch den Zuschauerraum der Kammerspiele legen. Auf ihm spielten sich die Ereignisse mitten unter den Zuschauern ab. Hier rückten die Schauspieler den Zuschauern so nahe, dass diese die Darsteller hätten berühren können, wie ein Kritiker anlässlich des New Yorker Gastspiels bemerkte.

13 Ebenda.

Diese körperliche Nähe von Darstellern und Zuschauern war auch charakteristisch für Reinhards Inszenierungen der griechischen Tragödien des *König Ödipus* (1910) und der *Orestie* (1911) im Berliner Zirkus Schumann. Hier fluteten die Chöre immer wieder mitten ins Publikum, traten die Schauspieler hinter und aus dem Publikum auf. Wie der Kritiker Siegfried Jacobsohn anmerkt: „[D]ie Köpfe der Zuschauer [sind kaum] von den Köpfen der Statisten [zu] unterscheiden, die hier tatsächlich mitten im Publikum stehen.“[14] Und Alfred Klaar, der, wie bereits erwähnt, später im Widerstreit mit Max Herrmann den literarischen Text gegenüber der Aufführung stark machen sollte, beklagte an der *Orestie*:

> Die Verteilung des Schauspiels auf den Raum vor, zwischen, unter und hinter uns, diese ewige Nötigung, den Gesichtspunkt zu wechseln, dieses Hereinfluten der Darsteller in den Zuschauerraum, wo die Gestalten mit ihrem Kostümflitter, mit ihrer Perücke und ihrer Schminke uns an den Leib rücken, die Dialoge über weite Strecken hin, die plötzlichen Rufe aus allen Ecken und Enden des Hauses, die uns erschrecken und irreführen – all das ist zerstreuend, unterstützt nicht, sondern zerreißt die Illusion.[15]

Wenn wir dem Kritiker folgen, war es hier den Zuschauern offensichtlich ganz unmöglich, die Illusion einer fiktiven Wirklichkeit aufzubauen und in ihr zu versinken. Sie mussten sich vielmehr im Hinblick sowohl auf die Schauspieler als auch auf die anderen Zuschauer ganz neu positionieren. Die Aufführung ereignete sich buchstäblich zwischen Darstellern und Zuschauern. Wenn der Kritiker beklagt, dass die Illusion durch solche Verfahren zerrissen werde, so hebt er hervor, dass es den Zuschauern unmöglich gemacht wurde, durchgehend die Körper der Schauspieler als Zeichen für dramatische Figuren und den Raum der Arena als Zeichen für einen fiktiven Ort wahrzunehmen, dass sie vielmehr immer wieder mit den „wirklichen Körpern“ und dem „wirklichen Raum“ konfrontiert wurden und sich so selbst als „wirkliche Körper“ im „wirklichen Raum“ situieren mussten. Es ist insofern durchaus davon auszugehen, dass Herrmann bei der Ausarbeitung seines Aufführungsbegriffs durch Reinhardts Inszenierungen inspiriert wurde und wichtige Impulse erhielt.

Gemäß seiner Bestimmung, dass eine Aufführung sich zwischen Schauspielern und Zuschauern ereignet, dass sie aus den Aktivitäten beider und entsprechend aus ihrer Interaktion hervorgeht, betont Herrmann die Flüchtigkeit und Transitorik von Aufführungen, aufgrund derer sie von Texten und Artefakten und deren Fixier- und Tradierbarkeit grundsätzlich

14 Siegfried Jacobsohn, *Das Jahr der Bühne* 1912, S. 51.
15 Alfred Klaar, *Vossische Zeitung* vom 14. Oktober 1911.

unterschieden sind. Er berücksichtigte daher bei seiner weiteren Bestimmung des Aufführungsbegriffs weder die Texte, die verwendet werden, noch Artefakte wie die Dekoration. Er polemisierte geradezu gegen die naturalistische oder auch expressionistische Bühnenmalerei, auch wenn er diesen in vielen Fällen durchaus einen künstlerischen Wert zusprach, und bezeichnete sie als „einen grundsätzlichen Fehler entscheidender Art“[16]. Alles dies war seines Erachtens für den Begriff der Aufführung nicht wesentlich. Die besondere, eben flüchtige Materialität der Aufführung werde vielmehr exemplarisch durch die Körper der Schauspieler konstituiert, die sich im und durch den Raum bewegen. „In der Schauspielkunst [...] liegt das Entscheidende der theatralischen Leistung“, sie allein erzeuge „das eigentliche, das reinste Kunstwerk, das das Theater hervorzubringen imstande ist“.[17] In diesem Zusammenhang scheint Herrmann weniger die fiktive dramatische Figur aus einer fiktiven Welt zu interessieren, die durch die Schauspielkunst geschaffen wird. Vielmehr standen, wie bereits erwähnt, der „wirkliche Körper“ und der „wirkliche Raum“ im Zentrum. Er begriff also den Körper des Schauspielers im Bühnenraum nicht als reinen Bedeutungsträger, wie es sich seit dem 18. Jahrhundert eingebürgert hatte, sondern nahm den Körper – ebenso wie den Raum – in seiner je besonderen „Wirklichkeit“ in den Blick.

Auch zu diesem Aspekt finden sich auffallende Parallelen in Max Reinhardts Theater. So dienten die neuen Theaterräume, die dieser zum Beispiel mit dem *hanamichi* oder dem Arenatheater im Zirkus Schumann schuf, nicht dazu, bestimmte fiktive Räume auf eine neue Art darzustellen. Sie eröffneten vielmehr – als „wirkliche Räume“ – den Schauspielern neue Auftritts-, Bewegungs- und generell Spielmöglichkeiten und entsprechend den Zuschauern ganz ungewohnte Wahrnehmungs- und Erfahrungsmöglichkeiten, die vor allem die Körperlichkeit der Schauspieler betraf. So monierten viele Kritiker an den Inszenierungen des *Ödipus* und der *Orestie*, dass die Schauspieler die Aufmerksamkeit der Zuschauer auf die besondere Art ihrer Körperverwendung lenkten. Dies gilt zum einen für die Statisten, insbesondere für die „nackte(n) Läufer“, die „mit Windlichtern über die Orchestra die Stufen hinauf in den Palast und wie die Wilden zurück jagen“[18], ohne dass man ihnen irgendwelche Funktionen oder Bedeutungen hätte zusprechen können. Über sie machte sich auch Alfred Klaar in seiner Rezension der *Orestie* lustig. Er kritisierte die „wunderlichen Körper-

16 Max Herrmann, „Das theatralische Raumerlebnis“ 1930, S. 152f.

17 Ebenda.

18 Siegfried Jacobsohn, *Die Schaubühne* 46 vom 17. November 1910.

verschlingungen und Massengliederspiele, die die Regie von gestern in den Aischylos hineingedichtet hat", und spöttelte: „Die Läufer mit den nackten Oberleibern taten wiederum ihre Schuldigkeit und bildeten einmal, da sie sich zu Boden beugten, eine an gymnastische Schaustellungen erinnernde Sehenswürdigkeit."[19]

Zum anderen richtete sich die Kritik gegen das Spiel der Protagonisten. So beklagte Jacobsohn „die nervenkitzelnde Unterhaltung von Zuschauermassen, die bei Stierkämpfen aufgewachsen sind"[20], und schilderte als besonders abschreckendes Beispiel folgende Szene aus den *Choephoren*, dem zweiten Teil der *Orestie*:

> Wenn Orest seine Mutter erschlagen will, so genügt es über und über, daß er nach ihr aus der Tür des Palastes stürzt, sie dicht an der Tür festhält und nach Abwicklung des Wortzweikampfes in den Palast zurückstößt. Hier jagt er sie die Treppe hinunter in die Manege, rauft sich dort mit ihr herum und zerrt sie dann viel zu langsam wieder die Treppe hinauf. Es ist grauenhaft.[21]

In allen diesen Beispielen wurden die Zuschauer durch die besondere Art, in der die Schauspieler ihren Körper verwendeten, auf den „wirklichen Körper" aufmerksam gemacht. Die Körper traten also weniger als Träger von Bedeutungen, die sie im Hinblick auf eine dramatische Figur vermitteln sollten, in den Blick. Vielmehr drängten sie sich den Zuschauern in ihrer offenbar deutlich spürbaren Sinnlichkeit auf. Die Kritiker polemisierten dagegen, weil ihrer Auffassung nach eine Inszenierung dem Ziel zu dienen hatte, die Bedeutungen eines literarischen Textes zu übermitteln, indem sie die Illusion einer bestimmten vom Text vorgegebenen fiktiven Welt entstehen lässt, in der fiktive dramatische Figuren auf eine – angeblich vom Text vorgegebene – Weise handeln.

Gegen diese Vorstellung verstießen Max Reinhardts Inszenierungen ebenso, wie sich Max Herrmanns Bestimmung des Aufführungsbegriffs gegen sie richtete. Es ist diese Bestimmung des Aufführungsbegriffs, welche die Etablierung einer neuen Universitätsdisziplin begründete und legitimierte. Denn wenn Theater durch die Aufführung definiert ist und nicht durch den literarischen Text oder die Partitur, die in ihr Verwendung finden, kann es mit theoretischen Ansätzen und Methoden, die sich ausschließlich auf die Literatur oder die Musik beziehen, nicht angemessen erforscht werden. Literatur- und Musikwissenschaft sind für die Untersuchung von Theater daher nicht ausreichend qualifiziert oder auch nur

19 Alfred Klaar, *Vossische Zeitung* vom 14. Oktober 1911.
20 Siegfried Jacobsohn, *Das Jahr der Bühne* 1912, S. 49.
21 Ebenda, S. 49f.

geeignet. Es bedarf vielmehr einer neuen Disziplin, deren Gegenstand die Aufführung ist und die daher Theorien und Methoden zu entwickeln hat, welche diesem Gegenstand angemessen sind. Über diesen Punkt bestand zwischen allen Literaturwissenschaftlern, die sich in Deutschland überwiegend, wenn nicht gar ausschließlich mit Theater beschäftigten, Einigkeit. Theaterwissenschaft wurde daher hierzulande als Wissenschaft von Aufführungen begründet.

Keine Einigkeit bestand allerdings hinsichtlich der Arten von Aufführungen, die als Gegenstand der neu etablierten Disziplin gelten sollten. Während Max Herrmann Theater als eine spezifische Kunstform und Theaterwissenschaft als eine neue Kunstwissenschaft begriff, welche vor allem künstlerische Aufführungen untersuchen sollte, richtete sich das Interesse des Münchner Germanisten Arthur Kutscher (1878–1960) insbesondere auf Aufführungen des Volkstheaters in Süddeutschland und anderen Regionen Europas, in denen die Tradition von Passionsspielen und andere Arten von Volkstheater noch lebendig war.[22] Beide grenzten sich allerdings übereinstimmend klar von der Literaturwissenschaft ebenso wie von einer Einengung auf in Deutschland verbreitete Theaterformen ab.

Noch weiter in diese Richtung ging Carl Niessen (1890–1969), der die Kölner Theaterwissenschaft begründete und mit seinen Sammlungen von Theatralia den Grundstock für das Theatermuseum in Köln-Wahn legte. In seiner Schrift „Die Aufgaben der Theaterwissenschaft" (1927) legte er dar, dass die neue Disziplin sich statt auf die Literaturwissenschaft auf die Völkerkunde beziehen solle. Denn ihr Zentrum bildeten „die primitiven Äußerungen des mimischen Darstellungstriebs bei Kindern oder Völkern auf niederer Kulturstufe [*sic!*]" ebenso wie „die ‚klassischen Dramen' der deutschen Nationalliteratur".[23] In seinem später (1948–1958) entstandenen *Handbuch der Theater-Wissenschaft* entwickelte er sein Konzept einer völkerkundlich ausgerichteten Theaterwissenschaft weiter und listete Feste, Prozessionen, Zeremonien, Spiele, Begräbnis- und andere Rituale der verschiedensten Kulturen und Zeiten in einer abenteuerlich anmutenden Zusammenstellung als Gegenstände der Theaterwissenschaft auf. Er verlangte entsprechend eine enorme Ausweitung des Arbeitsfeldes der Theaterwissenschaft. Kutscher und Niessen sahen anders als Herrmann keine Notwendigkeit, den Aufführungsbegriff genauer zu bestimmen. Sie gingen vom Begriff des Mimus aus, den sie als eine besondere anthropologische Gegebenheit definierten, nämlich als den angeborenen menschlichen

22 Vgl. Arthur Kutscher, *Grundriß der Theaterwissenschaft* 1936.
23 Carl Niessen, „Aufgaben der Theaterwissenschaft" 1927, S. 44.

Drang, jede Art geistiger oder seelischer Verfassung körperlich auszuagieren.

Weder Kutscher noch Niessen unternahmen es jedoch, den von ihnen fokussierten Begriff des Mimus so weit zu bestimmen und als ein heuristisches Instrument für künftige Forschung zu erläutern, dass er als Rechtfertigung für eine neue Disziplin geeignet gewesen wäre – um Theaterwissenschaft also als Wissenschaft vom Mimus zu begründen und gegebenenfalls mit der Völkerkunde (Ethnologie) oder Anthropologie zu verbinden. Es lässt sich allerdings nicht übersehen, dass die von Kutscher und Niessen genannten Phänomene sich durchaus unter den Begriff der Aufführung fassen lassen, wie Herrmann ihn in seinen Bemühungen um eine weitere Klärung des Begriffs bestimmt hatte.

Die Frage, warum man eine Wissenschaft vom Theater überhaupt braucht, wurde zu Beginn des 20. Jahrhunderts in Deutschland also mit Hinweis auf die Aufführung beantwortet, durch die Theater definiert und für die keine der bestehenden wissenschaftlichen Disziplinen ausgewiesen sei. Man sollte daher annehmen, dass Max Herrmann als bevorzugte Gegenstände der neuen Disziplin Aufführungen des Gegenwartstheaters untersucht hätte, da gegenwärtig stattfindende Aufführungen als einzige dem Forscher unmittelbar zugänglich sind. Da die anderen Kunstwissenschaften – Kunstgeschichte, Musik- und Literaturwissenschaft – sich als historisch-hermeneutische Wissenschaften verstanden, schien es jedoch fast selbstverständlich, dass auch die neu gegründete Kunstwissenschaft sich als historisch-hermeneutisch begriff und der Erforschung von Aufführungen der Vergangenheit zuwandte. Bis in die siebziger Jahre wurde daher an deutschen Universitäten Theaterwissenschaft überwiegend als Theatergeschichte betrieben. Erst in den 1970er Jahren setzte – zweifellos auch als Folge eines sich radikal verändernden institutionellen Theaters – eine Auseinandersetzung mit theatralen Formen der Gegenwart ein.[24]

In anderen Ländern erfolgte die Einrichtung von Theaterwissenschaft als eine eigenständige Universitätsdisziplin mit anderen Begründungen und zum Teil auch zu anderen Zeitpunkten. In den Vereinigten Staaten von Amerika zum Beispiel entwickelte sie sich seit Beginn des 20. Jahrhunderts zum einen an vielen Colleges and Universitäten aus einem Angebot

---

24 Zur Geschichte der Theaterwissenschaft in Deutschland vgl. Stefan Corssen, *Max Herrmann und die Anfänge der Theaterwissenschaft* 1997, Erika Fischer-Lichte, „Theatergeschichte und Wissenschaftsgeschichte: eine bedenkenswerte Konstellation“ 1994, dies.: „From Text to Performance“ 1999b, S. 168–178, Helmar Klier (Hg.), *Theaterwissenschaft im deutschsprachigen Raum* 1981, Rudolf Münz, „Theater – eine Leistung des Publikums und seiner Diener“ 1998a, S. 43–52.

an nicht-akademischen Studien wie Stückeschreiben, Schauspielen, Beredsamkeit, mündlichem Ausdruck, das in vielen Fällen in einer School of Speech zusammengeführt wurde, an der Rhetorik, Kommunikation, Radio, Fernsehen, Film und Theater zum Lehrprogramm gehörten. Zum anderen wurde durch den österreichischen Wissenschaftler Alois Nagler, der im Sinne Max Herrmanns theatergeschichtliche Forschungen betrieb und seit den 1930er Jahren in Yale lehrte, Theaterwissenschaft als eine eigenständige historisch-hermeneutische Disziplin begründet. In Opposition zu beiden als „Theatre Studies" bezeichneten Richtungen wurde in den 1970er Jahren an der Tisch School of the Arts an der New York University von dem Theaterwissenschaftler und Regisseur Richard Schechner ein ganz neues Programm unter dem Titel „Performance Studies" aus der Taufe gehoben. Es vereinigte Theaterwissenschaftler mit Tanztheoretikern, Musikwissenschaftlern, Volkskundlern und Ethnologen und proklamierte als seine Gegenstände Aufführungen/Performances, wie sie vor allem von Performance-Künstlern und als Rituale in verschiedensten Kulturen hervorgebracht werden. Die Gründe für diese Neuausrichtung lagen zum einen in dem bis weit in die 1960er Jahre hinein vorherrschenden engen Theaterbegriff, der in den Vereinigten Staaten lediglich das literarische Schauspieltheater bezeichnete und weder Musik- und Tanztheater noch Formen von Volkstheater umfasste, und zum anderen in der Entwicklung neuer theatraler Formen seit den 1960er Jahren. Interessanterweise tauchen in den Performance Studies zwei Anliegen auf, die für die Entstehung der Theaterwissenschaft in Deutschland in den ersten Dekaden des 20. Jahrhunderts wichtig waren – die Fokussierung der Aufführung/Performance (Herrmann) sowie die Ausweitung des Theaterbegriffs von Theateraufführungen auf andere Arten von Aufführungen wie Rituale, Zeremonien, Spiele in unterschiedlichen Kulturen (Niessen), die vom Ethnologen Milton Singer unter dem Begriff der „cultural performance", der „kulturellen Aufführung" zusammengefasst wurden.[25]

Die Einrichtung von Theaterwissenschaft in Deutschland fiel ebenso wie ihre Neuausrichtung seit den 1970er Jahren und die Einführung von Performance Studies in den USA jeweils in eine Zeit kultureller Veränderung. Die Begründung für die jeweilige Neuerung steht in allen diesen Fällen mit dem betreffenden kulturellen Wandel in einem engen Zusammenhang. Es kann daher nicht *eine* für alle Zeiten und alle Kulturen gültige Antwort auf die Frage geben, warum eine Wissenschaft vom Theater gebraucht wird.

25 Zur Geschichte der Theaterwissenschaft in den USA vgl. vor allem Shannon Jackson, *Professing Performance: Theatre in the Academy from Philology to Performativity* 2004. Zum Begriff der *cultural performance* vgl. Milton Singer (Hg.), *Traditional India. Structure and Change* 1959, S. XIIf.

Die Frage wird vielmehr jeweils neu zu verhandeln sein. Sowohl die Neuetablierung von Theaterwissenschaft zu Beginn des 20. Jahrhunderts in Deutschland als auch ihre Neuausrichtung seit den 1970er Jahren nicht nur in den USA und Deutschland, sondern in vielen Ländern der westlichen Welt sowie die ungefähr gleichzeitig erfolgte Gründung von Theaterwissenschaft als einer Universitätsdisziplin in vielen nicht-westlichen Kulturen legen den Schluss nahe, dass ein enger, auf ein literarisches Theater ausgerichteter Theaterbegriff für die Theaterwissenschaft nicht produktiv sein kann. Vielmehr scheint es aussichtsreicher, wie bereits Max Herrmann und seit den 1970er Jahren die Performance Studies vom Begriff der Aufführung auszugehen. Theaterwissenschaft wird daher nachfolgend als Wissenschaft von Aufführungen verstanden. Ihre Gegenstände bilden Aufführungen unterschiedlichster Art. Die vier einleitend erwähnten Beispiele stellen daher alle – wenn wir zunächst den Aufführungsbegriff von Max Herrmann zugrunde legen und auf Aufführungen jenseits des Kunsttheaters anwenden – zweifelsfrei Gegenstände der Theaterwissenschaft dar.

Gleichwohl entstammt die überwiegende Mehrzahl der Beispiele, die im ersten und zweiten Teil des vorliegenden Buches angeführt werden, dem Kunsttheater. Dies hat gute Gründe. Denn das Kunsttheater stellt insofern einen bevorzugten Gegenstand dar, als es als ein Modell aufgefasst werden kann, an dem exemplarisch die grundlegenden Aspekte von Aufführungen herausgearbeitet und die wichtigsten theoretischen und methodischen Zugänge entwickelt und erprobt werden können. An Aufführungen des Kunsttheaters lassen sich daher die Kernkompetenzen des Fachs gezielt herausbilden, die später auch auf andere Arten von Aufführungen Anwendung finden können.

Wenn Aufführungen als Gegenstände der Theaterwissenschaft bestimmt werden, müssen wir uns zunächst darüber verständigen, welche Prozesse mit diesem Begriff gefasst werden sollen – was also unter dem Begriff der Aufführung zu verstehen sei. Max Herrmanns Bestimmung des Begriffs erscheint zwar als wegweisend, ist jedoch eher skizzenhaft geblieben. Als nächster Schritt muss daher eine Klärung des Aufführungsbegriffs erfolgen. Dabei lautet die Frage nicht: „Was sind Aufführungen?“ Denn eine solche Frage verlangt eine Antwort, die ein für alle Mal gültig ist. Vielmehr wird sie formuliert: „Was kann und soll innerhalb der Theaterwissenschaft heute als Aufführung verstanden werden?“ Eine solche Frage kann unter unterschiedlichen Bedingungen auch jeweils anders beantwortet werden. Aus einer neuen Antwort ergeben sich jeweils wieder neue Fragestellungen, Perspektiven und Möglichkeiten für die Theaterwissenschaft.

3. Überlegungen zum Aufführungsbegriff[26]

Den Ausgangspunkt für unsere Überlegungen bildet Max Herrmanns Bestimmung des Theaters als eines „Spiels [...], in dem Alle Teilnehmer sind, – Teilnehmer und Zuschauer". Entsprechend sollen nachfolgend als Aufführungen Veranstaltungen gelten, bei denen sich alle Beteiligten zu einer bestimmten Zeit am selben Ort einfinden, um dort an einem spezifischen Programm von Aktivitäten teilzunehmen – entweder als Akteur oder als Zuschauer, wobei die Rollen von Akteuren und Zuschauern wechseln können, so dass dieselbe Person für eine bestimmte Zeitspanne als Akteur und für eine andere als Zuschauer agiert. Die Aufführung entsteht aus ihrer Begegnung, ihren Interaktionen, ihrem Zusammenwirken. Unter eine solche Definition fällt sowohl eine Aufführung in einem Theater mit Guckkastenbühne, das eine strikte Trennung von Akteuren und Zuschauern vorsieht, als auch ein Happening, bei dem die Rollen nicht klar verteilt sind; ein Fußballspiel vor Zuschauern ebenso wie ein Gottesdienst; eine Hochzeit ebenso wie ein Parteitag; eine Trauerfeierlichkeit ebenso wie der Karneval der Kulturen. Inwiefern alle diese verschiedenen Arten von Aufführungen auch als Gegenstände der Theaterwissenschaft gelten können oder sollten, wird im dritten Teil des Buches zu diskutieren sein.

Diese allgemeine Bestimmung des Aufführungsbegriffs impliziert einige Charakteristika oder auch spezifische Fragen, die zunächst explizit gemacht werden sollen. Als Erstes folgt aus ihr, dass für Aufführungen die leibliche Ko-Präsenz von verschiedenen Personengruppen unabdingbar ist, die als Akteure und Zuschauer fungieren. Es gilt also, die besonderen *medialen Bedingungen* von Aufführungen genauer zu explizieren. Mit dem Begriff der medialen Bedingungen sind dabei die spezifischen Bedingungen der Vermittlung gemeint, die sich aus der gleichzeitigen Anwesenheit von Akteuren und Zuschauern ergeben. Als Zweites resultiert aus ihr die Flüchtigkeit von Aufführungen. Anders als ein Produktionsvorgang, an dem ebenfalls unterschiedliche Personen in unterschiedlichen Funktionen beteiligt sind und an dessen Ende ein bestimmtes Produkt vorliegt – ein Auto, eine Waschmaschine, ein Gebäude o. Ä. –, bringt die Aufführung kein von ihr gesondertes Produkt hervor, sondern sich selbst. Sie ist transitorisch, ephemer und vergänglich, auch wenn es sich um bestimmte Räume, Körper und Objekte handelt, welche die Aufführung überdauern. Damit stellt sich die Frage nach ihrer spezifischen *Materialität*.

26 Vgl. zu den nachfolgenden Ausführungen Erika Fischer-Lichte, *Ästhetik des Performativen* 2004a.

Als Drittes gilt es zu klären, wie in einer Aufführung *Bedeutungen* entstehen. Denn alles, was hier als Zeichen hervorgebracht und gezeigt wird, sei es eine Bewegung, ein Laut oder ein Ding, ist nur für eine begrenzte Zeitdauer gegenwärtig und kann nicht, wie ein Text oder ein Bild, immer wieder erneut betrachtet, gelesen und gedeutet werden. Die spezifische Weise, auf die in Aufführungen Bedeutungen entstehen, wird als ihre *semiotische* Dimension oder auch als ihre *Semiotizität* bezeichnet. Zuletzt ist zu fragen, welche Art von *Erfahrung* eine Aufführung aufgrund all dieser Bedingungen ihren Teilnehmern ermöglicht und in welcher Hinsicht diese Erfahrungen von solchen unterschieden sein mögen, die für andere Arten von Situationen kennzeichnend sind. Diese Erfahrung wird als *ästhetische* Erfahrung und der Bezug auf sie entsprechend als *Ästhetizität* der Aufführung bestimmt.

Alle vier Aspekte gehören unmittelbar zusammen. Sie werden hier lediglich aus heuristischen Gründen getrennt behandelt.

3.1 Leibliche Ko-Präsenz

Eine Aufführung ereignet sich durch die und in der leiblichen Ko-Präsenz von ‚Akteuren' und ‚Zuschauern'. In ihr gelten also offensichtlich ganz andere Bedingungen als bei der Produktion und Rezeption von Texten und Artefakten. Dort resultiert der Prozess der Produktion in einem Text oder Artefakt, der/das gesondert von seinem/n Urheber/n vorliegt, d.h. nicht an deren leibliche Präsenz gebunden ist. Er/es kann zu unterschiedlichen Zeiten und häufig auch an unterschiedlichen Orten von einzelnen Personen oder Gruppen rezipiert werden. Im Rezeptionsprozess mögen die rezipierenden Subjekte die unterschiedlichsten Erfahrungen durchlaufen und dem Text oder Artefakt die unterschiedlichsten Bedeutungen beilegen, wobei sich bei jeder Lektüre des Textes, bei jedem Betrachten des Bildes, bei jedem Anschauen eines Films Erfahrungen und Bedeutungen bei ein und demselben Subjekt ändern mögen. Die Materialität des Textes, Bildes, Films etc. wird sich dadurch jedoch nicht ändern.

Bei einer Aufführung dagegen gelten wegen der leiblichen Ko-Präsenz ganz andere *mediale Bedingungen*. Während ein Teil der Anwesenden – die jeweils als Akteure fungieren – sich durch den Raum bewegen, Gesten ausführen, Objekte manipulieren, sprechen und singen, nehmen die anderen – die jeweils als Zuschauer agieren – ihre Handlungen wahr und reagieren auf sie. Zwar mögen diese Reaktionen teilweise als rein ‚innere', d.h. imaginative und kognitive Prozesse ablaufen. Den größten Teil bilden jedoch wahrnehmbare Reaktionen. In einer Theateraufführung zum Beispiel mögen die Zuschauer lachen, juchzen, seufzen, stöhnen, schluchzen, weinen; sie scharren mit den Füßen, rutschen unruhig auf dem Stuhl hin und her, lehnen sich mit gespanntem Gesichtsausdruck nach vorn oder mit allen Anzeichen der Langeweile zurück; sie halten den Atem an und werden beinahe starr; sie schauen wiederholt auf die Uhr, gähnen, schlafen ein und fangen an zu schnarchen, sie husten und niesen, knistern mit dem Schokoladenpapier; essen und trinken; sie flüstern sich Bemerkungen zu oder kommentieren das Bühnengeschehen laut und ungeniert; sie rufen ‚bravo', ‚da capo', klatschen Beifall und trampeln mit den Füßen oder zischen und buhen; sie stehen geräuschvoll auf, verlassen den Saal und schlagen die Türen knallend hinter sich zu.

Derartige Reaktionen lassen sich nun sowohl von anderen Zuschauern als auch von den Akteuren wahrnehmen – sie spüren, hören oder sehen sie. Und diese Wahrnehmungen resultieren wiederum in wahrnehmbaren Reaktionen der Akteure und der anderen Zuschauer. Das Spiel der Schauspieler gewinnt oder verliert an Intensität, ihre Stimmen werden lauter und kreischend oder, im Gegenteil, ziehen die Zuhörer immer stärker in ihren Bann; die Schauspieler können sich animiert fühlen, Gags und andere Improvisationen hinzu zu erfinden. Bei den anderen Zuschauern mag die Wahrnehmung von Zuschauerreaktionen dazu führen, dass sich Grad bzw. Ausmaß ihrer Beteiligung, ihres Interesses, ihrer Spannung und Faszination erhöht oder verringert, ihr Lachen immer lauter, ja geradezu konvulsivisch wird oder, im Gegensteil, aufhört, ihnen buchstäblich im Halse stecken bleibt, oder dass sie anfangen, sich gegenseitig zur Ordnung zu rufen, miteinander zu streiten oder sich zu beschimpfen. Was immer die Akteure tun, es hat Auswirkungen auf die Zuschauer, und was immer die Zuschauer tun, es hat Auswirkungen auf die Akteure und die anderen Zuschauer.

In dieser Hinsicht lässt sich behaupten, dass die Aufführung, die aus der Begegnung und Konfrontation von Akteuren und Zuschauern hervorgeht, immer erst in ihrem Verlauf entsteht – und vergeht. Was es vor ihrem Beginn und nach ihrem Ende gibt, ist grundsätzlich von ihr zu unterscheiden. Sie erzeugt sich sozusagen selbst aus den Interaktionen zwischen Akteuren und Zuschauern als eine autopoietische Feedbackschleife. Daher ist ihr Ablauf vor oder bei ihrem Beginn oder zu irgendeinem Zeitpunkt ihrer Dauer auch nicht vollständig planbar und vorhersagbar. Ihr eignet vielmehr ein hohes Maß an Kontingenz. Das soll nicht besagen, dass ein Schauspieler, der den Othello spielt, die sorgfältig einstudierte Ermordung Desdemonas nicht durchführt, weil das Publikum heftig protestiert oder gar einzelne Zuschauer, die den in diesem Fall von dem Schauspieler vorausgesetzten

Als-ob-Pakt nicht akzeptieren wollen, auf die Bühne stürmen, um den Darsteller des Othello an entsprechenden Handlungen zu hindern, obwohl auch dies denkbar und möglich wäre. Der Grad und das Ausmaß an Anteilnahme, das im Verhalten des Publikums spürbar zum Ausdruck kommt, sind als solche bereits imstande, die Intensität der Darstellung zu beeinflussen, die wiederum auf ihre Aufnahme durch die Zuschauer und deren Reaktionen zurückwirkt.

Was im Verlauf der Aufführung in Erscheinung tritt – und dazu gehören auch alle wahrnehmbaren Zuschauerreaktionen – ist bei ihrem Beginn nicht vorauszusehen. Manches taucht im Laufe der Aufführung erst als Folge der Interaktionen auf. Dies gilt generell für Aufführungen und nicht nur für solche, die gezielt mit Zuschauerbeteiligung arbeiten und so das Kontingente, das jeder Aufführung anhaftet, noch erheblich steigern.

Zweifellos sind es die Akteure, die ganz entscheidende Vorgaben für den Verlauf der Aufführung machen. Denn einer Aufführung geht eine Inszenierung voraus oder ihr liegt zumindest ein Regelwerk zugrunde, das alle Beteiligten, in jedem Fall aber die Akteure kennen und nach dem sie sich richten. Beim Theater zum Beispiel werden im Prozess der Inszenierung – das heißt heute meist in mehrwöchiger Probenarbeit – Strategien entwickelt, durchgespielt und festgelegt, die Zeitpunkt, Art und Weise des Erscheinens und Verschwindens von Menschen, Dingen und Lauten im Bühnenraum während der Aufführung regeln. Je nach theatraler Form, nach Regisseur, Bühnenbild und Schauspielern wird die Inszenierung auch bewusst und geplant Situationen herstellen, die Frei- und Spielräume für nicht geplante, nicht inszenierte Handlungen, Verhaltensweisen und Ereignisse eröffnen. Aber auch im Falle, dass die Schauspieler sich akribisch an alle in einer ganz und gar durchgeplanten Inszenierung getroffenen Absprachen halten, sind sie nicht imstande, den Ablauf der Aufführung vollständig zu kontrollieren. Denn jede Zuschauerreaktion vermag ihm eine neue Wendung zu geben.

Nicht zuletzt deshalb ist es wichtig, zwischen den Begriffen der ‚Inszenierung' und der ‚Aufführung' klar zu unterscheiden. Während unter den Begriff der Inszenierung alle Strategien gefasst werden, die vorab Zeitpunkt, Dauer, Art und Weise des Erscheinens von Menschen, Dingen und Lauten im Raum festlegen, fällt unter den Begriff der Aufführung alles, was in ihrem Verlauf in Erscheinung tritt – also das Gesamt der Wechselwirkungen von Bühnengeschehen und Zuschauerreaktionen.

Eine Aufführung wird letztlich von allen Anwesenden gemeinsam hervorgebracht. Kein Einzelner bzw. keine Gruppe von Personen vermag sie vollkommen durchzuplanen, zu steuern und zu kontrollieren. Sie entzieht sich immer wieder der Verfügungsgewalt jedes Einzelnen. Sie ist in diesem Sinne unverfügbar. Der Begriff der Unverfügbarkeit hebt ausdrücklich auf die Involviertheit aller Beteiligten ab – und zwar sowohl im Hinblick auf den mehr oder weniger starken Einfluss, den diese auf den Verlauf der Aufführung nehmen, als auch hinsichtlich des Einflusses, dem sie selbst darin ausgesetzt sind, da es sich ja gerade um Wechselwirkungen handelt. Die häufig anzutreffende Vorstellung, dass der Ablauf einer Aufführung, die Handlungen und Verhaltensweisen aller an ihr Beteiligten vollständig planbar, kontrollierbar und folglich voraussagbar seien, erscheint daher unhaltbar. Was im Laufe einer Aufführung in Erscheinung tritt, ist bei ihrem Beginn häufig nicht vorhersehbar. Insofern handelt es sich bei allen Beteiligten um Mit-Erzeuger, die in unterschiedlichem Ausmaß und in unterschiedlicher Weise an der Gestaltung der Aufführung mitwirken, ohne sie allein bestimmen zu können. Sie sind es, die mit den Wechselwirkungen ihrer Handlungen und Verhaltensweisen die Aufführung allererst hervorbringen, so wie umgekehrt die Aufführung sie als Akteure und Zuschauer hervorbringt. Denn erst dadurch, dass sie an einer Aufführung teilnehmen, werden sie zu Akteuren und Zuschauern.

Diese besondere Qualität von Aufführungen wird als „performativ" bezeichnet. Der Begriff wurde Ende der 1950er Jahre – also ungefähr zeitgleich mit der Neubestimmung des Theaterbegriffs durch Theaterkünstler – vom Philosophen John L. Austin in seinen Vorlesungen an der Harvard University *How to Do Things with Words* (1955) geprägt. Er leitete ihn vom Verb „to perform": „vollziehen" ab und verwendete ihn für sprachliche Ausdrücke, mit denen Handlungen vollzogen werden wie taufen, beglückwünschen, verfluchen, versprechen. Solche Äußerungen sagen nicht nur etwas aus, sondern sie vollziehen genau die Handlung, von der sie sprechen. Sie sind also selbstreferenziell, insofern sie das bezeichnen, was sie tun, und wirklichkeitskonstituierend, indem sie die soziale Wirklichkeit herstellen, von der sie sprechen.[27] Beide Merkmale gelten, wie wir gesehen haben, für Aufführungen, mehr noch, sie gelten so unübersehbar, dass Aufführungen geradezu als Inbegriff des Performativen zu fassen sind.[28]

Dies leuchtet unmittelbar ein, wenn der englische Begriff für Aufführung ins Spiel kommt – ‚performance'. ‚Performance' ist ebenso wie ‚performative' von ‚to perform' abgeleitet. Auch wenn die Begriffe ‚Aufführ-

27 Vgl. John L. Austin, *Zur Theorie der Sprechakte* (*How to Do Things with Words* 1962) 1979, S. 28.

28 Zum Begriff des Performativen vgl. meinen entsprechenden Eintrag im *Metzler Lexikon Theatertheorie* 2005b, S. 234–242.

rung' und ,performance' in dieser Hinsicht übereinstimmen, weisen sie in anderer Hinsicht wichtige Unterschiede in ihrem Bedeutungsspektrum auf. Während ,performance' auch die Bedeutung ,Leistung' beinhaltet – „the machine's best performance"[29] –, ist dies bei ,Aufführung' nicht der Fall. Dagegen kann ,Aufführung' auch ,Betragen', ,Verhalten' bedeuten – „wie führst du dich heute wieder auf". Diese Bedeutungsmöglichkeit fehlt dem Begriff ,performance'.

Auf diese spezifische Performativität von Aufführungen reflektiert Theater selbst immer wieder mit Mitteln des Theaters – vor allem mit dem Spiel im Spiel, wie es sich am Beispiel der Schauspielerszene im *Hamlet* oder auch der Darbietung der Handwerker vor Theseus, Hippolyta und den jungen Liebespaaren im *Sommernachtstraum* zeigt. In heutigen Inszenierungen finden sich häufig jenseits eines derartigen im Text festgeschriebenen Spiels im Spiel entsprechende Arrangements, mit denen in der Aufführung dieser Wechsel zwischen Akteurs- und Zuschauerrolle vollzogen und so in seiner prinzipiellen Möglichkeit hervorgehoben wird. In Jürgen Goschs Inszenierung des *Macbeth* am Düsseldorfer Schauspielhaus (2006) zum Beispiel gingen die Schauspieler von der Bühne nicht hinter die Bühne, sondern in den Zuschauerraum ab, wo sie sich in der ersten Reihe niederließen und von dort dem Spiel ihrer Kollegen auf der Bühne zusahen. In seiner Inszenierung von Tschechows *Onkel Wanja* am Deutschen Theater Berlin (2008) blieben alle an dieser Aufführung beteiligten Schauspieler während ihres gesamten Verlaufs auf der Bühne. Wenn sie nicht aktiv am Geschehen beteiligt waren, standen sie an der rechten Wand der die Bühne an drei Seiten abschließenden Dekoration und verfolgten von dort das Spiel der anderen. In diesem Fall waren sie für die Zuschauer im Zuschauerraum nun ihrerseits als spezielle Zuschauer wahrnehmbar. Die Zuschauer auf der Bühne und die Zuschauer im Auditorium traten so in ein wechselseitiges Spiegelverhältnis zueinander – die Wahrnehmungssituation wurde damit auf besondere Weise thematisiert. Derartige Verfahren haben sich vor allem seit den ausgehenden 1960er Jahren ausgebildet, die heute generell als eine performative Wende der westlichen Kultur betrachtet werden. Theaterformen, die mit dieser ihrer Performativität auf die unterschiedlichste Weise spielen, werden häufig als ,postdramatisch' bezeichnet.[30]

Da die Aufführung aus den Wechselwirkungen der Handlungen und Verhaltensweisen aller an ihr Beteiligten hervorgeht, eröffnet sie ihnen die Möglichkeit, sich in ihrem Verlauf als ein Subjekt zu erfahren, welches das

[29] Vgl. dazu Jon McKenzie, *Perform or Else* 2001.
[30] Vgl. Hans-Thies Lehmann, *Postdramatisches Theater*, 1999a, 2. Auflage 2001.

Handeln und Verhalten anderer mitzubestimmen vermag und dessen eigenes Handeln und Verhalten ebenso von anderen mitbestimmt wird; als ein Subjekt, das weder autonom noch fremdbestimmt ist und das die Verantwortung auch für eine Situation übernimmt, die es nicht geschaffen, an der es jedoch teil hat.

Diese Eigenart von Aufführungen wurde von experimentellem Theater und Performance-Kunst seit den ausgehenden 1960er Jahren immer wieder ausgestellt und reflektiert. Im deutschen Sprachraum geschah dies besonders prononciert in der Uraufführung von Peter Handkes *Publikumsbeschimpfung* in der Inszenierung von Claus Peymann im Frankfurter Theater am Turm im Rahmen der ersten „Experimenta" (3.–10. Juni 1966). Hier sollte Theater aus der Beziehung zwischen Akteuren und Zuschauern neu bestimmt werden. Es wurde nicht länger als Repräsentation einer fiktiven Welt begriffen, die der Zuschauer beobachten, deuten und verstehen soll, sondern als Herstellung eines besonderen Verhältnisses *zwischen* Akteuren und Zuschauern. Die Schauspieler entwarfen und testeten die Beziehung, indem sie die Zuschauer direkt ansprachen, sie als „Tröpfe", „Flegel", „Atheisten", „Liederjane" oder „Strauchritter" attackierten und mit ihren Körpern immer wieder neue räumliche Beziehungen zu ihnen herstellten. Die Zuschauer gingen auf sie ein, indem sie ihrerseits mit Handlungen reagierten: mit Beifallklatschen, Aufstehen, den Raum Verlassen, Kommentaren, die Bühne Erklimmen, mit den Schauspielern Rangeln u.a. mehr. In diesem Fall wurde die Beteiligung der Zuschauer am Bühnengeschehen von den Schauspielern provoziert, wenn auch vom Regisseur nicht intendiert.

In den Vereinigten Staaten waren es vor allem Freie Gruppen wie die von Richard Schechner in den 1960er Jahren gegründete Performance Group oder das von Julian Beck und Judith Malina geleitete und bereits Ende der 1940er Jahre gegründete Living Theatre, die ganz ausdrücklich Zuschauerpartizipation auf ihre Fahnen schrieben und mit ihren Produktionen *Dionysus in 69* und *Paradise Now!*, beide aus dem Jahre 1968, auf die Tagesordnung setzten. Durch Zuschauerpartizipation wird nachdrücklich hervorgehoben, dass es sich bei einer Aufführung nicht nur um einen künstlerischen, einen ästhetischen, sondern immer auch um einen sozialen Prozess handelt. In ihr treffen unterschiedliche Gruppen aufeinander, die ihre Beziehungen zueinander auf unterschiedliche Weise aushandeln und regeln können. In Richard Schechners Inszenierung *Commune* (The Performance Group, New York 1970–72) zum Beispiel, in der es um die Vorfälle von My Lai während des Vietnamkrieges ging, war vorgesehen, dass einer der Performer willkürlich fünfzehn Zuschauer auswählt, die in einen Kreis in der Mitte des Raumes treten sollten, um die Dorfbewohner von My Lai darzustellen. Meist folgten die ausgewählten Zuschauer dieser Anweisung. Es gab jedoch auch solche, die sich ihr widersetzten. In diesem Fall galt die Regelung, dass die Aufführung unterbrochen wurde, bis (1) der sich weigernde Zuschauer sich eines Besseren besonnen oder (2) einen anderen gefunden hatte, der bereit war, an seiner Stelle in den Kreis zu treten; sie (3) so lange unterbrochen blieb, wie der betreffende Zuschauer auf seinem Platz verharrte; wenn er sich (4) allerdings entschloss, den Raum zu verlassen, würde die Aufführung weitergehen. In solchen Fällen wurde deutlich, dass der Zuschauer Verantwortung für eine Situation übernehmen musste, die er zwar nicht geschaffen hatte, an der er jedoch teilnahm. Wann immer ein Zuschauer sich weigerte, mussten häufig lange, zum Teil über drei Stunden dauernde Diskussionen geführt werden, in denen in der Tat ganz offenkundig die Beziehungen zwischen den Performern und den Zuschauern ausgehandelt wurden.

Was im Falle von *Commune* aufgrund der eingeführten Regelung zur Zuschauerpartizipation offenbar wurde, gilt für jede Aufführung. Sie läuft stets auch als ein sozialer Prozess ab, dem bestimmte Regeln zugrunde liegen. Werden diese Regeln befolgt, verschwinden sie aus dem Blickfeld. Werden neue Regeln formuliert und/oder die Regeln gebrochen, lässt sich nicht länger übersehen, dass es sich um einen sozialen Prozess handelt.

Dieser soziale Prozess wird zu einem politischen, wenn, wie in *Commune,* in der Aufführung ein Machtkampf zwischen Akteuren und Zuschauern oder auch zwischen verschiedenen Zuschauern entbrennt, in dem einer dem anderen eine bestimmte Beziehungsdefinition, Ansichten, Werte, Überzeugungen aufzuzwingen sucht. Da jeder Einzelne – wenn auch in unterschiedlichem Ausmaß – sowohl den Verlauf der Aufführung mitbestimmt als auch sich von ihm bestimmen lässt, nimmt keiner ‚passiv' an der Aufführung teil. Jeder ist insofern auch mitverantwortlich für das, was sich während der Aufführung ereignet. Wer dabei bleibt, erklärt damit sein grundsätzliches Einverständnis mit dem, was geschieht. Wer nicht einwilligt, kann versuchen, sich mit seiner Kritik und seinen Vorstellungen durchzusetzen, oder auch den Raum verlassen. Wer teilnimmt, trägt prinzipiell Mitverantwortung.

Dies gilt es vor allem zu bedenken, wenn es sich um ausdrücklich politische Aufführungen wie politische Feste und andere Arten von Massenspektakeln handelt. Sehr häufig wird argumentiert, dass derartige Aufführungen besonders dazu geeignet seien, die an ihnen beteiligten Bevölkerungsgruppen im Sinne der Herrschenden zu manipulieren. Das hieße, dass die Veranstalter imstande wären, den Verlauf der Aufführung zu steuern und zu kontrollieren, also erfolgreich solche Inszenierungsstrategien anzuwenden, die ein ‚passives', ‚unschuldiges' Publikum in genau vorausberechneter Weise zu überwältigen und das gewünschte Verhalten auszulösen vermögen. Wenn man dagegen davon ausgeht, dass in eine Aufführung involviert zu sein, zugleich bedeutet, in sie einzuwilligen, für sie Mit-Verantwortung zu übernehmen, so kann von Manipulation nur unter Vorbehalt die Rede sein.

3.2 Flüchtigkeit von Aufführungen

Aufführungen verfügen nicht über ein fixier- und tradierbares materielles Artefakt, sie sind flüchtig und transitorisch, sie erschöpfen sich in ihrer Gegenwärtigkeit, d.h. ihrem dauernden Werden und Vergehen – in ihrer Autopoiesis, ihrer Selbsterzeugung. Das schließt keinesfalls aus, dass in ihnen materielle Objekte Verwendung finden, die als solche nach dem Ende der Aufführung zurückbleiben und als ihre Spuren aufbewahrt werden können. Gleichwohl ist die Aufführung nach ihrem Ende unwiederbringlich verloren; sie lässt sich niemals wieder als genau dieselbe wiederholen. Während die Inszenierung auf Wiederholung angelegt ist, bleibt die Aufführung jeweils ein einmaliges Ereignis. Damit erhebt sich die Frage, wie die *Materialität* einer Aufführung – ihre Räumlichkeit, Körperlichkeit, Lautlichkeit – hervorgebracht wird und in Erscheinung tritt.

3.2.1 Räumlichkeit

Auf den ersten Blick mag es manchem so scheinen, als würde sich diese Frage für *Räumlichkeit* nicht stellen. Denn die Räume, in bzw. an denen Aufführungen stattfinden, sind ja bereits gegeben, seien dies nun Theatergebäude oder für Theateraufführungen verwendete Fabriken, Bunker, Straßenbahndepots, Messehallen, Straßen, Plätze, Parks u.a. Räume, oder auch die Sportstadien für Sportveranstaltungen, Kirchen und Tempel für religiöse Rituale, Parlamente oder auch andere für politische Kundgebungen genutzte Räume. Dem ist in der Tat zuzustimmen. Gleichwohl stellt sich die Frage, wie in Aufführungen Räumlichkeit hervorgebracht wird. Denn wir müssen zwischen dem architektonisch-geometrischen Raum, in bzw. an dem die Aufführung stattfindet, und dem Aufführungsraum, der durch die Aufführung hervorgebracht wird und auf sie einwirkt, unterscheiden.

Der architektonisch-geometrische Raum ist in der Tat bereits vor Beginn der Aufführung gegeben und hört mit ihrem Ende nicht auf zu bestehen. Wenn es sich um ein Gebäude handelt, ist häufig mit ihm die Vorstellung eines Containers verbunden: Der Raum wird als eine Art Behälter aufgefasst, der in seinen wesentlichen Merkmalen (Grundriss, Höhe, Breite, Länge, Volumen etc.) von dem, was in ihm geschieht, nicht tangiert wird. Auch wenn der Fußboden mit der Zeit Löcher und Unebenheiten aufweist, die Farben verblassen, der Putz von den Wänden bröckelt, bleibt der architektonisch-geometrische Raum sich selbst gleich.

Der architektonisch-geometrische Raum bietet durch seine spezifische Abgrenzung von Bühne und Zuschauerraum besondere Möglichkeiten für das Verhältnis zwischen Akteuren und Zuschauern, für die Bewegung der Schauspieler auf der Bühne sowie die Wahrnehmung der Zuschauer, die er darüber hinaus organisiert und strukturiert. Wie immer von diesen Möglichkeiten Gebrauch gemacht, wie sie genutzt, realisiert, umgangen oder gar konterkariert werden, konstituiert wiederum den Aufführungsraum und wirkt sich auf ihn aus. Jede Bewegung von Menschen, Objekten, Licht, jedes Erklingen von Lauten vermag ihn zu verändern. Er ist instabil, ständig in Fluktuation begriffen. Die Räumlichkeit einer Aufführung entsteht im, durch und als Aufführungsraum und wird unter den von ihm gesetzten Bedingungen wahrgenommen.

Theaterräume, ganz gleich, ob fest installiert oder nur vorübergehend als solche genutzt oder aufgeschlagen, gelten in diesem Sinne immer als Räume für Aufführungen. Die Geschichte des Theaterbaus und der Bühnentechnik, die bisher überwiegend als Geschichte architektonisch-geometrischer Räume – sowie als Technikgeschichte – geschrieben ist, lässt sich mit eben solchem Recht als Geschichte von Aufführungsräumen verstehen.[31] Sie legt jedenfalls ein beredtes Zeugnis davon ab, wie das Verhältnis zwischen Akteuren und Zuschauern jeweils konzipiert war, welche Möglichkeiten der Bewegung für Akteure und welche Möglichkeiten der Wahrnehmung für Zuschauer vorgesehen waren. Das Verhältnis zwischen Akteuren und Zuschauern ist jeweils anders konzipiert, je nachem, ob die Zuschauer kreisförmig um das für die Akteure vorgesehene Raumsegment platziert werden, so dass sie es fast umschließen (wie im antiken griechischen Theater oder im Theatrum anatomicum oder auch in Max Reinhardts Arenatheater); ob sie eine rechteckige oder quadratische Bühne von drei Seiten umstehen oder sich um sie herumbewegen (wie bei den geistlichen Spielen des Mittelalters oder auch in den Rundbauten des elisabethanischen Theaters) oder ob sie der Bühne frontal gegenübersitzen, durch eine Rampe voneinander getrennt (wie bei der im 17. Jahrhundert in Italien erfun-

31 Solche Aufführungsräume errichten sich *in concreto* auch zwischen apparativ-technischen Objekten und ihren Nutzern *als* theatrale Szenarien: Vgl. Andreas Wolfsteiner, *Der formatierte Körper. Relationen von Wissenschaft, Kunst und Technik als Interface-Problematik und -Phänomen*, Univ. Diss., Freie Universität Berlin 2008 (im Erscheinen).

denen Guckkastenbühne, die bis heute in vielen Theatern der westlichen Welt zu finden ist), oder ob ein Laufsteg quer durch den Zuschauerraum gelegt wird (wie im japanischen Kabuki-Theater, in vielen Experimenten Max Reinhardts oder auch Vsevolod E. Meyerholds oder bei Inszenierungen von Einar Schleef in den ausgehenden 1980er, frühen 1990er Jahren). Ob für die Akteure ein geräumiger kreisförmiger, bis auf die Thymele (Altar) leerer Tanzplatz zur Verfügung steht wie im griechischen Theater oder sie auf engem Raum vor dem ersten Kulissenpaar auf einer mit Kulissen ausgestatteten Guckkastenbühne agieren müssen wie im höfischen Theater des 17. Jahrhunderts, impliziert folgenreiche Vorgaben für ihre Möglichkeiten, sich im und durch den Raum zu bewegen. Ebenso eröffnet es den Zuschauern jeweils andere Möglichkeiten der Wahrnehmung, ob sie bei hellem, sich im Verlauf des Tages ändernden Sonnenlicht ihren Blick über den gesamten Aufführungsraum und die ihn umgebende Landschaft bis hin zum Meer schweifen lassen können, um ihn dann wieder auf die Protagonisten auf der Skene, die Choreuten in der Orchestra oder auch auf andere Zuschauer zu fokussieren, oder ob sie in einem von Kerzen erleuchteten Innenraum vor einer nach den Prinzipien der Zentralperspektive eingerichteten Kulissenbühne sitzen, ob am idealen Augpunkt oder an einem Platz, der nur eine verzerrte Wahrnehmung der Perspektive erlaubt, dafür aber einen umso besseren Einblick in die gegenüberliegende Loge, oder ob sie gar in einem verdunkelten Zuschauerraum auf eine Bühne blicken, auf die allein alles Licht fällt (wie es sich nach Erfindung des elektrischen Lichts im letzten Viertel des 19. Jahrhunderts einbürgerte), oder ob sie sich in einem Raum befinden, der auch während der Aufführung nacheinander bzw. in beliebiger Reihenfolge die Möglichkeiten der Arenabühne, des elisabethanischen Theaters und der Guckkastenbühne zu realisieren vermag, wie das von Erwin Piscator 1927 entworfene Totaltheater.

Aus der Eigenart, dass der Theaterraum das Verhältnis von Akteuren und Zuschauern, Bewegung und Wahrnehmung jeweils auf besondere Weise organisiert und strukturiert, lässt sich allerdings nicht der Schluss ziehen, dass er diese zu determinieren vermag. Der Theaterraum eröffnet Möglichkeiten, ohne die Art ihrer Nutzung und Realisierung festzulegen. Darüber hinaus lässt er sich auch auf eine Weise verwenden, die weder geplant noch vorgesehen war. So nahmen im französischen Theater des 17. Jahrhunderts häufig adlige Zuschauer auf der Bühne Platz – also dem anscheinend für die Schauspieler reservierten Raumsegment –, den Raum besetzend und sich oft laut und ungeniert unterhaltend. Sie veränderten so nicht nur das von der Raumaufteilung vorgeschlagene Verhältnis von Akteuren und Zuschauern, sondern auch die Möglichkeiten zur Bewegung der Schauspieler sowie der Wahrnehmung der Zuschauer. Sich selbst als Akteure besonderer Art präsentierend, gestalteten sie den Aufführungsraum mit. Der Aufführungsraum zeichnet sich gerade dadurch aus, dass er auch eine andere als die vorgesehene Nutzung erlaubt, auch wenn andere Beteiligte eine solche nicht vorgesehene Gestaltung als ungehörig oder gar empörend empfinden mögen.[32]

Mit dem Auszug aus den festen Theatergebäuden seit den ausgehenden 1960er Jahren und der Wahl von immer neuen Räumen, die, da bisher anderweitig genutzt, keine Vorgaben für das Verhältnis von Akteuren und Zuschauern implizierten, wurde nachdrücklich in den Blick gebracht, dass es die Aufführung ist, welche das Verhältnis von Akteuren und Zuschauern je neu definiert sowie Möglichkeiten für Bewegung und Wahrnehmung schafft, – dass sie es ist, welche Räumlichkeit allererst hervorbringt.

Aufführungsräume sind immer auch atmosphärische Räume. Räumlichkeit entsteht nicht nur durch die spezifische Verwendung, welche Akteure und Zuschauer vom Raum machen, durch ihre Bewegung und Wahrnehmung, sondern auch durch die besondere *Atmosphäre*, die der Raum auszustrahlen scheint. Atmosphären sind, wie der Philosoph Gernot Böhme ausführt, zwar ortlos, aber dennoch räumlich ergossen. Sie gehören weder allein den Objekten – bzw. den Menschen – an, die sie auszustrahlen scheinen, noch denen, die den Raum betreten und sie leiblich erspüren. Sie sind für gewöhnlich das erste, das die Zuschauer/Besucher erfasst, auf sie ‚abfärbt' und ihnen so eine ganz spezifische Erfahrung des Raumes ermöglicht und damit zugleich eine je besondere Räumlichkeit hervorbringt. Diese Erfahrung lässt sich nicht nur unter Rekurs auf einzelne Elemente des Raumes erklären – seine Ausdehnung, bestimmte Objekte, Gerüche, Laute, Licht zum Beispiel. Denn nicht sie als Einzelne sind es, welche die Atmosphäre schaffen, sondern das – bei Inszenierungen in der Regel wohlkalkulierte – Zusammenspiel aller. Böhme bestimmt Atmosphären als „Räume, insofern sie durch die Anwesenheit von Dingen, von Menschen oder Umgebungskonstellationen, d.h. durch deren Ekstasen ‚tingiert' sind. Sie sind selbst Sphären der Anwesenheit von etwas, ihre Wirklichkeit im Raum."[33] Mit dem Begriff ‚Sphären der Anwesenheit' wird auf einen spezifischen Modus der Gegenwärtigkeit von Dingen gezielt. Böhme erläutert ihn näher als „Ekstase der Dinge", als die Art, auf die ein Ding dem Wahrnehmenden in besonderer Weise als gegenwärtig erscheint. Dabei sind nicht nur die Farben, Gerüche und Laute als Ekstasen gedacht, sondern auch Ausdeh-

32 Vgl. zum Theaterraum Marvin Carlson, *Places of Performance. The Semiotics of Theatre Architecture* 1989.

33 Gernot Böhme, *Atmosphäre. Essays zur neuen Ästhetik* 1995, S. 33.

nung und Form. Die Ekstase der Dinge führt dazu, dass diese nach außen wirken und dem sie Wahrnehmenden in besonderer Weise als gegenwärtig erscheinen – sich seiner Aufmerksamkeit geradezu aufdrängen. Vor allem in der Atmosphäre wird die Flüchtigkeit von Räumlichkeit spürbar. Denn ein anderer Lichteinfall, eine andere Melodie, ein Geruch vermögen die Atmosphäre schlagartig oder allmählich zu verändern. Atmosphären sind *per se* flüchtig. Jeder Versuch, ihnen Dauer zu verleihen, schlägt notwendigerweise fehl.

Der Atmosphäre kommt für die Wahrnehmung von Räumlichkeit eine besondere Bedeutung zu. Denn in der Atmosphäre, die der Raum und die Dinge – einschließlich der Gerüche, die sie verströmen und der Laute, die sie erklingen lassen – auszustrahlen scheinen, werden diese dem Subjekt, das ihn betritt, in einem fast emphatischen Sinne gegenwärtig. Sie rücken dem wahrnehmenden Subjekt in der Atmosphäre in bestimmter Weise auf den Leib, ja dringen in es ein – wie vor allem bei Licht, Lauten und Gerüchen zu erfahren ist. Denn der Zuschauer findet sich nicht der Atmosphäre gegenüber, nicht in Distanz zu ihr, sondern wird von ihr umfangen und umgeben; er taucht in sie ein, wird so in gewisser Weise Teil der Atmosphäre und trägt durch seine Reaktionen dazu bei, sie zu verstärken, abzuschwächen oder gar zum Verschwinden zu bringen – und so Räumlichkeit gegebenenfalls neu und anders hervorzubringen.[34] Die Flüchtigkeit von Räumlichkeit tritt vor allem in den Atmosphären geradezu emphatisch in Erscheinung.

3.2.2 Körperlichkeit

Anders als im Falle von Räumlichkeit springt bei Körperlichkeit die ihr eigene Flüchtigkeit sofort in Auge. Was immer der Schauspieler auf der Bühne tut, überdauert nicht den kurzen Moment seines Vollzuges. Dies gilt für eine rasche Bewegung quer durch den Raum ebenso wie für das Heben des Arms oder ein Zusammenziehen der Augenbrauen. Anders als der Maler, Bildhauer, Dichter, Komponist, bringen der Schauspieler, Sänger, Tänzer nicht dauerhaft ein „Werk" hervor, das von ihnen abgelöst werden könnte. Was immer er erschafft, ist flüchtig und transitorisch und aus einem eigenartigen, ja eigenwilligen Material hergestellt: aus seinem eigenen Körper – oder, wie der Philosoph Helmuth Plessner es ausgedrückt hat, „im Material seiner eigenen Existenz".[35] Wie, so ist also zu fragen, wird aus bzw. mit diesem ganz besonderen Material die spezifische Materialität der Aufführung als flüchtige Körperlichkeit hervorgebracht? Um diese Fra-

34 Zur Atmosphäre im Theater vgl. Sabine Schouten, *Sinnliches Spüren* 2007.
35 Helmuth Plessner, „Zur Anthropologie des Schauspielers" 1982, S. 407.

ge beantworten zu können, muss zunächst geklärt werden, um welche Art von Material es sich hier handelt.

Der menschliche Körper ist keinem anderen Material vergleichbar, lässt sich nicht beliebig bearbeiten und formen. Er stellt vielmehr einen lebendigen Organismus dar, der sich beständig im Werden befindet, im Prozess einer permanenten Transformation. Für ihn kann es keinen Ist-Zustand geben; er kennt Sein nur als Werden, als Prozess, als Veränderung. Mit jedem Atemzug, jedem Lidschlag, jeder Bewegung bringt er sich neu hervor, wird ein anderer. Daher bleibt der Körper letztlich unverfügbar. Das leibliche In-der-Welt-Sein, das nicht *ist*, sondern *wird*, widerspricht vehement jeglicher Vorstellung von einem Werk. Zum Werk vermag der menschliche Leib erst in seiner Mortifikation zu werden, als Leichnam. Denn damit erreicht er zumindest vorübergehend einen Ist-Zustand, der allerdings nur durch eine schnelle Einbalsamierung erhalten werden kann. In diesem Zustand lässt er sich als Material verwenden, das nicht nur in Begräbnisritualen, sondern auch in künstlerischen Prozessen bearbeitet, präpariert und gestaltet werden kann – wie Gunter von Hagens' umstrittene Ausstellung „Körper-Welten" nachdrücklich demonstriert hat. Als lebendiger Leib widersetzt er sich jedoch hartnäckig jedem Versuch, ihn zu einem Werk zu erklären, geschweige denn zu machen. Er stellt vielmehr ein „Material" dar, das sich selbst immer wieder neu hervorbringt.

Andererseits lässt der menschliche Leib sich nur begrenzt überhaupt als ein Material begreifen. Wie Plessner gezeigt hat, ist stets von einer Doppelheit im Verhältnis zum Leib auszugehen. Der Mensch *hat* einen Körper, den er ähnlich wie andere Objekte manipulieren, instrumentalisieren und als Zeichen für etwas anderes verwenden und deuten kann. Zugleich aber *ist* er dieser Leib, ist Leib-Subjekt. In dieser Eigenart sieht Plessner die besondere *conditio humana* begründet – die Abständigkeit des Menschen von sich selbst. Indem der Schauspieler aus sich heraustritt, um „im Material seiner eigenen Existenz" eine Figur darzustellen, weist er nachdrücklich auf die Doppelung und die in ihr begründete Abständigkeit des Menschen von sich selbst hin. Die Spannung zwischen dem phänomenalen Leib des Schauspielers, seinem leiblichen In-der-Welt-Sein, und seiner Darstellung einer Figur, die aus Plessners Sicht dem Tun des Schauspielers in der Aufführung ihre tiefe anthropologische Bedeutung und besondere Dignität verleiht, soll nachfolgend als Spannung zwischen dem phänomenalen Leib und dem semiotischen Körper bezeichnet werden.

Diese Spannung bildet immer wieder den Gegenstand von Theater- und insbesondere Schauspieltheorien. So machen die Theatergegner in der mit großer Vehemenz im Frankreich des 17. Jahrhunderts geführten *Querelle de la moralité du théâtre*[36] das gleichzeitige In-Erscheinung-Treten und Wirken des semiotischen Körpers *und* des phänomenalen Leibes als Ursache für tiefgreifende und äußerst unheilvolle Veränderungen im Zuschauer aus. Sie argumentieren, dass es zum einen die Darstellung leidenschaftlicher Handlungen durch die Schauspieler sei, welche die Zuschauer anzustecken vermöge, so dass auch in ihnen Leidenschaften erregt würden. Dies führe nun nicht, wie die Theaterbefürworter meinten, zu einer heilsamen Katharsis, sondern zu einer dem Menschen zutiefst schädlichen, ihn sich selbst und Gott entfremdenden Verstörung – eine Auffassung, die auch von Jean Jacques Rousseau noch im 18. Jahrhundert geteilt wurde. Außerdem unterstellten sie, dass es zugleich die körperlichen Vorzüge einer Schauspielerin und eines Schauspielers seien, die als solche auf Zuschauer des jeweils anderen Geschlechts eine erotische Anziehungskraft ausübten, Gefühle einer unzüchtigen, zum Teil sogar ehebrecherischen Begierde in ihnen erweckten und sie auf diese Weise verführten. Da immer zugleich der phänomenale Leib und der semiotische Körper eines Schauspielers in Erscheinung traten, konnten die Folgen seines Erscheinens auf der Bühne für den Zuschauer nur verheerend sein.

Die Schauspieltheorien des 18. Jahrhunderts, die im Zuge einer Literarisierung des Theaters formuliert wurden, versuchten derartige mögliche negative Folgen auszuschalten, indem sie die Spannung zwischen dem phänomenalen Leib des Schauspielers und seiner Darstellung einer Rollenfigur zugunsten der Darstellung aufzuheben suchten. Dies sollte gelingen, indem die Dominanz des literarischen Textes über die Schauspielkunst durchgesetzt wurde. Der Schauspieler sollte nicht länger mehr spielen, wie es ihm seine Spielfreude, sein Improvisationstalent, sein Witz, sein Genie oder auch seine Eitelkeit und Gefallsucht eingaben. Seine Aufgabe sollte vielmehr darauf beschränkt werden, die Bedeutungen, die der Dichter in seinem Text mit sprachlichen Mitteln zum Ausdruck gebracht hatte, dem Publikum mit seiner Schauspielkunst zu vermitteln. Die Schauspielkunst sollte so beschaffen sein, dass sie den Schauspieler befähigte, diese Bedeutungen – vor allem die Gefühle, seelischen Zustände, Gedankengänge und Charakterzüge der dramatischen Figur – an und mit seinem Körper zum Ausdruck zu bringen. Sie sollte dem Schauspieler helfen, sein leibliches In-der-Welt-Sein, seinen phänomenalen Leib auf der Bühne auszulöschen, zum Verschwinden zu bringen, indem er ihn möglichst vollständig in einen „Text" aus Zeichen für die Handlungen, Gefühle etc. einer Figur umformte.

---

36 Vgl. Laurent Thirouin (Hg.), *Pierre Nicole, Traité de la comédie et autres pièces d'un procès du théâtre* 1998.

Entsprechend tadelte der Philosoph und spätere Direktor des Berliner Hof- und Nationaltheaters Johann Jakob Engel in seiner *Mimik* (1785/6) Schauspieler für eine Verwendung ihres Körpers, welche die Aufmerksamkeit des Zuschauers auf ihren phänomenalen Leib lenkt und ihn so daran hindert, diesen als Zeichen für eine Figur wahrzunehmen:

> Ich weiß nicht, welcher feindselige Dämon itzt unsre Schauspieler, besonders weiblichen Geschlechts, beherrscht, daß sie eine so große Kunst im Fallen, oder soll ich sagen, im Stürzen? suchen. Man sieht eine *Ariadne*, wenn sie von der Göttinn des Felsens ihr trauriges Schicksal erfährt, mit der ganzen Länge ihres Körpers hinschlagen: schneller, als ob sie vom Blitze getroffen würde, und mit einer Gewalt, als ob sie sich die Hirnschale zerschmettern wollte. Wenn bei einem so unnatürlichen, so widrigen Spiel ein lauter Beifall erfolgt, so ist es sicher nur von den Händen der Unwissenden, die sich in das wahre Interesse eines Stücks nicht zu versetzen wissen, die ihr Billet einzig fürs Gaffen bezahlen, und lieber in eine Gauklerbude gingen, oder ein Stiergefecht sähen. Der Kenner, wenn er ja einmal mitklatscht, thut es wahrlich nur aus mitleidiger Freude, daß das arme Geschöpf, welches immer ein ganz gutes Mädchen sein kann, wenn es gleich eine schlechte Schauspielerinn ist, so ohne Schaden davon gekommen. Halsbrechende Künste gehören nicht einmal in eine echte Pantomime, weil doch auch diese eine Handlung vorstellt und Aufmerksamkeit und Interesse auf dieser Handlung will zusammengehalten wissen; sie gehören bloß in eine Luftspringerbude, wo das ganze Interesse auf den wirklichen Menschen, auf seine körperliche Behendigkeit fällt, und um so mehr wächst, je mehr man den Wagehals in Gefahr sieht.[37]

Im Theater dagegen soll der Zuschauer nur die Figur wahrnehmen, nur für sie empfinden. Wird jedoch seine Aufmerksamkeit auf den phänomenalen Leib gerichtet, so dass er ihn nicht mehr als Zeichen für den Seelen- und Gemütszustand einer Figur wahrnimmt, sondern als sinnlichen Leib, fängt er an, „für ihn“ bzw. für sie „zu empfinden“. Und dies „reißt“ ihn „unausbleiblich aus der Illusion“.[38] Er wird genötigt, die fiktive Welt des Stückes zu verlassen und sich in die Welt realer Leiblichkeit zu begeben.

Daher muss der Schauspieler einer gewissen „Entleiblichung“ unterzogen werden. Alles, was auf den organischen Leib verweist, auf das leibliche In-der-Welt-Sein des Schauspielers, muss ihm ausgetrieben werden, bis ein „rein“ semiotischer Körper zurückbleibt. Denn nur ein „rein“ semiotischer Körper wird imstande sein, die im Text niedergelegten Bedeutungen unverfälscht sinnlich wahrnehmbar zur Erscheinung zu bringen und dem Zuschauer zu vermitteln, so dass dieser begreifen kann, worum es im

37 Johann Jakob Engel, *Ideen zu einer Mimik* (1785/6) 1971, S. 59f.
38 Ebenda, S. 58.

Stück geht. Dies scheint Sophie Friederike Hensel in der Sterbeszene als Miß Sara Sampson so vollkommen gelungen zu sein, dass sie dafür Lessings hohes Lob erhielt. Dass eine solche Art zu spielen gleichwohl nicht notwendigerweise zum Verständnis des Stückes beitrug, geht u.a. aus einer Rezension hervor, die in der Berliner *Litteratur- und Theaterzeitung* am 22. Mai 1784 über die Aufführung des neuen Stücks von Friedrich Ludwig Schröder *Stille Wasser sind betrüglich* erschien. In ihr kündigt der Rezensent der Leserschaft an: „Nach der dritten Vorstellung werde ich imstande sein, Ihnen den Inhalt und die Folge der Auftritte mitzuteilen." Fast drei Monate später entschuldigt er sich in der Ausgabe vom 3. Juli dafür, dass er dieses Versprechen immer noch nicht eingelöst habe, mit der Begründung: „Ich bin noch immer nicht imstande, Ihnen einen genauen Auszug des Stücks zu schicken. Meine Aufmerksamkeit richtet sich so sehr an das Spiel einiger Schauspieler, dass ich nicht an die Folge der Szenen denken kann." Es ist anzunehmen, dass eine solche Faszination durch das Spiel einiger Schauspieler, welche den Zuschauer daran hinderte, den Handlungsablauf zu verstehen, nicht nur ihrem semiotischen Körper, sondern auch ihrem phänomenalen Leib geschuldet war. Lässt sich doch der eine nicht von dem anderen trennen, auch wenn die Theoretiker der Schauspielkunst des 18. Jahrhunderts dies nicht wahrhaben wollten.

Für das Paradigma einer realistisch-psychologischen Schauspielkunst, wie sie im 18. Jahrhundert geschaffen und gegen Ende des 19., zu Beginn des 20. Jahrhunderts von Konstantin S. Stanislawski (1863–1938) theoretisch neu fundiert wurde, ist generell der Versuch kennzeichnend, die Spannung zwischen dem phänomenalen Leib und dem semiotischen Körper aufzulösen, indem der phänomenale Leib ganz und gar hinter bzw. im semiotischen Körper zum Verschwinden gebracht werden soll – was allerdings niemals durchgehend gelingen kann.

Die Abwendung der historischen Avantgardebewegungen vom Literaturtheater führte zugleich zu einer neuen Konzeptualisierung von Schauspielkunst. Es klingt wie eine direkte Entgegnung auf Engel, wenn Vsevolod E. Meyerhold (1874–1940) sich dabei ausdrücklich auf die Gauklerbude auf dem Jahrmarkt beruft – und wie ein schwaches Echo, wenn Rezensenten die neue, den phänomenalen Leib betonende Art der Körperverwendung in Reinhardts Inszenierung des *König Ödipus* und der *Orestie* mit dem Argument kritisieren, dass dies „zirkushaft im vulgärsten Sinne" sei und gerade gut genug für ein Publikum, das „bei Stierkämpfen aufgewachsen sei"[39].

39 Siegfried Jacobsohn, *Das Jahr der Bühne* 1912, S. 49.

Bei der Entwicklung einer neuen Schauspielkunst stand nun der Materialcharakter des menschlichen Körpers im Vordergrund. Während Edward Gordon Craig (1872–1966) ihn wegen der Spannung zwischen phänomenalem Leib und semiotischem Körper als unberechenbar und daher als Material für eine Kunst ungeeignet annahm,[40] begriff Meyerhold (1874–1940) ihn als ein unendlich form- und kontrollierbares Material, das der Schauspieler schöpferisch bearbeiten könne:

> In der Kunst geht es immer um die Organisation von Material. [...] Die Kunst des Schauspielers besteht in der Organisation seines Materials, d.h., in der Fähigkeit, die Ausdrucksmittel seines Körpers richtig auszunutzen. In der Person des Schauspielers kongruieren der Organisator und das, was organisiert werden soll (d.h. der Künstler und sein Material). In einer Formel ausgedrückt, sieht das so aus: N = A1 + A2, wobei N der Schauspieler ist, A1 der Konstrukteur, der eine bestimmte Absicht hat und Anweisungen zur Realisierung dieser Absicht gibt, A2 ist der Körper des Schauspielers, der die Aufgaben des Konstrukteurs (des ersten A) ausführt und realisiert.[41]

Zwar ist der Schauspieler nun aus der Abhängigkeit von der Literatur befreit. Gleichwohl scheint auch hier die Tendenz zu bestehen, die Spannung zwischen Leib-Sein und Körper-Haben aufzuheben: Dem Subjekt, das kaum als Leib-Subjekt gedacht ist, wird vollkommene Verfügungsgewalt über das Körper-Objekt zugesprochen. Während die Theoretiker des 18. Jahrhunderts hofften, dass alles, was am Körper sinnliche und unzulängliche menschliche Natur ist, im Prozess seiner Semiotisierung zum Verschwinden gebracht werden könne – auch wenn einige wie z.B. Schiller erhebliche Zweifel daran äußerten –, erscheint der menschliche Körper bei Meyerhold und anderen Avantgardisten wie eine unendlich perfektionierbare Maschine, die durch klug kalkulierte Eingriffe so weit optimiert werden kann, dass ein reibungsloser Ablauf garantiert ist. Dabei interes-

---

40 So argumentiert der Schauspieler, Regisseur, Bühnenbildner und Theoretiker Craig in seinem Aufsatz „Der Schauspieler und die Übermarionette", der zuerst 1908 in der Zeitschrift „The Mask" erschien: „kunst beruht auf plan. es versteht sich daher von selbst, daß zur erschaffung eines kunstwerks nur mit den materialien gearbeitet werden darf, über die man planend verfügen kann. der mensch gehört nicht zu diesen materialien [...]. der schauspieler ist seinen gefühlen preisgegeben, sie bemächtigen sich seiner glieder und lenken sie nach ihrem willen. er tanzt nach ihrer pfeife, [...] wie einer, der von sinnen ist. [...] und wie mit der körper-bewegung, so verhält es sich auch mit dem gesichtsausdruck. [...] der menschliche körper ist also [...] von natur aus als material für eine kunst untauglich." (Edward Gordon Craig, *Über die Kunst des Theaters* 1969, S. 51–73, S. 52/54).

41 Vsevolod E. Meyerhold, „Der Schauspieler der Zukunft und die Biomechanik" (1922) 1974, S. 73f.

siert hier allerdings weniger die Zeichenhaftigkeit des Körpers als seine spezifische objekthafte Materialität, die als beliebig formbar angenommen wird. Die Aufmerksamkeit richtet sich auf seine Beweglichkeit, seine „reflektorische Erregbarkeit", welche „die Zuschauer ansteckt"[42], das heißt, sie ebenfalls in einen Zustand der Erregbarkeit versetzt. Dieser Vorgang ist wie ein Reiz-Reaktion-Ablauf gedacht, ohne dass dabei der phänomenale Leib, das Leib-Subjekt in Erscheinung treten müsste.

Der vom Schauspieler als beliebig manipulierbare(s) Objekt/Maschine verwendete Körper, der die Aufmerksamkeit auf sein perfektes Funktionieren lenkt, durch das er im Zuschauer bestimmte Wirkungen hervorzurufen vermag, kann in der Wahrnehmung des Zuschauers darüber hinaus durchaus zu einem semiotischen Körper werden. Denn der Zuschauer vermag dem so präsentierten Körper ganz neue Bedeutungen zuzusprechen und so zum „Schöpfer eines neuen Sinnes"[43] zu werden.

Auf diese neuen Bedeutungen kam es auch Bertolt Brecht (1898–1956) an, als er eine „Neue Technik der Schauspielkunst, die einen Verfremdungseffekt hervorbringt" (1935–1941), entwarf und beschrieb. Auch wenn der Schauspieler die Figur nicht so darstellen soll, als würde er ganz und gar hinter ihr verschwinden, in seiner Rolle aufgehen, ist es doch sein semiotischer Körper, um den es Brecht vor allem zu tun ist. Denn der Schauspieler soll sowohl die Figur darstellen als auch zugleich seine Haltung ihr gegenüber. Aus seinem Spiel soll der Zuschauer nicht nur erfahren, welche Handlungen die Figur begeht und welche Verhaltensweisen ihr eigen sind, sondern zugleich, dass ihr auch andere Handlungen und Verhaltensweisen möglich gewesen wären. Da der Schauspieler sich „mit der Person, die er darstellt, nicht identifiziert, kann er ihr gegenüber einen bestimmten Standpunkt wählen, seine Meinung über sie verraten, den Zuschauer, der auch seinerseits nicht eingeladen wurde, sich mit ihr zu identifizieren, zur Kritik der dargestellten Person auffordern"[44]. Der Zuschauer vermag also den semiotischen Körper des Schauspielers sowohl im Hinblick auf die Handlungen und Verhaltensweisen der dargestellten Figur als auch hinsichtlich der Haltung, die der Schauspieler selbst ihr gegenüber einnimmt, zu deuten und auf dieser Grundlage seinerseits neue – gesellschaftskritische – Bedeutungen zu generieren. Ob und wie der phänomenale Leib des Schauspielers dabei ins Spiel kommt, wird von Brecht nicht erörtert.

42 Ebenda, S. 74f.

43 Vsevolod E. Meyerhold, Rezension des Buches „Aufzeichnungen eines Regisseurs", von A. Ja. Tairov (1921/22) 1974, S. 72.

44 Bertolt Brecht, „Kurze Beschreibung einer neuen Technik der Schauspielkunst, die einen Verfremdungseffekt hervorbringt" 1967a, S. 346.

Im Zentrum seiner Überlegungen steht ein ganz spezifischer Einsatz des semiotischen Körpers des Darstellers.

Seit den 1960er Jahren werden im Theater Verwendungsweisen des Körpers erprobt und entwickelt, die konsequent von der Doppelung von Leib-Sein und Körper-Haben ausgehen und ausdrücklich auf die Spannung zwischen phänomenalem Leib und semiotischem Körper verweisen. In diesem Kontext wurde eine Reihe von Verfahren entwickelt, die darauf ziel(t)en, diese Spannung produktiv zu machen.

Dem polnischen Regisseur Jerzy Grotowski (1933–1999) zum Beispiel gelang dies, indem er das Verhältnis von Darsteller und Rolle umkehrte. Seinem Verständnis nach kann der Schauspieler nicht dazu da sein, eine Figur darzustellen. Er bestimmt die im Text niedergelegte Rolle eher als ein Werkzeug zur Erreichung eines anderen Ziels: „[...] der Schauspieler muss lernen, seine Rolle wie das Skalpell eines Chirurgen zu benutzen, um sich selbst zu zerlegen.“[45] Die Rolle wird hier nicht länger als Ziel und Zweck der Tätigkeit des Schauspielers begriffen, sondern lediglich als ein Mittel zur Erreichung eines anderen Zwecks. Grotowski verzichtete bei der Ausbildung des Schauspielers darauf,

> ihn irgendwas zu lehren: wir arbeiten darauf hin, die Widerstände seines Organismus gegen diesen psychischen Vorgang zu eliminieren. Das Ergebnis ist ein Befreitsein vom Zeitsprung zwischen innerem Impuls und äußerer Reaktion, so, daß der Impuls schon eine äußere Reaktion ist. Impuls und Aktion fallen zusammen: der Körper verschwindet, verbrennt, und der Zuschauer sieht nur eine Reihe sichtbarer Impulse.[46]

Für Grotowski ist das Körper-Haben nicht vom Leib-Sein zu trennen. Der Körper ist für ihn kein Instrument; er ist weder ein Ausdrucksmittel noch Material für Zeichenbildung o.Ä. Seine „Materie“ wird vielmehr in und durch die Tätigkeit des Schauspielers „verbrannt“, in Energie umgewandelt. Der Schauspieler beherrscht nicht seinen Körper – weder im Sinne Engels noch im Sinne Meyerholds; er lässt ihn vielmehr selbst zum Akteur werden, so dass er als Leib-Subjekt, als ein ‚verkörperter Geist‘, *embodied mind*, in Erscheinung tritt.

Ein anderes Verfahren, das vor allem von Robert Wilson angewandt wird, besteht darin, die Individualität des jeweiligen Darsteller-Körpers hervorzuheben und geradezu auszustellen, so dass dieser niemals hinter der dargestellten Figur verschwindet. Vielmehr treten beide deutlich auseinander. Es ist auch hier nicht die Aufgabe des Performers, eine Figur dar-

---

45 Jerzy Grotowski, *Für ein armes Theater* 1968, S. 28.

46 Ebenda, S. 13.

zustellen. Es geht vielmehr darum, seine eigene Körperlichkeit als eine je individuelle hervorzubringen und den von ihm – auch mit Hilfe von Kostüm und Schminke – geschaffenen Kunst-Körper auszustellen. Der Bezug auf eine Figur erscheint dabei eher akzidentiell.

Ein wieder anderes Verfahren zielt darauf, eine Art Kluft oder Widerspruch zwischen dem phänomenalen Leib eines Darstellers und der von ihm dargestellten Figur entstehen zu lassen. Wenn, wie es in der Inszenierung *Julius Caesar* (1998) der italienischen Gruppe Societas Raffaello Sanzio geschah, Schauspieler auftreten, welche aufgrund der Hinfälligkeit, Gebrechlichkeit, Verletzlichkeit oder auch Monstrosität ihrer Leiblichkeit die Aufmerksamkeit auf diesen ihren phänomenalen Leib lenken, wird es dem Zuschauer nur von Zeit zu Zeit gelingen, sie als die Figuren wahrzunehmen, die sie laut Programmheft darstellen sollen. Die Spannung zwischen phänomenalem Leib und semiotischem Körper wird so erheblich verstärkt und bleibt permanent spürbar.

Als weiteres Verfahren sei als letztes das Cross-casting erwähnt, die Besetzung männlicher Rollen mit weiblichen und weiblicher Rollen mit männlichen Darstellern, das häufig Verwendung findet. Als zum Beispiel in Frank Castorfs Inszenierung von *Des Teufels General* (Volksbühne am Rosa-Luxemburg-Platz Berlin 1996) der General von Corinna Harfouch gespielt wurde und Pützchen von Bernhard Schütz und beide Darsteller nichts taten, um vergessen zu machen, dass hier eine Frau einen Mann bzw. ein Mann eine Frau darstellte, war es gerade die Spannung zwischen dem phänomenalen Leib der Darsteller und ihrem semiotischen Körper, auf die die Aufmerksamkeit des Publikums gelenkt wurde.

Diese Spannung suchten Aktions- und Performance-Künstler dadurch zu überwinden, dass sie sich weigerten, fiktive Figuren in fiktiven Welten darzustellen. Als der FLUXUS Künstler Tomas Schmit in seinem *Zyklus für Wassereimer* (1962) in der Mitte eines Kreises niederkniete, den dreißig Eimer bildeten, von denen einer mit Wasser gefüllt war, diesen Eimer ergriff und das Wasser in den im Uhrzeigersinn nächsten goss und so fort, bis das Wasser verschüttet oder verdunstet war, stellte er nicht eine Figur dar, die diese Handlungen in einer fiktiven Welt zu einem bestimmten Zweck ausführt. Vielmehr handelte es sich um den Künstler Tomas Schmit, der an einem realen Ort in realer Zeit bestimmte Handlungen mit und an realen Objekten vollzog, ohne dass diese Handlungen irgendetwas anderes bedeuten sollten als das, was sie vollzogen – Wasser von einem Eimer in einen anderen umzufüllen.

Als dreißig Jahre später der schwerkranke Bob Flanagan sein Krankenzimmer in einer New Yorker Galerie aufbaute und seine Krankheit vor den

Blicken von Betrachtern/Besuchern ausstellte, da verwies der Künstler auf keine Figur oder symbolische Ordnung. Vielmehr wies er unmissverständlich auf sich selbst und seine Krankheit zurück. Im Mittelpunkt stand sein phänomenaler Leib und jede Geste, jede Bewegung, jeder Laut und jedes Wort, die er hervorbrachte, bedeuteten nichts anderes, als was sie vollzogen, und brachten damit zugleich diesen von Krankheit und Tod gezeichneten phänomenalen Leib neu hervor.

Während die Schauspieltheoretiker des 18. Jahrhunderts vom Schauspieler verlangten, er solle seinen phänomenalen Leib ganz und gar in seinem semiotischen Körper bzw. in der dargestellten Figur zum Verschwinden bringen, proklamieren die Aktions- und Performance-Künstler seit den sechziger Jahren des 20. Jahrhunderts, dass sie mit ihrem phänomenalen Leib Handlungen vollziehen, die nichts anderes bedeuten sollen als was sie tun. Sie fokussieren damit zugleich den phänomenalen Leib als solchen und bringen ihn mit jeder Handlung neu hervor.[47] Das muss allerdings den Zuschauer nicht daran hindern, dem phänomenalen Leib des Künstlers und seinen Handlungen darüber hinausgehende Bedeutungen zuzuschreiben – sie zum Beispiel im Falle Schmits als Vorbereitung für eine Reinigung oder als Reinigung des Eimers, als Füllen einer Tränke oder auch als eine symbolische Handlung zu deuten, die auf einen verschwenderischen Umgang mit lebensnotwendigen Ressourcen verweist, oder gar als Darstellung einer Person, die ganz und gar von ihrer Tätigkeit absorbiert ist, und anderes mehr.

Im Falle von Bob Flanagan mag der Zuschauer den unübersehbar todgeweihten Leib des Künstlers als ein Zeichen für den nahenden Tod oder gar als ein „Memento mori!" gedeutet haben oder als Aufforderung, den Tod nicht länger in Krankenhäuser und Hospitäler abzuschieben und so aus der Öffentlichkeit und damit aus dem Bewusstsein zu verdrängen. Vielleicht mag er in der Performance auch ein Zeichen für den Lebenswillen und die Kreativität des Künstlers gesehen haben, der sogar im Kampf mit dem Tod nicht aufhört, sich mit seinen Ideen einem Publikum zu stellen.

Auch wenn das Spektrum der theoretischen und programmatischen Forderungen vom Verschwinden des phänomenalen Leibes hinter dem semiotischen Körper bis hin zur Präsentation des phänomenalen Leibes reicht, vom Bestehen auf einem „rein" semiotischen Körper bis hin zum Insistieren auf einem „rein" phänomenalen Leib, darf nicht übersehen werden, dass beide unlösbar miteinander verbunden sind, der eine nicht ohne den anderen *in Erscheinung treten* kann, wobei freilich der phänomenale Leib

47 Vgl. zur Geschichte der Schauspieltheorie Jens Roselt (Hg.), *Seelen mit Methode* 2005.

durchaus ohne den semiotischen Körper *gedacht werden* kann, das Umgekehrte jedoch nicht möglich ist.

Beide lassen sich besonders produktiv über den Begriff der *Verkörperung* aufeinander beziehen. Unter ‚Verkörperung' wird dabei nicht verstanden, dass hier einem ‚Geistigen' – einer Idee, einer Vorstellung, einer Bedeutung oder auch einem körperlosen Geist – vorübergehend ein Körper ‚geliehen' wird, durch den er sich artikulieren und wahrnehmbar in Erscheinung treten kann. Dies war die Bedeutung, die dem Begriff der Verkörperung im 18. Jahrhundert beigelegt wurde. Ihm lag ein Konzept von Bedeutung zugrunde, das in einer Zwei-Welten-Theorie gründet: Bedeutungen werden als mentale, als „geistige" Entitäten verstanden, die nur durch die Erfindung entsprechender Zeichen zum Erscheinen gebracht werden können. Während die Sprache ein nahezu ideales Zeichensystem darstellt, in dem Geistiges, nämlich die Bedeutungen, unverfälscht und „rein" zum Ausdruck gebracht werden kann, ist mit dem menschlichen Körper ein sehr viel weniger verlässliches Medium und Material zur Zeichenbildung gegeben. Deswegen warnte Schiller ausdrücklich vor „dem so zweifelhaften Gewinne bei theatralischer Verkörperung"[48]. Damit der Leib überhaupt entsprechend verwendet werden kann, muss er daher zunächst einer gewissen Entleiblichung unterzogen werden: Alles, was auf den organischen Körper verweist, auf das leibliche In-der-Welt-Sein des Schauspielers, muss seinem Leib ausgetrieben werden, bis ein „rein" semiotischer Körper zurückbleibt. Denn nur ein „rein" semiotischer Körper wird imstande sein, die im Text niedergelegten Bedeutungen unverfälscht sinnlich wahrnehmbar zur Erscheinung zu bringen und dem Zuschauer zu vermitteln. Verkörperung setzt also Entkörperlichung bzw. Entleiblichung voraus. Sie leistet zugleich Widerstand gegen die Flüchtigkeit der Aufführung. Denn wohl mögen die Gesten und Bewegungen des Schauspielers, die Laute, die er hervorbringt, transitorisch sein; die Bedeutungen jedoch, die mit ihnen ausgedrückt werden, existieren auch jenseits dieser flüchtigen Zeichen.

Der Anthropologe Thomas Csórdas definierte den Begriff der Verkörperung/*embodiment* in den 1990er Jahren grundlegend neu. Er bestimmte den Leib als „existential ground of body and self"[49]. In seinem Konzept von *embodiment*/Verkörperung ist der Dualismus von Körper und Geist aufgehoben. Geist wird nicht mehr als außerhalb des Leibes oder ihm gar

48 Zit. n. Jacob und Wilhelm Grimm (Hg.), *Deutsches Wörterbuch* 1984.

49 Thomas J. Csórdas (Hg.), *Embodiment and Experience. The Existential Ground of Culture And Self*, 1994, S. 6.

entgegengesetzt verstanden, sondern lässt sich nur als verkörpert denken. Der Begriff der Verkörperung meint entsprechend diejenigen flüchtigen körperlichen Prozesse, mit denen der phänomenale Leib sich immer wieder selbst als einen je besonderen hervorbringt und damit *zugleich* spezifische Bedeutungen erzeugt. So bringt der Schauspieler seinen phänomenalen Leib auf eine ganz spezielle Weise hervor, die häufig als *Präsenz* erfahren wird, und *zugleich* eine dramatische Figur – zum Beispiel Hamlet oder Medea. Sowohl die Präsenz als auch die Figur existieren nicht jenseits der besonderen Verkörperungsprozesse, mit denen der Schauspieler sie in der Aufführung hervorbringt; sie werden beide vielmehr erst von diesen erzeugt.[50]

Der Begriff der *Präsenz* wird hier in einem dreifachen Sinne verstanden. Er meint zunächst die bloße Anwesenheit des phänomenalen Leibes des Akteurs. Sie wird vom *schwachen Konzept von Präsenz* erfasst. Von der bloßen Anwesenheit ist jene Präsenz zu unterscheiden, die es dem Akteur ermöglicht, den Raum zu beherrschen und die Aufmerksamkeit des Zuschauers zu erzwingen. Der Zuschauer spürt eine Kraft, die vom Akteur ausgeht und ihn dazu bringt, seine Aufmerksamkeit ganz und gar auf ihn zu fokussieren, ohne sich von dieser Kraft überwältigen zu lassen; er empfindet sie eher als eine Kraftquelle. Die Zuschauer spüren, dass der Darsteller auf eine ungewöhnlich intensive Weise gegenwärtig ist, die ihm das Vermögen verleiht, sich selbst auf eine besonders intensive Weise als gegenwärtig zu fühlen. Dies soll als das *starke Konzept von Präsenz* gelten. Ein noch weitergehender Eindruck der Präsenz entsteht im Zuschauer, wenn es dem Schauspieler/Performer gelingt, mit seinen Verkörperungsprozessen Energien in einer Weise zu erzeugen, dass sie für den Zuschauer spürbar im Raum zirkulieren und ihn affizieren. Diese Energie ist eine Kraft, die vom phänomenalen Leib des Darstellers ausgeht und ihn für den Zuschauer in besonderer Weise als gegenwärtig erscheinen lässt. Insofern sie den Zuschauer dazu bewegt, selbst Energie zu evozieren, die nun ihrerseits im Raum zirkuliert, wird der Zuschauer sich selbst nicht nur als in besonderer Weise gegenwärtig empfinden. Denn wenn der Schauspieler seinen phänomenalen Leib als einen energetischen hervorbringt, dann tritt er als *embodied mind* in Erscheinung. In dieser Präsenz des Akteurs erfährt und erlebt der Zuschauer daher den Darsteller und zugleich sich selbst als *embodied mind*; die zirkulierende Energie wird von ihm als transformatorische Kraft – und in diesem Sinne als Lebens-Kraft – wahrgenommen. Dies wird als das *ra-*

50 Zum Begriff der Verkörperung vgl. meinen entsprechenden Eintrag im *Metzler Lexikon Theatertheorie* 2005b, S. 379–382.

dikale Konzept von Präsenz verstanden.[51] Die vom phänomenalen Leib der Darsteller – und durchaus auch der Zuschauer – hervorgebrachte Energie, die im Raum zirkuliert und von jedem Anwesenden leiblich gespürt werden kann, stellt eben in ihrer Flüchtigkeit einen wichtigen Agenten in den Wechselwirkungen zwischen Akteuren und Zuschauern dar, aus denen die Aufführung hervorgeht.

3.2.3 Lautlichkeit

Geradezu paradigmatisch für die Flüchtigkeit von Aufführungen ist ihre Lautlichkeit. Was könnte flüchtiger sein als ein (v)erklingender Laut? Aus der Stille des Raumes auftauchend, breitet er sich in ihm aus, füllt ihn, um im nächsten Augenblick zu verhallen, zu verwehen, zu verschwinden. So flüchtig er sein mag, wirkt er doch unmittelbar auf die Person ein, die ihn vernimmt. Er vermittelt ihr nicht nur ein Raumgefühl (in diesem Zusammenhang sei daran erinnert, dass unser Gleichgewichtssinn im Ohr sitzt); er dringt in ihren Leib ein und vermag häufig physiologische und affektive Reaktionen auszulösen. Ein Schauder überfällt den Hörenden, er bekommt eine Gänsehaut, sein Puls beschleunigt sich, seine Atemzüge werden kürzer und heftiger; er verfällt der Melancholie oder, im Gegenteil, bricht in Euphorie aus, Sehnsucht nach Ich-weiß-nicht-was ergreift ihn, Erinnerungen steigen in ihm auf und so fort. Lautlichkeit verfügt offensichtlich über ein starkes Wirkpotenzial.

Der Aufführungsraum ist niemals nur ein Schau-Raum (*theatron*), sondern immer auch ein Hör-Raum (*auditorium*). In ihm erklingen sprechende oder singende Stimmen, Musik, Geräusche. Bis heute ist in Feuilletons oder auch in der (Literatur-)Wissenschaft die Meinung verbreitet, dass sich das europäische bzw. westliche Theater von dem anderer Kulturen dadurch unterscheidet, dass seine Lautlichkeit weitgehend mit gesprochener Sprache gleichzusetzen sei. Daraus wird der Schluss gezogen, dass Lautlichkeit als solche in der Aufführung nicht eigentlich relevant sei, sondern lediglich als Vermittlerin von Sprache, als Medium, in dem und durch das Sprache in Erscheinung tritt. Diese Annahme kann mit Blick auf die europäische Theatergeschichte nur als irrig bezeichnet werden. Bereits im griechischen Theater wurde nicht nur rezitiert. In Tragödien und Komödien wurden Rezitationen von der Flöte begleitet, während alle in lyrischen

---

51 Zum Begriff der Präsenz vgl. Fischer-Lichte 2004a, S. 160–175, Doris Kolesch, „Präsenz", im *Metzler Lexikon Theatertheorie* 2005b, S. 250–253, Hans-Thies Lehmann, „Die Gegenwart des Theaters", in: Erika Fischer-Lichte, Doris Kolesch, Christel Weiler (Hg.), *Theater der neunziger Jahre*, 1999c, S. 13–26.

Maßen abgefassten Textpartien gesungen wurden, zum Teil im Wechsel mit dem Chor, zum Teil als virtuose Solo-Arien. Von einer Dominanz der gesprochenen Sprache kann hier nicht die Rede sein.

Dies gilt erst recht seit Erfindung der Oper. Sie ging Ende des 16. Jahrhunderts aus den Bemühungen der Florentiner Camerata hervor, die griechische Tragödie wiederzubeleben. Seitdem sind es vor allem Gattungen des Musiktheaters, in denen Lautlichkeit jenseits der Sprachübermittlung für den besonderen Reiz, die große Beliebtheit beim breiten Publikum sorgt – außer der Oper das Singspiel, das Ballett, später dann die Operette und das Musical. Auch im Schauspieltheater gilt die Dominanz der Sprechstimme keineswegs unangefochten. Abgesehen von der Eigenart, dass bis zum Ende des 18. Jahrhunderts Aufführungen aus einem Nummernprogramm bestanden, das in der Regel auch ein Musikstück – häufig als Begleitung für das abschließende Ballett – enthielt, wurde auch die Aufführung des Schauspiels im engeren Sinne von Musikeinlagen unterbrochen. Bis heute ist Schauspieltheater ohne Musik – oder auch Geräusche – nicht denkbar. Lautlichkeit wird im europäischen Theater keineswegs ausschließlich und noch nicht einmal überwiegend durch sprechende Stimmen, also durch gesprochene Sprache hervorgebracht. Der Aufführungsraum konstituiert sich als Hör-Raum vielmehr durch Musik, Geräusche der unterschiedlichsten Art und Stimmen, sprechende, singende, lachende, schluchzende, schreiende Stimmen – ganz gleich, ob es sich wie bei John Cages *Silent Piece 4'33"* (Premiere am 29. April 1952 in der Maverick Hall in Woodstock/New York) um Geräusche handelt, die sowohl vom Publikum erzeugt wurden – wie Kommentare, Flüstern, Kichern, Füßescharren u. Ä. –, als auch von draußen in den Saal drangen wie das Heulen des Windes und das Prasseln des Regens, oder, wie in Peter Steins Inszenierung der *Orestie* (Schaubühne am Halleschen Ufer, Berlin 1980), um das Grummeln von Stimmen der alten Männer des Chores, das in ein wimmerndes Pfeifen überging, oder um den *ololygmos*, das Jubeljauchzen, das, halb Grillengezirp, halb Vogelruf, mit der Kopfstimme hervorgebracht wurde.

Den Stimmen der Darsteller kommt offensichtlich ein besonderes Gewicht zu. Lautlichkeit, welcher Art auch immer, bringt stets zugleich auch Räumlichkeit hervor. Stimmlichkeit erzeugt darüber hinaus immer zugleich auch Körperlichkeit. Mit und in der Stimme entstehen alle drei Arten von Materialität: Körperlichkeit, Räumlichkeit und Lautlichkeit. Die Stimme erklingt, indem sie sich dem Körper entringt und durch den Raum schwingt, so dass sie sowohl für den Singenden/Sprechenden selbst als auch für andere hörbar wird. Die enge Beziehung zwischen Körper und Stimme zeigt sich vor allem im Schrei, im Seufzen, Stöhnen, Schluchzen und im Lachen.

Diese Äußerungen werden unübersehbar in einem Prozess hervorgebracht, der den ganzen Leib affiziert: Er krümmt sich, verzerrt sich in Kontorsionen oder spannt sich aufs Äußerste an. Zugleich vermögen die sprachlosen Verlautbarungen der Stimme den, der sie vernimmt, zutiefst physisch zu ergreifen. Wer den Schrei eines Menschen vernimmt, wer ihn seufzen, stöhnen, schluchzen oder lachen hört, wird dies als spezifische Verkörperungsprozesse wahrnehmen, mit denen eine je besondere Körperlichkeit hervorgebracht wird. Indem er den Schrei, das Schluchzen oder Lachen vernimmt, dringt die schreiende, schluchzende oder lachende Stimme in seinen Leib ein, re-soniert in ihm, wird von ihm aufgenommen.

Mit einer solchen Loslösung der Stimme von der Sprache, wie sie auch in den Koloraturen oder bei der Erreichung einer bestimmten Tonhöhe eintritt, ist in Performance-Kunst und Theater seit den 1960er Jahren immer wieder experimentiert worden. In den so genannten autobiografischen Performances von Spalding Gray, Laurie Anderson, Rachel Rosenthal und Karen Finley zum Beispiel, vor allem aber in den Performances von Diamanda Galás und David Moss wird immer wieder jener Moment gesucht und erreicht, in dem die – sprechende oder singende – Stimme aufhört, verständlich zu artikulieren, und in Schreie, hohe Töne, Lachen, Stöhnen, Verzerrungen übergeht. Solche Momente werden nicht nur durch spezielle Stimmtechniken ermöglicht, sondern auch durch den Einsatz elektronischer Medien. Von ihnen wird die Stimme im Volumen vergrößert, vervielfältigt, im Raum verteilt, zerstückelt und verzerrt, ohne dass dies zu einer Entmaterialisierung der Stimme führen würde (wie Film- und Videoaufnahmen sie mit Blick auf den gefilmten Körper bewirken). Die Stimme erscheint polymorph. Sie verliert jede auf Geschlecht, Alter, ethnische Zugehörigkeit oder anderes verweisende Markierung. Der Hör-Raum, den sie erzeugt, wird als ein „Zwischen-Raum" erfahren, als ein Raum ständiger Übergänge, Passagen, Verwandlungen.

Diese Erfahrung ist bei den genannten Künstlern auch möglich, wenn sie verständlich artikulieren. Auch wenn sich bei ihnen die Stimme – sprechend oder singend – mit Sprache verbindet, hört sie nicht auf, ihr Eigenleben zu führen und die Aufmerksamkeit des Hörers auf dieses Eigenleben zu lenken. Denn die Künstler stellen sie nicht in den Dienst der Sprache, verwenden sie nicht als ein Medium, durch das Sprache zu Gehör gebracht wird. Ihre Stimme bringt vielmehr immer auch sich selbst zu Gehör. Dies bedeutet keineswegs zwangsläufig eine Desemantisierung, wie häufig behauptet wird. Die Vielgestaltigkeit der Stimme setzt vielmehr die Vieldeutigkeit der sprachlichen Äußerungen frei, sie erschwert daher lediglich ein eindeutiges Verstehen, nicht aber generell sprachliches Verstehen.

Die Stimme lenkt jedoch immer auch zugleich, wenn nicht zuallererst, die Aufmerksamkeit der Lauschenden auf ihre eigene, sich im und mit dem Atem verströmenden besonderen Qualitäten. In ihnen spricht sich das leibliche In-der-Welt-Sein des Sich-stimmlich-Verlautbarenden für andere vernehmbar aus.

Die für diese Performances charakteristische Spannung zwischen Stimme und Sprache tritt für alle wahrnehmbar als analog zu derjenigen zwischen phänomenalem Leib und semiotischem Körper in Erscheinung und erwächst wie diese aus der Spannung von Leib-Sein und Körper-Haben. Zum einen spricht sich in der Stimme das leibliche In-der-Welt-Sein desjenigen aus, der sie erklingen lässt. Zum anderen aber kann sie in ihren Verlautbarungen als ein Zeichen begriffen werden, dem nicht nur als gesprochenes Wort vielfältige Bedeutungen beizulegen sind, sondern bereits aufgrund ihrer spezifisch materiellen Qualitäten, die auf Alter, Geschlecht, ethnische Zugehörigkeit, Emotionen u. Ä. verweisen können. Der Moment, in dem sich die Stimme von der Sprache löst, erscheint so als letzte Steigerung bzw. als Umschlagen der Spannung zwischen Stimme und Sprache. In ihm ist die Spannung insofern aufgehoben, als hier die Stimme selbst „Sprache" geworden ist. Sie übermittelt nicht länger Sprache, ist vielmehr selbst Sprache geworden, in der ein leibliches In-der-Welt-Sein sich ausspricht und den Zuhörer anspricht. Sie ist reine Aus- und Ansprache.

In der Materialität der Stimme tritt so nicht nur die gesamte Materialität der Aufführung in Erscheinung – als Lautlichkeit, weil die Stimme als Laut erklingt; als Körperlichkeit, weil sie sich mit dem Atem dem Körper entringt; als Räumlichkeit, weil sie sich als Laut im Raum ausbreitet und an das Ohr des Zuhörers wie das des sich in der Stimme Verlautbarenden dringt. Die Stimme ist darüber hinaus bereits in ihrer und als Materialität Sprache, *ohne* erst als Zeichen wahrgenommen werden zu müssen. In ihr spricht sich das leibliche In-der-Welt-Sein des sich in ihr Verlautbarenden aus; sie spricht den, der sie vernimmt, in seinem leiblichen In-der-Welt-Sein an. Sie füllt den Raum zwischen beiden, setzt sie zueinander in ein Verhältnis, stellt eine Beziehung zwischen ihnen her. Mit seiner Stimme berührt der, der sie zu Gehör bringt, den, der sie vernimmt. Es ist die Flüchtigkeit des Augenblicks, in dem dies sich ereignet, welche die Entstehung der Aufführung aus der leiblichen Ko-Präsenz von Akteuren und Zuschauern, aus ihrer Begegnung intensiv erfahrbar macht.[52]

52 Zur Stimmlichkeit vgl. Doris Kolesch, „Stimmlichkeit" im *Metzler Lexikon Theatertheorie* 2005b, S. 317–320 sowie dies. und Jenny Schrödl (Hg.), *Kunst-Stimmen* 2004.

Die Materialität der Aufführung ist, wie vor allem an der Flüchtigkeit des Lauts sinnfällig wird, nicht einfach gegeben; sie wird immer erst im Verlauf der Aufführung hervor- und wieder zum Verschwinden gebracht. Da Aufführungen sich in der *Zeit* ereignen – wobei ihre Dauer sich von 4'33" bis zu mehreren Stunden oder gar Tagen zu erstrecken vermag –, bedürfen sie bestimmter Verfahren, welche die Dauer und Abfolge des Erscheinens der verschiedenen Materialien sowie das Verhältnis regeln, das sie jeweils untereinander eingehen. Eine besondere Bedeutung für die Organisation von Zeit in einer Aufführung kommt dem *Rhythmus* zu. Er ist es, der Räumlichkeit, Körperlichkeit und Lautlichkeit zueinander in ein Verhältnis setzt und das Erscheinen von Phänomenen im Raum ebenso wie ihr Verschwinden reguliert. Eine Aufführung, an der nicht Rhythmus in irgendeiner Weise an der Organisation von Zeit beteiligt wäre, lässt sich kaum denken. Auch wenn Handlungsverlauf oder psychologische Entwicklung der Figuren als leitende Strukturierungsprinzipien fungieren, wird Rhythmus in der Abfolge der Szenen, beim Sprechen, in der Bewegung durch den Raum, in der räumlichen Konstellation – auch außerhalb des Musik- und Tanz-Theaters – von großer Bedeutung sein. In diesen Fällen ist er den leitenden Prinzipien untergeordnet, unterstützt die von ihnen vorgenommene Strukturierung. In vielen Aufführungen von Performance-Kunst und Theater – auch und gerade im Schauspieltheater – seit den 1960er Jahren erscheint Rhythmus als das leitende, das übergeordnete und dominierende Prinzip zur Organisation und Strukturierung von Zeit.

Unter Rhythmus soll hier im Unterschied zu Takt und Metrum ein Ordnungsprinzip verstanden werden, das nicht auf Gleichmaß, sondern auf Regelmaß zielt. Während beim Gleichmaß keine Abweichung gestattet ist, handelt es sich beim Regelmaß um ein dynamisches Prinzip, das durch Wiederholung *und* Abweichung vom Wiederholten entsteht. Im Rhythmus wirken daher Voraussehbares und Nichtvoraussehbares zusammen. Rhythmus lässt sich in diesem Sinne als ein Ordnungsprinzip beschreiben, das seine permanente Transformation voraussetzt und in seinem Wirken vorantreibt.

Wenn Rhythmus zum wichtigsten Ordnungsprinzip avanciert, ist davon auszugehen, dass zwischen Räumlichkeit, Körperlichkeit und Lautlichkeit ständig wechselnde Verhältnisse hergestellt und das Erscheinen von Phänomenen sowie ihr Verschwinden durch Wiederholung und Abweichung reguliert werden. Bedeutende Regisseure der letzten vierzig Jahre wie Robert Wilson, Jan Fabre, Elizabeth LeCompte, Jan Lauwers, Einar Schleef, Frank Castorf, Heiner Goebbels, Christoph Marthaler, Christoph Schlingensief und viele andere verwenden Rhythmus als das die Aufführrung begründende Prinzip. Besonders einschlägig sind in dieser Hinsicht die Inszenierungen Christoph Marthalers. Inszenierungen wie *Murx den Europäer! Murx ihn! Murx ihn! Murx ihn! Murx ihn ab!* (Volksbühne am Rosa-Luxemburg-Platz Berlin 1993), *Die Stunde Null oder Die Kunst des Servierens* (Deutsches Schauspielhaus Hamburg 1995) oder *Die schöne Müllerin* (Züricher Schauspielhaus 2002) scheinen fast nur aus Wiederholungen zu bestehen. Ein Element wird eingeführt, um dann im Laufe der Aufführung in immer neuen Varianten wiederholt zu werden. Ein zweites tritt hinzu, dem es ebenso ergeht, dann ein drittes und immer so fort. Die Variationen reichen von minimalen Abweichungen bis hin zu geradezu überwältigenden Coups. Dabei kann das eine durchaus die Wirkung des anderen zeitigen. In *Murx* war dies zum Beispiel beim Absingen der 16 Strophen des Kirchenliedes „Danke" erreicht. Jede Strophe wurde um einen halben Ton höher gesetzt – was bei den letzten Strophen, als die Stimmbänder der Sängerinnen und Sänger zu reißen drohten, zu einem konvulsivischen, kaum mehr zu bändigenden Gelächter des Publikums führte, das sich nicht mehr zu mäßigen wusste.

Rhythmus stellt vor allem deshalb ein so wirksames Organisationsprinzip für das Erscheinen und Verschwinden von Materialitäten dar, weil es ein Prinzip ist, das mit dem menschlichen Körper gesetzt ist. Nicht nur folgen Herzschlag, Blutkreislauf und Atmung ihrem eigenen Rhythmus, nicht nur führen wir die Bewegungen, die wir beim Gehen, Tanzen, Schwimmen, Schreiben u.a. vollziehen, rhythmisch aus und bringen beim Sprechen, Singen, Lachen und Weinen Laute rhythmisch hervor. Auch die Bewegungen, die in unserem Körper erzeugt werden, ohne dass wir sie wahrzunehmen vermöchten, werden rhythmisch vollzogen. Der menschliche Körper ist in der Tat rhythmisch gestimmt.

Wir sind daher auch in besonderer Weise imstande, Rhythmen wahrzunehmen und uns in sie „einzuschwingen". Bei Aufführungen, deren Zeitlichkeit wesentlich durch Rhythmus organisiert und strukturiert ist, treffen unterschiedliche „rhythmische Systeme" aufeinander: das der Inszenierung und die der Zuschauer. Dabei ist zu bedenken, dass jeder einzelne Zuschauer rhythmisch anders gestimmt ist. Das heißt, dass in solchen Fällen für die Wechselwirkungen, aus denen die Aufführung entsteht, für ihre Autopoiesis, besonders relevant ist, wie die rhythmische Abstimmung erfolgt: ob und wieweit es der Inszenierung gelingt, die Zuschauer in den von ihr gesetzten Rhythmus hineinzuziehen – wobei deren „Mitschwingen" den Akteuren neue Impulse vermittelt –, ob und wieweit mehrere rhythmisch ähnlich gestimmte Zuschauer auf die anderen Zuschauer und die Akteure einzuwirken vermögen und so fort. Wie auch immer dieser Prozess im Einzelnen verlaufen mag, es ist davon auszugehen, dass die Aufführung sich weitgehend durch Rhythmusverschiebungen, -veränderungen und -wechsel selbst organisiert. Sie vollzieht sich durch wechselseitiges „Einschwingen" in den Rhythmus anderer und in diesem Sinne durch wechselseitiges körperliches Einwirken von Akteuren und Zuschauern.[53] Wenn man bedenkt, dass es sich beim Rhythmus um ein Ordnungsprinzip handelt, das seine permanente Transformation voraussetzt, erscheint das wechselseitige „Einschwingen" in den Rhythmus als ein leiblicher Vorgang, in dem die Flüchtigkeit der Aufführung geradezu paradigmatischen Charakter annimmt.

3.3 Zur Entstehung von Bedeutung

Traditionell herrscht die Auffassung vor, dass Aufführungen dazu dienen, bestimmte vorgegebene Bedeutungen zu vermitteln. Lange Zeit galt die Prämisse, dass die Aufführung eines Theaterstücks eine spezifische Interpretation dieses Stückes darstellt; in einem höfischen Fest des 17. Jahrhunderts ein bestimmtes allegorisches Programm verwirklicht wurde; oder dass sich politische Feste und andere Massenspektakel als Repräsentationen der Macht eines Einzelnen – Augustus', Ludwig XIV., Napoleons, Stalins, Hitlers – oder einer Gruppe begreifen lassen – wie bei den Festen der Französischen Revolution oder den Massenspektakeln in der jungen Sowjetunion. Wenn man von der leiblichen Ko-Präsenz von Akteuren und Zuschauern als konstitutiv für eine Aufführung und von der Flüchtigkeit von Aufführungen ausgeht, erscheint eine solche Auffassung nicht haltbar. Beide Aspekte legen eher die Annahme nahe, dass Bedeutungen in Aufführungen keine „feste Größe" darstellen, sondern in ihrem Verlauf allererst entstehen, und zwar als je verschiedene und vielfältige bei den unterschiedlichen Teilnehmern. Welche Bedeutungen die einzelnen Teilnehmer im Verlauf der Aufführung generieren werden, ist entsprechend nicht vorhersagbar. Denn zum einen können die in der Interaktion zwischen Akteuren und Zuschauern im Verlauf der Aufführung unerwartet auftauchenden Erscheinungen das vorgegebene Programm empfindlich stören; und zum anderen lenkt die Fokussierung der Wahrnehmung auf die besondere Gegenwart von phänomenalen Leibern und Atmosphären die Aufmerksamkeit von semiotischen Körpern, Objekten, Räumen u.a.

53 Vgl. zu Rhythmus Gerold Baier, *Rhythmus. Tanz in Körper und Gehirn* 2001, Christa Brüstle, Nadja Ghattas, Clemens Risi, Sabine Schouten (Hg.), *Aus dem Takt. Rhythmus in Kunst, Kultur und Natur* 2005, Clemens Risi, „Rhythmus" in: *Metzler Lexikon Theatertheorie* 2005b, S. 271–274.

ab, konterkariert also den Vorgang einer entsprechenden Interpretation. So werden die Tränen, welche das Spiel der Hensel in der Sterbeszene den Zuschauern entlockte, das gemeinsame Schluchzen der Zuschauer ebenso wie ihre Konzentration auf die Details des Spiels Bedeutungen bei ihnen haben entstehen lassen, die so weder vom Autor noch von den beteiligten Schauspielern vorhersehbar waren noch bei allen Zuschauern übereingestimmt haben.

Den Leib und die Dinge in ihrer spezifischen Präsenz wahrzunehmen, heißt allerdings nicht, sie als bedeutungslos wahrzunehmen. Es heißt vielmehr, alle diese Phänomene als *etwas* wahrzunehmen. Es handelt sich dabei nicht um einen unspezifischen Reiz, um ein bloßes Sinnesdatum, sondern um die Wahrnehmung *von etwas als etwas*. In meiner Wahrnehmung erscheinen mir die Dinge in ihrer besonderen Phänomenalität. Sie bedeuten das, als was sie in Erscheinung treten. So bedeutete in *Murx den Europäer!* der gusseiserne Ofen auf der rechten Bühnenseite zunächst nichts anderes als einen ganz spezifischen gusseisernen Ofen, der die Aufmerksamkeit des Zuschauers auf seine besonderen materialen Qualitäten lenkte; oder die Uhr ohne Zeiger über der Mitteltür nichts anderes als eine ganz besondere Uhr ohne Zeiger, die den Zuschauer aufzufordern schien, sich ganz und gar in diese ihre Eigenart zu versenken. Beide verwiesen zunächst auf nichts anderes als sich selbst in dieser ihrer ganz besonderen Erscheinungsweise. Eine solche Selbstbezüglichkeit ist weder als Übermittlung einer vorgegebenen Bedeutung noch als Desemantisierung zu beschreiben, sondern als Prozess einer ganz spezifischen Bedeutungskonstitution. Dieser Prozess wird als Wahrnehmung eines Phänomens in seiner je besonderen Materialität, in seinem phänomenalen Sein vollzogen. Wahrnehmung und Bedeutungskonstitution fallen hier in eins. Bedeutung entsteht im und als Akt der Wahrnehmung. Es wird also nicht zuerst etwas wahrgenommen, dem dann – in einem Akt der Interpretation – die Bedeutung von etwas anderem zugesprochen wird. Vielmehr wird die Wahrnehmung von etwas als etwas *zugleich* als Prozess der Konstitution seiner Bedeutung als dieses besondere phänomenale Sein vollzogen.

Zugleich schafft das Erscheinen eines Phänomens die Voraussetzung für einen ganz anderen Modus der Wahrnehmung, eine ganz andere Art von Bedeutungskonstitution. In dem Augenblick, da sich die Aufmerksamkeit aus ihrer Fokussierung auf das in seinem phänomenalen Sein Wahrgenommene löst, sozusagen abzuschweifen beginnt, wird es als ein Signifikant, ein Zeichenträger wahrgenommen, mit dem sich die unterschiedlichsten Assoziationen – Vorstellungen, Erinnerungen, Gefühle, Gedanken – als seine Signifikate, also mögliche Bedeutungen verbinden. So mag zum

Beispiel der gusseiserne Ofen Erinnerungen an die eigene Kindheit oder an ein dänisches Ferienhaus wachrufen oder die zeigerlose Uhr an den Traum des alten Professors aus Ingmar Bergmanns Film *Wilde Erdbeeren* erinnern. Diese wenigen Beispiele genügen, um zu verdeutlichen, dass Wahrnehmung und Bedeutungskonstitution wesentlich von subjektiven Faktoren abhängen, die mit den einzelnen Zuschauern gegeben sind. Welche Assoziationen bei ihnen durch ein Ding, eine Geste, einen Laut, einen Lichteinfall hervorgerufen werden, hängt wesentlich von ihren eigenen Erfahrungen, ihrem Wissen und ihrer spezifischen Befindlichkeit ab, das heißt also auch von Faktoren wie Alter, Geschlecht, Zugehörigkeit zu einer sozialen Schicht bzw. einem sozialen Milieu, kultureller Herkunft etc. Es wäre naiv zu glauben, dass Wahrnehmung und Bedeutungskonstitution allein auf das zurückzuführen sind, was präsentiert wird, sowie auf die Weise seiner Präsentation. Vielmehr haben beide ihren Grund auch in den spezifischen Bedingungen, die jedes einzelne teilnehmende Subjekt in die Aufführung mitbringt. Eine für alle gleiche Wahrnehmung und durch sie ausgelöste Assoziationskette kann es daher nicht geben.

Dabei ist es fraglich, ob sich derartige Assoziationen nach bestimmten Regeln oder Gesetzmäßigkeiten ergeben, also zumindest für jeden einzelnen vorhersagbar sind. Eher ist davon auszugehen, dass sie den betreffenden Zuschauer ‚überfallen', eher zufällig wenn auch im Nachhinein gut begründbar auftauchen. Die Fokussierung der Wahrnehmung auf die Gegenwart der erscheinenden Phänomene, deren damit bewirkte Herauslösung aus vorgegebenen Kontexten schafft offensichtlich günstige Bedingungen, um die Wahrnehmenden in einen Zustand zu versetzen, der dem des Erzählers in Marcel Prousts Roman *Auf der Suche nach der verlorenen Zeit* beim Riechen und Schmecken einer Madeleine vergleichbar ist. Die wahrgenommenen Phänomene lassen sich nun an nahezu jeden beliebigen Kontext anschließen, zu dem sich unvermittelt oder über eine Reihe von Vermittlungen eine Verbindung herstellen lässt. Diese Verbindung wird allerdings nur in den wenigsten Fällen bewusst hergestellt. Assoziationen ereignen sich vielmehr, ohne dass sie gerufen werden oder nach ihnen gesucht wurde. Sie stellen sich von sich aus ein. Der Wahrnehmende vermag also über sie nicht frei zu verfügen.

Das Oszillieren der Wahrnehmung zwischen Konzentration auf das Phänomen in seiner Selbstbezüglichkeit und auf die Assoziationen, die es auszulösen vermag, nenne ich die Wahrnehmungsordnung der Präsenz. Von ihr ist die Wahrnehmungsordnung der Repräsentation zu unterscheiden. Den Leib des Schauspielers als sein leibliches In-der-Welt-Sein und die Dinge in ihrem phänomenalen Sein wahrzunehmen, begründet die *Ord-*

nung der Präsenz. Beides dagegen als ein Zeichen wahrzunehmen – für die dramatische Figur und für Gegenstände ihrer Umgebung –, begründet die *Wahrnehmungsordnung der Repräsentation.* Sie verlangt, jede Wahrnehmung auf die Figur bzw. auf die fiktive Welt zu beziehen, in der die Figur sich aufhält. Während die erste Wahrnehmungsordnung Bedeutung als phänomenales Sein des Wahrgenommenen erzeugt – wobei die Bedeutung eine Fülle anderer, überwiegend nicht mehr direkt auf diese Wahrnehmung bezogener Bedeutungen hervorzurufen vermag –, bringt die zweite Bedeutungen hervor, die in ihrer Gesamtheit die Figur und ihre fiktive Welt oder auch eine andere symbolische Ordnung konstituieren.

Jede der beiden Wahrnehmungsordnungen generiert Bedeutungen nach anderen Prinzipien, die vorherrschend werden, wenn sich eine Ordnung stabilisiert. In der Ordnung der Repräsentation wird alles, was wahrgenommen wird, im Hinblick auf die Figur bzw. eine fiktive Welt oder symbolische Ordnung wahrgenommen. Der Wahrnehmungsprozess wird von der Zielsetzung gesteuert, eine Figur etc. entstehen zu lassen. Wahrgenommene Elemente, die nicht als Zeichen für die Figur etc. wahrgenommen werden, bleiben bei der weiteren Generierung von Bedeutung unberücksichtigt. Andere Elemente werden deshalb übersehen, also bereits im Vorhinein aus dem Wahrnehmungsprozess ausgeschieden. Die jeweils erzeugten, die Figur, die fiktive Welt oder eine andere symbolische Ordnung hervorbringenden Bedeutungen wirken so auf die Dynamik des Wahrnehmungsprozesses ein, dass die Wahrnehmung überhaupt nur noch solche Elemente auswählt, die sich vom betreffenden Subjekt im Hinblick auf die Figur etc. wahrnehmen lassen. Stabilisiert sich dieser Wahrnehmungsmodus, so werden nur noch Elemente wahrgenommen, die für das Subjekt des Wahrnehmenden im Hinblick auf die Erzeugung der Figur, fiktiven Welt, symbolischen Ordnung relevant sind, und Bedeutungen hervorgebracht, die eben dieses Ziel befördern. Der Wahrnehmungsprozess verläuft in diesem Sinne zielgerichtet, wenn auch häufig dem *Trial-and-Error-Prinzip* folgend.

Diese Zielgerichtetheit führt nun allerdings in keinem Fall dazu, dass der in diesem Modus vollzogene Wahrnehmungsprozess bei allen Zuschauern auf die gleiche Weise abliefe, also von allen dieselben Figuren und fiktiven Welten erzeugt würden. Vielmehr gilt auch für den Wahrnehmungsmodus der Repräsentation, was für das Auftauchen von Assoziationen gilt: Er ist an Bedingungen geknüpft, die mit dem wahrnehmenden Subjekt gesetzt sind. Die eigenen geschichtlichen und lebensgeschichtlichen Erfahrungen, das eigene Vorwissen, Einstellungen, Werthaltungen, Überzeugungen, der gesamte Habitus – also Faktoren, die alle wesentlich durch das kulturelle und soziale Milieu geprägt sind –, stellen auch in diesem Fall die Voraussetzungen dar, unter denen wahrgenommen und Bedeutung konstituiert wird. Zu dem Vorwissen bzw. den lebensgeschichtlichen Erfahrungen gehören auch die besonderen theaterspezifischen Erfahrungen. Ob es sich um einen Zuschauer handelt, der häufig ins Theater geht oder nur selten, ob er das Drama bzw. die Oper kennt, die aufgeführt wird, oder nicht, ob er die beteiligten Darsteller bereits in anderen Rollen erlebt hat oder nicht – alles das wirkt auf den Wahrnehmungsprozess ein, so dass auch im Falle, dass Wahrnehmungsprozess und Bedeutungsgenerierung der Ordnung der Repräsentation folgen, ihr Ausgang bei den verschiedenen Zuschauern entsprechend den von ihnen in die Aufführung mitgebrachten Bedingungen ein je anderer sein wird. Eine Stabilisierung der Ordnung der Repräsentation ist also nicht gleichzusetzen mit einer hohen Übereinstimmung in den hervorgebrachten Bedeutungen.[54]

Zwar ist davon auszugehen, dass Aufführungen, die mit einem realistisch-psychologischen Schauspielstil arbeiten, den Zuschauer dazu einladen, die Wahrnehmungsordnung der Repräsentation zu privilegieren, während solche des experimentellen Theaters und der Performance-Kunst dem Zuschauer eher nahe legen, der Wahrnehmungsordnung der Präsenz zu folgen. Gleichwohl ist kaum eine Aufführung denkbar, in der sich ein Zuschauer ausschließlich auf eine der beiden Ordnungen beziehen wird. Auch bei einer realistisch-psychologischen Inszenierung wird ein Zuschauer die Präsenz eines Akteurs oder eine spezifische Atmosphäre leiblich spüren, ohne sich zu fragen, was sie bedeuten soll, ebenso wie in einer Performance der Zuschauer von Zeit zu Zeit den Handlungen des/der Performers/-in und den Dingen im Raum bestimmte Bedeutungen beilegen wird.[55]

Das heißt, dass in jeder Aufführung die Wahrnehmung jedes Zuschauers irgendwann von der einen Ordnung zur anderen und wieder zurückspringen wird, wenn auch zu ganz unterschiedlichen Zeitpunkten, bzw. dass seine Wahrnehmung zwischen beiden Modi oszillierend hin und her gleitet. Je öfter das Umspringen bzw. die Verschiebung sich ereignet, desto häufiger wird der Zuschauer zum Wanderer zwischen zwei Welten, zwischen zwei Modi der Wahrnehmung. Es entsteht ein Zustand der Instabilität, den der Wahrnehmende als Zwischen- oder Schwellenzustand erfährt. Dabei wird er sich zunehmend dessen bewusst, dass er nicht Herr der Übergänge ist. Zwar kann und wird er immer wieder versuchen, intentional seine Wahrnehmung neu ‚einzustellen' – auf die Ordnung der Repräsentation oder

54 Vgl. zu diesen unterschiedlichen Bedingungen vor allem Marvin Carlson, *The Haunted Stage. The Theatre as Memory Machine* 2001.

55 Vgl. die Beispiele aus dem Abschnitt „Körperlichkeit".

auf die Ordnung der Präsenz. Ihm wird jedoch sehr bald bewusst werden, dass das Umspringen bzw. Hin- und Hergleiten erfolgt, auch ohne dass er es beabsichtigt hat, dass es ihm unterläuft, zustößt, dass er also, ohne es zu wollen oder es verhindern zu können, in einen Zustand zwischen beiden Ordnungen gerät. Er erfährt in diesen Momenten seine eigene Wahrnehmung als emergent, als seinem Willen und seiner Kontrolle entzogen, als ihm nicht vollkommen frei verfügbar, zugleich aber als bewusst vollzogen. Das Umspringen bzw. Hin- und Hergleiten lenkt so die Aufmerksamkeit des Wahrnehmenden zugleich auf den Wahrnehmungsprozess selbst und seine spezifische Dynamik. Auch dadurch nimmt der Wahrnehmungsprozess eine neue Wendung. Was in ihm wie wahrgenommen wird und welche Bedeutungen erzeugt werden, erscheint so immer weniger vorhersehbar. Die Annahme, dass in einer Aufführung vorgegebene Bedeutungen übermittelt werden, ist daher zu verwerfen. Es ist vielmehr der Verlauf der Aufführung, der mit der Aufführung selbst zugleich die Bedeutungen hervorbringt, die ihren Elementen zugesprochen werden können.

Von diesen Bedeutungen sind allerdings jene deutlich zu unterscheiden, die, von der Wahrnehmung abgekoppelt, erst nach dem Ende der Aufführung konstituiert werden.[56] Da sie nicht Teil der Aufführung selbst sind, können sie hier unberücksichtigt bleiben.

3.4 Die Ereignishaftigkeit der Aufführung und ihre Erfahrung durch den Zuschauer

Aufführungen sind, wie sich in den bisherigen Überlegungen gezeigt hat, durch ihre Ereignishaftigkeit gekennzeichnet. Der Begriff des Ereignisses, wie er hier verwendet wird, ist durch die nachfolgend erläuterten fünf Merkmale bestimmt.

1) Wenn, wie dargelegt, die Aufführung aus der Interaktion zwischen Akteuren und Zuschauern hervorgeht, also in einem autopoietischen Prozess sich selbst erzeugt, dann hat sie nicht Werk-, sondern Ereignischarakter. Ist dieser autopoietische Prozess vollzogen, liegt nicht die Aufführung als sein Resultat vor; vielmehr ist damit auch die Aufführung vollzogen und an ihr Ende gelangt. Sie ist vorbei, unwiederbringlich verloren. Es gibt sie nur als und im Prozess der Aufführung: Es gibt sie nur als Ereignis.
2) Als Ereignis ist die Aufführung – im Unterschied zur Inszenierung – einmalig und unwiederholbar. Exakt dieselbe Konstellation zwischen Ak-

56 Vgl. zu diesen Bedeutungen das Kapitel 4, „Aufführungsanalyse“.

teuren und Zuschauer wird sich nicht ein zweites Mal einstellen. Die Zuschauerreaktionen und ihre Auswirkungen auf die Akteure und andere Zuschauer werden sich bei jeder Aufführung anders gestalten – auch wenn die Akteure bei einer ganz und gar durchgeplanten Inszenierung danach trachten, das Geplante und Festgelegte genau auszuführen.

3) Eine Aufführung ist auch in dem Sinne als ein Ereignis zu begreifen, als keiner der an ihr Beteiligten volle Verfügungsgewalt über sie hat. Denn sie stößt den Beteiligten – vor allem natürlich den Zuschauern – zu, widerfährt ihnen. Dies gilt allerdings nicht nur im Hinblick auf die Konsequenzen, die sich aus der leiblichen Ko-Präsenz ergeben, sondern auch hinsichtlich des spezifisch präsentischen Modus, in dem die Phänomene in ihr erscheinen, ebenso wie mit Blick auf die Emergenz von Bedeutungen, die sie herausfordern. Indem die Phänomene in besonders intensiver Weise als gegenwärtig erscheinen, lösen sie sich aus ihrem Kontext, scheinen für sich selbst und aus sich selbst zu existieren – die Phänomene ereignen sich für den, der sie wahrnimmt, ihre Wahrnehmung stößt ihm zu. Wie sich hinsichtlich des Umspringens bzw. oszillierenden Hin- und Hergleitens der Wahrnehmung zwischen zwei verschiedenen Ordnungen bzw. Modi gezeigt hat, widerfährt es dem wahrnehmenden Subjekt und versetzt es in einen Zustand des Zwischen, der Instabilität. In diesem Sinne ereignet sich auch die Wahrnehmung und die mit ihr verbundene Generierung von Bedeutung.

4) Die Ereignishaftigkeit der Aufführung eröffnet den an ihr Teilnehmenden und vor allem den Zuschauern eine ganz spezifische Art der Erfahrung. In der Aufführung erfahren sie sich als Subjekte, die ihren Gang mitbestimmen und sich zugleich von ihm bestimmen lassen, als weder völlig autonom noch als völlig fremdbestimmt. Sie erleben die Aufführung als einen ästhetischen und zugleich als einen sozialen, ja politischen Prozess, in dem Beziehungen ausgehandelt, Machtkämpfe ausgefochten, Gemeinschaften gebildet werden und sich wieder auflösen. Ihre Wahrnehmung folgt sowohl der Ordnung der Präsenz als auch der Ordnung der Repräsentation. Was in unserer Kultur traditionell als gegensätzlich gilt und sich in dichotomischen Begriffspaaren fassen lässt – autonomes vs. fremdbestimmtes Subjekt; Kunst vs. Gesellschaft/Politik; Präsenz vs. Repräsentation – wird in Aufführungen nicht im Modus des Entweder-oder, sondern in dem des Sowohl-als-auch erfahren. Die Gegensätze scheinen zu kollabieren.

5) Wenn Gegensätze zusammenfallen, das eine auch zugleich das andere sein kann, dann richtet sich die Aufmerksamkeit auf die Übergänge von einem Zustand zum anderen, auf die so entstehende Instabilität, die Ent-

grenzungen, die ihrerseits als Ereignis erfahren werden. Es öffnet sich der Raum zwischen den Gegensätzen, der sie auseinander hält, und wird zur Schwelle, die von einem zum anderen führt. Das Zwischen avanciert dergestalt zu einer bevorzugten Kategorie. Immer wieder hat sich gezeigt, dass die spezifische Erfahrung, die Aufführungen ermöglichen, sich am ehesten als eine Schwellenerfahrung beschreiben lässt, die für den, der sie durchläuft, Transformationen herbeizuführen vermag. Zu ihm können bestimmte physiologische, affektive, energetische Zustände wie bei Bob Flanagans *Visiting Hours* oder Schlingensiefs *Kunst und Gemüse* zählen oder auch der Wechsel von der Zuschauer- zur Akteursrolle wie in *Publikumsbeschimpfung* oder *Commune* bzw. umgekehrt von der Akteurs- zur Zuschauerrolle wie in Goschs *Macbeth* und *Onkel Wanja.* Diese Art der Erfahrung ist unmittelbar auf die Ereignishaftigkeit der Aufführung bezogen.

Der Begriff der Schwellenerfahrung, der hier zentral wird, stammt nun allerdings weder aus der Kunsttheorie noch aus der philosophischen Ästhetik, sondern aus der Ritualforschung. Er wurde vom Ethnologen Victor Turner, der eng mit Richard Schechner zusammenarbeitete, unter Rekurs auf die Arbeiten Arnold van Genneps geprägt. Dieser hatte in seiner Studie *Les rites de passage* (1909; 1999) an einer Fülle ethnologischen Materials dargelegt, dass Rituale mit einer im höchsten Maße symbolisch aufgeladenen Grenz- und Übergangserfahrung verknüpft sind. Übergangsriten gliedern sich in drei Phasen:

1) die Trennungsphase, in der der/die zu Transformierende(n) aus ihrem Alltagsleben herausgelöst und ihrem sozialen Milieu entfremdet werden;
2) die Schwellen- oder Transformationsphase; in ihr wird/werden der/die zu Transformierende(n) in einen Zustand „zwischen" allen möglichen Bereichen versetzt, der ihnen völlig neue, zum Teil verstörende Erfahrungen ermöglicht;
3) die Inkorporationsphase, in der die neu Transformierten wieder in die Gesellschaft aufgenommen und in ihrem neuen Status, ihrer veränderten Identität von dieser akzeptiert werden.

Diese Struktur lässt sich nach van Gennep in den verschiedensten Kulturen beobachten. Sie wird erst in ihren Inhalten kulturspezifisch ausdifferenziert. Victor Turner hat den Zustand, der in der Schwellenphase hergestellt wird, als Zustand der Liminalität (von lat. *limen* – die Schwelle) bezeichnet und genauer als Zustand einer labilen Zwischenexistenz „betwixt and between the positions assigned and arrayed by law, custom, convention and ceremonial"[57] bestimmt. Er führt aus, dass und wie die Schwellenphase kulturelle Spielräume für Experimente und Innovationen eröffnet: „[i]n liminality, new ways of acting, new combinations of symbols, are tried out, to be discarded or accepted".[58] Die Veränderungen, zu denen die Schwellenphase führt, betreffen nach Turner in der Regel den gesellschaftlichen Status bzw. die Identität der Individuen, die sich dem Ritual unterziehen, sowie die gesamte Gesellschaft bzw. Gemeinschaft.

Was Turner hier für den Aufführungstypus des Rituals erläutert, soll nachfolgend mit Blick auf die bisher beschriebenen Eigenarten von Aufführungen, insbesondere das Kollabieren von Gegensätzen, erörtert werden. Dabei gilt es genauer zu bestimmen, was geschieht, wenn dichotomische Begriffspaare nicht mehr greifen. Da sie außer als Instrumente zur Beschreibung und Erkenntnis der Welt auch und vor allem als Regulative unseres Handelns und Verhaltens dienen, zieht ihre Destabilisierung nicht nur eine Destabilisierung unserer Selbst-, Fremd- und Welterfahrung nach sich. Sie resultiert auch in einer Erschütterung der Regeln und Normen, die unser Verhalten leiten. Aus den Begriffspaaren lassen sich unterschiedliche Rahmensetzungen ableiten, wie „Dies ist Theater/Kunst" oder „Dies ist eine soziale oder politische Situation". Diese Rahmen beinhalten Vorgaben für ein angemessenes Verhalten in einer von ihnen gefassten Situation. Indem Aufführungen scheinbar gegensätzliche oder auch nur verschiedene Rahmen miteinander kollidieren lassen wie dies zum Beispiel in *Visiting Hours* oder in *Kunst und Gemüse* der Fall war, lassen sie unterschiedliche, ja zum Teil einander diametral entgegengesetzte Geltungsansprüche, die sich eigentlich gegenseitig ausschließen, nebeneinander stehen, so dass sie sowohl alle gleichzeitig gelten als auch sich gegenseitig annullieren. So galten in *Visiting Hours* zum Beispiel sowohl der Rahmen des Krankenbesuchs als auch derjenige eines Galeriebesuchs. Beide sind eigentlich nicht miteinander vereinbar. Sie kollidieren ganz offensichtlich. Auf diese Weise wurden die Zuschauer/Besucher in einen Zustand ‚zwischen' allen hier aufgerufenen Regeln, Normen, Ordnungen versetzt – in eine liminale Situation.[59]

Die Erfahrung einer solchen Schwellensituation als Erfahrung einer Destabilisierung von Selbst-, Fremd- und Welterfahrung geht häufig mit starken Empfindungen und Gefühlen einher, mit Veränderungen des physiologischen, energetischen, affektiven und motorischen Zustands. In ihnen

57 Victor Turner, *The Ritual Process. Structure and Anti-Structure* 1969, S. 95.
58 Victor Turner, „Variations on a Theme of Liminality" 1977, S. 40.
59 Vgl. zum Begriff des Rahmens Erving Goffman, *Rahmen-Analyse* 1977.

artikuliert sich das Erleben der Liminalität, d.h., sie wird nicht nur als eine kognitive Irritation, sondern auch und vor allem als eine Veränderung des somatischen Zustandes bewusst und erlebbar. Der Zustand der Liminalität wird zuallererst als eine leibliche Transformation erfahren. Umgekehrt kann es das Bewusstwerden physischer Veränderungen sein, was einen Schwellenzustand, manchmal sogar in Form einer Krise herbeizuführen vermag. Dies gilt vor allem für starke Empfindungen und Gefühle, wie sie in/vom Akt der Wahrnehmung einer Erscheinung im wahrnehmenden Subjekt hervorgerufen werden, vor allem wenn es sich um eine Erscheinung handelt, die mit einem starken Tabu verbunden ist – wie dies bei der Wahrnehmung der sterbenskranken Angela Jansen mitten im Zuschauerraum in *Kunst und Gemüse* der Fall war. Derart starke Gefühle vermögen häufig Handlungsimpulse auszulösen, die zum Teil tatsächlich zu eingreifendem Handeln führen, mit dem ein neuer Status – der des Akteurs – erworben wird und zugleich neue Normen gesetzt und erprobt werden.

Die Aufführung versetzt den Zuschauer in einen Zustand, der ihn seiner alltäglichen Umwelt, den in ihr geltenden Normen und Regeln entfremdet, ohne ihm immer Wege zu weisen, wie er zu einer Neuorientierung gelangen könnte. Dieser Zustand kann ebenso als lustvoll wie als quälend empfunden werden. Die Transformationen, die in ihm durchlaufen werden, sind von höchst unterschiedlicher Art. Vor allem handelt es sich um vorübergehende Transformationen, die nur für die Dauer der Aufführung oder auch nur für eine begrenzte Zeit innerhalb der Aufführung anhalten. Ihnen sind die Veränderungen physiologischer, affektiver, energetischer und motorischer Körperzustände zuzurechnen, aber auch tatsächlich erreichte Statuswechsel, wie der vom Status des Zuschauers zu dem eines Akteurs oder auch die Bildung einer Gemeinschaft von Akteuren und Zuschauern oder auch nur von Zuschauern. Diese Veränderungen vollziehen sich wohl wahrnehmbar im Verlauf der Aufführung, dauern allerdings nach ihrem Ende kaum weiter an. Ob die Tränen, welche die Zuschauer glaubwürdigen Zeugenberichten zufolge über das Spiel der Sophie Hensel in der Sterbeszene in *Miß Sara Sampson* vergossen, die betreffenden Zuschauer tatsächlich langfristig „mitleidiger" und damit „besser" machten, wie Lessing hoffte, lässt sich mangels entsprechender Zeugnisse weder beweisen noch widerlegen. Generell wird sich nur im jeweiligen – gut bezeugten – Einzelfall entscheiden lassen, ob die Erfahrung der Destabilisierung von Selbst-, Fremd- und Weltwahrnehmung, des Verlustes gültiger Normen und Regeln tatsächlich zu einer Neuorientierung des betreffenden Subjekts, seiner Wirklichkeits- und Selbsterfahrung geführt hat und in diesem Sinne zu einer länger andauernden Transformation, wie sie für das Aufführungsgenre der Rituale gilt. Es kann ebenso der Fall eintreten, dass der Zuschauer nach dem Ende der Aufführung seine vorübergehende Destabilisierung als unsinnig und unbegründet abtut und zu seiner vorherigen Selbst-, Fremd- und Weltwahrnehmung zurückzukehren sucht oder aber, dass er auch lange Zeit nach der Aufführung im Zustand der Desorientierung verbleibt und erst sehr viel später aufgrund von Reflexionen zu einer Neuorientierung gelangt oder aber zu seinen alten Wertorientierungen und Verhaltensmustern zurückfindet. Dies ändert nichts daran, dass er die Teilnahme an der Aufführung als eine Schwellenerfahrung erlebt hat.

Ob es sich um Rituale, Feste, Theateraufführungen, Konzerte, Installationen, politische Demonstrationen oder Sportwettkämpfe handelt, immer haben wir es mit Aufführungen zu tun, welche die Möglichkeit zu einer Schwellenerfahrung eröffnen. Gleichwohl hat sich gezeigt, dass derartige Schwellenerfahrungen nicht in allen Genres von Aufführungen dieselben sind. So stellen sie im Ritual den Weg zu einem neuen Status, einer neuen Identität dar, die von der betreffenden Gemeinschaft akzeptiert werden muss. Die in ihr vollzogene Transformation ist also irreversibel – der Junge, der im Initiationsritual zum Krieger geworden ist, kann niemals wieder zum Jungen werden. Außerdem bedarf sie der sozialen Akzeptanz: Die Gemeinschaft muss ihn als Krieger anerkennen. Die Schwellenerfahrung stellt hier also den Weg zu einem bestimmten Ziel dar. Bei Sportwettkämpfen besteht das Ziel in der Generierung von Siegern und Verlierern, bei Festen in der Herstellung von Gemeinschaften, bei politischen Veranstaltungen zum Beispiel in der Legitimation von Machtansprüchen oder in der Herstellung sozialer Verbindlichkeit. Bei künstlerischen Aufführungen dagegen stellen die von ihnen ermöglichten Schwellenerfahrungen nicht den Weg zu einem anderen Ziel dar, sondern sie sind selbst das Ziel. Diese Art von Schwellenerfahrung nenne ich ästhetische Erfahrung. Bei ästhetischer Erfahrung geht es also um die Erfahrung der Schwelle, des Übergangs, der Passage als solcher, den Prozess der Verwandlung selbst, bei nicht-ästhetischen Schwellenerfahrungen dagegen um den Übergang *zu* etwas, die Transformation *in* dieses oder jenes. Der Begriff des Ästhetischen ist seit dem 18. Jahrhundert vielfach definiert worden.[60] Mit der Bestimmung ästhetischer Erfahrung als einer Schwellenerfahrung wird ein neues Verständnis des Ästhetischen eingeführt.

Zwar lässt sich ästhetische Erfahrung vor allem in künstlerischen Aufführungen machen. Gleichwohl stellt die Unterscheidung zwischen ästhe-

---

60 Vgl. dazu den Eintrag „Ästhetik" von Doris Kolesch im *Metzler Lexikon Theatertheorie* 2005b, S. 6–13.

tischer und nicht-ästhetischer Schwellenerfahrung kein Kriterium dar, um künstlerische von nicht-künstlerischen Aufführungen zu unterscheiden. Denn ästhetische und nicht-ästhetische Schwellenerfahrungen können einander in ein und derselben Aufführung abwechseln. Es hängt von der Wahrnehmung jedes einzelnen Teilnehmers ab, ob er sich auf den liminalen Zustand konzentriert, in den ihn seine Wahrnehmung versetzt, oder ob er ihn als Übergang zu einem bestimmten Ziel erachtet und durchlebt. Dies konnte sich in *Kunst und Gemüse* ebenso von Minute zu Minute ändern wie beim Länderspiel Deutschland-Italien im Halbfinale der Fußball-Weltmeisterschaft 2006.[61]

Mit der Erläuterung der vier Aspekte Medialität, Materialität, Semiotizität und Ästhetizität ist die Bestimmung des Aufführungsbegriffs abgeschlossen. Sie gilt für *alle* Arten von Aufführungen, auch wenn sie vorwiegend unter Rekurs auf Kunst-Theater und Performance-Kunst, die traditionell privilegierten Gegenstände der Theaterwissenschaft, durchgeführt wurde. Daraus sollten allerdings keine voreiligen Schlüsse gezogen werden. Denn damit ist zunächst nur Theaterwissenschaft als Wissenschaft von Aufführungen in spezifischer Weise fundiert worden. Als ihre Gegenstände können entsprechend alle Arten von Situationen gelten, die sich unter den hier entwickelten Aufführungsbegriff fassen lassen.[62]

61 Zum Begriff der ästhetischen Erfahrung vgl. meinen entsprechenden Eintrag im *Metzler Lexikon Theatertheorie* 2005b, S. 94–101.

62 Zum Begriff der Aufführung vgl. Marvin Carlson, *Performance: A Critical Introduction* 1996, 2. Aufl. 2004; Fischer-Lichte, *Ästhetik des Performativen* 2004a; dies., Clemens Risi, Jens Roselt, *Kunst der Aufführung – Aufführung der Kunst* 2004b; Jon McKenzie, *Perform or Else* 2001; Jens Roselt, *Phänomenologie des Theaters* 2008; Richard Schechner, *Performance Theory* 1988.

Teil II

Arbeitsfelder, Theorien und Methoden

Aufführungen lassen sich den jeweiligen Erkenntnisinteressen entsprechend unter ganz unterschiedlichen Fragestellungen und unter Verwendung verschiedener theoretischer und methodischer Ansätze untersuchen. Man muss also jeweils eine Auswahl aus mehreren Möglichkeiten treffen.

So könnte – um auf die einleitend angeführten Beispiele zurückzukommen – die Aufführung *Kunst und Gemüse* im Hinblick auf die Beziehungen analysiert werden, die sich in ihrem Verlauf zwischen dem Bühnengeschehen und den Botschaften Angela Jansens an das Publikum herstellen lassen, das heißt im Hinblick auf spezifische ästhetische Verfahren. Dies könnte dann zu dem sich im Laufe des Abends ändernden Verhalten der Zuschauer in ein Verhältnis gesetzt werden. Auf diesem Wege ließe sich eine Antwort zum Beispiel auf die Frage finden, ob hier eine Umwertung der herrschenden Vorstellungen von „rein" und „unrein", von Tabuisiertem und Erlaubtem stattgefunden hat.

Visiting Hours ließe sich unter dem Aspekt der Kollision der Rahmen „Kunst bzw. Galeriebesuch" und „Krankenhausbesuch" sowie der mit ihnen gesetzten Erwartungen und Verhaltensweisen und der aus ihr resultierenden tatsächlichen Verhaltensweisen der Zuschauer analysieren. Ein solches Vorgehen würde eine Reihe von Schlussfolgerungen zulassen – so zum Beispiel hinsichtlich der Rolle von Kunst in der amerikanischen Gesellschaft der 1990er Jahre, des Verhältnisses von Ästhetischem und Sozialem, der Relation von Privatheit und Öffentlichkeit, des Verstoßes gegen vorherrschende Körperpolitiken und -diskurse, des Bildes vom Künstler als Leidenden (das in der westlichen Kultur eine lange Tradition hat) und anderes mehr.

Während ich an diesen beiden Aufführungen selbst teilgenommen habe, sind mir die beiden anderen Aufführungen – der *Miß Sara Sampson* 1767 in Hamburg und der Anatomischen Sektion 1723 in Frankfurt an der Oder – nur durch Dokumente und Quellen zugänglich. In diesen Fällen lässt sich also nicht die jeweilige Aufführung selbst analysieren. Für ihre Untersuchung muss vielmehr auf die verfügbaren Quellen und Dokumente zurückgegriffen werden. Dies ermöglicht ebenfalls eine Fülle von Fragestellungen. So könnte die Beschreibung, die Lessing von Friederike Sophie Hensels Schauspielkunst in der Rolle der Sara in der genannten Aufführrung liefert, u.a. die Frage nahelegen, welche Wirkung diese neue, von Theoretikern wie Diderot und Lessing geforderte und von Hensel offenbar verwirklichte realistisch-psychologische Schauspielkunst bei den Zuschauern hervorrufen und welche Funktion sie bei der Herausbildung eines bürgerlichen Theaters erfüllen sollte.

Die Einladung des Medizinprofessors Ottomar Goelicke zu einer öffentlichen Sektion im anatomischen Theater wirft eine Reihe von Fragen auf, welche vor allem das Genre der Aufführung, die Aufführungszeit, die Funktion solcher Aufführungen sowie das geladene Publikum betreffen: Warum wurden anatomische Sektionen öffentlich vorgenommen – was verband in diesem Fall Theater und Wissenschaft? Wieso wurden sie – wie Komödienaufführungen – zur Karnevalszeit aus- bzw. aufgeführt? Warum wurden nicht nur die Studierenden der Medizin, sondern auch die hohe Gesellschaft der Stadt eingeladen? Um diese Fragen – ebenso wie die sich aus Lessings Beschreibung ergebenden – beantworten zu können, bedarf es der sorgfältigen Sichtung weiterer Quellen und Dokumente sowie der einschlägigen Forschung.

Während die Untersuchung in den beiden ersten Fällen zunächst aufführungsanalytisch vorgehen kann, muss sie sich in den beiden letzten theaterhistoriografischer Methoden bedienen. Von Aufführungsanalyse ist daher im Folgenden nur die Rede, wenn vorausgesetzt werden kann, dass die/der Analysierende an der betreffenden Aufführung selbst teilgenommen hat und so Teil des autopoietischen Prozesses gewesen ist, in dem die Aufführung entstand. In allen anderen Fällen handelt es sich um die Analyse von Quellen und Dokumenten zu einer Aufführung oder auch von Spuren, die sie hinterlassen hat. Ein solches Verfahren wird als theaterhistoriografisch bezeichnet. Es wird allerdings nicht nur angewandt, wenn die Untersuchung sich auf Aufführungen einer fernen Vergangenheit richtet. Auch wenn die Videoaufzeichnung einer Inszenierung analysiert wird, die bis gestern im Spielplan stand, jedoch von der/dem Analysierenden selbst nicht besucht wurde, handelt es sich nicht um eine Aufführungsanalyse. Denn sogar die beste Videoaufzeichnung stellt nur ein Dokument der Aufführung dar, nicht aber die Aufführung selbst. Wann immer eine Aufführung lediglich unter Hinzuziehung von Quellen und Dokumenten untersucht wird, ohne dass eigene Erfahrungen in der Aufführung gemacht wurden, wird theaterhistoriografisch verfahren. Aufführungen des Gegenwartstheaters lassen sich also entweder aufführungsanalytisch – wenn der Analysierende sie besucht hat – oder theaterhistoriografisch untersuchen – wenn dies nicht der Fall war. Aufführungen der Vergangenheit lassen sich grundsätzlich nur mit theaterhistoriografischen Methoden erforschen.

Es sind also zwei Arten von methodischen Ansätzen für die Untersuchung von Aufführungen zu unterscheiden, aufführungsanalytische und theaterhistoriografische, aus denen sich zwei Arbeitsfelder ableiten lassen: Aufführungsanalyse und Theaterhistoriografie. Für beide ergeben sich aus dem Aufführungsbegriff, wie er oben entwickelt wurde, wichtige Konsequenzen. Wie aus den kurz skizzierten Beispielen zu ersehen, wird bei der Formulierung der Fragestellung häufig von bestimmten Theorien ausgegangen oder die Ergebnisse der Analysen werden auf Theorien bezogen, die dann durchaus eine Veränderung erfahren können. Aus diesem Sachverhalt ergibt sich als drittes wichtiges Arbeitsfeld das der Theoriebildung.

4. Aufführungsanalyse[1]

4.1 Theoretische Voranannahmen

Auch wenn die Analyse von Aufführungen insofern mit der Analyse von Texten oder auch Bildern vergleichbar ist, als sie je nach Fragestellung und Zielsetzung nach unterschiedlichen methodischen Ansätzen durchgeführt werden kann, gelten für sie in anderer Hinsicht grundlegend andere Bedingungen. Diese sind zum einen auf die spezifischen medialen Bedingungen der Aufführung, die leibliche Ko-Präsenz von Akteuren und Zuschauern, und zum anderen auf ihre besondere Materialität, d.h. ihre Flüchtigkeit und Ephemeralität zurückzuführen.

1) Während bei der Analyse von Texten und Bildern der Analysierende sich seinem Objekt gegenüber befindet, stellt bei der Aufführungsanalyse der Analysierende ein Element des Prozesses dar, den es zu analysieren gilt. Er ist selbst in ihn involviert und bringt durch sein eigenes Verhalten die Aufführung mit hervor. Die Position eines externen Beobachters ist ihm daher verwehrt. Seine Analyse wird immer nur partiell und subjektiv sein.
2) Bei der Analyse eines Textes kann der Analysierende immer wieder vor- und zurückblättern – ohne dass sich der Text in seiner Materialität dadurch verändern würde. Bei der Analyse eines Bildes kann er unterschiedliche Positionen einnehmen – ganz nah an das Bild herantreten, um ein Detail genauer erkennen zu können, oder einen Schritt zurück, um das Bild als Ganzes in den Blick zu nehmen. In beiden Fällen kann der Analysierende sich zwischenzeitlich von seinem Objekt trennen und andere Materialien konsultieren – andere Fassungen oder andere Texte und Bilder zum Beispiel, weitere Dokumente zu den Objekten, ihrem Entstehungsprozess, ihrer ersten und zweiten Rezeption etc. sowie sich mit der sein Objekt oder spezifische Kontexte betreffenden Forschung auseinandersetzen. Mit den so gewonnenen Erkenntnissen kann er dann zu seinem Objekt zurückkehren und so fort. Bei der Analyse einer Aufführung ist ein solches Vorgehen jedoch nicht möglich. Wenn der Analysierende an einem Punkt im Verlauf der Aufführung innehalten will, um über spezifische Vorgänge, die ihn besonders fasziniert oder irritiert haben, nachzudenken und auf diese Weise mit der Analyse zu beginnen, wird er nachfolgende Geschehnisse, die vielleicht ein ganz neues Licht auf diese Vorgänge werfen und den Zuschauer in eine ganz andere Stimmung versetzen – und insofern für seine Analyse von großer Bedeutung

1 Vgl. zu diesem Kapitel Christel Weiler, *Einführung in die Aufführungsanalyse* (erscheint 2010).

sein mögen – verpassen. Bemühungen um eine systematische Analyse können daher erst einsetzen, wenn die Aufführung vorbei ist und damit der sinnlichen Wahrnehmung des Analysierenden entzogen.

4.1.1 Wahrnehmung

Eine Aufführungsanalyse muss von den Erinnerungen des Analytikers an das, was er während der Aufführung wahrgenommen hat, ausgehen. Da alles, was im Laufe einer Aufführung wahrgenommen werden kann, in den Prozess ihrer Autopoiesis eingreift, ist keine Wahrnehmung „bedeutungslos" – ganz gleich, ob sie die Vorgänge auf der Bühne, das Verhalten der Zuschauer oder die eigenen physiologischen, emotionalen, energetischen und motorischen Zustände und ihre Veränderungen betrifft. Alles, was während der Aufführung wahrgenommen wird, zählt. Die Fülle der im Laufe einer Aufführung wahrzunehmenden Phänomene ist in der Regel jedoch so groß, dass auch bei größter Aufmerksamkeit niemals alle wahrgenommen werden können. Je länger eine Aufführung dauert, desto weniger wird sich durchgehend eine erhöhte Aufmerksamkeit aufrechterhalten lassen. Aber auch im Zustand erhöhter Aufmerksamkeit entgehen uns Details. Wie uns die Wahrnehmungspsychologie lehrt, treffen wir im Prozess der Wahrnehmung immer eine Auswahl – wir nehmen das wahr, was für uns in irgendeiner Weise bedeutungsvoll ist – sei es, weil es ein starkes Gefühl auslöst oder weil es unsere Einbildungskraft in Bewegung setzt, sei es, weil es einen Erkenntnisprozess anstößt. Auf das, was wir nicht wahrgenommen haben, ist uns ein Zugriff verwehrt. In eine Analyse kann also nur das eingehen, was für den Analytiker – aus welchen Gründen auch immer – nicht bedeutungslos ist. Die Subjektivität jeglicher Analyse hat also nicht nur in der Tatsache ihren Grund, dass der Analysierende in den Prozess involviert ist, den er analysieren will, sondern auch in der Subjektivität seiner Wahrnehmung. Diese Subjektivität stellt die grundlegende Bedingung jeder Analyse dar. Sie ist *nicht* mit Beliebigkeit zu verwechseln.

4.1.2 Erinnerung

Was im Laufe der Aufführung wahrgenommen wurde, muss erinnert werden, wenn es die Grundlage für die Analyse bilden soll. Ohne Erinnerung gibt es keine Analyse. Für die Erinnerung einer Aufführung sind vor allem zwei Arten von Gedächtnis relevant: das episodische und das semantische Gedächtnis.[2] Das episodische Gedächtnis lässt uns die Details des

---

[2] Vgl. zu den nachfolgenden Ausführungen Daniel L. Schacter, *Wir sind Erinnerung. Gedächtnis und Persönlichkeit* 1999.

Bühnenraums erinnern, die Stellung der Schauspieler im Raum und ihre Bewegung durch ihn im Augenblick, da die Musik einsetzte, Melodie und Rhythmus der Musik, die besondere Weise, in der das Licht auf die Bühne fiel und sie allmählich blau färbte, die Korrespondenz oder den Bruch zwischen dem Rhythmus der Musik und dem der Bewegungen, den süßlichen Geruch von Bier, als die Bierflasche zerbrochen und ausgegossen wurde, mein eigenes Gefühl des Ekels in diesem Moment oder auch den lauten raschen Atem meines Nachbarn bei einer bestimmten Bewegung der Schauspieler u. a. mehr. Es ist das episodische Gedächtnis, das es uns ermöglicht, die unzähligen konkreten Erscheinungen einer Aufführung zu erinnern.

Das semantische Gedächtnis dagegen erinnert alle sprachlichen Bedeutungen – sowohl die Worte, die während der Aufführung gesprochen wurden, als auch meine eigenen Gedanken und Deutungen während der Aufführung. Zu ihm gehören auch die dort erfolgten „Übersetzungen" – zum Beispiel, dass ich eine bestimmte Farbe als rot identifiziert habe, eine Bewegung als abrupt, eine Atmosphäre als unheimlich, während das episodische Gedächtnis die Nuance des Rot, die spezifische Führung der Bewegung und die besondere Empfindung erinnert, die ich in mir aufsteigen fühlte, als ich den Raum betrat. Semantisches und episodisches Gedächtnis interagieren und unterstützen einander. So vermag zum Beispiel die Erinnerung an den Ablauf der Handlung und die sprachlichen Bedeutungen, die in ihrem Verlauf konstituiert wurden, das episodische Gedächtnis zu motivieren, die entsprechenden konkreten Vorgänge und Details zu erinnern. Umgekehrt vermag die Erinnerung an ein spezifisches Detail im semantischen Gedächtnis die Erinnerung an eine ganze, auf es bezogene Handlungskette auszulösen.

Nun hat die Gedächtnisforschung herausgefunden, dass unser Gedächtnis in vieler Hinsicht unzuverlässig ist. Es funktioniert nicht wie ein Speicher, der getreu das Vergangene aufbewahrt, sondern konstruiert je nach Situation und Kontext das Vergangene neu und anders. Außerdem weigert es sich auch häufig, uns auf Abruf bestimmte Erinnerungen zu liefern. Das sind Faktoren, die ebenso wie die Subjektivität der Wahrnehmung den Prozess der Analyse wesentlich mitbestimmen.

Es lassen sich allerdings durchaus Strategien entwickeln, um die Unzuverlässigkeit unseres Gedächtnisses zu verringern und unserer Erinnerung auf die Sprünge zu helfen. Dabei muss jedoch berücksichtigt werden, dass jede dieser Strategien bestimmte „Risiken und Nebenwirkungen" mit sich bringt, die sich in unterschiedlichem Maße als kontraproduktiv erweisen. Zu diesen Strategien gehören mehrmalige Besuche der Inszenierung, die Anfertigung von Erinnerungsprotokollen unmittelbar im Anschluss an die Aufführung, Notizen während der Aufführung und Videoaufzeichnungen.

Ein *mehrmaliger Besuch derselben Inszenierung* stellt zweifellos eine besonders aussichtsreiche Strategie dar, um die Verlässlichkeit der eigenen Erinnerung zu stärken. Dies gilt vor allem im Hinblick auf die Erinnerung an all die konkreten Einzelheiten, die im Laufe der Aufführung wahrgenommen werden. Dabei gilt es allerdings zu bedenken, dass jeder weitere Besuch unter je anderen Bedingungen stattfindet. Zum einen wird der Zuschauer wahrscheinlich bei jedem weiteren Besuch Elemente wahrnehmen, die ihm bisher entgangen waren und die es nun zusätzlich zu erinnern gilt, was das Gesamtgefüge des Erinnerten beeinflusst. Zum anderen fließt die Erinnerung an den ersten Besuch beim zweiten in die Wahrnehmung ein und verwandelt sie; Entsprechendes gilt für jeden weiteren Besuch. Vor allem wird der Neuheitsgrad, der beim ersten Mal erheblich gewesen sein mag, herabgesetzt, so dass sich die Wirkung auf den Zuschauer verändert. Auch mag sich das Umspringen der Wahrnehmung vom phänomenalen Leib auf die Figur oder umgekehrt in jeweils anderen Momenten ereignen. Zum Dritten wandelt sich bei jedem Besuch auch die Konstellation, die sich aus der Konfrontation der Darsteller mit den Zuschauern ergibt, weil die Zuschauer bei jeder Aufführung andere und gegebenenfalls auch die Darsteller von bestimmten Launen, Stimmungen oder der so genannten Tagesform abhängig sind. Eine Änderung der Konstellation wird häufig zu anderen Publikumsreaktionen und damit Interaktionen zwischen Akteuren und Zuschauern führen. Häufig geschieht es auch, dass Regisseure oder auch einzelne Schauspieler die Inszenierung im Nachhinein an einzelnen Punkten abwandeln, so dass die Grundlage für die Interaktion von Seiten der Künstler verändert wird – wie dies zum Beispiel Ulrich Matthes bei der Darstellung des Wanja in Jürgen Goschs Inszenierung von Tschechows *Onkel Wanja* (Deutsches Theater Berlin 2008) in der ersten Szene nach mehreren Aufführungen tat. So ist es gerade der mehrmalige Besuch derselben Inszenierung, welcher die Differenz zwischen den verschiedenen Aufführungen und damit ihre jeweilige Einmaligkeit hervortreten lässt.

Um bewusst mit den hier auftretenden Veränderungen und Auswirkungen bei der Analyse umgehen zu können, empfiehlt es sich, im Anschluss an jede besuchte Aufführung ein *Erinnerungsprotokoll* anzufertigen. Denn in ihm kann notiert werden, wie die eigenen Wahrnehmungen sich jeweils verändert haben, was die unterschiedlichen Wirkungen auf den Protokollanten waren und welche Konsequenzen sich – gerade auch im Hinblick auf die Zuschauerreaktionen – aus der veränderten Konstellation ergeben haben. Unter einem Erinnerungsprotokoll ist entsprechend nicht eine strukturierte Abhandlung zu verstehen. Vielmehr können in ihm ganz unsystematisch alle Erinnerungen an das in der Aufführung Wahrgenommene festgehalten werden, die der Verfasserin/dem Verfasser beim Schreiben einfallen. Eine Ordnung ergibt sich erst nach der späteren Lektüre des Erinnerungsprotokolls, seinem Vergleich mit denen, die sich auf andere Aufführungen derselben Inszenierung beziehen, oder mit anderen Materialien. Unter diesen Bedingungen stellt der mehrmalige Besuch derselben Inszenierung zweifellos das beste Mittel zur Stützung des eigenen Erinnerungsvermögens dar. Leider ist diese Möglichkeit nicht immer gegeben. Vor allem bei Gastspielen und Festivals wird sich kaum ein mehrmaliger Besuch – häufig nicht einmal ein zweiter Besuch – realisieren lassen.

Die *Anfertigung von Notizen bereits während der Aufführung* hat ganz allgemein den Vorteil, dass die als wichtig eingeschätzten Wahrnehmungen sofort festgehalten und so für weitere Analyseprozeduren zugänglich gemacht werden. Allerdings erscheint sie im Falle, dass die Inszenierung mehrmals besucht werden kann, beim ersten Besuch kaum als sinnvoll. Denn wenn der Zuschauer der Notizen wegen gezwungen ist, ununterbrochen versuchsweise Hypothesen zu entwerfen, aus denen er ableiten kann, was für ihn relevant ist und daher notiert werden muss – da ja nicht alles, was wahrgenommen wird, gleich notiert werden kann –, ändert sich seine Art der Wahrnehmung ganz erheblich, so dass ein völlig anderer Modus von Rezeption die Folge ist. Diese Gefahr besteht bei Notizen beim dritten oder vierten Besuch nur noch in sehr viel geringerem Maße.

Als wichtigste Gedächtnisstütze gilt heute gemeinhin eine *Videoaufzeichnung*. Sie kann, vor allem wenn sie eigens für die Zwecke der Analyse und im Hinblick auf eine spezifische Fragestellung nach mehreren Aufführungsbesuchen angefertigt wird, in der Tat als ein effektives Hilfsmittel eingesetzt werden, um den Unzulänglichkeiten unseres Gedächtnisses entgegenzuwirken. Sie hilft nicht nur, konkrete Details einer Aufführung ins Gedächtnis zurückzurufen, die zur Klärung einer bestimmten Frage beitragen – zum Beispiel der Frage, ob Regine Zimmermann als Emilia in Michael Thalheimers Inszenierung von *Emilia Galotti* (Deutsches Theater Berlin 2001) zum ersten Mal zusammen mit dem Einsetzen der Musik auftrat oder erst, nachdem die Musik bereits erklang. Sie ermöglicht es uns auch, uns auf einzelne Details zu konzentrieren wie bestimmte Bewegungen sowie die Art, die Intensität und das Tempo ihres Vollzuges – beispielsweise bei Emilias erstem Auftritt –, vor allem da ein mehrmaliges Abspielen der Sequenz möglich ist.

Das semantische Gedächtnis erinnert häufig Deutungen, die *ad hoc* während der Aufführung vorgenommen werden, ohne dass das episodische Gedächtnis imstande wäre, alle jene Details zu erinnern, auf die sich die Deutung stützt. Eine Videoaufzeichnung vermag häufig nun gerade diese Details zu liefern, so dass einsichtig wird, wieso es zu dieser Deutung kommen konnte, oder umgekehrt, wieso es sich um eine unhaltbare Hypothese handelt, die durch nichts gestützt wird. Wenn zum Beispiel die vorletzte Szene in Thomas Langhoffs Inszenierung der *Emilia Galotti* (Münchner Kammerspiele 1984), in der Odoardo (Rolf Boysen) Emilia (Sunnyi Melles) ersticht, als Inzestszene erinnert wird –, woraus sich eine Kritik an der bürgerlichen Familie und der sich auf sie stützenden bürgerlichen Gesellschaft ableiten ließe –, ohne dass genau erinnert wird, wie die Szene ablief, lassen sich die entsprechenden Handlungen der Schauspieler – die Verführungsgesten Sunnyi Melles und die einen Geschlechtsakt simulierende Bewegung mit dem Dolch, die Rolf Boysen vollzog – mit Hilfe der Videoaufzeichnung wieder in die Erinnerung zurückrufen.

So wichtig und hilfreich eine Videoaufzeichnung sein mag, um konkrete Einzelheiten zu erinnern – vor allem, wenn die Videoaufzeichnung eigens für die Zwecke der Analyse nach mehrmaligem Besuch der Aufführung angefertigt wurde –, so nutzlos oder gar kontraproduktiv kann sie in anderer Hinsicht sein. Sie ist kaum je imstande, der räumlichen Erinnerung nachzuhelfen. Ganz im Gegenteil – wer räumliche Dimensionen und Konstellationen nicht mehr zu erinnern weiß, wird in der Regel durch eine Videoaufzeichnung eher noch stärker verunsichert oder gar in die Irre geführt. Zwar vermag sie beobachtbare Reaktionen der Zuschauer – wie Lachen, angeekelten Gesichtsausdruck, Sich-mit-offenem-Mund-nach-vorn-Neigen, Die-Füße-im-Rhythmus-der-Musik-Bewegen, Nervös-mit-den-Fingern-Spielen, Aufspringen etc. – durchaus festzuhalten, was allerdings bei Fernsehaufzeichnungen fast nie geschieht. Was der Zuschauer jedoch leiblich erspürt hat, wird er wohl kaum bei der Videoaufzeichnung spüren. So ist der Videoaufzeichnung die durch Licht, Laute, Gerüche etc. im Theaterraum entstehende Atmosphäre nicht zugänglich. Auch lassen sich Energieflüsse zwischen Akteuren und Zuschauern, die beide während der Aufführung leiblich spüren, nicht durch eine Videoaufzeichnung übermitteln. In Einar Schleefs Inszenierung von Elfriede Jelineks *Sportstück* (Wiener Burgtheater 1998) zum Beispiel führten die Darsteller, die die ganze Bühne füllten, fünfundvierzig Minuten lang immer wieder die gleichen anstrengenden Übungen mit höchster Energie bis zur körperlichen Erschöpfung durch, wobei sie mit ebensolcher Energie im Chor stets dieselben Sätze wiederholten. Einige Zuschauer vermochten dies bereits nach wenigen Minuten nicht mehr zu ertragen und verließen fluchtartig den Raum. Wer sich diesem Geschehen dagegen bis zuletzt aussetzte, spürte, wie sich ein energetisches Feld zwischen Darstellern und Zuschauern bildete, das sich mit zunehmender Dauer immer weiter verstärkte. Während die Videoaufzeichnung wohl die einzelnen Übungen wiederzugeben und durchaus auch einen Eindruck von der Kraft zu vermitteln vermag, mit der die Darsteller ihre Bewegungen vollzogen, entgeht ihr das energetische Feld zwischen Darstellern und Zuschauern vollkommen. Auch ist sie außerstande, die Energie der Darsteller auf die Zuschauer vor dem Monitor zu übertragen. Beides ist an die leibliche Ko-Präsenz gebunden. Die Erinnerung an das energetische Feld kann durch die Videoaufzeichnung kaum wieder wachgerufen werden.

Darüber hinaus besteht generell die Gefahr, dass die Videoaufzeichnung weniger die Erinnerung des Analytikers stützt und wiederbelebt, als vielmehr sie überlagert, so dass sie eher zum Vergessen der Aufführung als zu ihrer Erinnerung beiträgt. Das gilt vor allem, wenn sie das Geschehen aus einer Perspektive vermittelt, die den Zuschauern gar nicht zugänglich war, oder wenn sie bestimmte Vorgänge ausblendet, die sich im Hintergrund abspielen, auf die der Zuschauer jedoch aus für ihn sehr guten Gründen seine Wahrnehmung fokussiert hat, oder wenn sie, wie dies vor allem bei Fernsehaufzeichnungen geschieht, bei Dialogen Großaufnahmen der Gesichter bringt, die diese im Schuss-/Gegenschuss-Verfahren zeigen, so dass sowohl die körperliche Haltung der Akteure als auch der räumliche Abstand zwischen ihnen, die für die Zuschauer bedeutungsvoll waren, nicht mehr wahrzunehmen sind. Als besonders verhängnisvoll erweisen sich filmische Verfahren, die bestimmte Vorgänge für den Zuschauer der Aufzeichnung bzw. des Films pointieren sollen, wie zum Beispiel *slow motion.* Denn damit wird die Erinnerung an die tatsächliche Bewegung im Raum überlagert, wenn nicht gar ausgelöscht.

Um die Vorzüge der einzelnen Hilfsmittel zu nutzen und ihre Nachteile möglichst gering zu halten, sollte man sich auf keines allein verlassen, sondern sie alle in einer gezielten Kombination einsetzen, in der sie sich gegenseitig zu korrigieren vermögen. Nur so lassen sie sich tatsächlich als Gedächtnisstützen verwenden. Denn die Aufführungsanalyse beruht auf den Gedächtnisleistungen des/der Analysierenden, die sich zwar durch Hinzuziehung der genannten Hilfsmittel verbessern lassen, jedoch letztlich immer unzulänglich bleiben.

Wenn bei der Aufführungsanalyse auf eigene Notizen während der Aufführung, auf Erinnerungsprotokolle und Videoaufzeichnungen zurückgegriffen wird, erhebt sich die Frage, was sie denn von einem Vorgehen unterscheidet, bei dem eine Aufführung unter einer spezifischen Fragestellung auf der Basis von Kritiken, weiteren Aussagen von Zuschauern sowie Videomitschnitten untersucht wird – also ein Verfahren angewendet wird, das ich als theaterhistoriografisch bezeichnet habe. Der Unterschied mag manchem gering erscheinen; er ist jedoch fundamental. Während im ersten Fall die Hilfsmittel das in einer Aufführung Wahrgenommene und Erlebte wieder in Erinnerung rufen sollen bzw. die Erinnerung bestätigen oder widerlegen, handelt es sich im zweiten Fall um Dokumente zur Aufführung, welche an die Stelle der eigenen Erinnerung treten. Folglich geht es um eine Auswertung und Deutung dieser Dokumente. Dies kann für eine Reihe von Fragestellungen durchaus ausreichen, ist gleichwohl nicht als Aufführungsanalyse zu qualifizieren, da diese stets von den eigenen Wahrnehmungen und Erfahrungen während der Aufführung ausgeht.

4.1.3 Versprachlichung

Nach Wahrnehmung und Erinnerung stellt die dritte grundlegende Bedingung für eine Aufführungsanalyse die Versprachlichung dar. Denn auch die erinnerten Wahrnehmungen von Nicht-Sprachlichem müssen für eine Analyse versprachlicht werden. Ohne eine möglichst genaue Beschreibung der erinnerten Wahrnehmungen ist die Basis für eine von anderen nachvollziehbare Analyse nicht gegeben. Nun lassen sich jedoch nicht sprachliche Vorstellungen, Bilder, Fantasien und Erinnerungen – zum Beispiel an Klänge, Gerüche, gleißendes Licht – oder auch Befindlichkeiten, Empfindungen, Gefühle, die sich körperlich artikulieren und als diese spezifischen körperlichen Artikulationen bewusst werden, häufig nur sehr schwer in Sprache „übersetzen". Denn den Zeichen der Sprache eignet immer eine gewisse Abstraktheit, auch wenn sie sich auf konkrete Dinge wie individuelle Körper, Klänge, Gerüche, Licht beziehen. Diese als konkrete Erscheinungen wahrgenommenen Phänomene werden daher ihres besonderen phänomenalen Seins, als das sie in der Wahrnehmung in Erscheinung treten, allein schon dadurch beraubt, dass der Analytiker es nachträglich auf den Begriff zu bringen sucht. Auch der genauesten sprachlichen Beschreibung wird es nicht gelingen, diesem je besonderen phänomenalen Sein Gerechtigkeit widerfahren zu lassen. Sie wird lediglich imstande sein, bei dem, der sie liest oder hört, Imaginationen in Gang zu setzen, die von dem Wahrgenommenen, das beschrieben wird, in kaum vorstellbarer Weise abweichen können. Was vom episodischen Gedächtnis erinnert wird, ist sprachlicher Beschreibung häufig nur höchst eingeschränkt zugänglich. Was dagegen vom semantischen Gedächtnis erinnert wird, ist sozusagen *per se* sprachlich strukturiert und lässt sich daher auch sprachlich fassen. Dabei darf man allerdings nicht übersehen, dass auch hier bereits Deformationen vorliegen, die mit den Grenzen der Sprache gesetzt sind. Sie sind in all den Fällen gegeben, in denen das semantische Gedächtnis Begriffe und Beschreibungen erinnert, die bereits während der Aufführung aus „Übersetzungsprozessen" hervorgegangen sind.

Jede gute Analyse arbeitet daran, die ihr von der Sprache gesetzten Grenzen zu überschreiten, ohne dass ihr dies jemals tatsächlich gelingen könnte. Denn die Sprache verfügt als ein je besonderes Medium über eine nur ihr eigene Materialität und als ein je besonderes Zeichensystem über nur ihr eigene spezifische Regeln. Indem sie bei der Beschreibung befolgt werden, verselbstständigt sich der Schreibprozess; er entwickelt eine eigene Dynamik, die ihn durchaus in eine Nähe zu den erinnerten Wahrnehmungen bringen mag, ihn jedoch zugleich auch von ihnen fortführt. Jede sprachliche Beschreibung ebenso wie jede Deutung trägt zur Produktion eines Textes bei, die eigenen Regeln gehorcht, sich im Prozess seiner Herstellung verselbstständigt und sich so möglicherweise von ihrem Ausgangspunkt, der Erinnerung an das während der Aufführung Wahrgenommene, immer weiter entfernt. Der Prozess der Analyse mündet in einem bzw. vollzieht sich als Produktion eines eigenständigen Text(es). Dies stellt eine weitere scheinbar paradoxe Bedingung dar, der bei der Aufführungsanalyse gebührend Rechnung getragen werden muss.

4.2 Praxis des Analysierens

4.2.1 Fragestellungen

Wie bereits mehrfach betont, geht jede Analyse von einer bestimmten Fragestellung aus. Diese hat sich für den Analytiker entweder aus der Aufführung ergeben oder sie wird von ihm an die Aufführung heran- und in sie hineingetragen. Eine Aufführung ohne eine Fragestellung zu untersuchen, sie in jeder nur denkbaren Hinsicht vollständig analysieren zu wollen, ist ein Unding. An den einleitenden Beispielen wurde bereits verdeutlicht, dass die Fragestellungen und das jeweilige Erkenntnisinteresse, aus denen sie entspringen, höchst unterschiedlich sein können. Sie mögen die Vielfalt der künstlerischen Verfahren und Strategien sowie ihre jeweilige Wirkung auf das Publikum betreffen oder auch beides auf spezifische politische, ideologische, weltanschauliche, wissenschaftliche, psychologische oder ästhetische Konzepte beziehen oder sie können die je besondere Inszenierung von kultureller, ethnischer und Gender-Identität fokussieren oder den Umgang mit gesellschaftlichen Problemen und vieles andere mehr.

Wenn mit einer bestimmten Fragestellung an eine Aufführung herangegangen wird, ist sie es, welche bis zu einem gewissen Grad die Wahrnehmung steuert und organisiert sowie die Erinnerung strukturiert. Auch wenn die Fragestellung sich erst während oder sogar nach Beendigung der Aufführung ergibt, wird es von ihr abhängen, welche Methode gewählt und welche Schritte im Einzelnen vollzogen werden. Eine Aufführungsanalyse verfolgt entsprechend das Ziel, für bestimmte Fragen, welche die Aufführung aufwirft oder an sie herangetragen werden, überzeugende Antworten zu finden und Probleme, die sich aus ihr ergeben oder in deren Kontext sie rezipiert wird, zu klären. Es handelt sich also um kognitive Prozesse, die zur Konstitution von Bedeutungen und zur Erzeugung von Sinn führen sollen.

4.2.2 Methoden

Aus dem Aufführungsbegriff, wie er im ersten Teil entwickelt wurde, ergeben sich zwei wichtige Bedingungen für den Prozess der Hervorbringung von Bedeutung während der Aufführung. Zum einen ist sie eng mit den physiologischen, affektiven und energetischen Wirkungen verbunden, die von den zu deutenden Phänomenen ausgelöst werden, von der Erfahrung also, die sie ermöglichen. Zum anderen gleitet die Wahrnehmung oszillierend zwischen dem phänomenalen Leib oder Ding – d. h. dem Leib oder Ding, wie sie in Erscheinung treten – und dem semiotischen Körper oder Objekt – d. h. in der Regel der dramatischen Figur bzw. dem als ein spezifischer Gegenstand identifizierten Ding – hin und her. Wenn die Aufführungsanalyse als ein Prozess der Bedeutungserzeugung begriffen wird, folgt daraus, dass er die spezifische somatische Wirkung, die das Erscheinen des betreffenden Elements im Analysierenden ausgelöst und zu einer speziellen Bedeutungskonstitution geführt hat, auch im Nachhinein angemessen berücksichtigen muss. Dasselbe gilt für das Hin- und Hergleiten der Wahrnehmung zwischen phänomenalem Leib und semiotischem Körper, zwischen dem Leib des Schauspielers und der Figur. Die Analyse muss also sowohl die eigene Leiblichkeit des Analysierenden sowie die der Schauspieler und das phänomenale Sein der Dinge berücksichtigen als auch die mögliche Zeichenhaftigkeit des Wahrgenommenen. Phänomenologische und semiotische Ansätze müssen sich also in ihr verschränken.

4.2.3 Phänomenologische Ansätze

Eine phänomenologische Herangehensweise ist vor allem auf die Wahrnehmungsordnung der Präsenz bezogen. Sie wird sich daher auf die je besondere Erscheinungsweise der Menschen, Räume, Dinge und Laute konzentrieren und jeweils die je spezifischen Eigenheiten und Qualitäten herausarbeiten, die auf die/den Analysierende(n) eine bewusst gewordene Wirkung ausgeübt und zu beobachtbaren Reaktionen von Zuschauern geführt haben. Sie kann entsprechend von Phänomenen ihren Ausgang nehmen, die eine besonders starke Wirkung und besonders deutlich wahrnehmbare Reaktionen in den Zuschauern hervorgerufen haben. Dies war in der bereits erwähnten Aufführung von Shakespeares *Julius Caesar* durch die Societas Raffaello Sanzio (Hebbel Theater Berlin 1998) zum Beispiel der merkwürdige Klang der Stimme des Antonius-Darstellers. (Er rührte daher, dass dieser sich kurz zuvor einer Operation am Kehlkopf unterzogen hatte und an dessen Stelle ein Mikrofon implantiert war, das seine gequälten, stimmlosen Artikulationsversuche hörbar machen sollte, was die Zuschauerin vorher nicht wusste, so dass es in ihre Wahrnehmung und Erfahrung der Stimme nicht eingehen konnte). Sie klang hohl, verzerrt, wie aus einer anderen Welt kommend und ließ die Zuschauerin erschauern. Dagegen erweckte die Gestalt des Cicero-Darstellers in ihr eine Empfindung von Ekel und Abscheu. Es war die Gestalt eines fettleibigen Riesen mit den Ausmaßen eines Sumo Ringers. Er schien in seinen Fleischmassen zu ertrinken; über sein Gesicht hatte er eine Strumpfmaske gestreift, was den Eindruck eines gesichts- und identitätslosen Monsters verstärkte. Die ganz individuelle Physis der Schauspieler wirkte hier so unmittelbar und verstörend auf die Zuschauerin ein, dass sie ihre Wahrnehmung auf sie fokussierte und zunächst unfähig war, sie als dargestellte Figur – also als Zeichen für – Antonius oder Cicero wahrzunehmen.

Zu den Erfahrungen, die es bei einer phänomenologisch ausgerichteten Analyse zu berücksichtigen gilt, zählt auch das energetische Feld, das sich – wie im Fall der erwähnten *Sportstück*-Inszenierung – zwischen Akteuren und Zuschauern im Verlauf der Aufführung bilden mag, sowie das mit ihm entstehende Gefühl, einer Gemeinschaft anzugehören, die sich allerdings im nächsten Augenblick wieder auflösen kann. Eine wichtige Funktion kommt bei diesem Prozess – ebenso wie in manch anderer Hinsicht – der Erfahrung des Rhythmus zu, der unmittelbar auf den Leib des Zuschauers einwirkt und ihn dazu bringt, sich in ihn einzuschwingen. Die Analyse wird die Erfahrung, die durch ihn ermöglicht wird, ebenso berücksichtigen, wie das leibliche Erspüren der Atmosphäre, in die der Analysierende eingetaucht war. Nicht zuletzt gilt es, die beobachteten Reaktionen der anderen Zuschauer zu berücksichtigen – das abrupte Aufstehen Einzelner in der genannten *Sportstück*-Szene, das laute Türenschlagen, mit dem sie den

Raum verließen, ebenso wie das körperlich-rhythmische Mitgehen, das im weiteren Verlauf bei vielen Zuschauern beobachtet werden konnte, oder das einmütige Aufspringen von den Sitzen am Ende der Szene und die „standing ovations“, welche die offensichtlich energetisch aufgeladenen Zuschauer den Akteuren bereiteten. Alles dies gilt es bei einer phänomenologisch verfahrenden Analyse zu erfassen.

Bei einem solchen Vorgehen ist es die Wechselwirkung von Erscheinungsweise, Wahrnehmung und Erfahrung, die im Zentrum der Aufmerksamkeit steht. Wie treten die Menschen, Dinge, Laute, Räume in Erscheinung und welche Wirkung lösen sie bei den Zuschauern aus? Das sind die Fragen, die phänomenologische Ansätze zu beantworten suchen. Im Zentrum der Aufmerksamkeit und des Interesses stehen die Erfahrungen, welche der Verlauf der Aufführung den Zuschauern ermöglicht. Und diese Erfahrungen können – anders als Interpretationen – nicht richtig oder falsch sein. So wie sie gemacht werden, stellen sie einen wichtigen Bestandteil der Aufführung als einer autopoietischen Feedbackschleife dar. Sie zu erfassen – durch Erinnerung an die eigene Erfahrung und an die beobachtbaren Reaktionen anderer Zuschauer –, ist die Aufgabe einer phänomenologisch ausgerichteten Analyse.[3]

Nun ist der Zuschauer nicht als ein leeres Blatt zu begreifen, auf das erst die Aufführung Erfahrungen einschreibt. Vielmehr bringt er seine bisherigen Erfahrungen – nicht nur von Aufführungen –, sein Wissen, seine Kenntnisse, sein so genanntes *universe of discourse* in die Aufführung ein. Die Erfahrungen, die er in der Aufführung durchlebt, stehen in einem bestimmten Verhältnis zu früher gemachten Erfahrungen, denen sie ent- oder widersprechen können oder die sie wieder aufrufen. Sie knüpfen an eine bereits vorhandene Erfahrungsstruktur an und können neue Erfahrungen bewirken. Erfahrungen stehen mit Bedeutungen in einem engen Zusammenhang. Die Bedeutungen, die der Zuschauer aufgrund seiner biografisch, sozial, kulturell bedingten Lebenserfahrungen erworben und erzeugt hat, stellen eine wichtige Vorbedingung für die Möglichkeit dar, in der Aufführung spezifische Erfahrungen zu machen. Zwar sind einige dieser Erfahrungen physiologisch bedingt – wie zum Beispiel diejenigen, die von im Brustkorb resonierenden Tönen oder von gleißendem Licht ausgelöst werden, das wegen der Blendung, die es bewirkt, den Zuschauer reflexartig die Augen schließen lässt. Gleichwohl sind auch solche Er-

3 Vgl. zu phänomenologischen Ansätzen zur Aufführungsanalyse Jens Roselt, „Kreatives Zuschauen – Zur Phänomenologie von Erfahrungen im Theater“ 2004, S. 46–55 sowie derselbe, *Phänomenologie des Theaters* 2008.

fahrungen an frühere gebunden, die erinnert werden und dem reflexartigen Schließen der Augen eine Bedeutung verleihen. Andere Erfahrungen dagegen stehen bereits mit Bedeutungen, die bestimmte Räume, Objekte, Körperhaltungen, Gesten, Worte, Laute, Töne, Lichteinstellungen etc. für einen Zuschauer haben, in einem Zusammenhang. Es sind eben diese Bedeutungen, welche die neuen Erfahrungen ermöglichen. So lassen sich die Erfahrungen, die durch die Wahrnehmung der so spezifischen Leiblichkeit in *Julius Caesar* ausgelöst wurden, in eine Beziehung zur Ausgrenzung von Krankheit, Tod, ‚Abnormität' in unserer Gesellschaft setzen, die von diesen verletzten, fragilen oder exzessiv ausufernden Leibern vergegenwärtigt und damit zugleich thematisiert als auch problematisiert wurden. Daraus erhellt, dass eine Analyse immer subjektiv bedingt ist. Jeder Zuschauer bringt andere Erfahrungen in die Aufführung ein, weswegen er die während der Aufführung erscheinenden Probleme und Prozesse auf seine eigene Weise nicht nur wahrnehmen wird – er wird das Wahrgenommene auch auf eine je spezifische Weise erfahren. Diese Subjektivität ist keineswegs mit Beliebigkeit zu verwechseln. Es ist prinzipiell immer möglich, über das Wahrgenommene und seine Wirkungen intersubjektiv zu kommunizieren.

4.2.4 Semiotische Ansätze

Erfahrung und Bedeutung bedingen einander. Während phänomenologische Ansätze sich auf Erfahrungen richten, gelten semiotische Ansätze der Erzeugung von Bedeutung. Sie beziehen sich daher vor allem auf die Wahrnehmungsordnung der Repräsentation. In dieser Perspektive wird alles, was wahrgenommen wird, als ein Zeichen gedeutet – der je besondere Raum, die in ihm befindlichen Objekte, die Gestalt der Darsteller, ihre Kostüme, ihre Bewegungen und die Veränderungen, die der Raum durch Licht, Bewegung und Geräusche erfährt; die Bewegungen der Darsteller durch den Raum (proxemische Zeichen), ihre Körperhaltung, ihre Gesten (gestische Zeichen) und ihr Gesichtsausdruck (mimische Zeichen), der Abstand, den verschiedene Darsteller zueinander halten (proxemische Zeichen), ihre Stimme und die von ihnen geäußerten Laute (wie Lachen, Weinen, Seufzen) (paralinguistische Zeichen), Worte (linguistische Zeichen) oder Töne (beim Gesang) sowie Musik. Die möglichen theatralen Zeichen können in folgender Weise systematisiert werden:

<table>
<tr><td>Geräusche</td><td rowspan="4">akustische</td><td rowspan="7">transitorisch</td><td rowspan="2">raum-
bezogen</td></tr>
<tr><td>Musik</td></tr>
<tr><td>linguistische Zeichen</td><td rowspan="8">schauspieler-
bezogen</td></tr>
<tr><td>paralinguistische Zeichen</td></tr>
<tr><td>mimische Zeichen</td><td rowspan="10">visuelle</td></tr>
<tr><td>gestische Zeichen</td></tr>
<tr><td>proxemische Zeichen</td></tr>
<tr><td>Maske</td><td rowspan="7">länger
dauernd</td></tr>
<tr><td>Frisur</td></tr>
<tr><td>Kostüm</td></tr>
<tr><td>Raumkonzeption</td><td rowspan="4">raumbezogen</td></tr>
<tr><td>Dekoration</td></tr>
<tr><td>Requisiten</td></tr>
<tr><td>Beleuchtung</td></tr>
</table>

Diese theatralen Zeichen lassen sich auf ganz unterschiedliche Weise gestalten, miteinander kombinieren und kontextualisieren, so dass im Prinzip unendlich viele Möglichkeiten der Erzeugung von Bedeutung denkbar sind.

Anders als bei Hieroglyphen handelt es sich bei theatralen Zeichen um solche Arten von Zeichen, die den Zuschauern aus ihrem alltäglichen Leben vertraut sind. Gleichwohl ist die Gestaltung dieser Zeichen im Theater meist nicht mit derjenigen der Zeichen, die wir aus dem Alltag kennen, identisch. Noch weniger ist davon auszugehen, dass die Bedeutungen, die ihnen im Alltag beigelegt werden können, sich ohne weiteres auf ihre Verwendung im Theater übertragen lassen. Zwar ist es wichtig, einen Tisch als einen Tisch, ein Bett als ein Bett oder einen Zylinder als einen Zylinder zu erkennen. Das heißt jedoch nicht, dass der Tisch hier als Zeichen für einen Tisch, das Bett als Zeichen für ein Bett oder der Zylinder als Zeichen für einen Zylinder fungiert und entsprechend gedeutet werden müsste. Je nach Umständen könnte der Tisch zum Beispiel auch als ein Berg interpretiert werden, den es zu erklimmen gilt, oder als eine Höhle, in der man sich auf der Flucht vor Verfolgern verbergen kann, oder wenn umgekippt auf dem Boden liegend, als ein Boot, in dem zwei Liebende einen See überqueren.

Es sind in allen diesen Fällen jeweils die Handlungen, welche die Akteure an oder mit dem Tisch vollziehen, welche neue Deutungsmöglichkeiten eröffnen.

Dies gilt auch für die Verwendung derartiger Gegenstände in Aufführungen von Inszenierungen, die als realistisch-psychologisch klassifiziert werden. In der bereits erwähnten Inszenierung der *Emilia Galotti* durch Thomas Langhoff zum Beispiel saßen im II. Akt 6. Szene Emilia Galotti und ihre Mutter Claudia rechts und links von einem Tisch, beide frontal zum Publikum. Claudia (Doris Schade) befragte ihre Tochter über deren zufälliges Zusammentreffen mit dem Prinzen in der Kirche. Nachdem Emilia ihr davon erzählt hatte, begann ihre Mutter eine Art Verhör. Sie legte dabei den linken Arm wie eine Schranke auf den Tisch. Diese Geste verwandelte das Zimmer in eine Art Gericht und das Gespräch in ein Verhör, das von Seiten Claudias in inquisitorischem Ton vorangetrieben wurde.

Dieses Element wurde in der 7. Szene des V. Aktes wieder aufgenommen. Hier war es ein Sofa, das als eine Art Gerichtsschranke von Odoardo verwendet wurde. Hinter ihm stehend verhörte er die vor dem Sofa platzierte Tochter über die Ermordung ihres Verlobten und ihren Aufenthalt im Schloss. Erst nachdem er Gewissheit erhalten hatte, dass Emilia unschuldig war, kam er hinter dem Sofa hervor. Nach dem Verhör knieten Odoardo und Emilia einander zugewandt auf dem Boden. Odoardo umarmte seine Tochter und bedeckte ihr Gesicht überschwänglich mit heißen Küssen. Damit begann die „Verführungsszene", die im „Inzest" gipfelte. Während Emilia über ihre Sinne sprach – „Gewalt! Gewalt! Wer kann der Gewalt nicht trotzen? …" –, ergriff sie die Hand ihres Vaters und führte sie an ihr Dekolleté, so als sollte er dort die Hitze ihres Blutes spüren. Dann beugte sie sich vor und schmiegte zärtlich ihre Wange an die seine. Es war das Bild eines Liebespaares, das sich den Augen der Zuschauer bot. Als Odoardo sich weigerte, seiner Tochter den von ihr geforderten Dolch in die Hände zu legen, lehnte sie sich mit aller Kraft gegen ihn, so dass er auf den Boden sank. Sie warf sich auf ihn und während sie ihn an einen Vater erinnerte, „der seine Tochter vor der Schande zu retten, ihr den ersten, den besten Stahl in das Herz senkte – ihr zum zweiten Mal das Leben gab", senkte Odoardo ihr den Dolch nun zwar nicht in das Herz, sondern schien ihn ihr wie seinen Penis einzuführen. Beide rollten auf dem Boden hin und her, bis Emilia unter ihrem Vater regungslos liegen blieb. Nach Vollzug dieses „inzestuösen Aktes" ließ Odoardo sich entspannt mit ausgebreiteten Armen auf die Seite fallen und atmete tief aus. An die Wahrnehmung der Tötung als eines Inzests lassen sich nun eine Reihe von weiteren Deutungen anschließen, welche die Veränderung der bürgerlichen Familie und der bürgerlichen Gesellschaft betreffen, den Zusammenhang von Macht und Perversion und anderes mehr.

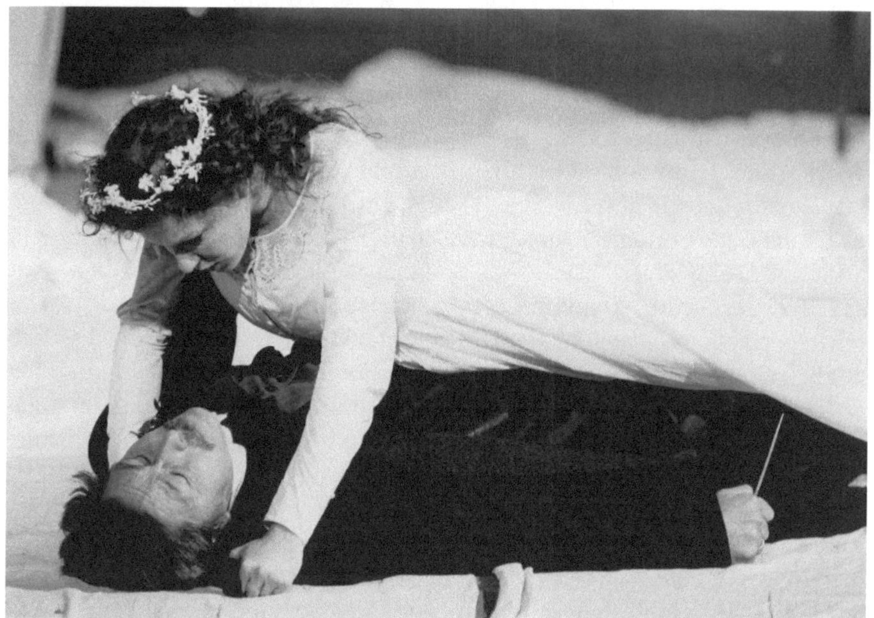

Münchner Kammerspiele, „Emilia Galotti" (von Gotthold E. Lessing), Regie: Thomas Langhoff, 2002, Odoardo (Rolf Boysen) und Emilia (Sunnyi Melles) in der sogenannten Inszestszene. Urheberrechtshinweis: Uta Sternberg.

Eine solche semiotische Analyse vermag wohl den szenischen Vorgängen eine plausible Deutung zu geben.[4] Sie unterschlägt allerdings, dass es hier nicht lediglich darum ging, die Tötung der Tochter als einen Inzest zu „lesen". Die starke affektive Wirkung, die sie – genauso wie die vorhergehende Verführung – auf die Zuschauer ausübte und die einen wichtigen Bestandteil der Aufführung ausmachte, wird so unterschlagen. Denn in dem Augenblick, da Emilia sich auf den am Boden liegenden Odoardo legte, ging ein hörbares Ausatmen durch den Zuschauerraum. Dann wurde es totenstill. Nach der Tötung/dem Inzest tauschten beieinander sitzende Zuschauer fragende Blicke aus. Andere schauten, anscheinend peinlich berührt, auf den Boden. Welche Erfahrungen wurden hier gemacht?

4 Zu einer semiotischen Aufführungsanalyse vgl. Erika Fischer-Lichte, *Semiotik des Theaters* 1983, 5. Aufl. 2007, Bd. 3 *Die Aufführung als Text* sowie dies., „Auf dem Weg ins Reich der Schatten. Robert Wilson Frankfurter *King Lear* Inszenierung" 1997b, S. 221–244.

Eine solche Ausblendung der Erfahrungen wird häufig damit begründet, dass nicht eine Aufführungsanalyse, sondern eine Inszenierungsanalyse intendiert sei, die das zugrunde liegende Konzept ermitteln solle. Zu diesem Zweck werden auch über die Aufführung hinaus gehende Quellen wie Interviews mit dem Regisseur, Bühnenbildner und einzelnen Schauspielern, das Programmheft und auch Äußerungen der beteiligten Künstler zu dieser Inszenierung hinzugezogen. Die eigenen Wahrnehmungen und Deutungen werden mit derartigen Selbstäußerungen abgeglichen. Ein solches Verfahren ist durchaus legitim, ignoriert jedoch ein grundlegendes Problem, das es impliziert. Zum einen ist dem Zuschauer eine Inszenierung immer nur als Aufführung zugänglich. Er kann daher niemals die Inszenierung sozusagen in „Reinform" analysieren. Jede Konstitution von Bedeutung, sei sie einzelne Elemente, verschiedene Segmente oder die Inszenierung als Ganzes betreffend, ist – wenn auch in unterschiedlichen Graden – von den beobachtbaren Reaktionen der Zuschauer und der Wirkung, die sie im Analysierenden auslösen, abhängig. Erfahrung und Erzeugung von Bedeutung gehen Hand in Hand. Unter der Bedingung, dass dieser Zusammenhang bewusst bleibt, kann es durchaus eine nicht nur legitime, sondern auch interessante Fragestellung sein, so etwas wie ein zugrunde liegendes Konzept ermitteln zu wollen. Allerdings schließt in der Regel ein solches Konzept nicht nur bestimmte Bedeutungen – zum Beispiel eine spezifische „Lesart" des verwendeten Stückes – ein, sondern auch besondere Wirkungen, welche die Aufführung auslösen soll, weswegen ganz spezielle Inszenierungsstrategien entwickelt werden. Auch wenn oder besser: gerade weil derartige Strategien nicht in jeder Aufführung der Inszenierung die gewünschte Wirkung auslösen, sollten auch in diesem Fall Zuschauerreaktionen einbezogen werden. Wer darauf besteht, die Inszenierung als eine spezifische Interpretation des Stückes zu „lesen", das ihr den Titel gibt (zum Beispiel Lessings *Emilia Galotti*), verkennt nicht nur die besonderen medialen und materiellen Bedingungen von Aufführungen. Er setzt auch ein spezifisches Verhältnis zwischen Text und Aufführung voraus, das problematisch ist.[5]

4.2.5 Analysebeispiel

Eine semiotische Analyse ist also, ebenso wie eine phänomenologisch ausgerichtete, einseitig. Beide müssen zusammengefasst werden. Wie die vorstehenden kurzen Analysen gezeigt haben, kann die Analyse je nach Aufführung und Erkenntnisinteresse an den unterschiedlichsten Momenten, Abläufen und Elementen der Aufführung einsetzen. Meist wird der Analy-

5 Vgl. den folgenden Exkurs: Aufführung und Drama (4.3, S. 93–100).

sierende als Ausgangspunkt einen Moment wählen, der ihn in besonderer Weise angesprochen – irritiert, fasziniert, abgestoßen, erschreckt, gebannt oder auch gelangweilt oder geärgert – hat, oder einen Moment, der ihm in der Rückschau mit Blick auf seine Fragestellung besonders relevant erscheint. Feste Regeln – in welcher Reihenfolge oder nach welcher Ordnung vorgegangen werden sollte – lassen sich sinnvollerweise nicht aufstellen.

Abschließend soll eine Aufführungsanalyse vorgenommen werden, bei der phänomenologische und semiotische Ansätze ineinander greifen. Als Beispiel wurde eine Aufführung von Frank Castorfs Inszenierung *Trainspotting* (Volksbühne am Rosa-Luxemburg-Platz Berlin 1997) gewählt. Sie bezog sich nicht auf ein Stück gleichen Titels, sondern verwies auf Irving Welshs gleichnamigen Erfolgsroman und seine Verfilmung durch Danny Boyle (1996). Beide waren vielen Zuschauern bekannt – wie aus Unterhaltungen einzelner Gruppen zu schließen war, in denen gerade die Kenntnis des Romans, vor allem aber des Films als Grund für den Besuch genannt wurden. Die nachfolgende Analyse zielt zwar nicht auf einen Vergleich der Aufführung mit dem Roman oder Film. Sie fragt allerdings danach, wie sie mit ihren spezifischen medialen Bedingungen umging, die sie von Film oder Roman unterscheiden. Wie wurde in der Aufführung mit bestimmten theatralen Konventionen gespielt und über sie reflektiert? Welchen Begriff von Theater, der dieses von Roman und Film unterscheidet, realisierte und propagierte sie auf diese Weise?

Die Fragestellung entstand während meines ersten Besuchs der Inszenierung. Ich habe sie daraufhin noch ein zweites Mal besucht. Die Analyse wurde auf der Basis meiner Erinnerungen und zweier Erinnerungsprotokolle, die jeweils nach der Aufführung angefertigt wurden, durchgeführt. Eine Videoaufzeichnung wurde nicht verwendet. Die Analyse setzt mit Anfang und Ende der Aufführung ein, die besonders irritierend und mit Blick auf die Fragestellung ergiebig schienen.

Die Zuschauer wurden im Foyer von einem Mitarbeiter des Hauses begrüßt und gebeten, vor einer bestimmten Tür zu warten. Allmählich fanden sich weitere Besucher ein, welche die bereits erwähnten Gespräche führten. Als eine Gruppe von ungefähr zehn Personen beisammen war, öffnete der Mitarbeiter die Tür und führte die Gruppe durch winkelige labyrinthische Gänge treppauf, treppab zum Aufführungsraum. Einzelne Besucher äußerten ihre Besorgnis, dass sie wohl kaum den Rückweg allein finden würden. Eine leichte Verunsicherung wurde spürbar, aber auch eine gewisse Spannung. Endlich langten wir vor einer schmalen Tür an, die der Mitarbeiter öffnete. Einzeln traten wir über die Schwelle – und fanden uns verwundert auf der Bühne des Hauses wieder. Sie war nur schwach beleuchtet, so dass es eine Weile dauerte, bis die Augen sich an die Dunkelheit gewöhnt hatten und ich auf der Hinterbühne ein Sitzgerüst erkannte, auf dem bereits einzelne Personen Platz genommen hatten. Auf der Bühne waren Baulampen montiert, von denen ein schwaches Licht ausging. Wir neu Angekommenen machten uns über die Bühne auf den Weg zum Sitzgerüst, wobei ein Mann die Baulampen aus ihrer Verankerung riss. Einer der auf der Tribüne Sitzenden machte ihn halb schimpfend, halb lachend darauf aufmerksam. Eine Weile, nachdem „unsere" Gruppe Platz genommen hatte, öffnete sich die Tür erneut und der erste der nächsten Gruppe trat ein. Während wir bei unserer Ankunft die Akteure gewesen waren, denen die bereits auf dem Gerüst Platzierten bei ihren mehr oder weniger geschickten Versuchen, auf einen Platz auf dem Gerüst zu gelangen, zugeschaut hatten, gehörten nun auch wir zur Gruppe der Zuschauenden. Mit einem hämischen Lachen, aus dem eine gewisse Genugtuung sprach, machte derjenige, der über die Baulampen gestolpert war, nun einen anderen, dem dasselbe Missgeschick passierte, darauf aufmerksam. Der solcherart Zurechtgewiesene bückte sich, um unter den Blicken eines kritischen Publikums umgehend die Lampe wieder auf ihren Platz zu rücken. Ähnliche Vorgänge wiederholten sich beim Eintritt weiterer Gruppen, bis endlich das Gerüst gefüllt war.

Diese Art des Einlasses war in vieler Hinsicht irritierend. Zum einen wurde den Zuschauern nicht nur der Zugang zu dem ihnen bekannten Auditorium verwehrt. Sie wurden über unbekannte Wege, die man sich so schnell nicht merken konnte, so dass ein Gefühl von Desorientierung aufkam, an einen scheinbar unbekannten Ort geführt, der sich dann – zur großen Überraschung – als die Bühne herausstellte – als der Ort also, der „eigentlich" für die Schauspieler reserviert ist und an dem Zuschauer nichts verloren haben. Zum anderen wurden die Zuschauer – spätestens nachdem der Erste auf dem Gerüst Platz genommen hatte – gezwungen, die Rolle von Akteuren zu übernehmen, denen andere bei ihren Handlungen zuschauen, was zu ganz unterschiedlichen Reaktionen führte: auf Seiten der Akteure zu Ungeschicklichkeiten und Peinlichkeiten oder auch zu selbstbewusster Inbesitznahme der Bühne, ja geradezu einem Genuss des öffentlichen Agierens – also zu verschiedenen „Inszenierungen" der Akteurs-Rolle; auf Seiten der Zuschauer zu Häme und Schadenfreude, zum Teil auch zu gutmütigem Gelächter oder Versuchen, auf die ungewohnte Situation mit einem gewohnten Publikumsverhalten zu reagieren – wie mit Gesprächen, Essen und Trinken, gelangweiltem oder gespanntem Abwarten.

Mit diesem Verfahren wurde sowohl der Beginn der Aufführung als auch die Rolle der Zuschauer in einer bestimmten Weise definiert: Die Aufführung fängt in dem Augenblick an, in dem der erste Zuschauer im Aufführungsraum eintrifft. Um ihn betreten zu können, muss er sich von seinem vertrauten Milieu lösen, muss neue, unbekannte Wege gehen, die ihn durchaus desorientieren sollen, und so mit einer spezifischen Disposition als aktiv Teilnehmender den Aufführungsraum betreten. Die Rolle des Zuschauers wird damit als die eines Akteurs, allerdings einer ganz besonderen Art, bestimmt.

Damit der Zuschauer im weiteren Verlauf der Aufführung die neue Rolle nicht vergaß, wurde er immer wieder an sie erinnert – vor allem vom Schauspieler Hendrik Arnst (Frank), der eine ausgesprochen stattliche Physis besitzt. Völlig unerwartet stürmte er auf einen Zuschauer in der ersten Reihe zu, baute sich bedrohlich vor ihm auf und stampfte, Fäuste schwingend, auf den Boden, so dass der Zuschauer erschreckt zurückfuhr. Während in der ersten Aufführung, die ich besuchte, dies zu Gelächter im Publikum führte, machte sich in der zweiten Empörung breit. Wenig später ging Arnst gemessenen, aber bestimmten Schrittes auf das Gerüst zu und beschimpfte eine ältere Frau in einer der oberen Reihen brüllend als „blöde Fotze", weil sie ihn angeblich so „dämlich anglotzte", was in beiden Aufführungen zu Gelächter im Publikum führte. Als in der ersten Aufführung nach ungefähr zwei Drittel der Aufführungszeit ein Paar aufstand und zur Tür ging, sprang der Schauspieler Matthias Matschke zur Tür und stellte sich mit ausgebreiteten Armen vor sie. Er fragte das Paar in besorgtem Ton, ob ihnen die Aufführung etwa nicht gefalle, und flehte sie an, doch auf ihre Plätze zurückzukehren. Als sie darauf bestanden, den Raum zu verlassen, schimpfte er – zum großen Jubel des Publikums – wüst hinter ihnen her.

Die Zuschauer wurden auf diese Weise immer wieder daran erinnert, dass sie nicht stille, distanzierte Beobachter waren, sondern aktive Teilnehmer, die durch ihr Verhalten in den Verlauf der Aufführung eingreifen und ihn mitbestimmen.

Das Ende der Aufführung gestaltete sich ähnlich verhandlungsbedürftig und verhandelbar im wahrsten Sinne des Wortes. Den Schauspielern schien jedes Mittel recht zu sein, um den Zuschauern so viel Applaus wie nur irgend möglich zu entlocken. Sie verbeugten sich nicht nur lächelnd, sondern vollführten – wie Matthias Matschke – große Sprünge mit ausgebreiteten Armen, liefen hinter den Zuschauern her, die den Raum verlassen wollten, und verwickelten sie in ein Gespräch über die Aufführung. Sie fragten sie, warum sie denn jetzt schon gehen wollten, ob ihnen die Aufführung keinen Spaß mache; oder sie beschimpften sie dafür, dass sie mit ihrem Applaus derartig geizten. Die Zuschauer ließen sich zum Teil ins

Gespräch ziehen, zum Teil würgten sie es ab und verließen belustigt oder geniert den Raum. Die Schauspieler mischten sich immer wieder unter die Zuschauer, schüttelten oder – im Falle von Zuschauerinnen – küssten ihnen die Hand, um sich jeweils persönlich bei ihnen für ihre Teilnahme zu bedanken. Sie taten anscheinend alles, was in ihren Kräften stand, um die Zuschauer daran zu hindern, die Bühne zu verlassen und versuchten so, die Aufführung in die Länge zu ziehen.

In beiden Fällen bin ich nicht bis zuletzt geblieben, gehe jedoch davon aus, dass die Schauspieler ihre Versuche fortgesetzt haben, bis der Letzte gegangen war. Die Rückkehr ins Foyer gestaltete sich dann erstaunlich einfach – ganz offensichtlich war der Hinweg zugleich ein Umweg gewesen. Er hatte sozusagen die irritierende, desorientierende Schwelle dar- und herstellen sollen, den Übergang vom Alltag in die Aufführung.

Die Aufführung wurde damit als ein Geschehen definiert und realisiert, an dem alle aktiv beteiligt sind und das daher durch die Handlungen und Verhaltensweisen aller Anwesenden geschaffen wird. Damit markierte die Aufführung *Trainspotting* zugleich den fundamentalen Unterschied zum Roman und zum Film. Sie reflektierte auf die ihr eigenen medialen Bedingungen, die sich grundsätzlich von denen eines Romans und eines Films unterscheiden. Das heißt allerdings nicht, dass eine Aufführung nicht mit Filmbildern arbeiten könnte. So war die Bühne zum Zuschauerraum hin mit einer großen Leinwand verschlossen, auf der immer wieder Videoeinspielungen zu sehen waren, die Bilder von Frühlingslandschaften zeigten, die aus dem Fenster eines fahrenden Zuges aufgenommen waren. Aber diese Bilder fungierten hier im wörtlichen Sinne als eine Art Bühnenbild, das innerhalb der spezifisch medialen Bedingungen einer Aufführung wahrgenommen wurde und nicht die Aufführungssituation als solche infrage stellte.

Indem die Aufführung mit bestimmten theatralen Konventionen und in diesem Sinne mit dem Theaterrahmen spielte, lenkte sie die Aufmerksamkeit der Zuschauer auf ihre eigene Rolle in der Aufführung, auf den Anteil, den ihre beobachtbaren Reaktionen an ihrem Verlauf haben. Eine Aufführung beginnt, wenn die ersten zwei Personen den Zuschauerraum betreten und einander wahrnehmen können. Sie endet, wenn der Letzte ihn verlassen hat. Indem *Trainspotting* auf diese Weise auf die eigene Medialität reflektierte, wurde zugleich die Notwendigkeit offenbar, bei einer Aufführungsanalyse auch die beobachtbaren Reaktionen einzelner Zuschauer zu berücksichtigen und Bedeutungen nicht ohne Rekurs auf Erfahrungen zu konstituieren. Der Theaterbegriff, welcher von der Aufführung realisiert und propagiert wurde, fokussierte die leibliche Ko-Präsenz von Akteuren und Zuschauern sowie die autopoietische Feedbackschleife, als die die Aufführung entsteht.

Wie die verschiedenen Beispiele gezeigt haben, sollten Methoden der Aufführungsanalyse immer dann eingesetzt werden, wenn es um Fragestellungen geht, die sich unmittelbar auf Vorgänge und Ereignisse beziehen, die während der Aufführung geschehen und deren Analyse die Voraussetzung für eine sinnvolle Bearbeitung der betreffenden Fragestellung darstellt. In der Regel wird die Fragestellung von einer bestimmten theoretischen Position aus formuliert, weswegen diese Position auch die Wahrnehmung und/oder Erinnerung beeinflusst. Die Ergebnisse der Aufführungsanalyse können nicht nur aufgrund erneut erinnerter Details – oder ganz neuer, bei einer späteren Aufführung gemachter Erfahrungen – revidiert werden, sondern auch ihrerseits im Lichte anderer theoretischer Ansätze weitere Deutungen erfahren. Der Prozess einer Aufführungsanalyse ist insofern prinzipiell unabschließbar. Je weiter er sich allerdings von dem Zeitpunkt entfernt, zu dem die/der Analysierende die betreffende Aufführung zum letzten Mal gesehen hat, desto mehr wird sich sein Vorgehen dem der Theaterhistoriografie angleichen. Denn auch die lebhaftesten Erinnerungen fangen irgendwann an zu verblassen.

4.3 Exkurs: Aufführung und Drama

Aufführung und Drama stellen zwar nicht unbedingt „Gegensätze" dar, wie Max Herrmann behauptete[6], denn die meisten Dramen werden geschrieben, um aufgeführt zu werden. Wohl aber handelt es sich um zwei unterschiedliche Phänomene und Untersuchungsgegenstände, deren Verhältnis zueinander keineswegs geklärt oder festgelegt ist. Zwar äußern auch heute noch einige Literaturwissenschaftler und Theaterkritiker – vereinzelt sogar Theatermacher – die Meinung, dass die Aufführung als eine „Konkretisierung", „Realisierung", „Umsetzung" o. Ä. des dramatischen Textes zu begreifen sei. Der Text wird dabei als eine Instanz betrachtet, die den Prozess der Inszenierung steuert und kontrolliert. Auch wenn heute kaum jemand mehr so weit gehen würde zu behaupten, dass es für jedes Drama nur eine einzige „richtige" Lesart geben kann, werden die eigenen Ideen, Vorstellungen, Fantasien und Visionen, welche seine Lektüre auslösen mag, als dem Text inhärente Bedeutungen ausgegeben, welche die Inszenierung nun durch andere, nämlich theatrale Mittel und Zeichen, an den Zuschauer übermitteln soll. Wie bereits im Abschnitt „Zur Entstehung von Bedeutung" ausgeführt, ist eine solche Auffassung nicht haltbar. Die Ideen,

6 Vgl. Kapitel 2, „Zur Geschichte des Faches".

Vorstellungen, Fantasien und Visionen, zu denen die Lektüre des Textes den Regisseur, den Bühnenbildner, den Komponisten und die Schauspieler inspiriert haben mag und die bei jedem durchaus anders ausfallen werden, mögen zwar in irgendeiner Weise tatsächlich in den Prozess der Inszenierung eingehen. Dies jedoch als Steuerung und Kontrolle durch den Text zu bezeichnen, ist abwegig.

Der Text kann allerdings als eine wichtige Quelle der Inspiration angesehen werden. Er wird wie der jeweils zur Verfügung stehende bzw. ausgesuchte Raum und die Schauspieler, die aufgrund ihrer je besonderen Qualitäten und Potenziale für die Inszenierung ausgewählt wurden, im Prozess der Inszenierung als ein je spezifisches Material verwendet. Während der Raum und die Körper der Schauspieler in der Aufführung auch in dieser, ihrer je besonderen Materialität in Erscheinung treten, ist dies beim Text jedoch nicht der Fall. Als ein Zusammenhang schriftlicher Zeichen ist er in ihr nicht mehr wahrzunehmen.

Semiotisch gesprochen, handelt es sich beim schriftlichen Text und bei der Aufführung um „Texte“[7] in unterschiedlichen Zeichensystemen. Jedes dieser Systeme ist durch bestimmte Eigenheiten und Beschränkungen charakterisiert, welche die Gegenstände der Darstellung betreffen. Die schriftlichen Zeichen des Textes müssen also für eine Aufführung in theatrale Zeichen „übersetzt“ werden, deren semantisches Feld und somit Bedeutungspotenzial jeweils anders sein wird. Die Bedeutungen, die sich den schriftlichen Sprachzeichen beilegen lassen, können daher auch nicht mit denen identisch sein, die sich mit Blick auf die für ihre „Übersetzung“ gewählten theatralen – zum Beispiel gestischen – Zeichen erzeugen lassen. Sprachliche Zeichen – vor allem in ihrer schriftlichen Variante – weisen ein hohes Maß an Abstraktheit und Unbestimmtheit auf – sogar die genaueste Beschreibung eines Raumes, eines Kostüms oder einer Handlung, wie wir sie vor allem in naturalistischen Dramen finden, wird bei verschiedenen Subjekten unterschiedliche Vorstellungen desselben Gegenstandes auslösen. Den theatralen Zeichen dagegen eignet Konkretheit. Es handelt sich stets um einen spezifischen Raum, eine ganz individuelle Physis des Schauspielers, um mit einer spezifischen Stimme auf ganz besondere Weise gesprochene Worte etc. Sie eröffnen völlig andere Möglichkeiten für eine Bedeutungserzeugung als die schriftlichen Zeichen des Textes, zumal die Erfahrung der Atmosphäre des Raumes, der Präsenz des Energie ausstrahlenden Schauspielers, des Schauders, den die hohle Stimme und der Klang

7 Im semiotischen Sinn ist jeder strukturierte Zusammenhang von Zeichen als ein Text definiert, ganz unabhängig davon, um welche Art von Zeichen es sich jeweils handelt.

bestimmter Worte auslösen, sich ihrerseits auf den Prozess der Bedeutungskonstitution auswirken. Von einer „Übersetzung" kann daher nicht die Rede sein.

Der Umgang mit dem Text im Prozess der Inszenierung lässt sich als seine Aneignung und Einverleibung durch die beteiligten Künstler beschreiben. Dies gilt insbesondere für die Schauspieler. Sie müssen den während der Proben auf je unterschiedliche Weise inkorporierten Text auf ebenfalls je spezifische Weise wieder exkorporieren, sich seiner entäußern, damit etwas Wahrnehmbares in Erscheinung treten kann. Dies gilt grundsätzlich – ganz gleich, ob der Text ungestrichen Verwendung findet, Striche und Umstellungen vorgenommen, weitere Texte hinzugezogen oder selbst geschrieben werden. Die Künstler müssen sich den/die Text/e jeweils auf ihre Weise aneignen und einverleiben, damit so etwas Neues, vom Text Verschiedenes entstehen kann – die Aufführung.

Auf den prinzipiellen Unterschied, der zwischen den Worten besteht, die im Text als Reden bestimmter Personen niedergelegt sind, und denen, welche die Schauspieler in der Aufführung äußern, oder zwischen denen, mit denen Raum, Kostüm, Laute im Text beschrieben werden, und den tatsächlich in der Aufführung wahrnehmbaren Räumen, Kostümen, Lauten etc., werden zum Beispiel in Aufführungen von Castorf-Inszenierungen die Zuschauer immer wieder geradezu mit der Nase gestoßen. In seiner Inszenierung des Brecht-Stückes *Herr Puntila und sein Knecht Matti* (Deutsches Schauspielhaus Hamburg 1996) zum Beispiel verließ der Darsteller des Puntila (Michael Wittenborn) scheinbar völlig unmotiviert mitten in der Aufführung die Bühne. Er schlenderte durch den Zuschauerraum, baute sich vor einzelnen Zuschauern auf, musterte sie taxierend von Kopf bis Fuß und kommentierte ihr Aussehen mit rüden Bemerkungen wie „Deine Füße gefallen mir nicht. Du sitzt lieber herum, was?" oder „Die ist gut für die Küche." oder „Wie die Leute sich heutzutage benehmen!" Auf diese Zuschauer richteten sich plötzlich Blicke und Aufmerksamkeit der anderen Zuschauer. Sie waren ohne ihr Zutun und gegen ihren Willen zu Akteuren geworden. Die anderen Zuschauer reagierten darauf überwiegend amüsiert, belustigt, wenn nicht gar schadenfroh. Einigen war allerdings die Besorgnis anzusehen, Wittenborn werde sich auch ihnen zuwenden.

Die Zuschauer nahmen offensichtlich an, dass der Schauspieler Wittenborn hier aus der Rolle fiel und einige Zuschauer beleidigte, indem er seine Ansicht über diejenigen zum Ausdruck brachte, die er gerade fixierte. Seine Worte waren jedoch von Brecht geschrieben – als Äußerungen der Figur Puntila, die dieser bei der Inspektion der Leute auf dem Gesindemarkt tut. Da die Szene gestrichen war, die das Publikum über Puntilas Aufbruch zum

Gesindemarkt informiert hätte, entstand eine neue, so für die Zuschauer nicht vorhersehbare Situation. Sie sprachen ihr völlig andere Bedeutungen zu, als sie sie ihnen bei der Lektüre des Textes beigelegt hätten. Erst später wurden sie darauf aufmerksam gemacht, dass dies die Szene auf dem Gesindemarkt „darstellen" sollte. Die Differenz zwischen Text und Aufführung wurde so augenfällig.

Dies geschah auf ganz andere Weise auch in Castorfs Inszenierung *Endstation Amerika* (Volksbühne am Rosa-Luxemburg-Platz Berlin 2000) durch den Einsatz von Übertitelungen. Die Inszenierung arbeitete mit Textmaterial aus Tennessee Williams *Endstation Sehnsucht*, musste jedoch aus urheberrechtlichen Gründen kurz vor der Premiere umbenannt werden. Während der Aufführung wurden immer wieder englische Übertitel eingespielt, die dem englischen Original des Stückes entstammten, jedoch mit dem jeweiligen Geschehen auf der Bühne nichts zu tun hatten. Ganz offensichtlich fungierte der Text hier nicht als die die Inszenierung steuernde und kontrollierende Instanz. Vielmehr markierte der fehlende Zusammenhang zwischen der Übertitelung und den Bühnenvorgängen den prinzipiellen Unterschied zwischen Text und Aufführung und lenkte damit zugleich die Aufmerksamkeit auf die angesichts dieser Differenz unsinnigen geltenden urheberrechtlichen Bestimmungen.

Die in diesen Aufführungen hervorgehobene sowohl phänomenologisch als auch semiotisch begründete prinzipielle Differenz zwischen dem Text des Dramas und der Aufführung, die ihn als eines ihrer Materialien verwendet, lässt die immer wieder von verschiedenen Seiten erhobene Forderung nach „Werktreue" obsolet erscheinen. Denn den „Buchstaben" des Textes kann die Aufführung nicht getreu sein – aus den genannten phänomenologischen und semiotischen, aber auch aus historischen Gründen: Soll der Schauspieler, um die Verzweiflung einer dramatischen Figur auszudrücken, heute wirklich mit seinem Kopf gegen die Wand schlagen, weil im Text des Dramas aus dem 18. Jahrhundert dem Schauspielstil der Zeit entsprechend die Szenenanweisung steht: „Schlägt mit dem Kopf gegen die Wand."? Dem „Geist" des Textes kann die Aufführung ebenso wenig treu sein. Denn der ändert sich nicht nur von Epoche zu Epoche, sondern auch von Leser zu Leser.

Daraus folgt erstens, dass eine Analyse des verwendeten Dramas weder Teil der Aufführungsanalyse sein noch sie ersetzen kann, und zweitens, dass aus dem Drama sich kaum Kriterien für eine Beurteilung und Bewertung der Aufführung ableiten lassen. Argumente wie „Dies ist keine Emilia" oder „Dies ist kein Antonius" sagen nichts über die Aufführung aus, sondern erlauben lediglich Rückschlüsse auf die Vorstellungen, die sich der

Betreffende aufgrund seiner Lektüre des Dramas oder des Besuchs anderer Inszenierungen gemacht hat, sowie auf die Auswirkungen, die diese auf seine Wahrnehmung in der aktuellen Aufführung gehabt haben. Denn selbstverständlich beeinflussen die Kenntnis des Stücks – ob auf der Basis einer flüchtigen Lektüre oder einer sorgfältigen Analyse – ebenso wie früher besuchte Aufführungen, die das Stück als Material verwendet haben, die Wahrnehmung in der Aufführung einer neuen Inszenierung des Stücks.

Wer *Emilia Galotti* gelesen hat, wird weder die Verführungs- noch die Inzestszene erwartet haben – die beide weder Streichungen und Umstellungen noch andere „Eingriffe" in den Text notwendig machten, die Worte jedoch mit ganz spezifischen Bedeutungen aufluden. Ob einen Zuschauer das, was er in dieser Szene wahrnahm, irritierte, schockierte oder faszinierte, hing von seinen ganz individuellen Voraussetzungen ab, die er in die Aufführung mitbrachte. In der Aufführung, die ich besuchte, schien eine Schockwirkung vorzuherrschen. Wer zwanzig Jahre danach in eine Aufführung von Michael Thalheimers Inszenierung der *Emilia Galotti* ging und eine Art „Wiederholung" des damals Wahrgenommenen erwartete, wurde enttäuscht. Ein Blick auf den an beiden Seiten mit hohen Wänden verschlossenen, bis in die Bühnentiefe führenden „Laufsteg", der in eine schwarze Türöffnung mündete; die ersten Klänge von „In the Mood for Love"; der Auftritt Emilias in einem blassgrünen karierten, kurzen ärmellosen Kleid; das gleichzeitig aufscheinende glutrote Licht, das mit Emilias Weg über den Laufsteg an die Rampe sich allmählich aufhellte, bis ein Regen aus Sternen sich auf sie ergoss – alles das ließ ihn seine aus Langhoffs *Emilia* mitgebrachten Erwartungen vergessen. Lediglich der heiße Kuss, mit dem Odoardo (Peter Pagel) sich bei Orsina (Nina Hoss) für die Pistole bedankte, mag an die Küsse erinnert haben, mit denen er dort Emilias Gesicht bedeckt hatte. Und der Schluss, an dem durch die von Odoardo mit der Pistole geöffneten Seitentüren tanzende Paare hereinfluteten und den Bühnenraum ausfüllten – darunter Emilia und der Prinz, der Prinz und Orsina, Orsina und Marinelli, Odoardo und Claudia, Emilia und Appiani –, mag den einen oder anderen an Emilias Worte in Lessings Text erinnert haben, die hier gestrichen waren: „Ich kenne das Haus der Grimaldi: Es ist das Haus der Freude. Eine Stunde da, unter den Augen meiner Mutter; – und es erhob sich so mancher Tumult in meiner Seele ..." (V. Akt, 7. Szene). In diesem Fall lag die Deutung nahe, dass es sich hier um die zweite, von Emilia und Odoardo heftig verneinte Alternative handelte, die – darin der Inzestszene vergleichbar – sowohl eine spezifisch somatische Wirkung ausübte als auch unterschiedliche, einander widersprechende Deutungen nahelegte und damit den Schluss problematisierte.

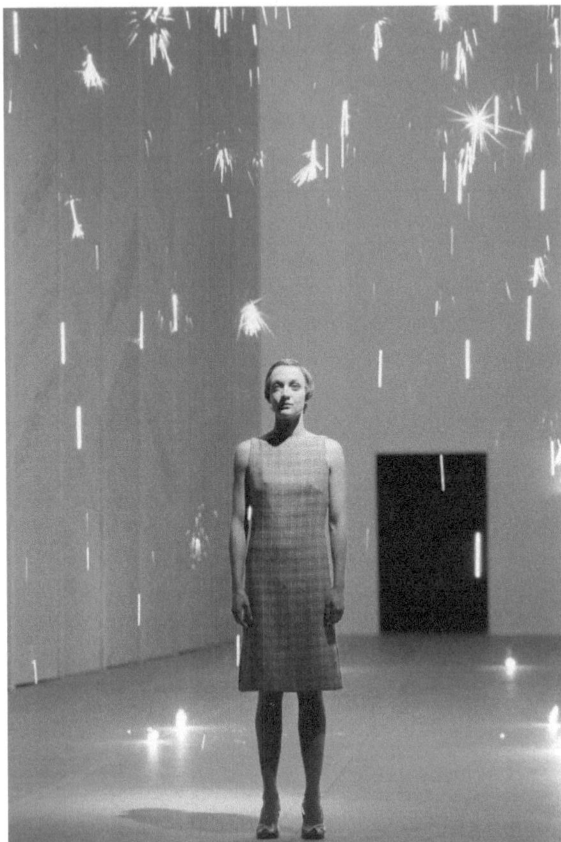

Deutsches Theater Berlin, „Emilia Galotti" (von Gotthold E. Lessing), Regie: Michael Thalheimer, Buehne und Kostueme: Olaf Altmann, Premiere am 27.09.2001, Regine Zimmermann als Emilia Galotti im Sternenregen. Urheberrechtshinweis: Iko Freese/ drama-berlin.de.

Lektüre und Analyse des Dramentextes ebenso wie die Erfahrungen, die in Aufführungen gemacht wurden, welche entweder mit demselben Stück oder mit denselben Schauspielern arbeiten, wirken sich auf die Wahrnehmung der aktuellen Aufführung ebenso wie auf die Erfahrungen aus, die in ihr gemacht werden können. Eine Dramenanalyse stellt also weder eine Voraussetzung für eine Aufführungsanalyse dar noch bildet sie einen Teil der Aufführungsanalyse noch kann sie an deren Stelle treten.

Das heißt jedoch nicht, dass ein Theaterwissenschaftler nicht Dramen lesen und analysieren sollte. Ganz im Gegenteil! Denn für viele Fragen und Probleme, mit denen er sich konfrontiert sieht, ist eine genaue Kenntnis von Texten, die in Aufführungen Verwendung finden, eine Voraussetzung – seien dies „klassische" dramatische Texte oder Theatertexte, die wohl für eine Aufführung geschrieben sind, zum Teil jedoch nicht einmal eine Unterteilung nach Haupttext (Reden der Person) und Nebentext (Szenenanweisungen) kennen[8], wie zum Beispiel eine Reihe von Texten von Gertrude Stein, Heiner Müller oder Elfriede Jelinek[9]. Eine genaue Kenntnis des Dramas bzw. des Textes wird vorausgesetzt, wenn in der Analyse der Aufführung nach der spezifischen Verwendung des Textes gefragt wird – nach dem Modus, in dem seine Einverleibung vollzogen wurde; nach den Spielen, die mit ihm gespielt wurden; nach der Art und Weise, wie er in der Aufführung re-sonierte.

Wer als Forscher einem Probenprozess beiwohnt, um ihn auf der Basis seiner Feldforschung mit der Fragestellung untersuchen zu können, welche Rolle der Text in seinen verschiedenen Phasen spielt, wie mit dem Text jeweils umgegangen wird, vor allem wie die Prozesse der Einverleibung und Exkorporierung verlaufen, wie sich Elemente des Textes mit Assoziationen der beteiligten Künstler verbinden – mit Erinnerungen, Vorstellungen, Fantasien –, der muss über eine genaue Kenntnis des Textes verfügen. Gerade wenn nicht mehr davon ausgegangen wird, dass es der Text ist, der für den Probenprozess als Kontrollinstanz fungiert, tauchen eine Reihe neuer, ihn und seine Funktion und Rolle betreffender Fragen auf, die sich nur auf der Basis einer soliden Textkenntnis klären lassen. In diesem Zusammenhang sei darauf hingewiesen, dass die Erforschung von Probenprozessen – in welcher Hinsicht auch immer – gegenwärtig noch ein ausgesprochenes Desiderat der Theaterwissenschaft darstellt.

Der Text ist also mit Blick auf die Aufführung erstens als defizitär zu begreifen. Er ist ganz außerstande, als Kontrollinstanz beim Inszenierungsprozess zu fungieren, weil er als ein sprachlich verfasster nur auf das verweisen kann, was sich sprachlich ausdrücken lässt. Was sich der Sprache entzieht, kann nicht in ihn eingehen. So hatte Georg Simmel bereits zu Beginn des 20. Jahrhunderts bemerkt, dass

> die Bühnenfigur, wie sie im Buche steht, [...] sozusagen kein ganzer Mensch (ist), sie ist nicht ein Mensch im sinnlichen Sinne – sondern der Komplex des literarisch Erfassbaren an einem Menschen. Weder die Stimme noch der Tonfall, weder das ritardando noch das accelerando des Sprechens, weder die Gesten noch die besondere Atmosphäre der lebenswarmen Gestalt kann der Dichter vorzeichnen oder auch nur wirklich eindeutige Prämissen dafür geben.[10]

Aus diesem Grund wendet Simmel sich auch ganz entschieden gegen die Vorstellung,

---

8 Diese Unterteilung wurde von dem polnischen Phänomenologen Roman Ingarden geprägt. Vgl. ders., *Das literarische Kunstwerk* 1960, vor allem den Anhang: „Von den Funktionen der Sprache im Theaterschauspiel", S. 403–425.

9 Vgl. hierzu Erika Fischer-Lichte, *Geschichte des Dramas*. Epochen der Identität auf dem Theater von der Antike bis zur Gegenwart. 2 Bde., 1990.

10 Georg Simmel, „Zur Philosophie des Schauspielers" (1909) 1968, S. 75f.

> als ob die ideale Art eine Rolle zu spielen, mit dieser Rolle selbst eindeutig und notwendig gegeben wäre; als stiege für den, der nur hinlänglich scharf zu sehen und logisch zu folgern wüsste, aus den Buchseiten des Hamlet selbst seine ganze theatralische Versinnlichung heraus; so dass es, genau genommen, von jeder Rolle nur eine einzige ‚richtige' schauspielerische Darstellung gibt, der sich der empirische Schauspieler mehr oder weniger nähert. Allein dies wird durch die Tatsache widerlegt, dass drei große Schauspieler die Rolle in drei völlig verschiedenen Auffassungen spielen werden, jede der anderen gleichwertig und keine ‚richtiger' als die andere [...] Man (kann) also den Hamlet (nicht) [...] einfach aus der Dichtung heraus spielen, denn die legitimiert die Auffassung von Moissi ebenso, wie sie die von Kainz oder Salviati legitimiert hatte.[11]

Der Text vermag anzuregen, zu inspirieren, die Einbildungskraft in Bewegung zu setzen, Erinnerungen zu wecken; den Prozess der Inszenierung zu steuern oder gar zu kontrollieren, ist er jedoch aufgrund seiner Unbestimmtheit, seines mit Blick auf die Aufführung defizitären Charakters nicht imstande. Es erscheint daher sinnvoller, ihn zweitens als ein Material für den Inszenierungsprozess zu begreifen, aus dem im Zusammenspiel mit anderen ‚Materialien' – dem Raum, den Schauspielern, den Geräuschen, der Musik – die Inszenierung entwickelt wird, die dann zur Aufführung gelangt. Wie dieses Material eingesetzt wird, wie es mit anderen Materialien zusammenwirkt, so dass spezifische Wahrnehmungen und Erfahrungen möglich werden, kann dann auf dem Wege einer Aufführungsanalyse ermittelt werden.

In diesem Zusammenhang sei daran erinnert, dass es eine ganze Reihe von Aufführungsgenres gibt, die das Material ‚Text' entbehren können. Zu ihnen gehören viele Aufführungen der Performance-Kunst ebenso wie Tanzaufführungen; manche Rituale, Spiele, Feste, Sportwettkämpfe u. a. mehr. Sie arbeiten ohne einen Text, auch wenn für manche das Vorhandensein eines spezifischen Skripts charakteristisch ist – seien dies bestimmte Spielregeln, eine Choreografie, eine Liturgie oder eine andere Art der Festlegung, wie einzelne Elemente einander folgen sollen, oder zumindest ein Konzept – das durch die Aufführung verändert werden kann. Den Gegenstand einer Aufführungsanalyse bildet in allen diesen Fällen – wie bei einer Theateraufführung – die Aufführung selbst und nicht das Skript. Das schließt nicht aus, dass aufgrund einer spezifischen Fragestellung zusätzlich zur Aufführungsanalyse das Skript – wie der dramatische Text – hinzugezogen wird oder dass es bei theaterhistoriografischer Arbeit ein bevorzugtes Untersuchungsobjekt darstellen kann.

---

11 Ebenda, S. 78.

5. Theaterhistoriografie[12]

Während Aufführungsanalyse sich erst in den 1970er Jahren im Zuge des sogenannten *semiotic turn* als ein Arbeitsfeld der Theaterwissenschaft entwickelte, bildeten theatergeschichtliche Forschungen bereits in den letzten Dekaden des 19. Jahrhunderts den Ausgangspunkt für die Gründung von Theaterwissenschaft als einer selbstständigen Universitätsdisziplin.[13] Theaterwissenschaft wurde zunächst als Theaterhistoriografie betrieben. Da sie als Wissenschaft von Aufführungen bestimmt, begründet und propagiert wurde, sah sie sich von Anfang an mit der paradoxen Situation konfrontiert, dass ihre Gegenstände, sofern sie sich als eine historische Wissenschaft begriff, ihr nicht mehr unmittelbar zugänglich waren. Während der Kunsthistoriker zu jeder Zeit ein Bild von Michelangelo betrachten und dabei eine ästhetische Erfahrung machen kann ebenso wie der Literaturwissenschaftler bei der Lektüre von Goethes Werken, sind die Aufführungen der Vergangenheit dem Theaterhistoriker für immer verloren. Mit ihnen „läßt sich nicht ästhetisch, sondern nur theoretisch verkehren“[14]. Theatergeschichte kann daher nicht unter Rekurs auf die Aufführungen selbst, sondern nur auf Dokumente, Monumente und andere Arten von Quellen geschrieben werden, die Auskunft über sie zu geben vermögen. Der Theaterhistoriker befindet sich daher in einer prinzipiell anderen Situation als der Kunst- oder der Literaturhistoriker, die zwar auch sogenannte Sekundärquellen bei ihrer Forschung berücksichtigen, jedoch stets auf die Werke selbst zurückgreifen können. Seine Situation ähnelt eher der eines „allgemeinen“ Historikers, dem die Ereignisse der Vergangenheit wie die Reformation oder der Dreißigjährige Krieg auch nicht mehr zugänglich sind, sondern lediglich Quellen und Dokumente, die mit Blick auf diese Ereignisse befragt werden können. Aus dieser Situation ergeben sich für den Theaterhistoriker einige allgemeine und eine ganze Reihe spezieller Probleme, die nachfolgend diskutiert werden sollen.

5.1 Theoretische Vorentscheidungen

Wenn Theatergeschichte als Geschichte von Aufführungen verstanden und geschrieben werden soll, müssen zunächst zwei Fragen geklärt werden: 1) Sollen alle Arten und Genres von Aufführungen den Gegenstand der

12 Vgl. zu diesem Kapitel Matthias Warstat, Jan Lazardzig, Victoria Tkaczyk, *Einführung in die Theaterhistoriografie* (erscheint 2010).

13 Vgl. Kapitel 2, „Zur Geschichte des Faches“.

14 Dietrich Steinbeck, *Einleitung in die Theorie und Systematik der Theaterwissenschaft* 1970, S. 167.

Untersuchung bilden oder nur bestimmte? Und wenn das letztere der Fall ist, nach welchen Kriterien werden diese ausgewählt? 2) Was für ein Geschichtsbegriff soll zugrunde gelegt werden?

5.1.1 Aufführungsgenre und Theaterbegriff

Max Herrmann wollte die Forschungen der Theaterwissenschaft auf Aufführungen des institutionalisierten Kunsttheaters beschränken. Gleichwohl widmete er selbst einen großen Bestandteil seiner theaterhistoriografischen Arbeiten den Aufführungen der Meistersinger in der Nürnberger St. Martha-Kirche, die wohl kaum dem institutionalisierten Theater zuzurechnen sind. Arthur Kutscher und Carl Niessen weiteten das Gegenstandsfeld auf Aufführungen des Volks- und des religiösen Theaters bzw. auf alle Arten von *cultural performances* in allen Kulturen und zu allen Zeiten aus, ohne entsprechende größere Forschungsvorhaben durchzuführen. Wie das einleitende Kapitel zum Theaterbegriff zeigt, hat dieser sich seit dem 16. Jahrhundert oft und zum Teil wesentlich geändert, so dass sich auch aus ihm kaum klare Abgrenzungen des Feldes ableiten lassen. Die Wahl und entsprechende Konstitution des Gegenstandes wird daher von der jeweiligen Fragestellung abhängen – und entsprechend auch die Auswahl der Quellen und Dokumente (s. Kapitel 2). So wird eine Untersuchung, welche die Generierung von Wissen in und durch Aufführungen erforschen will, ganz sicher Sektionen im Anatomischen Theater als einen ihrer Gegenstände wählen und Dokumente, wie das eingangs abgedruckte, berücksichtigen. Wer dagegen an Fragen des Zusammenhangs von Vorstellungen und Diskursen über den Körper mit der Herausbildung einer neuen Schauspielkunst interessiert ist, wird u.a. auf Traktate zur Schauspielkunst des 18. Jahrhunderts sowie auf Beschreibungen der Kunst einzelner Schauspieler – wie zum Beispiel der Lessings über Madame Hensel als Sara – sowie auf unterschiedliche Arten von Schriften – philosophische, juristische, medizinische u.a. – zurückgreifen.

Man kann also nicht von der Annahme ausgehen, dass ein Konsens hinsichtlich der Gegenstände gefunden sei, deren Geschichte geschrieben werden soll. Weder besteht Einigkeit darüber, was mit dem Begriff „Theater" gemeint ist, noch darüber, welche Genres von Aufführungen auszuwählen sind. Gleichwohl beschränken sich die einschlägigen Theatergeschichten, die in den letzten fünfzig Jahren geschrieben wurden, fast ausschließlich auf die mehr oder weniger gut dokumentierten Aufführungen des institutionalisierten Schauspieltheaters in den europäischen Metropolen. Demgegenüber ist darauf zu bestehen, dass jeder Theaterhistoriker 1) den Objektbereich seiner Theatergeschichte seinen spezifischen Erkenntnisinteressen und Kompetenzen entsprechend eingrenzen, 2) aus ihm die für seine Fragestellung als ergiebig vermuteten Aufführungen und andere Ereignisse auswählen und 3) ausgehend von der Untersuchung der ihm zur Verfügung stehenden, auf sie bezogenen Dokumente und Quellen seine Geschichte – als *eine* mögliche und nicht als *die* Geschichte – schreiben muss.

5.1.2 Geschichtsbegriffe

Damit ist bereits das zweite Problem angesprochen – die Frage nach dem zugrunde liegenden Geschichtsbegriff. Für uns ist es heute selbstverständlich, dass wir nicht mehr über ein universalistisches Geschichtskonzept verfügen. Weder sehen wir in der Geschichte Hegels Weltgeist zu sich selbst kommen, noch erkennen wir in ihrem Gang die Gesetzmäßigkeit einer Entwicklung von der Urgemeinschaft über die Klassengesellschaft hin zur klassenlosen Gesellschaft; wir hängen auch nicht mehr der Modernisierungstheorie der Aufklärung an, der zufolge der Gang der Geschichte zur Vervollkommnung des Menschen führt. Jeglicher totalisierende, teleologisch ausgerichtete Geschichtsentwurf ist längst obsolet geworden. Die Geschichtswissenschaft hat daraus ihre Konsequenzen gezogen. Zum einen reagiert sie mit Bestrebungen, überkommene Strategien historischer Sinnbildung wieder zu beleben und zum Beispiel zu einer episch verfahrenden narrativen Historiografie zurückzukehren.[15] Dabei wird durchaus eingestanden, dass in der/durch die Erzählung die „harten“ und daher unanfechtbaren Fakten nicht unbedingt in ihre sozusagen „natürliche“ Ordnung gebracht, sondern durchaus nach literarischen Prinzipien dargestellt werden.[16]

Zum anderen treten derartigen Versuchen so genannte „transgressive Konzeptionen“[17] gegenüber – wie die unterschiedlichen Richtungen der Alltagsgeschichte, der Frauen- und Gendergeschichte, der historischen Anthropologie, der Körpergeschichte, der Mediengeschichte, der Geschichte des Wissens und andere mehr. Gemeinsam ist diesen Entwürfen die Konzentration auf Mikrogeschichte, d. h. auf partielle Fragen, Themen und Ansätze – anstelle der Makrogeschichte der „großen Erzählungen“ – und auf individuelle Sinnbildungsprozesse:

---

15 Vgl. u. a. Jörn Rüsen, *Zeit und Sinn* 1990.

16 Vgl. Hayden White, *Metahistory: The Historical Imagination in Nineteenth-Century Europe* 1973. – dt: *Metahistory: die historische Einbildungskraft im 19. Jahrhundert in Europa* 1994.

17 Vgl. Jörn Rüsen et al. (Hg.), *Die Zukunft der Aufklärung* 1988. Unter transgressiven Konzeptionen versteht man Ansätze, die die Ausschnitthaftigkeit der eigenen Perspektive betonen und theoretisieren.

> Es geht überhaupt nicht mehr um Entwicklungen als zeitliche Transformationen, deren Richtung als zukunftserschließende Größe in aktuelle Praxisorientierungen eingehen kann, sondern darum, einlinige Entwicklungsvorstellungen in die Relativität unterschiedlicher Möglichkeiten menschlicher Lebensformen zurückzunehmen. An die Stelle der Makrohistorie, der einen umfassenden Geschichte der modernen Welt, tritt die Mikrohistorie der vielen kleinen Geschichten, die je für sich ihre Bedeutung haben.[18]

Die „Resubjektivierung" der Geschichtswissenschaft[19] hat nun interessanterweise zur Formulierung von Fragestellungen geführt, die traditionell in den der Geschichte benachbarten historischen Disziplinen wie den Philologien, der Kunstgeschichte und der Theaterwissenschaft bearbeitet werden. Sie betreffen das menschliche Fühlen und Denken, seine „Bewusstseinsformen, Denkgewohnheiten, Weltanschauungen, Ideologien usw."[20], die den Gegenstand der – vor allem in Deutschland betriebenen – Geistes-, Ideen- oder Begriffsgeschichte bildeten und in neuer Form von der Diskursanalyse Foucaults[21] aufgegriffen wurden.

Diese Neuorientierung in der Geschichtswissenschaft führte weniger zu einem Streit der Schulen als zum Bekenntnis zu einem grundsätzlichen Theorien- und Methodenpluralismus. Die Partialität des Ansatzes wurde zur Bedingung der Möglichkeit von Historiografie erhoben: Jede Theorie erklärt eine andere Art der Mikrohistorie; jede Methode bezieht sich auf eine andere Ebene.

Diese Veränderungen in der Geschichtswissenschaft blieben auch für die Theaterhistoriografie nicht ohne Folgen. Die frühen deutschsprachigen Theatergeschichten des 18.[22] und des 19. Jahrhunderts[23] – zum Teil sogar noch im 20. Jahrhundert[24] – beriefen sich auf das Prinzip des Positivismus, der im 19. Jahrhundert vorherrschte. Das heißt, sie beschränkten sich überwiegend auf das Sammeln von Dokumenten, die auf ihre Echtheit überprüft wurden und „für sich selbst" sprechen sollten, ohne eigens mit Blick auf eine bestimmte Fragestellung interpretiert zu werden. Gleichwohl

18 Jörn Rüsen, *Zeit und Sinn* 1990, S. 70.

19 Ebenda, S. 72.

20 Peter Schöttler, „Mentalitäten, Ideologien, Diskurse. Zur sozialgeschichtlichen Thematisierung der ‚dritten Ebene'" 1989, S. 85.

21 Vgl. Michel Foucault, *Die Ordnung der Dinge* 1971 sowie ders., *Überwachen und Strafen* 1976.

22 Vgl. Johann Friedrich Löwen, *Geschichte des deutschen Theaters* (1766) 1905; Johann Friedrich Schütze, *Hamburgische Theatergeschichte* (1794) 1975.

23 Vgl. zum Beispiel Eduard Devrient, *Geschichte der deutschen Schauspielkunst* (1848) 1929, Elisabeth Mentzel, *Geschichte der Schauspielkunst in Frankfurt am Main* 1882.

24 Vgl. Joseph Gregor, *Weltgeschichte des Theaters* 1933/1939.

können sie bestimmte zugrunde liegende allgemeine Annahmen über den Lauf der Geschichte nicht verleugnen. Unübersehbar entsprangen sie einem totalisierenden Fortschrittskonzept: Die Geschichte beispielsweise des deutschen – bzw. Hamburger bzw. Frankfurter Theaters –, das meist nur als Schauspieltheater berücksichtigt wurde –, wurde als ständige Höherentwicklung aus „primitiven", „wilden Ursprüngen" bis zu immer größerer Zivilisiertheit und Vollkommenheit dargestellt. Als Maßstäbe, an denen der jeweilige Entwicklungsstand von Theater gemessen wurde, galt zum einen sein Grad an Institutionalisierung und zum anderen seine Fähigkeit, die Illusion wirklichen, „natürlichen" Lebens auf der Bühne darzustellen. Als Höhe- und Endpunkt der Entwicklung galt entsprechend das jeweils zeitgenössische institutionalisierte Kunsttheater, vor allem als literarisches, realistisch-psychologisches Schauspieltheater.

Theatergeschichten des 20. Jahrhunderts gingen dagegen, wie jeweils in ihrer Einleitung erläutert, von unterschiedlichen Geschichtskonzepten und methodischen Ansätzen aus. Sie bestimmten Theatergeschichte zum Beispiel als Kulturgeschichte[25], Sozialgeschichte[26] oder Ideengeschichte[27]. Solchen Proklamationen zum Trotz verfahren die meisten dann doch überwiegend positivistisch wie die Theaterhistoriografen des 19. Jahrhunderts. Sie häufen Quelle auf Quelle, Beschreibung auf Beschreibung, Anekdote auf Anekdote, Namen, Daten, „Fakten", ohne dass ein Problem formuliert würde, zu dessen Lösung das präsentierte Material ausgewertet und untersucht werden soll. Zwar wird prinzipiell anerkannt, dass Theatergeschichte als Kultur-, Mentalitäts- oder Sozialgeschichte betrieben werden kann, als Psychohistorie, Geistes-, Ideen-, Wissens- und Kunstgeschichte. Aber diese Erkenntnis bleibt methodisch weitgehend folgenlos; es wird keine spezifische Fragestellung entwickelt, welche die Wahl der Dokumente sowie der Methode ihrer Analyse und Auswertung begründen oder rechtfertigen würde. Man kann sich häufig des Eindrucks nicht erwehren, als sei das einzige Kriterium für die Auswahl und Ausbreitung des Materials, dass es verfügbar war. In allen diesen Fällen wird die Partialität nicht wirklich als Bedingung der Möglichkeit von Theaterhistoriografie akzeptiert – das historistische Vollständigkeitsideal schlägt überall wieder durch. Die trügerische Hoffnung, es könne gelingen, das Theater einer Epoche vollständig so zu rekonstruieren, „wie es wirklich gewesen ist", wenn man nur ausrei-

25 Vgl. zum Beispiel George Riley Kernodle, *The Theatre in History* 1989.

26 Vgl. u.a. Thomas Wallace Craik (Hg.), *The Revels History of Drama in English* 1975–1980; Heinz Kindermann, *Theatergeschichte Europas* 1957–1974.

27 Vgl. Hans Knudsen, *Deutsche Theatergeschichte* 1959; Allardyce Nicoll, *A History of English Drama 1660–1980* 1923–1959; Rudolf Stamm, *Geschichte des englischen Theaters* 1951.

chend Material zur Hand hat, scheint in allen diesen Fällen die Zielsetzung vorzugeben.[28]

Im Unterschied zu einem derartigen Vorgehen ist auf der Partialität als der Bedingung der Möglichkeit von Theatergeschichtsschreibung zu bestehen. Nicht nur der Objektbereich bedarf einer je spezifischen Eingrenzung. Es muss auch die jeweilige Fragestellung präzisiert werden, unter der die Untersuchung vorgenommen werden soll. Dabei sind beide Prozeduren als unmittelbar aufeinander bezogen zu denken: Ein bestimmter Objektbereich kann eine spezifische Fragestellung ermöglichen bzw. nahe legen, wie umgekehrt eine spezifische Fragestellung zur Eingrenzung eines bestimmten Objektbereichs führen kann. In jedem Fall lässt sich Theatergeschichte nur mit einer problemorientierten Vorgehensweise sinnvoll betreiben.

Über diese Vorgehensweise besteht gegenwärtig weitgehend Konsens. Es liegen auch bereits eine Reihe von theatergeschichtlichen Einzeluntersuchungen sowie vereinzelt Theatergeschichten vor, in denen entsprechend verfahren wird und je nach Fragestellung unterschiedliche theoretische und methodische Ansätze zur Anwendung kommen.[29]

5.1.3 Epochenbildungen

Es ist nicht erstaunlich, dass dieses Vorgehen besonders in Einzeluntersuchungen befolgt wird, die einen relativ begrenzten Zeitraum – einen spezifischen synchronen Schnitt – behandeln. Für Theatergeschichten dagegen, die einen längeren Zeitraum umfassen – wie zum Beispiel das europäische Theater von der griechischen Antike bis zur Gegenwart[30] – und also dia-

---

28 Von diesem Vorwurf sind selbstverständlich Theatergeschichten auszunehmen, die ausdrücklich als Faktografien oder Quellensammlungen ausgewiesen sind. Vgl. Herbert Frenzel, *Geschichte des Theaters. Daten und Dokumente 1470–1890* 1984.

29 Vgl. u.a. Thomas Postlewait, Bruce A. McConachi (Hg.), *Interpreting theTheatrical Past* 1989; Friedemann Kreuder, Stefan Hulfeld, Andreas Kotte (Hg.), *Theaterhistoriographie* 2007 oder meine Theatergeschichte: *Kurze Geschichte des deutschen Theaters* 1993, 2. Aufl. 1999. Die zahlreichen Einzeluntersuchungen, die zum Teil vorbildliche Standards gesetzt haben, wie zum Beispiel Joseph Roach, *Cities of the Dead: Circum-Atlantic Performance* 1996, können hier nicht im Einzelnen aufgeführt werden. In diesem Zusammenhang sei ausdrücklich betont, dass eine Theatergeschichte niemals aus zweckfreier Sicht geschrieben wird, dass es sich bei Theatergeschichtsschreibung vielmehr selbst um eine spezifische kulturelle Praxis handelt, die wie andere kulturelle Praktiken im Laufe der Zeit Veränderungen unterworfen ist. Jede Theatergeschichtsschreibung ist daher als eine kulturelle Praxis ihrerseits zu charakterisieren. Vgl. dazu Stefan Hulfeld, *Theatergeschichtsschreibung als kulturelle Praxis. Wie Wissen über Theater entsteht* 2007.

30 Vgl. hierzu zum Beispiel Manfred Brauneck, *Die Welt als Bühne. Geschichte des europäischen Theaters* 1993–1999; Oscar Brockett and Franklin Hildy, *History of Theatre* (1982) 2007 oder Heinz Kinderman *Theatergeschichte Europas* 1957–1974.

chronisch vorgehen, wird die Frage zentral, nach welchen Prinzipien dieser lange Zeitraum gegliedert und strukturiert werden soll. Um dies zu leisten, reicht es nun allerdings nicht aus, wie der Soziologe Niklas Luhmann sehr richtig bemerkt hat, „alles auf eine Vorher/Nachher-Differenz zusammenzuziehen – etwa Europa vor der Kartoffel und nach der Kartoffel" bzw. mit Bezug auf das europäische Theater: vor der Erfindung der italienischen Bühne und nach ihrer Erfindung. „Denn diese Differenz könnte dann nur das grandiose Ereignis selbst, das die Epochen trennt, beschreiben, nicht aber die Geschichte als Prozess."[31] Das heißt, Geschichte ist nicht als eine Aneinanderreihung von Ereignissen zu begreifen, sondern als ein endloser Prozess, der nicht *per se* bereits bestimmten Gliederungsprinzipien folgt. Derartige Gliederungen in Abschnitte – die in der Regel als Epochen bezeichnet werden – müssen erst vom Historiker vorgenommen werden. Und für diese seine Einteilung muss er nachvollziehbare Gründe anführen.

Theatergeschichtsschreibung, die längere Zeiträume umfassen will, hat sich daher unweigerlich dem Problem der Epochenbildung zu stellen, der Frage nach einer Epochenschwelle und nach Möglichkeiten, Epochen abzugrenzen. Das Problem lässt sich nur ignorieren – oder besser: verschleiern –, wenn man eine rein chronologisch vorgehende Faktografie verfasst: Es wird aufgezählt bzw. nacheinander dargestellt, was sich, den überlieferten Zeugnissen zufolge, nacheinander ereignet hat. Nur indem man das Material über Ereignisse, die sich nacheinander zugetragen haben, in chronologischer Reihenfolge präsentiert, umgeht man das Problem der Epochenbildung, ignoriert damit allerdings auch den Prozesscharakter von Theatergeschichte. Zugleich stellt sich so das Problem, was denn die nacheinander präsentierten Ereignisse miteinander zu tun haben. Um hierauf eine Antwort zu finden, wird dann doch auf die in anderen Zusammenhängen und Disziplinen entwickelten Ordnungskategorien wie Mittelalter, Renaissance, Barock usw. zurückgegriffen. Innerhalb der chronologisch voranschreitenden Darstellung ist entsprechend vom Theater des Barock oder der Aufklärung die Rede, vom Theater der Romantik oder des Realismus, als sei damit eine für jeden nachvollziehbar abgegrenzte Epoche in der Theatergeschichte gemeint.

---

31 Niklas Luhmann, „Das Problem der Epochenbildung und die Evolutionstheorie" 1985, S. 11. Zum Problem der Epochenbildung vgl. auch die übrigen Beiträge in dem Band: Hans-Ulrich Gumbrecht, Ursula Link-Heer (Hg.), *Epochenschwelle und Epochenstruktur im Diskurs der Literatur- und Sprachtheorie*1985 sowie Bd. XII der Reihe „Poetik und Hermeneutik": *Epochenschwelle und Epochenbewußtsein*, hg. von Reinhart Herzog und Reinhart Koselleck 1987.

Wie stark sich der jeweils zugrunde gelegte Theaterbegriff auf derartige Epochenbildungen auswirkt, zeigt sich zum Beispiel bei den Abgrenzungen zwischen dem „antiken" Theater und dem des „Mittelalters". Während das Ende des ersteren generell mit dem Ende des römischen Reichs um ca. 500 n.Chr. gleichgesetzt wird, lassen die meisten Forscher das mittelalterliche Theater erst um die Zeit von 1000 n.Chr. mit dem geistlichen Spiel beginnen. Zu diesem Zeitpunkt wurde das europäische Theater „zum zweiten Male" erschaffen und zwar aus dem Ostertropus[32] des 10. Jahrhunderts. Diese These, die zuerst von Léon Gautier in seinem 1886 veröffentlichten Buch *Histoire de la poésie liturgique au moyen âge* formuliert wurde, findet sich seitdem bis heute in Theatergeschichten Europas wieder. Was aber, so wird man fragen, geschah zwischen dem 5. und dem 10. Jahrhundert? Hat es in dieser Zeit kein Theater gegeben? Wogegen richteten sich dann die Ausfälle der Kirchenväter? Und was wurde auf den Synoden verboten?

Zwar wird es auch in diesen 500 Jahren Aufführungen von herumziehenden Histrionen, Spielleuten, Goliarden, Joculatores, Vaganten, Gauklern u.Ä. gegeben haben, worauf bildliche Darstellungen (wie eine Prachthandschrift, die 1360 in Prag für Kaiser Karl IV angefertigt wurde) oder auch schriftliche Dokumente (wie der Prager Synodalbeschluss von 1367) hindeuten.[33] Aber diese Aufführungen basierten nicht auf Texten – zumindest sind solche nicht überliefert. Sie entsprachen daher nicht den Vorstellungen, die man sich im 19. Jahrhundert von Theater machte. Da sie nicht unter den geltenden Theaterbegriff fielen, der nur Aufführungen umfasste, die auf der Grundlage eines Textes innerhalb einer derartigen, Aufführungen gewidmeten Institution stattfanden, konnten sie auch nicht als für eine Theatergeschichte relevant in den Blick kommen. So entstand

32 Beim Ostertropus handelt es sich um ein Element der Liturgie der Osterfeier, das wohl zu Beginn des 10. Jahrhunderts verfasst und in die Osterfeier eingeführt wurde. Zurückgehend auf die Evangelienberichte (Matthäus 28,1–7, Markus 16,1–8, Lucas 24,1–9) gibt er in Frage und Antwort die Verkündigung der Auferstehungsbotschaft wieder, welche die Engel am Grabe Jesu den drei Marien übermitteln:

> Quem queritis in sepulchro, o Christicolae?/Wen sucht ihr im Grabe, ihr Christinnen?
> Ihesum Nazarenum cruzifixum, o caelicolae./Jesus aus Nazareth, den Gekreuzigten, ihr Himmlischen.
> Non est hic, surrexit, sicut praedixerat./Er ist nicht hier, er ist auferstanden, wie er es vorausgesagt hatte.
> Ite nunciate, quia surrexit./Geht und verkündet, daß er auferstanden ist.

33 Vgl. hierzu Rudolf Münz, „Giullari nudi, Goliarden und ‚Freiheiter'" (1989) 1998b, S. 104–140. Zwar stammen die genannten Quellen erst aus dem 14. Jahrhundert. Sie dokumentieren jedoch eine theatrale Praxis, die als orale an eine lange Überlieferung anschloss. Insofern ist davon auszugehen, dass sie auch in den davorliegenden Jahrhunderten existierte.

die These vom „Bruch“ in der europäischen Theatergeschichte und von der zweimaligen „Erfindung“ des Theaters in Europa.[34]

Wie sich an diesem Beispiel zeigt, lässt sich das Problem der Epochenbildung mit Blick auf die Theatergeschichte nicht einfach durch Übernahme aus in anderen Kontexten oder Disziplinen – zum Beispiel der Literatur- oder Kunstgeschichte – entwickelten Ordnungskategorien und Begriffen lösen. Vor allem gilt es, den jeweils zugrunde gelegten Theaterbegriff zu berücksichtigen und offen zu legen sowie die durch die spezifische Fragestellung vorgenommene Perspektivierung.

Da sich Theatergeschichten von regionaler, nationaler, kontinentaler, transkontinentaler und globaler Reichweite (z.B. die Theatergeschichte Londons, Paris oder Hamburgs; spanische, japanische oder indische Theatergeschichte; europäische, afrikanische oder lateinamerikanische Theatergeschichte; Theatergeschichte der westlichen Kulturen, Welttheatergeschichte) schreiben lassen, werden die jeweils vorzunehmenden Epochengrenzen und -schwellen in jedem Fall anders ausfallen. Entsprechend haben die Herausgeber von *Theatre Histories. An Introduction*, worin Theater aus Kulturen aller Kontinente Berücksichtigung findet, sich entschlossen, eine Epochenbildung nach dem Modus der menschlichen Kommunikation vorzunehmen. Sie gehen dabei zum einen von einem spezifischen Verständnis vom Menschen und zum anderen von einem bestimmten Theaterbegriff aus:

> One of the identifying characteristics of human awareness and consciousness is the development of the ability to reflect upon and communicate who we are. Theatre and performance are complex, culturally embedded, historically specific kinds of communal reflection and communication. Because major new developments in modes of human communication led to profound changes in the ways people thought about, related to, and organized their world, each of the four parts of this book are organized to mark such transformation and relate them to theatre and performance.[35]

Als Kriterien für die Epochenbildung gelten hier Kommunikations- und Medienumbrüche wie die Erfindung des Buchdrucks und der so genannten Neuen Medien. Aufgrund dieser Kriterien lassen sich vier „Epochen“ voneinander abgrenzen: 1) Theater/Aufführungen in oralen Kulturen und Schriftkulturen vor 1600, 2) Theater seit der Entstehung von Buchkulturen (*print cultures*) (1500–1900), 3) Theater in der modernen Medienkultur

---

34 Vgl. zu diesem Problem Andreas Kotte, „Kontinuität im Wandel“, in: Kreuder, Hulfeld, Kotte (Hg.) *Theaterhisteriographie* 2007, S. 15–43.

35 Philipp B. Zarrilli, Bruce McConachie, Gary Jay Williams, Carol Fisher Sorgenfrei (Hg.) *Theatre Histories: An Introduction* 2006, S. xxviii f.

(1850–1970), 4) Theater/Aufführungen im Zeitalter der Globalisierung, der virtuellen Kommunikation (1950 bis heute). Für die Zwecke der dort durchgeführten Untersuchung erweist sich diese Art der Epochenbildung in der Tat als vernünftig und hilfreich.

Abschließend sei noch einmal ausdrücklich darauf hingewiesen, dass es *keine* der Theatergeschichtsschreibung vorgegebene gültige Epochenbildung gibt noch geben kann. Vielmehr muss die Bildung von Epochen jeweils in Abhängigkeit vom zugrunde liegenden Theaterbegriff – der steuert, welche Phänomene und Prozesse ein- bzw. ausgeschlossen werden –, von der geografischen Reichweite der Untersuchung und ihren spezifischen Zielsetzungen vorgenommen werden.

5.2 Historiografische Praxis

Wie bereits verschiedentlich erwähnt, lassen sich die wichtigsten speziellen Probleme von Theatergeschichtsschreibung als 1) Formulierung einer Fragestellung oder Ausgangshypothese, 2) Suche nach den und Auswahl der Quellen, die mit Blick auf die Fragestellung oder Hypothese relevant erscheinen, und 3) Entscheidung für eine oder mehrere methodische Vorgehensweisen, mit denen die Quellen mit Blick auf die Fragestellung oder Hypothese ausgewertet und interpretiert werden, charakterisieren.

5.2.1 Fragestellungen

Die Formulierung von Fragestellungen erfolgt in der Regel aus einem bestimmten Erkenntnisinteresse heraus. Sie kann von ganz unterschiedlichen Phänomenen, Prozessen, Theorien ihren Ausgang nehmen und auf den verschiedensten Wegen entwickelt werden. Die beiden Wege, die am häufigsten eingeschlagen werden, erscheinen in gewissem Sinn als gegenläufig. So wird zum einen von einem theoretischen Ansatz ausgegangen, der bestimmte Fragestellungen ermöglicht oder nahelegt, die dann unter Rekurs auf entsprechende Quellen bearbeitet werden. Zum anderen stößt der Forscher auf eine Quelle, die sich mit seinem bisherigen Wissen und den daraus folgenden Annahmen nicht erschließen lässt – sei es, dass sie einfach mit ihm/ihnen nicht übereinstimmt, sei es, dass sie ihm direkt widerspricht. Auch aus diesem Befund werden sich jeweils spezifische Fragestellungen ableiten lassen.

Im ersten Fall zum Beispiel wird die von Norbert Elias entwickelte Theorie eines vor allem seit dem 16. Jahrhundert fortschreitenden Zivilisationsprozesses, der die Menschen in Europa zu einer immer größeren Beherrschung ihres Körpers und seiner entsprechenden Disziplinierung gezwungen hat, als Ausgangspunkt genommen.[36] Da Aufführungen aus der leiblichen Ko-Präsenz von Akteuren und Zuschauern hervorgehen, müssen sie vom Prozess einer derartig fortschreitenden Zivilisation in besonderer Weise betroffen sein. Es erhebt sich daher die Frage, ob sich dieses auch an Aufführungen im Zeitraum vom 16. bis zum 20. Jahrhundert nachweisen lässt? Zur Klärung dieser Frage müsste man zum einen auf Zeugnisse des professionellen Theaters zurückgreifen, das sich in der Tat im 16. Jahrhundert in Italien und England herausgebildet hat, um herauszufinden, ob und wie Schauspieler und Zuschauer ihr körperliches Verhalten während der Aufführung vom 16. bis zum 19. Jahrhundert verändert haben. Theorien der Schauspielkunst würden in diesem Fall ebenso nützliche Quellen darstellen wie jede Art von Berichten über das Spiel der Schauspieler in konkreten Aufführungen und das Verhalten der Zuschauer – seien dies nun Reise- oder Polizeiberichte oder seit dem 18. Jahrhundert Kritiken, um nur einige mögliche Quellen zu nennen.[37] Zugleich könnte man danach fragen, ob sich in diesem Zeitraum neue Genres von Aufführungen herausgebildet und eingebürgert haben, die von Akteuren und/oder Zuschauern ein ganz besonders diszipliniertes Verhalten verlangen wie zum Beispiel der Zirkus. Auch erhebt sich die Frage, wie sich in diesem Zusammenhang die im letzten Drittel des 19. Jahrhunderts einsetzenden Völkerschauen bewerten und erklären lassen. Die Ausgangsfragestellung erlaubt also ganz unterschiedliche Vorgehensweisen. Welche gewählt wird, sollte jeweils nachvollziehbar begründet werden.

Wer von einem begriffsgeschichtlichen Ansatz und speziell von dem im 17. Jahrhundert vorherrschenden Theaterbegriff ausgeht, der jeden Ort einbegreift, an dem etwas des Wissens Würdiges vorgeführt oder gezeigt wird, mag Fragestellungen entwickeln, die sich auf den Zusammenhang von Aufführung und Wissen konzentrieren. Sie können zum Beispiel auf die Untersuchung spezifischer Arten von Aufführungen zielen, in denen Wissen generiert, zur Aufführung gebracht und vermittelt wird, wie öffentliche Sektionen im Anatomischen Theater oder öffentlich durchgeführte Experimente der Royal Society in London, und der Frage nachgehen, warum die Wissenschaft sich für ihre Entwicklung der Form der Aufführung bediente.[38]

Mit Blick auf den Theaterbegriff des 17. Jahrhunderts sind Fragestellungen, die sich auf die Entwicklung Aufsehen erregender und daher der Vor-

---

36 Vgl. Norbert Elias, *Über den Prozeß der Zivilisation* 1976.

37 Vgl. Erika Fischer-Lichte, „Theatre and the Civilizing Process“ 1989, S. 19–38.

38 Vgl. hierzu Helmar Schramm et al. (Hg.), *Kunstkammer, Laboratorium, Bühne* 2003 und ders. et al. (Hg.), *Spektakuläre Experimente* 2006.

führung würdiger neuer Technologien beziehen, die sowohl im institutionalisierten Theater als auch in anderen Aufführungen der Spektakelkultur des 17. Jahrhunderts zur Anwendung kamen, ebenso sinnvoll. Hier wäre zum Beispiel nach der Funktion der Technik zu fragen, nach den Wirkungen, die ihr Einsatz beim Zuschauer auslöste, und nach dem Kontext, in den diese zu stellen sind.[39]

In vergleichbarer Weise lassen sich aus den unterschiedlichsten theoretischen Ansätzen eine Fülle von Fragestellungen ableiten und entwickeln, die sich nur unter Rekurs auf historische Quellen sinnvoll untersuchen lassen.

Umgekehrt können auch Quellen zum Ausgangspunkt für die Formulierung einer Fragestellung werden. In einem Theaterzettel vom 7. Juli 1738[40] aus Hamburg kündigten die „Königl. Polnischen Churfürstl. Sächsischen und Hochfürstl. Braunschw. Lüneb. Wolffenb. nunmehro auch Hochfürstl. Schleswig-Holsteinischen Hof-Comödianten“ unter der Leitung von Johann Neuber und seiner Ehefrau Friederike Caroline Neuberin die Aufführung eines „deutschen Schauspiels“ an, genannt: „Das ruchlose Leben und erschreckliche Ende des Welt-bekannten Ertz-Zauberers D. Johann Fausts“. Auf dem Zettel wird nachfolgend abgedruckt, was „unter anderem vorkommen, und zu sehen seyn“ wird:

Mit Hoher Obrigkeitlicher Bewilligung
Wird heute von den
Königl. Polnischen Churfürstl. Sächsischen
und
Hochfürstl. Braunsw. Lüneb. Wolffenb.
nunmehro auch
Hochfürstl. Schleßwig-Holsteinischen
Hof-Comödianten
Ein deutsches Schauspiel vorgestellet werden,
Genannt:
Das ruchlose Leben und erschreckliche Ende des Welt-bekannten
Ertz-Zauberers
D. Johann Fausts.
Dabey wird unter andern vorkommen, und zu sehen seyn:

39 Vgl. hierzu Jan Lazardzig, *Theatermaschine und Festungsbau* 2007; Viktoria Tkaczyk, *Himmels-Falten* (2010).

40 Ein Abdruck des Theaterzettels befindet sich in Friedrich Johann v. Reden-Esbeck, *Caroline Neuber und ihre Zeitgenossen* (1881) 1985, S. 233 f.

Ein grosser Vorhof an des Pluto unterirdischen Pallaste an den Flüssen Lethe u. Acheron. Auf dem Flusse kömmt Charon in seinem Schiffe gefahren, und zu ihm Pluto auf einem feurigen Drachen, welchem seine ganze unterirdische Hoffstatt und Geister folgen.

D. Fausts Studirstube und Bücher-Kammer. Ein annehmlicher Oberirdischer Geist singt unter einer sanften Music, folgende bewegliche Arie.

Fauste! was ist dein Beginnen?
Ach, was hast du doch gethan?
Bist Du denn nun gar von Sinnen
Und gedenckest nicht daran
Daß an statt der Freud, die Pein
Und die Qvaal wird ewig seyn.

Ist dir denn die Lust zur Sünde,
Lieber als dein ewigs Wohl?
Machst du dich zum Höllen-Kinde
Das doch in den Himmel soll?
Ist dir der Verdammten Lohn.
Lieber als des Himmels Thron.

Kan dich den gar nichts bewegen?
Ach so schau den Himmel an,
Wenn er durch viel Tropfen Regen,
Dich nicht gnug erweichen kan!
Mach dadurch dein Herze weich,
Und erwehl das Himmelreich.

Ein Raabe kömmt aus der Luft und holet die Handschrift des D. Fausts.

Hans Wurst geräth ohngefehr über seines Herrn des D. Fausts Zauberey. Er muß stehen bleiben und kan nicht vom Platze gehen, bis er die Schuhe ausgezogen hat. Die Schuhe tantzen mit einander auf eine lustige Arth.

Ein fürwitziger Hof-Bedienter, welcher dem D. Faust verspottet, bekömmt sichtbarlich Hörner an der Stirne.

Ein Bauer handelt dem D. Faust ein Pferd ab, und so bald er es reitet, verwandelt sich das Pferd in ein Bündgen Heu. Der Bauer will den D. Faust darüber zu Rede stellen, Faust stellt sich als ob er schliefe; der Bauer zupft ihn, und reist ihm ein Bein aus.

Hans Wurst will gerne viel Geld haben, ihn zu vergnügen, läßt ihn Mephistophiles Gold regnen.

Die schöne Helena singt unter einer angenehmen Musick eine dem D. Faust unangenehme Arie, weil sie ihm damit seinen Untergang ankündiget.

D. Faust nimmt von seinem Famulo Christoph Wagnern Abschied. Hans Wurst macht sich auch davon, und die Geister hohlen den D. Faust unter einem künstlich-spielenden Feuer-Wercke hinweg.

Der unterirrdische Pallast des Pluto zeiget sich nochmahls. Die Furien haben den D. Faust, und halten um ihn herum ein Ballet, weil sie ihn glücklich in ihr Reich gebracht haben.

Das übrige wird angenehmer zu sehen als hier zu lesen seyn.

Der Anfang ist um halb 5. Uhr, in dem so genannten Opern-Hause auf dem Gänse Marckt in Hamburg. Die Person giebt auf den ersten Rang-Logen 2 Marck, auf den andern Rang-Logen 1. Marck 8. Schill. Parterre 1. Marck und Gallerie oder auf dem letzten Platz 8. Schill.

Montags, den 7. Jul. 1738. Johann Neuber.

Wie aus obiger Beschreibung unschwer zu ersehen, handelt es sich bei der angekündigten Aufführung um ein Exempel eines wesentlich von den Auftritten des Hans-Wurst getragenen Verwandlungstheaters, in dem nicht nur der Schauplatz sich auf spektakuläre Weise verwandelt, sondern auch die handelnden Personen, Tiere und Gegenstände eine andere Gestalt annehmen. Die Aufführung ist insofern einer Form von Theater zuzurechnen, die der Magister der Philosophie und Senior der „Teutschübenden-poetischen Gesellschaft" in Leipzig Johann Christoph Gottsched (1700–1766) seit Ende der 1720er Jahre nicht müde wurde, als abstoßendes Beispiel für die „Verwilderung" der deutschen Schaubühne in den von ihm gegründeten Wochenschriften *Die vernünftigen Tadlerinnen* (1725/6) und *Der Biderman* (1727/8) als Ausgeburt der Unvernunft an den Pranger zu stellen und gegen die „pöbelhaften Fratzen" und „Zoten" eines Hanswurst oder Harlekins zu Felde zu ziehen. Auf die Bühne sollten nur noch „regelmäßige", nach französischem Muster geschriebene Tragödien und Komödien kommen. In den 1730er Jahren führte die Truppe der Neuberin Stücke von Racine, Voltaire, Regnard, Destouches und Marivaux auf. In Vorspielen wurde dem von Gottsched so getadelten Hans-Wurst bzw. Harlekin der Kampf angesagt. Im Jahre 1737 vertrieb die Neuberin in einer komödiantischen Aktion, die in der deutschen Theatergeschichtsschreibung eine geradezu notorische Berühmtheit erlangt hat, den Harlekin symbolisch von der Bühne. In der Folgezeit beanspruchte sie für sich das Verdienst, die Schaubühne entsprechend reformiert zu haben. Der Selbstinszenierung der Neuberin sind die Geschichtsschreiber des deutschen Theaters nahezu einhellig gefolgt: Von nun an sei die deutsche Bühne „gereinigt" und für die „vernunftgemäßen" Stücke der Aufklärung bereit gewesen. Wie aber kann das sein, wenn selbst die Neuberin ein Jahr später nach Aufführungen der „regelmäßigen" Stücke *Polyeuct* (30. April 1738) und *Mithridat* (2. Juni) am 7. Juli *Das ruchlose Leben und erschreckende Ende des welt-bekannten Ertz-Zauberers D. Johann Fausts* zur Aufführung brachte? Ganz offensichtlich ist die in vielen Geschichten des deutschen Theaters gezeichnete Entwicklung einer linearen Auffassung von Geschichte geschuldet. Aus der vorliegenden Quelle ergibt sich dagegen die Frage, welche unterschiedlichen Formen von Theater im 18. Jahrhundert nebeneinander bestanden und wie diese „Gleichzeitigkeit des Ungleichzeitigen" zu erklären ist. Um sie zu beantworten, bedarf es zum einen der Suche nach weiteren Quellen, die dieses Nebeneinander belegen, sowie theoretischer Ansätze, die es zu erhellen vermögen.

Ein anderes Beispiel für die Entwicklung einer Fragestellung aus der Konfrontation mit einer bestimmten bisher unbekannten oder nicht beachteten Quelle stellen die oben bereits erwähnten Prager Quellen der

Pracht-Handschrift für Karl IV. und der Beschluss der Synode dar. Wenn es auf der Basis der genannten Belege Grund zu der Annahme gibt, dass auch zwischen dem 5. und dem 10. Jahrhundert Spielleute, Goliarden, Vaganten, Joculatores u. ä. durch Europa gezogen sind, kann die These vom Bruch in der europäischen Theatergeschichte und der zweifachen „Erfindung" des Theaters in Europa kaum aufrechterhalten werden. Es erhebt sich die Frage, welche Art von Aufführungen im fraglichen Zeitraum stattgefunden haben und wie sie sich zu den erst ab dem 10. Jahrhundert dokumentierten Aufführungen geistlicher Spiele verhalten. Auch in diesem Fall geht es darum, entweder neue Quellen zu suchen oder heute bekannte anders zu befragen und neue Thesen vom Verlauf der Geschichte des Theaters in Europa aufzustellen. In diesem Zusammenhang mögen vor allem theoretische Ansätze hilfreich sein, die von Ethnologen mit Blick auf Gesellschaften entwickelt wurden, die den europäischen zwischen dem 5. und dem 15. Jahrhundert als überwiegend oralen Gesellschaften durchaus vergleichbar sind.[41]

5.2.2 Quellen

Die Grundlage für jede theaterhistorische Untersuchung, ganz gleich von welcher Fragestellung sie ausgeht, bilden, wie bereits ausdrücklich betont, Quellen. Unter Quellen verstehen wir aus der Vergangenheit überkommene Materialien wie Texte, Artefakte, Monumente, aus denen wir auf bestimmte Sachverhalte, Ereignisse, Verhaltensformen, Annahmen etc. schließen und diese datieren können. Dabei unterscheiden wir zwischen Überresten – wie zum Beispiel einem Theatergebäude, einem Kostüm, einem Rollenbuch – und Tradition. Unter Tradition fallen solche Quellen, die ausdrücklich für die Nachwelt angefertigt sind, wie zum Beispiel eine Theaterkritik, eine Fotografie, ein Aufsatz. Je nach Fragestellung muss sich der Forscher auf die Suche nach geeigneten Quellen machen. Dabei ist jedes Mal erneut zu klären, welche Art von Monumenten, Objekten, Dokumenten etc. als Quellen infrage kommen – und wo sie zu finden sind.

Dietrich Steinbeck hat 1970 einen Versuch unternommen, mögliche Quellen für theaterhistorische Forschungen systematisch zusammenzustellen und zu differenzieren. Er unterscheidet zunächst zwischen unmittelbaren und mittelbaren Quellen sowie Quellen in Objektsprache und Quellen in Meta-Sprache. Als unmittelbare Quellen bezeichnet er solche, die im Prozess der Inszenierung und/oder der Aufführung Verwendung fanden und

41 Vgl. in diesem Zusammenhang Clifford Geertz, „History and Anthropology" 1990, S. 321–335 sowie Victor Turner, *The Anthropology of Performance* 1987.

unmittelbar Auskunft über sie zu geben vermögen. Als mittelbare Quellen stuft er solche ein, die auf andere Weise auf den Prozess der Inszenierung und die Aufführung bezogen sind. Als Quellen in der Objektsprache bezeichnet er solche, die in der „Sprache des Theaters" abgefasst sind – also als Überreste erhalten –, und als Quellen in „Meta-Sprache" Dokumente, die in einer bereits reflektierten Sprache über die „Sprache des Theaters" geschrieben sind und im Wesentlichen der Bildung von Tradition dienen. Die Mehrzahl der theatergeschichtlichen Quellen gehört seiner Meinung nach den Kategorien der „unmittelbaren Quellen in Objektsprache" und den „mittelbaren Quellen in Meta-Sprache" zu. Es ergibt sich daraus für ihn folgende Einteilung:

[Überreste]	*[Tradition]*
1. Unmittelbare Quellen	
a) in Objektssprache Theatergebäude Spielort Bühne Bühnentechnik Dekorationsteile Kostüme Requisiten Masken	b) in Meta-Sprache Bühnenfotos Filme Szenenbilder Rollenbilder andere Ansichten Bühnenbild-Aufnahmen Grund- und Aufrisse Kostümentwürfe
Regiebücher Rollenhefte Soufflierbücher Inspizientenbücher Bühnenmodelle, technische Zeichnungen Akten, Verträge, Urkunden, Theaterzettel	
2. Mittelbare Quellen:	
a) in Objektssprache Textbücher Noten	b) In Meta-Sprache Szenarien Aufführungsberichte Rollenbeschreibungen Protokolle Jahrbücher Almanache Kritiken Theaterzeitschriften Briefe, offene Briefe, Tagebücher, Memoiren Biographien Anekdoten

Theaterromane
Pamphlete

Theoretische Schriften

Dekorationsskizzen, Aufnahmen, Kostümentwürfe

Choreographische Skizzen
Plastiken, Statuetten

Plaketten, Darstellungen der bildenden Kunst[42]

Wie unschwer aus dieser Übersicht, die von Steinbeck selbst als „weiterer Differenzierung" bedürftig bezeichnet wird, zu erkennen, beziehen sich die hier aufgeführten Quellen auf Aufführungen eines institutionalisierten Theaters. Man wird vergeblich nach Quellen suchen, die sich auf Feste, religiöse und politische Rituale, Sportwettkämpfe, Spiele, Aufführungen der Wissenschaft oder andere Arten von *cultural performances* beziehen. Das ist durchaus legitim, da der hier zugrunde gelegte Theaterbegriff einleitend benannt wird. Werden andere Genres von Aufführungen einbezogen, muss die Liste möglicher Quellen entsprechend erweitert werden. Gleichwohl zeigt sich auch an Steinbecks Liste ein gravierendes Problem: Da die zu befragenden Quellen nicht nur vom jeweiligen Theaterbegriff abhängen, sondern auch von der jeweiligen Fragestellung, wird der Katalog der mit Blick auf das institutionalisierte Theater erstellten Quellen ebenfalls entsprechend erweitert werden müssen. Wem es um eine Untersuchung des Verhältnisses zwischen der Ausbildung eines neuen realistisch-psychologischen Schauspielstils und der Ausbildung neuer Verhaltensnormen und -formen im Bürgertum zu tun ist, der wird sich nicht nur auf „mittelbare Quellen in Meta-Sprache" wie den Einladungsbrief einer Zürcher Bürgerfamilie an die SchauspielerInnen der Ackermannschen Truppe aus dem Jahre 1758 stützen, in der diese gebeten wurden, die Töchter ein anmutiges Betragen und eine geschmackvolle Kleidung zu lehren. Er wird auch auf die Benimmbücher aus der zweiten Hälfte des 18. Jahrhunderts zurückgreifen ebenso wie auf Modebücher der Zeit.[43] Art und Anzahl möglicher Quellen für theaterhistorische Untersuchungen lassen sich also nicht generell festlegen, sondern immer erst mit Blick auf eine bestimmte Untersuchung, die unter einer spezifischen Fragestellung vorgenommen wird.

42 Dietrich Steinbeck, *Einführung in die Theorie und Systematik der Theaterwissenschaft* 1970, S. 159f.

43 Vgl. dazu Friedemann Kreuder, *Spielräume der Identität in Theaterformen des 18. Jahrhunderts* 2005.

Je nach Art der Quellen werden sie in publizierten Editionen, in Archiven, Bibliotheken und Museen sowie in unterschiedlichen Datenbanken zu finden sein.

Wie bereits ein Blick auf Steinbecks Zusammenstellung möglicher Quellen zeigt, sind sie in höchst unterschiedlichen Medien überliefert, die jeweils eine andere Herangehensweise erfordern. Zum einen handelt es sich um Theatergebäude und Spielorte, Räume also, die man zum Teil bis heute aufsuchen kann wie zum Beispiel Palladios Teatro Olimpico in Vicenza, das 1585 mit der ersten Wiederaufführung einer griechischen Tragödie in der Neuzeit, Sophokles' *König Ödipus*, eröffnet wurde; das Bayreuther Festspielhaus, in dem seit seiner Eröffnung mit Richard Wagners *Der Ring des Nibelungen* im Jahre 1876 bis heute die Festspielaufführungen von Wagners Opern stattfinden; die St. Martha Kirche in Nürnberg, in der sich die von Max Herrmann untersuchten Meistersinger-Aufführungen zutrugen; der Römer in Frankfurt, auf dem im 16. Jahrhundert das *Frankfurter Passionsspiel* aufgeführt wurde; der Platz vor dem Winterpalais in St. Petersburg, auf dem Nikolaj Evreinov u.a. 1920 *Die Erstürmung des Winterpalais* in Szene setzten, oder der Steinbruch bei Avignon, in dem 1985 die ersten Aufführungen von Peter Brooks *Mahabharata* stattfanden.

Wenn als Quellen Bühne, Bühnentechnik und Dekorationsteile genannt werden, so lässt sich an das Theater in Drottningholm denken, in dem Bühne, Maschinen und Bühnenbilder aus dem 18. Jahrhundert erhalten sind und bis heute in Aufführungen verwendet werden. Im Lauchstädter Theater, das von Goethes Weimarer Theater als Sommerspielstätte genutzt wurde, sind ebenfalls die alten Maschinen noch vorhanden, während das Meininger Theater bis heute eine Reihe von Dekorationen aufbewahrt, die auf Entwürfe des Herzogs Georg II. von Meiningen zurückgehen, die dieser zwischen 1873 und 1914 anfertigte.

In jedem Theatermuseum lassen sich Kostüme, Requisiten und Masken betrachten, die in den verschiedensten Aufführungen Verwendung fanden.

Zwar sind diese Quellen insofern „authentisch", als sich in diesem Gebäude oder an diesem Ort diese oder jene Aufführung, die untersucht werden soll, tatsächlich zugetragen hat und dabei dieses Kostüm, jene Maske und dieses Requisit Verwendung fanden. Gleichwohl gilt auch für diese Quellen, dass sie mit Blick auf die Fragestellung erst zum Sprechen gebracht werden müssen und einen kritischen Umgang erfordern. Jede lässt unterschiedliche Schlussfolgerungen zu, keine gibt eindeutige Antworten.

Dies gilt natürlich auch für die sprachlich verfassten und die bildlichen Quellen, Notentexte und Audioaufzeichnungen. Die ersteren können so unterschiedlichen Textsorten zugehören wie dem Textbuch, einem Regiebuch, Szenarien, Kritiken, Briefen, Pamphleten etc. etc. (Die Mehrzahl der bei Steinbeck aufgelisteten Quellen fällt in diese Kategorie). Wenn bei diesen Quellen nicht der Verfasser, der Kontext, die Umstände und die Ziele, unter denen bzw. mit denen sie verfasst wurden, berücksichtigt werden, sind in den meisten Fällen belastbare Schlussfolgerungen nur sehr schwer zu ziehen.

Bildliche Quellen dagegen gelten häufig als „echt" und „wahr", ganz gleich, ob es sich um Vasenmalereien, Gemälde, Fotos oder Videoaufzeichnungen handelt. Ob auf den Gemälden Szenen dargestellt werden, die auf Aufführungen zum Beispiel der *commedia dell'arte* aus dem ausgehenden 16. und dem 17. Jahrhundert verweisen, oder Schauspieler aus dem 18. Jahrhundert im Rollenkostüm oder privat portraitiert wurden, stets ist zu fragen, welche Darstellungsweisen durch eine bestimmte Stilrichtung und malerische Konventionen bedingt waren und insofern nur eingeschränkt Auskunft über Aufführungen zu geben vermögen. Bei Fotos ist zu bedenken, dass sie im 19. und frühen 20. Jahrhundert im Studio aufgenommen wurden und nicht während einer Aufführung, was bei ihrer Verwendung als Quelle unbedingt berücksichtigt werden muss. Über die Probleme einer Videoaufzeichnung war bereits im Zusammenhang mit der Aufführungsanalyse die Rede (4.1.2, S. 76–79). Jede Quelle ist daher mit Vorsicht und kritisch zu verwenden.

Zwar kann man häufig in alten theaterhistorischen Arbeiten nach dem Abdruck einer Quelle den Satz finden, dass die Quelle für sich spreche. Wie bereits verschiedentlich betont, müssen Quellen jedoch in der Regel erst durch gezielte Fragen zum Sprechen gebracht werden. Wer den einleitend abgedruckten Passus aus Lessings *Hamburgischer Dramaturgie* mit der Frage liest, ob in der Zeit des Hamburger Nationaltheaters (1766/7) sich der neue, von Diderot und Lessing propagierte „natürliche" Schauspielstil bereits durchgesetzt hatte, wird in ihm einen Beleg finden, dass zumindest einzelne Schauspielerinnen und Schauspieler ihn zu realisieren suchten. Als detaillierte Beschreibung dessen, was Lessing wahrgenommen hat, kann der Beleg in dieser Hinsicht als zuverlässig gelten.

Wer dagegen an einer Biographie der Schauspielerin Friederike Sophie Hensel arbeitet und diesen Passus als Beleg für seine These verwenden will, dass sie als eine der Ersten bei der Erarbeitung von Rollen von Beobachtungen im alltäglichen Leben ausgegangen sei, setzt sich dem Vorwurf aus, unkritisch mit dieser Quelle umzugehen. Denn auch wenn Lessing davon auszugehen scheint, dass ihr Spiel auf ihre Beobachtung („Bemerkung") von Sterbenden zurückging, konnte er dies nicht wissen. Dieser Annahme wird zudem in einer anderen Quelle ausdrücklich widersprochen. In ihren Lebenserinnerungen beschuldigt Karoline Schulze-Kummerfeld die Hensel, diese Feinheit von ihr übernommen zu haben. „Ja, diese Schauspielerin hat mich copiert in der ‚Sara'. Eine Stelle, wo ihr der große Lessing in seiner Dramaturgie so ein großes Kompliment gemacht hat, ist von mir. Madame Hensel hat mich bestohlen." Anschließend erläutert sie die Prinzipien, die sie selbst in ihrer Schauspielkunst befolgt hat.

> Ich, die ich bei so vielen Sterbebetten war [...], ich habe, um in meiner Kunst zu werden, was ich war, niemanden copiert, vielmehr alle Stände, alle Menschen, alle Auftritte, Leidenschaften, kurz, alles an andern studiert, nachgedacht und behandelt, sogar die Tollhäuser [...]. Ich habe Menschen studiert, nicht auf dem Theater, nein, wie sie in der Natur waren und solche verfeinert.[44]

Wie dies Beispiel zeigt, sprechen Quellen nicht nur nicht von selbst, sie lassen auch vielfach falsche Schlüsse zu, wie dies bei der zitierten Stelle aus der *Hamburgischen Dramaturgie* der Fall ist. Ein solch falscher Schluss kann hier durch eine Aussage aus Lebenserinnerungen einer anderen Schauspielerin verhindert werden – nicht allerdings, weil diesen Erinnerungen in jedem Fall zu glauben wäre. Vielmehr lässt die einfache Tatsache, dass eine andere Quelle der Schlussfolgerung widerspricht, dies nicht zu. Dies gilt auch im Falle, dass es sich um eine nicht in jeder Hinsicht glaubwürdige Quelle handeln mag, wie generell bei Lebenserinnerungen anzunehmen ist. Denn sie setzen sich nicht nur, wie von Goethe ausdrücklich angegeben, aus „Dichtung und Wahrheit" zusammen. Autobiographisches Schreiben zielt auf Selbstinszenierung, auf den Entwurf eines Bildes vom Schreibenden, wie er/sie von anderen gesehen werden möchte. Als (theater-)historische Quellen sind sie mit der entsprechenden Vorsicht zu verwenden, wenn es um die Feststellung von „Fakten" geht. Ob die Hensel tatsächlich Karoline Schulze-Kummerfeld kopiert hat oder nicht, werden wir wohl nie erfahren. Viel interessanter erscheint an dem Vorwurf vielmehr, dass hier eine Schauspielerin des 18. Jahrhunderts Urheberschaft für bestimmte Gesten proklamiert.

Wie unterschiedlich generell mit Quellen umgegangen werden kann, zeigt sich, wenn sie im Lichte einer neuen Theorie wieder befragt werden. Die bereits häufiger erwähnte Spektakelkultur des 17. Jahrhunderts beinhaltete eine Reihe unterschiedlicher Aufführungsgenres, darunter besonders prominent Feuerwerke. Darstellungen solcher Feuerwerke in Briefen und Bildern sind in der Forschung überwiegend auf der Grundlage einer

---

44 Karoline Schulze-Kummerfeld, *Ein fahrendes Frauenzimmer* 1988, S. 135.

ganz spezifischen Quelle, des so genannten Cartells gedeutet worden. Es erläutert die sinnbildliche Konzeption des Feuerwerks und wurde vor Beginn der Festgesellschaft vom Protagonisten vorgelesen. Entsprechend wurden in der Festforschung Feuerwerke als spezifische Realisierungen dieses allegorischen Programms interpretiert, das vor allem mit Blick auf seine politische Dimension erläutert wird.

Werden Feuerwerke des 17. Jahrhunderts dagegen in erster Linie als Aufführungen im Sinne des im ersten Teil erläuterten Aufführungsbegriffs verstanden und die „alten" sie betreffenden Dokumente auf der Grundlage von Theorien des Performativen und der Performativität gedeutet, ergibt sich ein ganz anderes Bild.[45] Denn werden die spezifischen performativen Qualitäten des Aufführungsgenres Feuerwerk berücksichtigt wie das eine ganz besondere Atmosphäre hervorbringende Zusammenspiel von Licht und Dunkel, Lauten, Geräuschen, Gerüchen oder die für den technisch nicht versierten Zuschauer – von dem in der Regel auszugehen ist – nicht erklärbare, geheimnisvolle Art der Hervorbringung, so erscheint Zuschauen weniger als der kognitive Prozess einer Wiedererkennung und Entzifferung des vorher verlesenen allegorischen Programms im Wahrgenommenen. Vielmehr vollzog Zuschauen sich hier zuallererst als ein leiblicher Prozess von physiologischen, affektiven, energetischen und motorischen Veränderungen, der die Zuschauenden in einen liminalen Zustand versetzte. Vor allem wurden sie, wie Zeugnisse belegen, von Staunen ergriffen. Dieses Staunen kann nun seinerseits im Kontext eines politischen Kalküls gedeutet werden, das weniger auf die Übermittlung von Bedeutungen als auf die leibliche Affiziertheit durch die Macht des Herrschers zielt, der dieses Wunder bewirkt hat.[46] Neue Theorien ermöglichen so neue Deutungen längst bekannter Quellen, so dass die Aufführungen, auf die diese sich beziehen, in einem ganz neuen Licht erscheinen – zumindest jedoch neue Schwerpunktsetzungen und Bewertungen notwendig machen.

5.2.3 Methoden

Theatergeschichten können, wie im Abschnitt über den Geschichtsbegriff erläutert, als Kunst-, Kultur-, Mentalitäts-, Emotions-, Ideen-, Wissens-, Wahrnehmungs-, Körper-, Sozialgeschichte o. Ä. geschrieben werden. Jede Art dieser „Mikrohistorien" geht von anderen theoretischen Vorausset-

---

45 Vgl. zu diesem Begriff den entsprechenden Eintrag im *Metzler Lexikon Theatertheorie* 2005b, S. 234–242.

46 Vgl. dazu Christian Horn, *Der aufgeführte Staat* 2004.

zungen aus, jede arbeitet mit anderen methodischen Ansätzen. Keine erhebt den Anspruch, *die* Geschichte *des* Theaters zu schreiben.

Idealtypisch lassen sich zwei Arten von methodischen Herangehensweisen an Aufführungen der Vergangenheit unterscheiden. Bei der ersten wird vom Besonderen – bestimmten Aufführungen – ausgegangen und zu Allgemeinerem – Schlussfolgerungen über ästhetische Konzepte, Bezügen zu spezifischen zeitgenössischen Diskursen, Veränderungen in der sozialen Trägerschicht des Theaters o. Ä. – vorangeschritten. Im zweiten Fall wird vom Allgemeinen ausgegangen und untersucht, wieweit und inwiefern es auf das Besondere – bestimmte Aufführungen – bezogen werden kann. Beide Herangehensweisen – eben als idealtypische – schließen eine Fülle spezifischer Möglichkeiten ein. So lässt sich – wie gleich wenigstens skizzenhaft gezeigt werden soll – im ersten Fall ausgehend von einer Auswertung der überlieferten Dokumente zu Goethes Inszenierung des Euripideischen *Ion* in der Bearbeitung von August Wilhelm Schlegel im Weimarer Theater (1802) die neue Auffassung von der Aufführung als einem Kunstwerk und von Theater als einer Stätte der Bildung erläutern. Ebenfalls ausgehend von konkreten Aufführungen – in diesem Fall von vier verschiedenen Inszenierungen des Schillerschen *Don Carlos* zwischen 1909 und 1985 – lässt sich nicht nur Aufführungsgeschichte als Psychohistorie schreiben, sondern auch das generelle Problem erörtern, wie sich in Klassiker-Inszenierungen Historizität und Aktualität zueinander verhalten können.[47]

Im zweiten Fall mag der sich im 18. Jahrhundert herausbildende Diskurs über Emotionen, der die im 17. Jahrhundert vorherrschende Affektenlehre allmählich ablöste und ersetzte und mit der Herausbildung einer neuen Theorie der Schauspielkunst in einem engen Zusammenhang stand, als Ausgangspunkt gewählt werden, um anschließend der Frage nachzugehen, wie in einzelnen Aufführungen Emotionen dargestellt und beim Zuschauer ausgelöst wurden. Aufführungsgeschichte würde hier als Emotionsgeschichte verstanden und geschrieben.[48] Ebenso ist es denkbar, unter Bezug auf Gemeinschaftstheorien und -ideologien des 20. Jahrhunderts wie im Sozialismus, Kommunismus, Faschismus, Zionismus oder auch der christlichen Kirchen einzelne Aufführungen der Arbeiterfeste der Weimarer Republik, der Massenspektakel der jungen Sowjetunion, der Thingspiele der Nationalsozialisten in Deutschland (1933–1935), der Wiederaufführungen geistlicher Spiele auf dem Place de Notre Dame in Paris in den 1930er Jah-

47 Vgl. hierzu Fischer-Lichte, *Kurze Geschichte des deutschen Theaters* 1993, Kap. 4.3 „Zwischen Historizität und Aktualität: Klassiker-Inszenierungen im 20. Jahrhundert", S. 373–409.

48 Vgl. dazu Doris Kolesch, *Theater der Emotionen* 2006.

ren, der Schweizer Festspiele, die als Teil der geistigen Landesverteidigung veranstaltet wurden, oder der zionistischen Pageants in den USA in den 1930er und 1940er Jahren zu untersuchen und zu fragen, auf welche Weise hier welche Art von Gemeinschaften dargestellt und vor allem durch die Aufführung zwischen Akteuren und Zuschauern hergestellt wurden. Aufführungsgeschichte würde hier als Teil einer Mentalitätsgeschichte der ersten Hälfte des 20. Jahrhunderts geschrieben.[49]

Die beiden jeweils zuerst genannten Beispiele sollen abschließend noch näher erläutert werden.

Auch wenn man von der einzelnen Inszenierung ausgeht, braucht man eine Fragestellung, welche die Untersuchung leitet. Um herauszufinden, welche ästhetischen Prinzipien für Goethes Inszenierung des *Ion* leitend waren, müssen zum einen die Aussagen über die Aufführung hinzugezogen werden, die in Besprechungen und Briefen vorliegen, zum anderen Quellen zu Goethes Theaterarbeit, darunter seine *Regeln für Schauspieler*, in denen Grundsätze formuliert sind, die sowohl die Rollengestaltung durch die Schauspieler als auch das besondere Verhältnis zwischen Schauspielern und Zuschauern während der Aufführung betreffen. Beide Arten lassen unmissverständlich die antiillusionistische Stoßrichtung der Goetheschen Theaterästhetik erkennen. Die leitende Maxime, welche dieses Verhältnis regelte, bestimmte er grundsätzlich folgendermaßen: „[...] der Schauspieler muss stets bedenken, daß er um des Publicums willen da ist".[50] Entgegen Diderots Forderung von der Vierten Wand, der auch Lessing anhing, sollte der Schauspieler gerade nicht so sprechen, als wenn kein Zuschauer anwesend sei; Grundlage seines Spiels sollte vielmehr das Bewusstsein abgeben, dass alles, was auf der Bühne geschieht, „um des Publicums willen" geschieht, dass die Aufführung für das Publikum veranstaltet wird. Aus dem Postulat des Antiillusionismus folgte für Goethe, dass die Schauspieler die Rollenfiguren nicht so gestalten durften, als handelte es sich um „wirkliche" Menschen in der alltäglichen gesellschaftlichen Wirklichkeit. In *Ion* war dies u. a. dadurch sichergestellt, dass die beiden älteren Männer Masken trugen und Apoll und Ion in Stellung und Gestaltung dem Modell des Apollon von Belvedere nachgebildet waren. Durch derartige Verfahren wurde zum einen auf den Kunstcharakter der Aufführung verwiesen, die nicht als Nachahmung und entsprechend Illusion von Wirklichkeit wahrgenommen werden sollte oder konnte. Zum anderen wurden so die Zuschauer daran gehindert, sich in die Rollenfiguren einzufühlen. Dass dies

---

49 Vgl. dazu Matthias Warstat, *Theatrale Gemeinschaften* 2005 sowie Erika Fischer-Lichte, *Theatre, Sacrifice, Ritual* 2005b.

50 Johann Wolfgang von Goethe, „Regeln für Schauspieler" §38 (1803) 1901, S.154.

in der Tat gelang, geht aus einem empörten Brief hervor, den Karoline Herder über die Aufführung des *Ion* an Gleim schrieb:

> Das neueste Gesetz des Theaters, das hier regiert und täglich unverschämter und frecher wird, setzt die dramatische Kunst auf Repräsentation und Deklamation; der Inhalt des Stückes ist diesen erst tief untergeordnet oder kommt gar nicht in Betracht in Ansehung des Zuschauers. Als hölzerne Puppen sollen wir unten im Parterre sitzen und die hölzernen Puppen auf der Bühne ansehen und declamieren hören, übrigens mir nichts, dir nichts, leer und trostlos von dannen gehen.[51]

Goethes Aussage, dass der Schauspieler für das Publikum zu spielen hat, ist daher nicht dahingehend misszuverstehen, als sollten während der Aufführung zwischen Schauspielern und Zuschauern Beziehungen, Werte, Überzeugungen ausgehandelt werden. Der Theaterraum war in diesem Sinne nicht als ein öffentlicher, ein sozialer Raum zu begreifen, sondern als ein ästhetischer. Wenn das Verhalten der Zuschauer Anlass zur Vermutung gab, dass es nicht einem ästhetischen Urteil, sondern anderen Kriterien geschuldet war, sah Goethe sich ermächtigt, in die Interaktion zwischen Darstellern und Zuschauern sozusagen als dritte Instanz einzugreifen und die Zuschauer zu einem Verhalten zu zwingen, das seiner Meinung nach dem auf der Bühne Dargebotenen als einem Kunstwerk angemessen war. So ist durch den Schauspieler Eduard Genast überliefert, dass das Publikum, dem Goethe generell eine konzentriert aufmerksame, ruhige und durch und durch disziplinierte Haltung abverlangte, während der Aufführung des *Ion* wiederholt unruhig wurde und an den „unpassendsten" Stellen in lautes Gelächter ausbrach. Dies „ungebührliche" Benehmen veranlasste Goethe, von seinem Sessel aufzuspringen und ins Publikum zu donnern: „Man lache nicht!"[52] Mögliche Interaktionen zwischen Akteuren und Zuschauern sollten sich darauf beschränken, dass die Schauspieler das von Goethe Einstudierte so ausführten, wie es einstudiert war (bei Abweichungen wurden sie mit Strafen belegt), und die Zuschauer ihren Aktionen und Deklamationen mit äußerster Konzentration und in ästhetischer Distanz folgten. Das Theater wurde hier zu einer Bildungsanstalt, die alle Zuschauer zu dem hehren Ziel führen sollte, durch Teilnahme an einer Aufführung gebildet zu werden, wie Goethe im Aufsatz *Weimarisches Hoftheater* ausführt, der im März 1802 aus Anlass der Aufführung des *Ion* im Weimarischen *Journal des Luxus und der Moden* erschien. Dies verlangte von ihnen, sich jeglicher beo-

---

51 Brief an Gleim vom 1. März 1802, in: *Johann Gottfried Herder, Von und an Herder. Ungedruckte Briefe aus Herders Nachlaß* 1861–1862, Bd. 1, S. 301.

52 Vgl. Eduard Genast, *Aus dem Leben eines alten Schauspielers* 1862/1866, S. 77.

bachtbaren „unangemessenen" Verhaltensweisen zu enthalten, weder laut zu lachen noch mitfühlend zu schluchzen oder gar irgendwelche Zeichen von Ablenkung und Zerstreutheit zu zeigen. Denn der Regisseur Goethe hatte die verschiedenen Elemente dieser wie anderer Aufführungen nach den Prinzipien des Musikalischen und vor allem des Malerischen so gestaltet und miteinander kombiniert, dass ein „harmonisches Ganzes" entstand, ein autonomes Kunstwerk, dessen Rezeption den Zuschauern Gelegenheit gab, sich zu bilden. Ausgehend von der Aufführung des *Ion* lassen sich so Linien ausziehen nicht nur zu Goethes Auffassung von Theater, das als Kunst nicht die Wirklichkeit nachzuahmen strebt, sondern die Aufführung als „Symbol des Wirklichen" hervorbringt. Darüber hinaus führen die Linien auch zu der sich um 1800 herausbildenden Vorstellung von der Autonomie der Kunst, die der bis dahin vorherrschenden Wirkungsästhetik allmählich ein vorläufiges Ende setzte bzw. sie erheblich modifizierte.

Wie hier vom Besonderen – der Aufführung – zum Allgemeinen – Theorien über das Theater, die Kunst und ästhetische Bildung –, lässt sich umgekehrt vom Allgemeinen ausgehen und von dort zum Besonderen voranschreiten. Im 18. Jahrhundert bildeten sich in verschiedenen kulturellen Bereichen neue Vorstellungen von Empfindungen und Gefühlen aus, die nachfolgend unter dem Begriff der Emotion zusammengefasst werden. Die bis ins 18. Jahrhundert hinein herrschende Affektenlehre ging zum einen davon aus, dass Affekte als etwas zu begreifen sind, das das Subjekt von außen befällt und auf es einwirkt; und zum anderen von einer begrenzten Anzahl so genannter kanonischer Affekte. Athanasius Kircher berücksichtigt in seiner *Musurgia universalis* aus dem Jahre 1650 acht solcher Affekte, die er bezeichnet als die Affekte: 1. der Liebe; 2. der Trauer oder des Schmerzausbruchs; 3. der Freude oder des Freudenausbruchs; 4. der Wut oder Entrüstung; 5. des Mitleids oder der Rührung; 6. der Furcht oder Niedergeschlagenheit, 7. des Vorgenusses oder der Kühnheit; 8. der Bewunderung.[53] Im 18. Jahrhundert bildete sich dagegen die Vorstellung aus, dass Empfindungen und Gefühle *im* Menschen entstehen. Eines der zentralen Probleme, mit dem sich die Physiologie des 18. Jahrhunderts auseinandersetzte, stellte die Frage nach der Beziehung zwischen Körper und Seele dar. Führende Mediziner der Zeit wie Louis Lacaze, Claude-Nicolas Le Cat oder Albrecht von Haller widmeten sich eingehend ihrer Untersuchung und behaupteten trotz aller Divergenzen in ihren Theorien übereinstimmend, dass sich eine direkte Beeinflussung des Körpers durch psychische Zustän-

53 Vgl. Athanasius Kircher, *Musurgia universalis* 1650, Übersetzung von A. Hirsch 1662, S. 258.

de feststellen lasse.[54] Aus diesen Forschungen wurde der Schluss gezogen, dass es ein „Naturgesetz" der Analogie gebe, das heißt, dass der Körper des Menschen als ein veränderbarer sozusagen von Natur aus dazu geeignet, ja geradezu prädestiniert ist, als Zeichen für unterschiedliche seelische Vorgänge und Zustände zu dienen und gedeutet zu werden.

Ausgehend von den Ergebnissen der medizinischen Forschung entwickelte sich ungefähr seit der Jahrhundertmitte eine spezielle psychologische Wissenschaft, die sich in Deutschland unter dem Namen „Erfahrungsseelenkunde" oder auch „Experimental-Seelenlehre" verbreitete. Wahrhaft populär wurde die Psychologie allerdings erst in den 1780er Jahren, als Karl Philipp Moritz mit der Herausgabe seiner psychologischen Zeitschrift, dem *Magazin für Erfahrungsseelenkunde*, begann. Zwischen 1783 und 1793 erschienen zehn Bände, in denen bevorzugt Berichte über besondere seelische Zustände, ‚krankhafte' oder abweichende Verhaltensweisen, Selbstbeobachtungen u. Ä. publiziert wurden. Moritz' gigantischem Unternehmen folgte bis zur Jahrhundertwende eine wahre Flut psychologischer Schriften, die sich breite Leserkreise erschlossen.[55] Die Kenntnis der menschlichen Seele avancierte zu einer der wichtigsten Zielsetzungen des ausgehenden Jahrhunderts.

An der Diskussion um die Neubestimmung des Verhältnisses von Körper und Seele und damit um ein neues Verständnis von Emotion beteiligten sich auch Philosophen und Schriftsteller, darunter Denis Diderot, Gotthold Ephraim Lessing, Georg Christoph Lichtenberg und Johann Jakob Engel. Engel entwarf eine Systematik der Zustände der menschlichen Seele, die den verschiedenen Emotionen ihren Platz anwies und damit die „kanonischen Affekte" in einen neuen Kontext stellte.[56] Sie lässt sich in folgendem Schaubild zusammenfassen:

---

54 Vgl. Louis Lacaze, *L'idée de l'homme physique et moral* 1755; Claude-Nicolas Le Cat, *Traité des sensations et des passions en général, et des sens an particulier* 1767; Albrecht von Haller, *Mémoire sur la nature sensible et irritable des parties du corps animal* 1756–1760, ders. *Kleine Physiologie* 1774.

55 Zu diesen Schriften gehörte zum Beispiel Karl Friedrich Pockel, *Beiträge zur Beförderung der Menschenkenntnis, besonders in Rücksicht unserer moralischen Natur* 1788/89; Immanuel David Mouchart, *Allgemeines Repertorium für empirische Psychologie und verwandte Wissenschaften* 1792–1803; Johann Gottlob Heynig, *Psychologisches Magazin* 1796–1797; Friedrich E. Schmid, *Psychologisches Magazin* 1796–1798.

56 Johann Jakob Engel, *Ideen zu einer Mimik* 1785/6. Das Schaubild wurde von mir entworfen, s. Fischer-Lichte, *Semiotik des Theaters* 1983, Bd. 2, S. 165.

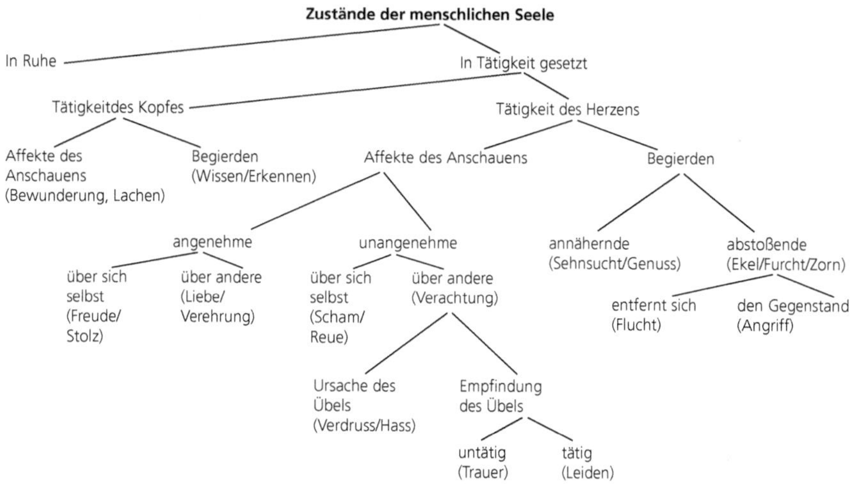

Interessanterweise waren es eben diese Philosophen, die auch eine eigene Schauspieltheorie entwarfen.[57] Dabei gingen sie in der Tat vom „Gesetz der Analogie“ aus. Engel liefert in seinen *Ideen zu einer Mimik* (1785) ausführliche Beschreibungen, wie für den Ausdruck jeder Emotion das „richtige“ schauspielerische Verhalten gefunden werden kann. Im Einklang mit seiner Zuordnung des Zorns zu den „abstoßenden Begierden“ definiert er ihn genauer als „Begierde nach Wegräumung, nach Zerstörung eines Übels“, die zugleich „mit Straf- und Rachbegierde Eins ist“[58]. Er kann vorzüglich nur von „denkenden, freien Wesen“, von „Personen“ ausgelöst werden, die den anderen verachten, beleidigen, kränken wollen. Dann

> entbrennt die Begierde nach Rache (...); die sämmtlichen Kräfte der Natur strömen nach außen, um die Freude des Boshaften durch ihren fürchterlichen Anblick in Schrecken, durch ihre verderbliche Wirkung in Schmerz, hingegen unseren eigenen, bitteren Verdruß in wohllüstiges Gefühl unserer Stärke, unserer Furchtbarkeit zu verwandeln.[59]

Aus diesem Zustand folgt durch Analogieschluss der körperliche Ausdruck:

---

57 Vgl. u.a. Denis Diderot, *Das Paradox über den Schauspieler* (1769–1778) 1964; Gotthold Ephraim Lessing, *Hamburgische Dramaturgie* (1766/67), 1973; Georg Ch. Lichtenberg, *Über Physiognomik* (1778) 1972, Johann Jakob Engel, *Ideen zu einer Mimik* (1785) 1971.

58 Engel, *Ideen zu einer Mimik* 1971, S. 235.

59 Ebenda, S. 236 f.

Der Zorn rüstet [...] alle äußeren Glieder mit Kraft; vorzüglich aber waffnet er diejenigen, die zum Zerstören geschickt sind. Wenn überhaupt die mit Blut und Säften überfüllten äußeren Theile strotzen und zittern, und die gerötheten rollenden Augen Blicke wie Feuerstrahlen schießen: so äußert sich besonders in Händen und Zähnen eine Art Empörung, von Unruh: jene ziehen sich krampfhaft zusammen; diese werden gefletscht und knirschen [...] Überdies schwellen noch, besonders in der Gegend des Halses, der Schläfen und der Stirn, die Adern, [...] alle Bewegungen sind eckig und von der äußersten Heftigkeit; der Schritt ist schwer, gestoßen, erschütternd.[60]

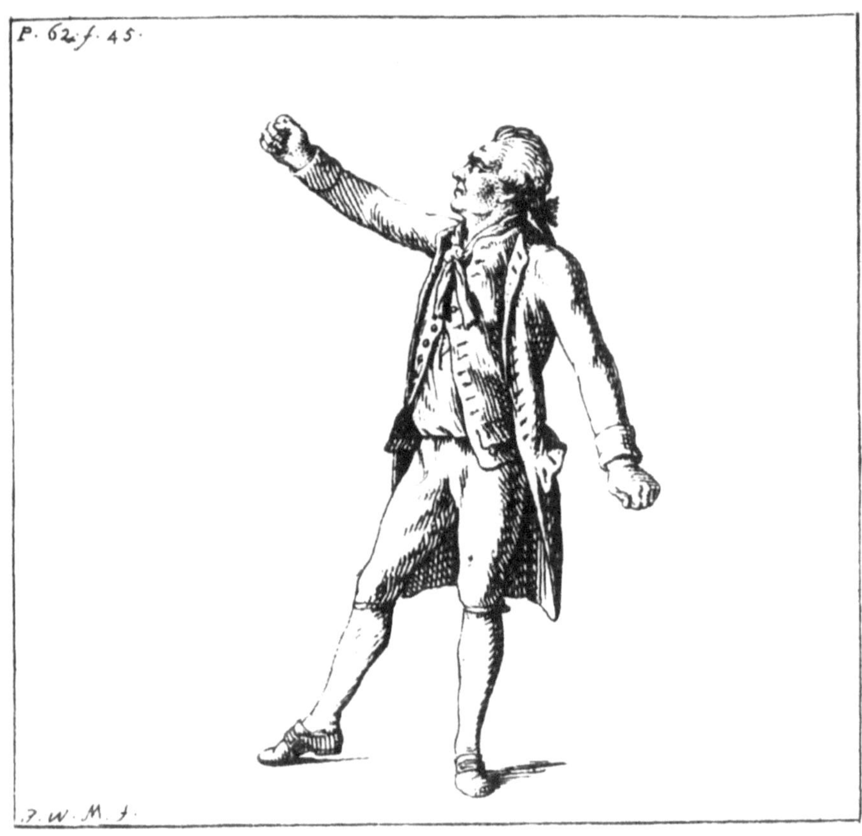

Starker Zorn

60 Ebenda, S. 238f.

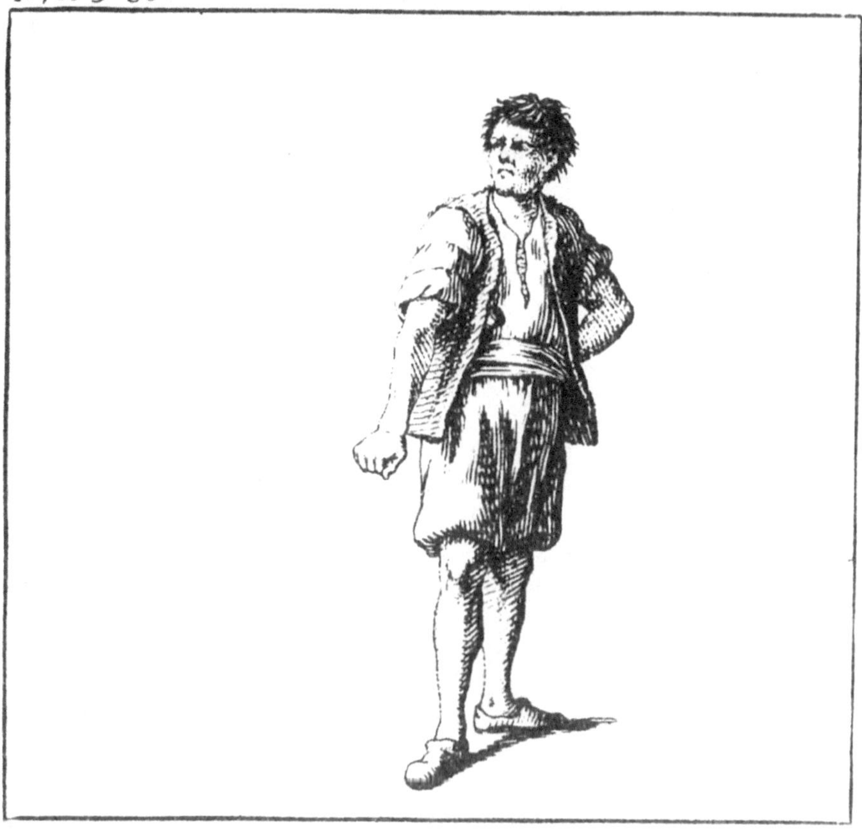

Beherrschter Zorn

Innerhalb des Diskurses um die Emotionen, wie er im 18. Jahrhundert geführt wurde, und aus ihm folgend, ergibt sich eine neue, eine „wissenschaftliche“ Aufgabe für die Schauspielkunst. Während Erziehung, Umgangsregeln, Zivilisierung dazu geführt haben, dass der Mensch in Europa jene „unwillkürliche Gebärdensprache“ verlernt hat, „die von den Leidenschaften in allen ihren Gradationen über die ganze Erde geredet wird“[61], ist die Schauspielkunst imstande, sie wiederherzustellen und sie die zivilisierten Menschen wieder zu lehren, wenn sie nur dem „Gesetz der Analogie“ folgen, das hinsichtlich zweier Richtungen gilt: Denn „eben die Modifikationen der Seele, welche gewisse Veränderungen des Körpers hervor-

61 Lichtenberg, *Über Physiognomik* 1972, S. 278.

bringen, (werden) hinwiederum durch diese körperliche Veränderungen bewirket".[62] Wenn also der Schauspieler den willentlich zu realisierenden Ausdruck des Zorns auf die richtige Weise hervorbringt –

> den hastigen Gang, den stampfenden Fuß, den rauhen bald kreischenden bald verbissenen Ton, das Spiel der Augenbrauen, die zitternde Lippe, das Knirschen der Zähne u. s. w. – wenn er [...] nur diese Dinge, die sich nachmachen lassen, sobald man will, gut nachmacht: so wird dadurch unfehlbar seine Seele ein dunkles Gefühl von Zorn befallen, welches wiederum in den Körper zurückwirkt, und da auch diejenigen Veränderungen hervorbringt, die nicht bloß von unserem Willen abhangen; sein Gesicht wird glühen, seine Augen werden blitzen, seine Muskeln werden schwellen; kurz, er wird ein wahrer Zorniger zu sein scheinen ohne es zu sein, ohne im geringsten zu begreifen, warum er es sein sollte.[63]

Wenn der Schauspieler so spielt, wie Lessing es hier beschreibt, dann werden Zuschauer imstande sein, die Psychologie an den verschiedensten Fallbeispielen zu studieren. Sie müssten nur, wie der Theoretiker, vom Gesetz der Analogie ausgehen: Aus dem körperlichen Ausdruck des Schauspielers ließe sich entsprechend auf einen spezifischen Seelenzustand der dramatischen Figur schließen. Dass in der Tat so vorgegangen wurde, belegen die zahlreichen Rollenportraits, welche die Kritiker von einzelnen Schauspielern wie Friedrich Ludwig Schröder (1744–1816), Johann Franz Hieronymus Brockmann (1745–1812), August Wilhelm Iffland (1759–1814) und Johann Friedrich Ferdinand Fleck (1757–1801) anfertigten. Über Schröders Darstellung des Lear in einer Aufführung von *König Lear* am 17. Juli 1778 in Hamburg zum Beispiel schrieb Johann Friedrich Schink in den *Zeitgenossen:*

> Dann die Szene, wo er mit Kordelias Leiche auftrat. Welche Töne erschütternder Schmerzen, welche Laute des schneidenden Herzenswehes! Das Weh einer ganzen Erde schien in ihm zusammengepreßt! Und wenn er ihr den Spiegel vorhielt, ängstlich auf den Hauch harrend, der das Glas trüben sollte, auf einen einzigen Laut, nur auf ein leises Wispern ihrer sanften Stimme lauschend. Dann die schreckliche Gewißheit, ihr Leben sei entflohen, ihm ward, sein Herz zusammenpreßte, seine Brust engte, den Schlag seiner Pulse hemmte, und mählich des Todes Farbe sein eigenes Gesicht überzog, sein Leben nur noch in leisen Athemzügen an seinen Lippen hing und sein ersterbendes Auge, nur immer auf die Verblichene gerichtet, endlich brach, sein gequälter Geist auf ihrer Lippe entschwebte! Wem kam da auch nur die kleinste Erinnerung an Dichtung,

---

62 Lessing, *Hamburgische Dramaturgie* 1973 (1766/67), S. 245.
63 Ebenda, S. 246.

> an Bühne, an mimische Kunst? Die Wirklichkeit war da. Alles ging vor, der unglückliche Lear entlockte uns Thränen und Mitgefühl![64]

Wer diese Besprechung mit Karoline Herders Brief über *Ion* vergleicht, wird unmittelbar gewahr werden, welche grundlegenden Differenzen in den jeweils zugrunde liegenden Vorstellungen von der Funktion und Rolle des Theaters die beiden Aufführungen trennen, zwischen denen noch nicht einmal ein zeitlicher Abstand von 25 Jahren liegt.

Man begnügte sich bald nicht mehr mit einzelnen Beschreibungen, sondern fing an, Vergleiche zwischen den Darstellungen derselben Rolle durch verschiedene Schauspieler anzustellen. Während Brockmann beispielsweise als Lear in der Wahnsinnsszene (IV, 6) bei den Worten: „Ich will Dir predigen – gib Acht!" auf einen Baumstumpf stieg, legte Schröder die Szene so an, dass Lear bei dem Versuch, den Baumstumpf zu ersteigen, mit versagenden Kräften zurücksinkt. Diese Variante wurde von den Zeitgenossen als eine besondere Feinheit vermerkt, weil sie mehr „Wahrheit" über Lear enthielt.

Der Rezensent der *Litteratur- und Theaterzeitung* (1779) verglich in dem Rollenportrait, das er von Schröder als Hamlet anfertigte, an verschiedenen Stellen Details der Darstellung Schröders mit solchen der Darstellung Brockmanns, des ersten gefeierten Hamlet auf deutschen Bühnen. Er schloss seinen Bericht mit der Beschreibung der Szene mit der Mutter (III, 4), nachdem der Geist des Vaters erschienen ist:

> Bey den Worten: „Wie steht es um Euch Mutter?" vermied Schröder wiederum einen Fehler, den Brockmann begangen. Letzterer blickte dabei nach seiner Mutter um. Ersterer that ohne ein Auge vom Geist im mindesten abglitschen zu lassen, auf den es fest geheftet war, seiner Mutter, die er mit schwankender Hand hielt, die Frage.[65]

Die psychologische „Wahrheit" derartiger „Feinheiten" ergab sich zum einen aus ihrer offensichtlichen Übereinstimmung mit entsprechenden wissenschaftlichen Erkenntnissen. So rühmt Karl August Böttiger in seinem Portrait von Ifflands Franz Moor aus Schillers *Räubern*, dass Ifflands Spiel dem psychologischen Wissen der Zeit Rechnung getragen habe.

> Beym schreckhaften Zusammenfahren, welches sehr oft mit den Pausen im tragischen Spiel verbunden zu seyn pflegt, und wenigstens in der Darstellung des Franz Moor fast immer dem starren Entsetzen vorausgehen muß, beobachtete Iffland durchaus die physiologische Regel: daß das Zittern in den unteren Theilen des Körpers, und besonders in den Knieen anfängt, und sich von da erst durch

64 Johann Friedrich Schink, *Zeitgenossen* 1818, Bd. 3, S. 48.

65 Zit. n. Berthold Litzmann, *Friedrich Ludwig Schröder* 1890/1894, Bd. 2, S. 259.

den Rückgrat den oberen Gliedmaßen, den Armen, dem Halse und den Lippen mittheilt. So alt und bekannt diese Behauptung ist, so selten sehen wir sie doch auf der Bühne ganz so, wie die Natur es fordert, in Ausübung gebracht.[66]

Zum anderen verschafften die „Feinheiten" einen psychologischen Erkenntnisgewinn, da sie häufig über den gesicherten Wissensstand hinausgingen und in psychologisches Neuland vorstießen. So entsprach Ifflands Spiel als Franz Moor in den Schreckensszenen zwar vollkommen den Regeln, die Engel aufgestellt hatte; es ging jedoch in entscheidenden Punkten noch über sie hinaus.

Iffland dachte gewiß hier [Monolog am Ende von IV, 2] nicht an *Engels* Schilderung des Furchtsamen, der, den Körper noch immer gegen die Schreckgestalt gewendet, oft mehrere Schritte rückwärts taumelt, weil er den gefürcheten Gegenstand gern im Auge behalten und sich gegen ihn schützen will; und doch war es gerade dieß Rückwärtsschreiten mit unverwandt starrendem Auge und verhaltenen Armen, was seinem Geberdenspiel die höchste Täuschung und Kraft gab. Noch war dabei eine eigene Feinheit bemerkenswerth. Die rechte Hand ist weiter vorgehalten als die linke, die in einem spitzen Winkel mehr hinterwärts gebogen ist und gleichsam zum Succurs der rechten im Hinterhalt steht. Auf einmal berührt er ganz unwillkührlich mit der linken sich selbst in der Seite. Dieß giebt ihm plötzlich, wie durch einen elektrischen Schlag, die Vorstellung, als packe ihn eine zweyte Schreckgestalt hinten im Rücken. Er schaudert aufs neue zusammen, dreht sich im Huy herum, weil er sich gegen das Gespenst im Rücken sichern will, und – verschwindet.[67]

Der kontinuierliche Fluss der schauspielerischen Aktion wird in allen diesen Beschreibungen in eine Abfolge von Momenten zerlegt, die aufgrund ihrer „Feinheit" eine psychologische Wahrheit vermitteln. Diese Momente versuchte man auch in Zeichnungen festzuhalten. Die Gebrüder Henschel fertigten über 500 Zeichnungen und Kupferstiche zum Spiel der Berliner Schauspieler Iffland, Devrient, Unzelmann und P.A. Wolff an. Der größte Teil galt Ifflands Rollendarstellungen. Allein zum Geizigen sind über 60 Zeichnungen überliefert, die jeweils einen charakteristischen Moment festhalten, wie es das Beispiel der nachfolgenden kleinen Auswahl zeigt[68]:

66 Karl August Böttiger, *Entwicklung des Ifflandischen Spiels* 1796, S. 327–29. Es handelte sich bei den Aufführungen um ein Gastspiel Ifflands, der im selben Jahr zum Direktor des Königlichen Schauspielhauses in Berlin berufen wurde. Iffland spielte nie unter Goethes Regie.

67 Ebenda, S. 309–311.

68 Die Zeichnungen stammen aus: Heinrich Härle, *Ifflands Schauspielkunst*. Ein Rekonstruktionsversuch auf Grund der etwa 500 Zeichnungen und Kupferstiche Wilhelm Henschels und seiner Brüder. Mit 238 Abbildungen. 1. Teil. Erste Abteilung: Bildertafeln (= *Schriften der Gesellschaft für Theatergeschichte* XXXIV), Berlin 1925.

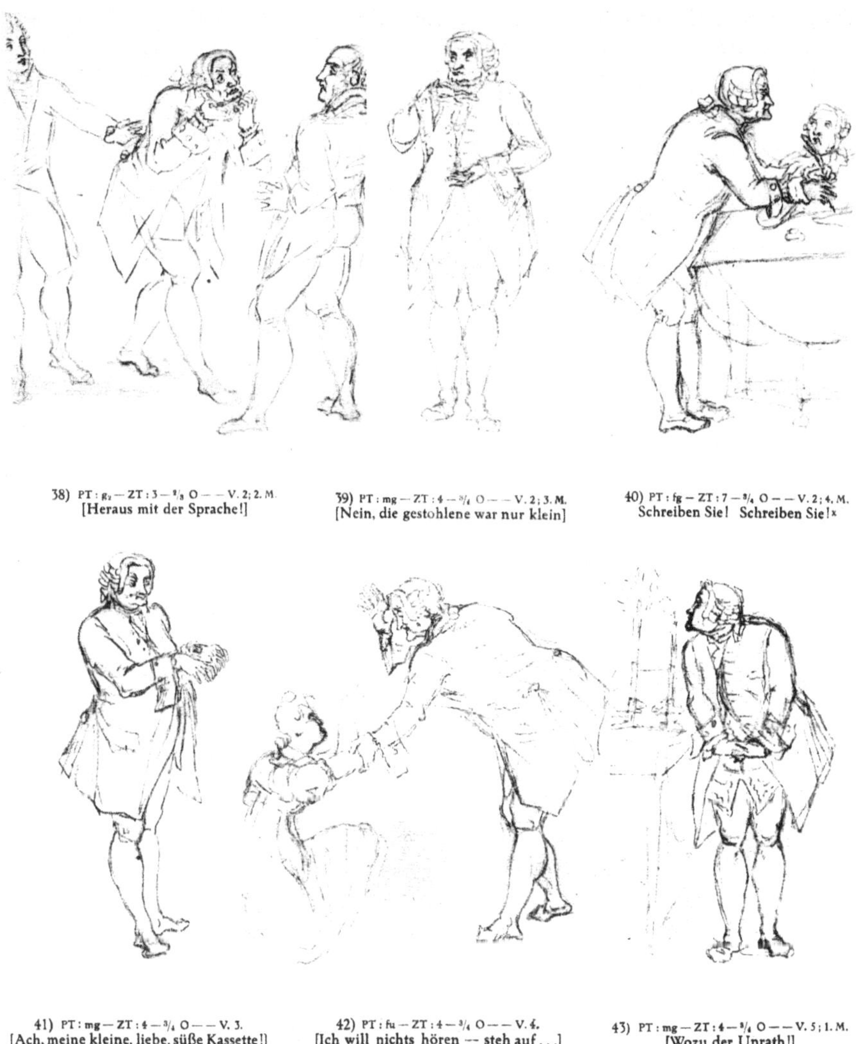

Das besondere Interesse der Rezensenten – und wohl auch der anderen Zuschauer – galt in allen diesen Fällen ganz offensichtlich der Frage, welche Kenntnis über die Seele der Rollenfigur, die vom Dichter meist nur skizziert war, die vom Schauspieler geschaffenen Details der Darstellung vermitteln. Der Schauspielkunst kam hier zweifellos die Funktion zu, die Kenntnis des Zuschauers über die menschliche Seele beträchtlich und in entscheidenden Punkten zu erweitern. Die auf diesem Wege geschaffene psychologisch-realistische Schauspielkunst entstand, so lässt sich folgern, als Teil des Diskurses über Empfindungen und Gefühle des Menschen und leistete so ihren Beitrag zur Erfindung und Entstehung von „Innerlichkeit“, auf die der Diskurs letztlich zielte.

Wie sich vor allem an diesen Beispielen gezeigt hat, sollte Theatergeschichtsschreibung immer theoriegeleitet vorgehen. Es sind theoretische Vorannahmen, die zu bestimmten methodischen und konzeptuellen Entscheidungen führen und entsprechend zu erläutern sind. Die Anlage einer historiographischen Untersuchung ist daher ohne den Rekurs auf bestimmte Theorien gar nicht möglich.

6. Theoriebildung

Wie bereits im ersten Kapitel erwähnt, gehen die Begriffe ‚Theater' und ‚Theorie' beide auf das griechische Wort ‚thea' (die Schau) zurück. Der Altphilologe und Religionswissenschaftler Walter Burkert erläutert diese etymologische Beziehung durch Herleitung nicht nur von ‚Theater', sondern auch von ‚Theorie' aus der griechischen Festkultur:

> Befreundete Städte und Heiligtümer schicken einander gegenseitig Gesandte, die ‚Schau' mitzumachen; sie heissen griechisch ‚Wahrer der Schau', theoroî, ihre Tätigkeit ist *theoría*. Paradoxerweise kommen also Wort und Begriff der ‚Theorie' von der Festkultur der Antike her, und wenn die griechische Philosophie dies ins eigentlich ‚Theoretische' erhob, so darum, weil ihr die abstrahierende ‚Schau' des Denkens als etwas Festlich-Beglückendes erschien.[69]

Eine entsprechende enge Beziehung zwischen Theater und Theorie gilt auch für die Theaterwissenschaft. In den vorstehenden Kapiteln war immer wieder von Theorien die Rede – von Theorien der Schauspielkunst und des Aufführungsraums, von Theorien der Wahrnehmung und der Erinnerung, von Phänomenologie und Semiotik, um nur an einige zu erinnern. In den Abschnitten zur Aufführungsanalyse und Theaterhistoriografie wurde wiederholt betont, dass problemorientiert vorgegangen werden müsse, Untersuchungen von Aufführungen entsprechend unter einer spezifischen Fragestellung oder Hypothese zu vollziehen seien, die in der Regel auf bestimmte Theorien zurückgehen. Theorien spielen also in der Theaterwissenschaft – wie in jeder Wissenschaft – eine herausragende Rolle. Sie bilden entsprechend ein wichtiges Arbeitsfeld. Zum Abschluss des zweiten Teils soll daher geklärt werden, was unter dem Begriff „Theorie" zu verstehen ist und wie Theorien gebildet werden.

6.1 Was heißt „Theorie"?

6.1.1 Begriffsbestimmung

Wo immer menschliche Erkenntnis darüber hinausgeht, lediglich das festzustellen, was hier und jetzt gegeben ist, sprechen wir von theoretischer Erkenntnis. Dies gilt für jede Art von Erkenntnis, ganz gleich, ob es sich um vorwissenschaftliche oder wissenschaftliche oder außerwissenschaftliche Erkenntnis handelt, um empirische oder spekulative Erkenntnis. Erkenntnis ist ihrer Form nach theoretisch, insofern sie allgemein ist, und ihrem Inhalt nach, insofern sie über das jeweils Gegebene hinausgeht, es tran-

69 Walter Burkert, „Die antike Stadt als Festgemeinschaft" 1987, S. 29f.

szendiert. Wissenschaftliche Erkenntnis stellt allerdings eine besondere Art theoretischer Erkenntnis dar, weil sie ihre Form explizit macht und ihren Inhalt auf den Begriff bringt. Gleichwohl soll betont werden, dass wissenschaftliche und nichtwissenschaftliche Erkenntnis sich hinsichtlich ihres theoretischen Charakters nur graduell unterscheiden.

Theorien lassen sich ihrer Form nach als Satzmengen bzw. als deduktiv geordnete Mengen von allgemeinen und besonderen Sätzen und ihrem Inhalt nach als Aussagenmengen bzw. als Komplexe von Begriffen und Aussagen bestimmen. Sie sind als informative, prinzipiell wahrheitsfähige und hypothetische Aussagensysteme mit realem Geltungsanspruch zu verstehen.

Aus dieser Bestimmung des Begriffs „Theorie" ergibt sich zum einen die zentrale Stellung von Begriffen in und für Theorien und zum anderen die Problematik ihres Geltungsanspruchs.

6.1.2 Begriffe

Ein Begriff zielt immer auf etwas Allgemeines. Er meint mehrere Einzelphänomene oder Vorstellungen. Begriffe sind insofern immer abstrakt. Ihre Funktion besteht darin, uns die Gegenstände, die sie meinen, begreifbar zu machen. Um diese Funktion erfüllen zu können, müssen sie klar und deutlich sein.

Wissenschaftliche Begriffe bedürfen daher stets einer Definition, die jedem, der sie verwendet, Klarheit darüber garantiert, was unter ihnen zu verstehen ist, in welchen Kontexten sie Verwendung finden können, und welche Reichweite sie haben. Begriffe beschreiben also nicht das immer gleiche „Wesen" eines Gegenstandes – was immer das sein mag. Sie sind vielmehr als heuristische Instrumente zu begreifen, die imstande sind, eben diese Eigenheiten bzw. Aspekte des Gegenstandes zu erfassen, die im Rahmen der betreffenden Theorie als wichtig erscheinen. So wurde im 3. Kapitel große Sorgfalt darauf verwandt, den Begriff der Aufführung unter Rekurs auf spezifische mediale Bedingungen (die leibliche Ko-Präsenz), eine besondere Eigenschaft der Materialität (ihre Flüchtigkeit), einen speziellen Modus der Bedeutungserzeugung (Emergenz von Bedeutung) und eine bestimmte Art der möglichen ästhetischen Erfahrung (Erfahrung der Liminalität) zu definieren. Alle Phänomene, die unter diese Definition fallen, sind folglich als Aufführungen zu begreifen. Gegen eine solche Definition einzuwenden, dass Phänomen X oder Y doch auch Aufführungen „seien", auch wenn zum Beispiel die leibliche Ko-Präsenz nicht gegeben ist, erscheint ganz sinnlos. Denn solche Definitionen erfassen nicht das „Wesen" der Gegenstände, die sie begreifbar machen sollen, sondern jene Aspekte, die im Kontext der betreffenden Theorie relevant sind. Deswegen wird auch nicht formuliert: „Eine Aufführung *ist* x, y, z“, sondern „Eine Aufführung *sei definiert* als x, y, z“ oder „als ‚Aufführung‘ sei nachfolgend verstanden x, y, z“. So wie sich ein Löffel als das sehr viel geeignetere Instrument als eine Gabel erweist, wenn es darum geht, Suppe zu essen – auch wenn es bei einer Kartoffelmahlzeit umgekehrt sein mag –, so ist bei der Definition eines Begriffs immer im Blick zu behalten, in welchen Kontexten und für welche Zwecke er verwendet werden soll.

Daraus folgt, dass bestimmte Begriffe in unterschiedlichen Theorien unterschiedlich definiert sein können. Es stellt gerade eine der besonderen Qualitäten einer Theorie dar, dass sie mit klar definierten Begriffen arbeitet. Es ist daher kontraproduktiv, an eine neue Theorie, welche „bekannte“ Begriffe zu verwenden scheint, mit dem Begriffsverständnis heranzugehen, das aus anderen Theoriekontexten stammt. Da es sich bei theoretischen Begriffen um heuristische Instrumente für die Lösung spezifischer Probleme handelt, leuchtet unmittelbar ein, dass ihre Definition geändert werden kann, wenn sie sich in der vorliegenden Form nicht als geeignet erweist – wie die Gabel zum Essen von Suppe. Der Erfolg einer Theorie bei der Erklärung von bisher ungeklärten Befunden oder bei der Lösung eines Problems hängt daher nicht unwesentlich davon ab, wie ihre Instrumente gestaltet und geschärft, wie ihre Begriffe definiert sind. Ohne klare Begriffsdefinition lässt sich nicht theoretisch arbeiten. Daraus folgt umgekehrt, dass sich eine gegebene Theorie nur sinnvoll bei der Lösung eines Problems einsetzen lässt, wenn geklärt ist, wie die für die Theorie grundlegenden Begriffe in ihrem Kontext definiert sind. Wer eine Theorie verstehen will, muss sich daher in jedem Fall Klarheit über die Definition dieser Begriffe verschaffen. Nun arbeiten zwar alle Wissenschaftler mit definierten Begriffen. Gleichwohl gibt es Unterscheide nicht nur in der Bestimmung desselben Wortes als eines Begriffs. Vielmehr unterscheiden sich auch die Modi der Definition. Während in den Naturwissenschaften überwiegend mit klar abgegrenzten Definitionen gearbeitet wird, haftet in den Geisteswissenschaften manchen Definitionen eine gewisse Vagheit an. Dies erschließt sich unmittelbar, wenn man die in der Theaterwissenschaft verwendeten Begriffe ‚Atmosphäre‘ und ‚Energie‘, die im ersten Teil des Buches ausführlich bestimmt wurden, den Definitionen dieser Begriffe in der Physik gegenüber stellt. Diese trotz klar formulierbarer Definition bestehende Vagheit sollte gleichwohl nicht als ein Defizit angesehen werden. Sie ist vielmehr als ein Potenzial zu begreifen, das bei weiter voranschreitender Theoriebildung entfaltet werden kann. Eine Vorbedingung dafür ist allerdings, dass eine erste Definition gegeben wurde. Vagheit als solche beinhaltet keineswegs ein besonderes Potenzial.

6.1.3 Geltungsanspruch und Reichweite

Es lässt sich keine Theorie denken, die einen allgemeinen Geltungsanspruch zu postulieren vermöchte. Weder kann es „die" Weltformel noch „die" Universaltheorie geben. Der Geltungsanspruch von Theorien zielt auf ganz unterschiedliche Reichweiten. Entsprechend wird man je nach Problem- und Fragestellung Theorien mit unterschiedlichem Geltungsanspruch und unterschiedlicher Reichweite miteinander kombinieren. Dabei gilt es, den Unterschied zwischen Arbeit *mit* Theorien und Arbeit *an* Theorien zu berücksichtigen. In diesem Abschnitt steht die Arbeit mit Theorien im Zentrum des Interesses, während der nächste – Entwicklung von Theorien – sich mit der Arbeit an Theorien auseinandersetzt.

Wer zum Beispiel der Frage nachgehen will, was zur Entstehung der realistisch-psychologischen Schauspielkunst im 18. Jahrhundert und ihrer Kritik sowie teilweisen Ablösung durch die historischen Avantgardebewegungen zu Beginn des 20. Jahrhunderts (ca. 1900–1930) geführt hat, wird sich zunächst mit den jeweils einschlägigen Schauspieltheorien selbst auseinandersetzen – für das 18. Jahrhundert zum Beispiel mit den Schauspieltheorien Diderots, Lessings und Engels und für die historischen Avantgardebewegungen u.a. mit den Schauspieltheorien Meyerholds, Brechts oder Artauds. Bei dieser Auswahl wird ihm bereits der merkwürdige Umstand auffallen, dass es sich im ersten Fall um Theorien von Philosophen handelt, im zweiten jedoch überwiegend um solche von Theaterkünstlern.

Die Untersuchung wird in mehreren Schritten erfolgen. Zunächst wird es darum gehen, das jeweilige Verständnis der leitenden Begriffe wie „Natur", „Wahrheit", „Schönheit" (bei allen Theoretikern des 18. Jahrhunderts), „Ansteckung" (Engel und Artaud), „Organisation des Materials" (Meyerhold), „Verfremdung" (Brecht) herauszuarbeiten. Dabei wird eine Zuordnung der Begriffe zu Prozessen der Herstellung (wie zum Beispiel „Organisation des Materials"), der Darstellung („Wahrheit", „Schönheit", „Verfremdung") sowie der Wirkung der Schauspielkunst auf die Zuschauer („Ansteckung") erfolgen. Als ein merkwürdiger Umstand mag auffallen, dass der Begriff der „Ansteckung" sowohl im 18. Jahrhundert als auch bei einem Vertreter der historischen Avantgardebewegungen Verwendung findet, was zu einer besonders genauen Differenzierung bei der Abgrenzung möglicher Bedeutungen der Begriffe auffordert. Dabei ist nach einem Zusammenhang zwischen den jeweils verwendeten Begriffen zu fragen – bilden sie ein spezifisches Begriffssystem? – sowie nach ihrer je besonderen Leistung bei der Entwicklung einer neuen Theorie der Schauspielkunst. Weiterhin gilt es, die allgemeinen Prinzipien oder gar „Gesetze", die in den Theorien formuliert sind, zu erläutern wie das „Gesetz der Analogie", welches die Schauspieler den Theoretikern des 18. Jahrhunderts zufolge zu beachten hatten, oder das „Gesetz der maximalen Nutzung der Arbeitszeit", das Meyerhold seiner Biomechanik zugrunde legte.

Auf diesem Wege werden sich die Grundsätze ermitteln lassen, von denen die neue Schauspielkunst sich leiten lassen soll. Sie könnten für die Theorien des 18. Jahrhunderts etwa wie folgt zusammengefasst werden:

- Der menschliche Körper ist von Natur aus zum wahrhaftigen und vollkommenen Ausdruck der Seele befähigt und geeignet. (Herstellung)
- Die Schauspielkunst ahmt die Natur nach. Die Gegenstände ihrer Nachahmung sind psychische Zustände und seelische Prozesse des (bürgerlichen) Individuums, die durch „äußere Zeichen" in die Sinne fallen. (Darstellung)
- Durch die Wahrnehmung der äußeren Zeichen wird die Seele des Zuschauers mit der dargestellten Empfindung angesteckt, so dass er selbst entsprechende äußere Zeichen (z. B. Tränen) hervorbringt. (Wirkung)

Die Theorien der Vertreter der historischen Avantgardebewegungen weisen untereinander sehr viel stärkere Unterschiede auf. Gleichwohl ist es auch hier möglich, gemeinsame Grundsätze zu formulieren:

- Der menschliche Körper ist als ein Material zu begreifen, das beliebig formbar ist. (Herstellung)
- Die Schauspielkunst soll eine neue, eigene Wirklichkeit hervorbringen. Ihren Gegenstand bilden Gesten, Bewegungen und Kräfte. (Herstellung = Darstellung)
- Ziel der Schauspielkunst ist die Transformation des Zuschauers in einen „neuen Menschen", der allerdings in jeder Theorie anders definiert ist. (Wirkung)

Eine derartig verfahrende Untersuchung der betreffenden Schauspieltheorien ist zwar imstande, die grundsätzlichen Unterschiede zwischen den Theorien des 18. Jahrhunderts und denen der historischen Theateravantgarde des frühen 20. Jahrhunderts herauszuarbeiten. Die eingangs formulierte Frage zu beantworten, ist sie jedoch nicht fähig. Sie stellt daher lediglich den ersten, notwendigen Schritt dar, an den sich nun weitere anschließen müssen, die übergreifende Theorien berücksichtigen, welche sich mit den

Theorien der Schauspielkunst sinnvoll verbinden lassen. Welche im Einzelfall tatsächlich herangezogen werden, um die Fragen zu klären, warum 1) in der zweiten Hälfte des 18. Jahrhunderts die Forderung nach Ausbildung einer neuen, einer realistisch-psychologischen Schauspielkunst erhoben wurde und 2) die Vertreter der historischen Avantgardebewegung diese Schauspielkunst kritisierten und sie durch unterschiedliche Formen einer weder realistischen noch psychologischen Schauspielkunst ersetzen wollten, wird wesentlich vom speziellen Erkenntnisinteresse der betreffenden Forscher abhängen. Je nachdem, ob sich das Erkenntnisinteresse vordringlich auf Aufführungen als Kunstereignisse richtet (Theaterwissenschaft als *Kunstwissenschaft* verstanden und betrieben wird) oder auf Aufführungen als eine spezifische kulturelle Praxis (Theaterwissenschaft als *Kulturwissenschaft*) oder auf ihre besonderen medialen Bedingungen (Theaterwissenschaft als *Medienwissenschaft*), wird die Auswahl der übergreifenden Theorien anders ausfallen.

Gilt das Erkenntnisinteresse den Aufführungen als *Kunstereignissen*, liegt es nahe, Einführung wie Kritik an der realistisch-psychologischen Schauspielkunst mit einer neuen Auffassung von Kunst und entsprechenden ästhetischen Theorien in Verbindung zu bringen. Wie sich bereits im Kapitel 4.2 unter dem Abschnitt *Methoden* gezeigt hat, setzte Goethes Kritik am realistisch-psychologischen Schauspielstil an der zugrunde liegenden Auffassung von Kunst als *imitatio naturae*, als Nachahmung der Natur, an, der er die Vorstellung von der Autonomie der Kunst, ihrer Eigengesetzlichkeit und Eigenwirklichkeit entgegensetzte. Kunst sollte als Kunst in Erscheinung treten, wahrgenommen und nach ihren eigenen Regeln beurteilt werden. Dagegen hielt die realistisch-psychologische Schauspielkunst an der seit der Antike überlieferten Vorstellung von Kunst als Nachahmung der Natur fest. Dies war allerdings nur aufgrund einer wesentlichen Veränderung in der zugrunde liegenden Naturauffassung möglich. Während im ausgehenden 17. und frühen 18. Jahrhundert von der Natur als einer apriorischen Ordnung ausgegangen wurde, die nur durch die Vernunft erkannt werden kann, setzte sich im Laufe des 18. Jahrhunderts allmählich eine Auffassung durch, die sich an der empirisch gegebenen Natur orientierte, wie sie sich den Sinnen des Beobachters darbietet. Nachahmung der Natur bedeutete nun etwas grundsätzlich anderes. Sie beruhte auf Beobachtung und Bearbeitung nach bestimmten Prinzipien – wie Vereinigung von Wahrheit und Schönheit. Ganz offensichtlich lässt sich zwischen einem solchen – in diesem Sinne neuen – Kunstverständnis[70]

---

70 Vgl. zu diesem Kunstverständnis u.a. Denis Diderot, *Ästhetische Schriften* 1968, James Harris, *Three Treatises* (1744) 1970, Gotthold Ephraim Lessing, *Laokoon oder über die*

und der Entstehung einer realistisch-psychologischen Schauspielkunst eine unmittelbare Beziehung herstellen. Insofern ließe sich argumentieren, dass die Entwicklung einer neuen, einer realistisch-psychologischen Schauspielkunst sich im Kontext eines neuen Kunstverständnisses erklären lässt, das zwar weiterhin Nachahmung der Natur verlangt, jedoch den Gegenstand der Nachahmung, die Natur, neu bestimmt. Dieser Umstand verweist allerdings nachdrücklich darauf, dass es sich bei der Entwicklung der neuen Schauspielkunst keineswegs um einen rein „kunstimmanenten“ Prozess handelte. Wie in 4.2 im Abschnitt über *Methoden* ausgeführt, waren es naturwissenschaftliche, speziell medizinische Theorien über die Entstehung von Gefühlen und die Beziehung zwischen Leib und Seele, die zur Formulierung des „Naturgesetzes“ der Analogie führten, auf das sich die Schauspieltheoretiker berufen. Es ist also das neue Wissen über die „menschliche Natur“, das im Kontext des traditionellen Verständnisses von Kunst als Nachahmung der Natur die Entwicklung einer neuen Schauspielkunst verlangt. Es ist der Naturforscher, an dem sich der Schauspieltheoretiker des 18. Jahrhunderts orientiert.

Die Vertreter der historischen Theateravantgarde polemisierten nicht nur gegen das Verständnis von Kunst als Nachahmung von Natur, gegen das Goethe sich bereits gerichtet hatte, sondern auch gegen das Postulat einer Autonomie von Kunst, das Goethe proklamierte und das sich im 19. Jahrhundert weitgehend durchgesetzt hatte. Sie verlangten dagegen, die Kunst wieder ins Leben zurückzuführen. Während die Schauspieltheoretiker des 18. Jahrhunderts sich am Naturforscher orientierten, orientierten sich die Schauspieltheoretiker der Avantgarde zu Beginn des 20. Jahrhunderts weitgehend an den Technikwissenschaften – oder an der Ethnologie wie Artaud. Zum Leitbild avancierte der Ingenieur, wie an Meyerholds berühmter, bereits in 3.2 im Abschnitt „Körperlichkeit“ erwähnter Formulierung deutlich wird:

> In der Person des Schauspielers kongruieren der Organisator und das, was organisiert werden soll (d.h. der Künstler und sein Material). In einer Formel ausgedrückt sieht das so aus: N = A1 + A2, wobei N der Schauspieler ist, A1 der Konstrukteur, der eine bestimmte Absicht hat und Anweisungen zur Realisierung dieser Absicht gibt, A2 ist der Körper des Schauspielers, der die Aufgaben des Konstrukteurs (des ersten A) ausführt und realisiert[71].

Grenzen der Malerei und Poesie (1766), in: ders., *Werke*, Hg. von Herbert G. Göpfert, Bd. 6., 1974, S. 7–187, Moses Mendelssohn, „Über die Hauptgrundsätze der schönen Künste und Wissenschaften“ (1777) 2006.

71 Vsevolod E. Meyerhold, „Der Schauspieler der Zukunft und die Biomechanik“ 1974, S. 73f.

Die Theorien, an denen sich die Schauspieltheoretiker orientierten, sind daher vorrangig Kunsttheorien, welche Kunst und Produktion gleichsetzen, Kunst als „Werkzeug zur Umgestaltung des Lebens" und Theater entsprechend als „Fabrik des qualifizierten Menschen und einer qualifizierten Lebensweise" bestimmen.[72] Derartige Theorien orientierten sich zum einen an Arbeitstheorien wie denjenigen des Ingenieurs Frederick Taylor[73] oder an Aleksej Gastevs „Katechismus der Arbeitsübungen".[74] Einen anderen wichtigen Bezugspunkt bildete die Reflexologie, welche die Gesetze erforschte, die menschliches Reflexhandeln und -verhalten bestimmen. Bechterev und Pavlov, die beiden führenden Vertreter der Reflexologie in Russland und der jungen Sowjetunion, strebten danach, die bisherige Psychologie durch die Reflexologie zu ersetzen. Denn sie zielten darauf, menschliche Motivation und Verhalten auf unveränderliche biologische und soziologische Gesetzmäßigkeiten zurückzuführen und sie entsprechend unter Laborbedingungen verändern zu können. Einen weiteren Bezugspunkt für das neue Kunstverständnis lieferte der Behaviorismus, wie er von John B. Watson und John Dewey entwickelt wurde. Im Falle der historischen Avantgarden zu Beginn des 20. Jahrhunderts führte also, wie diese wenigen Beispiele zeigen, die Formulierung eines neuen Kunstverständnisses, innerhalb dessen die Theorien einer neuen, nicht-psychologischen Schauspielkunst zu erarbeiten waren, direkt zu Theorien, die in unterschiedlichen Wissenschaften entwickelt wurden.

Der Rückgriff auf Kunsttheorien verweist in beiden Fällen auf Theorien, die in den Mittelpunkt des Interesses treten, wenn die eingangs aufgeworfene Frage unter der Voraussetzung geklärt werden soll, dass *Aufführungen* und damit die Schauspielkunst *als spezifische kulturelle Praxis* begriffen werden. So hat sich in beiden Fällen gezeigt, dass die Theorien einer neuen Schauspielkunst sich jeweils zu neuen Theorien in unterschiedlichen Wissenschaftsbereichen in Verbindung setzen lassen, ohne dass sie durch diese jeweils vollständig zu erklären wären. Gleichwohl stellen sie fundamentale Rahmenbedingungen dar, ohne deren Berücksichtigung sich die Forderung nach einer neuen Schauspielkunst und der theoretische Entwurf einer solchen Schauspielkunst überhaupt nicht verstehen lassen.

Statt die Schauspieltheorien auf wissenschaftliche Theorien zu beziehen, die jeweils gleichzeitig mit ihnen oder unwesentlich früher entstanden sind – also jeweils im selben synchronen Schnitt zu bleiben – und dann die Ergebnisse miteinander zu konfrontieren, um erklären zu können, war-

72 Boris Arvatov, *Kunst und Produktion* (1926) 1972.

73 Frederick Taylor, *Die Grundsätze wissenschaftlicher Betriebsführung* 1917.

74 Vgl. Aleksej Gastev, *Kak nado rabotat' (Wie man arbeiten muß)* 1966.

um die historischen Avantgardebewegungen mit der realistisch-psychologischen Schauspielkunst brechen mussten, wäre es auch denkbar, diachron anwendbare Theorien hinzuzuziehen. Da es sich bei den Schauspieltheorien jeweils um theoretisch begründete Konzepte für spezifische Weisen der Körperverwendung handelt, könnte man versuchen, die einleitend gestellte Frage unter Rekurs auf die bereits im Abschnitt *Fragestellungen* des Kapitels 2.2 erwähnte Zivilisationstheorie von Norbert Elias zu diskutieren und gegebenenfalls zu erklären. Die Schauspieltheorien des 18. Jahrhunderts und die der Theateravantgarde zu Beginn des 20. Jahrhunderts würden in ihrem Kontext als Zeugnisse für zwei verschiedene Phasen eines zivilisatorischen Prozesses angesehen werden, der, ausgehend vom 16. Jahrhundert, in europäischen Kulturen kontinuierlich eine stets weiter zunehmende Disziplinierung des Körpers verlangte, die auf die Unterdrückung der sinnlichen Natur und ihre Unterwerfung unter rationale Prinzipien zielte.

Die Theorien des 18. Jahrhunderts können im Lichte dieser übergreifenden Theorie als Versuche gelesen werden, den Körper bis in die feinsten Modulierungen der Stimme, Gesten und Bewegungen hinein den „Gesetzen der Analogie“ zu unterwerfen, so dass er für jede bei einer Rollenfigur vorauszusetzende Veränderung ihres psychischen Zustandes anders gestaltet werden muss. Dies verlangt vom Schauspieler eine perfekte Kontrolle über seinen Körper. Sein phänomenaler Leib muss vollkommen hinter seinem künstlich hervorgebrachten semiotischen Körper zurücktreten, der klar „lesbar“ ist. In Erscheinung treten darf lediglich die „sinnliche Natur“ der Rollenfigur – und zwar als bedeutete. In den Theorien der Avantgardisten des frühen 20. Jahrhunderts ist dagegen auch für eine solche „sinnliche Natur“ kein Platz mehr. Sie setzen den menschlichen Körper als eine vollständig kontrollier- und manipulierbare Maschine voraus. Der phänomenale Leib hat sich in den Konstruktionen des „Ingenieurs“ aufgelöst.

Unter Bezug auf Elias' Theorie des fortschreitenden Zivilisationsprozesses würden wir die Theorien der Schauspielkunst im 18. und frühen 20. Jahrhundert als Beleg für einen gewaltigen Schub verstehen, der den zivilisatorischen Prozess jeweils erheblich vorangetrieben hat. Mit Elias' Theorie ließe sich also durchaus erklären, warum im 18. und frühen 20. Jahrhundert jeweils Theorien einer neuen Schauspielkunst entstanden, die auf einen jeweils höheren Grad an Disziplinierung des Körpers hinwirkten, nicht jedoch, warum sie im 18. Jahrhundert mit der neu sich als Erfahrungswissenschaft herausbildenden Psychologie einherging und zu Beginn des 20. Jahrhunderts sich an der Technik- und Arbeitswissenschaft orientierte – während Stanislawskis Theorie der Schauspielkunst durchaus der Psychologie verpflichtet blieb. Es bleibt also eine Reihe von Fragen offen.

Ein *medienwissenschaftlich* ausgerichteter Ansatz würde die Kritik an der psychologisch-realistischen Schauspielkunst zu Beginn des 20. Jahrhunderts durch die Entstehung der neuen Medien Fotographie und vor allem Film zu erklären suchen. Da von den neuen Medien zu diesem Zeitpunkt angenommen wurde, dass sie zur Abbildung von Wirklichkeit in einer bis dahin unvorstellbaren Genauigkeit in der Lage seien, schienen die Nachahmungen der Natur durch die Schauspielkunst, wie sie im naturalistischen Theater seit den 1880er Jahren ihren Höhepunkt erreicht hatten, von ihnen sozusagen „technisch" überholt zu sein. In den medientheoretischen Debatten der ersten Dekaden des 20. Jahrhunderts nahm entsprechend der Vergleich der Möglichkeiten von Theater und Film großen Raum ein. Sergej Eisenstein entwickelte seine Montagetheorie im Rahmen seiner Theaterinszenierungen in Meyerholds Studio. Von besonderer Bedeutung in diesem Kontext war die Inszenierung von Ostrovwskijs *Eine Dummheit macht auch der Gescheiteste* (1922), in der der realistisch-psychologische Schauspielstil vollkommen durch Akrobatik und Slapstick ersetzt war. Jede kurze Szene war als eine „Attraktion" konzipiert, die unmittelbar auf den Körper des Zuschauers einwirken sollte. Die Aufführung vollzog sich entsprechend als eine „Montage der Attraktionen" – so der Titel des Aufsatzes, den Eisenstein im Anschluss an die Inszenierung schrieb.[75] Während Eisenstein ausgehend vom Theater eine Theorie entwickelte, die für die Gestaltung im neuen Medium Film folgenreich wurde, setzte Piscator in seinen Inszenierungen in den 1920er Jahren Filmausschnitte ein, die für das Spiel der Schauspieler einen ganz neuen Kontext schufen und so eine neue Theoretisierung ihrer Tätigkeit verlangten.

Medientheoretisch gesehen lassen sich die neuen Schauspieltheorien des frühen 20. Jahrhunderts und insbesondere ihre Ablehnung des realistisch-psychologischen Schauspielstils durchaus plausibel mit der Erfindung der neuen Medien und den durch sie bewirkten Wahrnehmungsänderungen begründen.

Die angeführten Beispiele aus Kunst-, Kultur- und Medientheorie haben sich alle als tauglich erwiesen, zumindest *einen* Aspekt, der von der eingangs gestellten Frage impliziert wird, plausibel zu erklären. Damit haben sie sich zugleich als defizitär mit Blick auf andere Aspekte herausgestellt. Um die Frage umfassend und tatsächlich überzeugend beantworten zu können, müssten unterschiedliche kunst-, kultur- und medientheoretische Ansätze miteinander kombiniert werden.

75 Vgl. Sergej Eisenstein „Die Montage der Attraktionen" (1923) 1974.

Aus diesem Beispiel lassen sich zwei wichtige *Schlussfolgerungen* hinsichtlich der theoretischen Arbeit ziehen: Erstens ist davon auszugehen, dass der Geltungsanspruch von Theorien immer begrenzt ist, auch wenn sie sich in ihrer Reichweite erheblich unterscheiden mögen. Für die Diskussion und Klärung von Problemen, die sich mit Blick auf Aufführungen aus Gegenwart und Vergangenheit stellen, empfiehlt sich daher generell die Kombination unterschiedlicher Theorien. Welche dies im Einzelfall sein werden, hängt zum einen vom Problem, das sich stellt, und zum anderen vom spezifischen Erkenntnisinteresse an seiner Lösung ab. Eine Theorie, die alle Fragen zu beantworten und alle Probleme zu lösen vermag, gibt es nicht.

Zweitens hat sich gezeigt, dass – ganz ähnlich wie im Fall möglicher Quellen – nicht im Vorhinein abgegrenzt werden kann, welche Art von Theorie für theaterwissenschaftliche Forschung relevant ist. Es ist kaum eine Theorie denkbar, von der mit Sicherheit gesagt werden könnte, dass sie für theaterwissenschaftliche Forschung uninteressant ist. Auch hier gilt es im Einzelfall zu entscheiden, welche Theorien herangezogen werden sollen und auf welche in diesem Fall verzichtet werden kann. Generell gültige Regeln lassen sich nicht aufstellen.

6.2 Entwicklung von Theorien

Wann immer sich in Kulturen – und speziell in Aufführungen – Veränderungen ergeben, entstehen neue Fragen und Probleme, die mit Hilfe gegebener Theorien nicht befriedigend beantwortet bzw. gelöst werden können. Man wird also neue Theorien entwickeln müssen, die dies zu leisten vermögen. Wie kann man dabei vorgehen und an welchem Punkt fängt man an? Um diese Fragen zu klären, werde ich auf das Kapitel 1.3 zurückgreifen, in dem eine Theorie der Aufführung entwickelt wurde.

6.2.1 Transformationen gegebener Theorien

Den Ausgangspunkt für die Transformation vorhandener Theorien zur Aufführung bildeten neue Entwicklungen im Theater, mit denen die gegebenen Theatertheorien nicht kompatibel sind. Dies betrifft Entwicklungen im Theater seit den ausgehenden 1960er Jahren, die den Zuschauer in einem Maße involvierten, wie dies in den 1950er Jahren undenkbar gewesen wäre. Neue Theorien werden in der Regel nicht plötzlich „entdeckt“, auch wenn ihre Ausarbeitung einer gewissen Intuition folgen mag, noch tauchen sie aus dem Nirgendwo auf. Sie nehmen meist von bereits bestehenden Theorien ihren Ausgang, die sie in bestimmter Hinsicht zum Teil ganz entscheidend verändern.

Die Beobachtung, dass die Zuschauer nicht länger mehr „nur" als einfühlsame oder distanzierte Beobachter vorausgesetzt werden, sondern zum aktiven Eingreifen herausgefordert – wie dies bereits die Vertreter der historischen Avantgardebewegungen postuliert hatten – wies auf Max Herrmanns Aussage zurück, dass „das Publikum als mitspielender Faktor beteiligt"[76] sei. Dies führte zum Versuch, sein Verständnis von Theater und damit seine Theorie von Aufführungen zu rekonstruieren (Kapitel 1.2). Aus dieser Rekonstruktion ergaben sich die drei Aspekte der spezifischen medialen Bedingungen (leibliche Ko-Präsenz), der Materialität (Flüchtigkeit) und der Ereignishaftigkeit (ästhetische Erfahrungen) von Aufführungen. Sie wurden unter Rekurs auf semiotische Theorien um den Aspekt der Entstehung von Bedeutung ergänzt.

Bei der weitergehenden Theoretisierung jedes einzelnen Aspektes wurde zum einen auf weitere gegebene Theorien rekurriert und zum anderen dafür Sorge getragen, sie in einer Weise zu verwenden, welche den Zusammenhang zwischen den vier Aspekten hervortreten ließ. So wurde bei der Erläuterung der leiblichen Ko-Präsenz u.a. auf Theorien der Performativität zurückgegriffen. Die Flüchtigkeit von Aufführungen wurde unter Rekurs auf Theorien der Atmosphäre und des Raums, Anthropologien des Schauspielers sowie Schauspieltheorien vom 17.–20. Jahrhundert, Theorien der Produktion von Präsenz, von Rhythmus u.a. theoretisiert. Zur Erklärung der Emergenz von Bedeutungen in Aufführungen wurden unterschiedliche Wahrnehmungs- und Bedeutungstheorien hinzugezogen und ihre Ereignishaftigkeit durch ethnologische (der Liminalität) und soziologische Theorien (wie Goffmans Rahmentheorie) erläutert.

Die Entwicklung der hier zugrunde gelegten Aufführungstheorie geschah also ausgehend von neuen Entwicklungen auf dem Theater, also aufgrund von Anschauung spezifischer Phänomene, und zum anderen unter Rekurs auf unterschiedliche gegebene Theorien, die durch Konfrontation mit Beobachtungen und Erfahrungen, die im Theater der letzten Dekaden gemacht wurden, auf ihre Tauglichkeit überprüft und bei Bedarf entsprechend verändert wurden. Die Formulierung der Theorie ging insofern aus Transformationsprozessen hervor, die an gegebenen Theorien vollzogen wurden. Insofern lässt sich verallgemeinernd behaupten, dass neue Theorien aus dem Zusammenspiel von Anschauung und theoretischer Reflexion hervorgehen.

76 In Helmar Klier, *Theaterwissenschaft im deutschsprachigen Raum* 1981, S. 19.

6.2.2 Überprüfung von Theorien

Jede neu entwickelte Theorie muss auf ihre Tauglichkeit überprüft werden. Ist sie imstande, die Probleme zu lösen, die durch Veränderungen in bestimmten Bereichen entstanden sind? Auf welche Fragen ermöglicht sie eine Antwort und welche bleiben auch weiterhin ungeklärt? Dies lässt sich nur feststellen, indem man die Theorie anwendet. Das heißt im Falle der hier entwickelten Aufführungstheorie, dass sie zur Lösung von Problemen herangezogen wird, die sich in bzw. durch Aufführungen des Gegenwartstheaters stellen oder auf der Basis von Quellen in bestimmten Aufführungen der Vergangenheit formuliert wurden. So hat sich bei der Analyse von *Trainspotting* gezeigt, dass diese Theorie in der Tat die spezifischen Beziehungen, die in der Aufführung zwischen Darstellern und Zuschauern entstanden, plausibel zu erläutern vermag. Wie in diesem Fall hilft diese Theorie für viele Phänomene und Prozesse, die in Aufführungen des Gegenwartstheaters sehr unterschiedlich wahrgenommen und auf die entsprechend in unterschiedlicher Weise reagiert wird – weswegen sie von der Kritik häufig als dysfunktional, unverständlich und daher letztlich überflüssig qualifiziert werden –, plausible Erklärungen zu finden.

Dies gilt auch mit Blick auf Aufführungen der Vergangenheit. So wurden die Massenspektakel in der frühen Sowjetunion und die Thingspiele in den ersten beiden Jahren des Dritten Reiches von der Forschung lange Zeit als brauchbare Instrumente zur Manipulation der Massen im Sinne der neuen Ideologie deklariert. Mit Hilfe der Manipulationstheorie konnte allerdings nicht erklärt werden, wieso Massenspektakel, die mit denselben Verfahren arbeiteten, zur selben Zeit auch in demokratischen Gesellschaften wie den USA, Frankreich oder der Schweiz stattfanden. Berücksichtigt man dagegen zum einen die aus der leiblichen Ko-Präsenz folgende Möglichkeit von Gemeinschaftsbildung, die generell in Aufführungen gegeben ist und nicht mit einem Zwang zur Gemeinschaft verwechselt werden darf, und zum anderen die Mit-Verantwortung eines jeden Zuschauers, der als ein Subjekt beteiligt ist, das den weiteren Verlauf der Aufführung mitbestimmt und zugleich sich von ihm bestimmen lässt, wird unmittelbar einsichtig, warum die Manipulationstheorie, welche die Zuschauer als passive Objekte voraussetzt, nicht greift. Mit Hilfe der Aufführungstheorie kann einerseits gezeigt werden, dass sowohl in totalitären als auch in demokratischen Gesellschaften in der Zeit zwischen den beiden Weltkriegen ein Bedürfnis nach Vergemeinschaftung gegeben war, das sich u.a. in derartigen Massenspektakeln niederschlug, und dass alle an derartigen Spektakeln Beteiligte, seien es Regisseure, Darsteller oder Zuschauer, Verantwortung für die Gemeinschaft trugen, die so im Laufe der Aufführung entstand und sie – anders lautenden Proklamationen zum Trotz – in der Regel nicht zu überdauern vermochte.[77]

Wie in diesen Fällen die hier entwickelte Aufführungstheorie muss jede Theorie durch Anwendung auf spezifische Probleme, zu deren Lösung sie gewählt – wenn bereits gegeben – oder entwickelt wurde, überprüft werden, seien dies Probleme, die durch neue Verfahren in Aufführungen des Gegenwartstheaters oder eine neue Sicht auf Quellen über Aufführungen der Vergangenheit entstanden sind. Aus dem Ergebnis einer solchen Überprüfung folgt, ob sie als tauglich bis auf weiteres akzeptiert oder als untauglich verworfen wird.

6.2.3 Theorie und Praxis

Es gibt auch noch einen anderen Weg, um Theorien zu entwickeln, zu erproben und zu überprüfen – die künstlerische Praxis selbst. Dieser Weg wird innerhalb der Theaterwissenschaft vor allem in der so genannten „Angewandten Theaterwissenschaft“ und ganz allgemein in den angelsächsischen Theatre Departments beschritten, so weit hier die künstlerische Ausbildung und Arbeit – als Regisseur, Bühnenbildner, Stückeschreiber, Schauspieler, Performer – als Teil des Curriculums theoriebezogen erfolgt. Diese Arbeit lässt sich in den besten Fällen mit der Labortätigkeit in den Naturwissenschaften vergleichen, in der Experimente durchgeführt werden, um Theorien zu überprüfen und zu verändern. Entsprechend kann der Wechsel zwischen theoretischer Reflexion und künstlerischer Praxis als Prozess zur Entwicklung einer Theorie begriffen werden, der zugleich als Prozess ihrer Überprüfung vollzogen wird. Es versteht sich von selbst, dass auf diese Weise nicht jede Art von Theorie entwickelt werden kann. Theorien, die unmittelbar auf die künstlerische Praxis bezogen sind, wie Schauspieltheorien, Bewegungstheorien, Theorien der Kreativität – um nur einige Beispiele zu nennen –, und sozusagen im künstlerischen Labor entwickelt und getestet sind, erscheinen in mancher Hinsicht als besonders valide. Während die Theoretiker des 18. Jahrhunderts ihre Schauspieltheorien unter Bezug auf und durch Transformation von andere(n) Theorien entworfen haben, sind die Theorien der Vertreter der historischen Avantgardebewegungen überwiegend unter Rekurs auf und in Wechselwirkung mit ihre(n) jeweiligen künstlerischen Praxen entstanden.[78]

---

77 Vgl. Erika Fischer-Lichte, *Theatre, Sacrifice, Ritual* 2005b, insbesondere Part II, „Mass Spectacles Between the Wars – In Search of a Collective Identity“, S. 87–204.

78 Unter dem Schlagwort „performance as research“ ist in den letzten Jahren in angelsächsischen Theatre Departments ein solches Vorgehen zunehmend propagiert und praktiziert worden, wenn auch mit sehr unterschiedlichen Resultaten.

Auch wenn beide Wege ihre Berechtigung haben, wird an theaterwissenschaftlichen Instituten an deutschen Universitäten – mit Ausnahme von Gießen und Hildesheim – die Überprüfung oder gar Entwicklung von Theorien nur sehr begrenzt als Wechsel von theoretischer Reflexion und künstlerischer Praxis zu vollziehen sein. Man wird sich entsprechend an die oben skizzierten und mit Beispielen illustrierten Verfahren halten.

Ganz gleich, auf welchem Wege eine Theorie entwickelt wurde, wird sie stets nur von begrenzter Gültigkeit sein. So wenig wie es eine Universaltheorie geben kann, so wenig wird irgendeine Theorie ewige Gültigkeit beanspruchen. Es kann daher im Studium der Theaterwissenschaft nicht nur darum gehen, sich gegebene Theorien anzueignen. Vielmehr sollten die so angeeigneten Theorien stets durch Anwendung überprüft und je nach Tauglichkeit mit Blick auf das anstehende Problem in Aufführungsanalyse und Theaterhistoriografie entsprechend verändert werden. Nicht allein die Fähigkeit, eine Theorie zu verstehen, macht die in der Theaterwissenschaft geforderte theoretische Kompetenz aus, sondern erst und vor allem die Fähigkeit, sie bei der Lösung von Problemen produktiv einzusetzen und bei Bedarf entsprechend zu verändern. Theorien stellen keine allgemein gültigen ewigen Wahrheiten dar. Sie sind als Instrumente zur Lösung von Problemen zu begreifen und bedürfen daher beim Auftauchen neuer Probleme ihrerseits der Veränderung. Eine solche Veränderung zielgerichtet und erfolgreich vornehmen zu können, stellt erst die notwendige theoretische Kompetenz, die es im Studium zu erwerben gilt, überzeugend unter Beweis.

Teil III

Ausweitungen und Interrelationen

Theaterwissenschaft wurde einleitend als Wissenschaft von Aufführungen bestimmt. Entsprechend gilt alles, was im zweiten Teil hinsichtlich ihrer drei zentralen Arbeitsfelder: Aufführungsanalyse, Theaterhistoriografie und Theoriebildung erörtert wurde, für die Untersuchung jeglichen Genres von Aufführungen. Gleichwohl wurden die Beispiele, an bzw. mit denen demonstriert wurde, wie in jedem dieser Felder verfahren werden kann, überwiegend dem institutionalisierten europäischen, insbesondere deutschen Theater entnommen. Aufführungen aus nicht-westlichen Kulturen, Aufführungen der anderen Künste und anderer Genres kultureller Aufführungen/*cultural performances* wurden nur am Rande berücksichtigt.

Ein solches Vorgehen mag auf den ersten Blick wie ein Selbstwiderspruch erscheinen. Es hat jedoch durchaus nachvollziehbare Gründe. Denn wer Aufführungen des japanischen Nô oder Kabuki Theaters, des indischen Kathakali oder der Ramlilas, des Yoruba Travelling Theaters in Nigeria oder der mexikanischen Lucha Libre untersuchen will, wird über Aufführungsanalyse, Theaterhistoriografie und Theoriebildung hinaus Kompetenzen und Qualifikationen benötigen, die ihm die Theaterwissenschaft nicht zu vermitteln vermag. Er wird sie in Japanologie, Sinologie, Indologie, Afrikanologie und Lateinamerikastudien erwerben müssen. Wer über Kunstausstellungen oder Videoinstallationen als Aufführungen wissenschaftlich arbeiten will, muss außer über theaterwissenschaftliche auch über kunstwissenschaftliche Kompetenzen verfügen. Wer Rituale, Feste, Spiele, Sportwettkämpfe, politische Versammlungen u. Ä. erforschen will, braucht spezielle zusätzliche Qualifikationen, wie sie u. a. in Ethnologie, Religionswissenschaften, Soziologie, Politologie und gegebenenfalls, wenn es sich um kulturelle Aufführungen außerhalb seiner eigenen Kultur handelt, in den entsprechenden Regionalstudien (Area Studies) zu erwerben sind. In allen diesen Fällen sind entweder Doppel- oder Mehrfachqualifikationen notwendig – man muss nicht nur Theaterwissenschaftler/in, sondern gleichzeitig auch Kunsthistoriker/in, Japanologe/in und Politikwissenschaftler/in sein, um nur ein Beispiel zu nennen. Oder es müssen entsprechende interdisziplinäre Kooperationen eingegangen werden. Denn hier handelt es sich um Forschungs- und Arbeitsfelder, die weder von einem Theaterwissenschaftler noch einem Kunsthistoriker noch einem Japanologen noch einem Politikwissenschaftler – um bei diesen Beispielen zu bleiben – sinnvoll allein bearbeitet werden können. Je nach Fragestellung wird der Anteil der Theaterwissenschaft größer oder kleiner ausfallen.

Im dritten und letzten Teil des vorliegenden Buches soll abschließend in die Untersuchung dieser drei Arten von Aufführungen – die sich keineswegs immer klar voneinander unterscheiden lassen – und in Möglichkeiten einer interdisziplinären Kooperation aus theaterwissenschaftlicher Perspektive eingeführt werden.

7. Verflechtungen von Kulturen in Aufführungen

7.1 Das „eigene" Theater und das Theater der „Anderen"

Wie bereits im Abschnitt zur Theaterhistoriografie festgestellt, gehen auch solche Theatergeschichten, die behaupten, das ‚Welttheater' zu umspannen, in der Regel so vor, dass sie mit dem antiken Theater in Griechenland und im römischen Reich anfangen, mit den geistlichen und weltlichen Spielen des Mittelalters fortfahren, ehe sie, beginnend mit der Frühen Neuzeit, sich jeweils auf so genannte Höhepunkte oder Blütezeiten in unterschiedlichen europäischen und ab dem 20. Jahrhundert auch nordamerikanischen Kulturen beziehen wie auf das elisabethanische Theater in England, die *commedia dell'arte* in Italien, das Theater des *Siglo de Oro* (das Goldene Zeitalter) in Spanien, das „klassische" Zeitalter in Frankreich und so fort. Die Geschichte des außereuropäischen Theaters findet dabei kaum je Berücksichtigung.

Das hat zum einen mit dem zugrunde liegenden Theaterbegriff zu tun: Die Form eines realistisch-psychologischen, literarischen Theaters auf einer Guckkastenbühne ließ sich bis zum Ende des 19. Jahrhunderts in Kulturen außerhalb Europas nicht finden – wenn aber doch, dann als Theater der Kolonialmacht. Zum anderen ist es einem bestimmten Verständnis von Geschichte geschuldet. Während für Europa die Regel gilt, dass das Theater sich ständig verändert – und, wie vor allem das 19. Jahrhundert überzeugt war, sich zu immer größerer Vollkommenheit weiterentwickelt –, schienen die Theaterformen, welche europäische Reisende zum Beispiel in Indien, China oder Japan antrafen, kaum über eine Geschichte zu verfügen. Wie das indische Kathakali, die verschiedenen chinesischen Opernstile, das japanische Nô oder Kabuki Theater schienen sie ein zu einem bestimmten Zeitpunkt fixiertes und seitdem nicht mehr verändertes System von Elementen, Zeichen und Regeln zu bilden, das Akteuren wie Zuschauern bekannt war. In ihnen vereinigten sich Musik, Tanz, Gesang, Verwendung von Masken, eine stilisierte Schauspielkunst, zum Teil Akrobatik, ohne dass eine Trennung der Gattungen Schauspiel, Oper, Tanz vorgenommen wurde. Die Aufführungen fanden auf einer fast leeren Bühne mit wenigen Requisiten statt. Ein solches Theater schien daher den europäischen Reisenden des 19. Jahrhunderts, die ihre Beobachtungen und Erfahrungen in Aufsätzen und Büchern einem breiteren europäischen Publikum mitteilten, mit ihrem eigenen, dem europäischen Theater, kaum etwas gemein zu haben.

Es war aus der Sicht dieser Reisenden also erstens fraglich, wieweit und ob überhaupt derartige Aufführungen sich als Theater begreifen ließen, und zweitens, ob sie – wenn man denn bereit war, diese Formen als Theater anzuerkennen – dem europäischen Theater vergleichbar, eine Geschichte besaßen. Darüber hinaus ließ es der im 19. Jahrhundert nahezu alles beherrschende Kolonialismus, der mit dem Glauben an die Überlegenheit der Europäer und ihre „zivilisatorische Mission" gerechtfertigt wurde, wohl kaum denkbar erscheinen, Aufführungsformen in anderen Kulturen – wenn man sie denn überhaupt als Theater zu akzeptieren bereit war – zusammen mit den europäischen in einer ‚Geschichte des Welttheaters' darzustellen.

Auch wenn es mit Blick auf die Bedingungen des 19. Jahrhunderts zu erklären ist, dass ein solches Unternehmen nicht in Angriff genommen wurde, ist es doch erstaunlich, dass ein erster ernstzunehmender Versuch einer solchen Theatergeschichte erst zu Beginn des 21. Jahrhunderts, also erst im Zuge des Postkolonialismus erschien – nämlich die bereits erwähnten *Theatre Histories. An Introduction* (2006).[1] Hier haben sich Spezialisten des Theaters ganz unterschiedlicher Kulturen zusammengefunden, um unter denselben Fragestellungen Theaterformen der unterschiedlichsten Kulturen zu untersuchen und darzustellen. So werden beispielsweise im zweiten Kapitel „Religious and civic festivals: Early drama and theatre in context" mit Blick auf den Zusammenhang von Theater und Fest rituelle Gedenkaufführungen in Abydos im alten Ägypten, Aufführungen von Tragödien und Komödien bei den Großen Dionysien im 5. vorchristlichen Jahrhundert in Athen, die Opferrituale der Azteken, gesungene Tanzdramen der Maya, christliche geistliche Spiele des Mittelalters und das islamische Ta'zieh aus Persien gleichberechtigt nebeneinander dargestellt. Das vierte Kapitel „Theatre and the state, 1600–1900" geht diesem Verhältnis in England, Frankreich und Japan nach. Wie im Abschnitt über Theaterhistoriografie beschrieben, wird jeweils von einer spezifischen Fragestellung ausgegangen, die unter Hinzuziehung der jeweils relevanten Quellen und Forschungen bearbeitet wird. An jeweils zwei Fallstudien werden abschließend unterschiedliche theoretische Ansätze erprobt.

Eine solche integrierte Theatergeschichte, welche die alte Dichotomie „the West and the rest" hinter sich lässt, kann, wie es in diesem Fall geschehen ist, als ein seriöses Projekt nur in Kooperation von Experten betrieben werden, die sich als Theaterwissenschaftler auf das Theater bestimmter Kulturen spezialisiert haben und ausgewiesene Kenner der betreffenden Sprache(n) und Kultur(en) sind. Zwar ist nicht davon auszugehen, dass

1 In diesem Zusammenhang kann Richard Southerns *Die Sieben Zeitalter des Theaters* 1966 (engl. 1961) ausgeklammert bleiben, weil hier mit einem Begriff von Geschichte gearbeitet wird, der heute äußerst problematisch erscheint.

sehr viele Studierende der Theaterwissenschaft als zweites Fach Arabistik, Afrikanistik, Indologie, Sinologie, Japanologie, Lateinamerikanistik wählen werden, obwohl dies jeweils eine besonders gewinnbringende und produktive Kombination darstellt. Gleichwohl ist auch den Studierenden mit anderen Kombinationen dringend zu raten, nicht nur die genannten *Theatre Histories* gründlich durchzuarbeiten, sondern auch jeweils die inzwischen zur Verfügung stehenden Einzeldarstellungen zur Geschichte des Theaters in nicht-westlichen Kulturen.[2]

Vor allem eine solche integrierte Geschichte lässt deutlich werden, dass in den meisten Kulturen Theater nicht in Isolation entstanden ist und sich weiter entwickelt hat, sondern in regem Austausch mit Theatern anderer Kulturen, wobei häufig die Entwicklung einer bestimmten Theaterform durch die Begegnung mit anderen Kulturen entscheidende Impulse erhalten hat. Einzelne Elemente aus Theatertraditionen anderer Kulturen wurden übernommen, dem eigenen Theater einverleibt und so seine Ausdrucksmöglichkeiten und -mittel erweitert. Der produktive Umgang des Theaters mit Elementen anderer Kulturen ist so immer wieder zum Instrument und Vehikel seiner Veränderung und Erneuerung geworden. In Japan zum Beispiel entstanden in der Nara-Periode (640–794 n.Chr.) der elegante Hoftanz *bugaku* und das didaktische buddhistische Tanztheater *gigaku* nach dem Modell chinesischen und koreanischen Tanz- und Musiktheaters. Darsteller aus diesen Ländern wurden an den Kaiserhof zu Nara eingeladen, um junge Japaner ihre Kunst zu lehren, und Japaner reisten ihrerseits an die Höfe von Silla und Tang, um dort von den koreanischen und chinesischen Meistern zu lernen.

Die Geschichte des europäischen Theaters ist reich an ähnlichen Beispielen. In Frankreich zum Beispiel schuf Molière ein neues komisches Theater durch Verbindung der französischen Farcentradition mit Elementen der *commedia dell'arte*. In den deutschsprachigen Ländern bildete sich ein

2 Zur afrikanischen Theatergeschichte s. u.a.: Joachim Fiebach, *Die Toten als die Macht der Lebenden* 1986, Martin Banham (Hg.), *The History of Theatre in Africa* 2004, Osita Okagbue, *African Theatre and Performance* 2007; zum asiatischen Theater: Colin Makkerras, *Chinese Theatre. From Its Origins to the Present Day* 1983, Yoshinobu Inoura, *The Traditional Theater in Japan* 1981, Benito Ortolani, *The Japanese Theatre: From Shamanistic Ritual to Contemporary Pluralism*, 1995, M.L. Varadpande, *History of Indian Theatre* 1987, Friedrich Seltmann, *Schattenspiel in Kerala, sakrales Theater in Süd-Indien* 1986, Philipp B. Zarrilli, *Kathakali Dance-Drama. Where Gods and Demons Come to Play* 2000, Julia Hollander, *Indian Folk Theatre* 2007; zum arabischen Raum: Friederike Pannewick, *Das Wagnis Tradition: arabische Wege der Theatralität* 2000, Wilhelm Hoenerbach, *Das nordafrikanische Schattentheater* 1959; zum Theater in Lateinamerika: Kathrin Sartingen, *Zwischen-Spiel: lateinamerikanisches Theater zwischen Eigen- und Fremdkultur* 2007, Heidrun Adler (Hg.), *Theater in Lateinamerika: Ein Handbuch* 1991.

professionelles Theater aus den Gruppen englischer Schauspieler und italienischer *commedia* Truppen heraus, die seit dem Ende des 16. Jahrhunderts durch diese Länder zogen, sowie durch italienische Operistengesellschaften.

In diesen Beispielen beschränkte sich der Austausch auf relativ benachbarte Kulturen, die eine Reihe von Voraussetzungen teilen. Zu den wenigen Ausnahmen gehören u.a. die Einführung von Schuldramen der Jesuiten während der kurzen Zeit der Missionierung in Japan, die bei der Gründung des Kabuki durch Okuni (zwischen 1600 und 1610) ihre Spuren in der neuen Theaterform hinterließen, oder auch Voltaires Tragödie *L'orphelin de la Chine*, die 1755 in der Comédie Française uraufgeführt wurde. Sie entstand als Bearbeitung der chinesischen Oper *Zaoshi gu'er* (Die Waise aus dem Hause Zhao) von Ji Junxiang aus der Zeit der Yuan-Dynastie (1280–1367). In derartigen Fällen wurden die theatralen Elemente einer ansonsten kaum bekannten Kultur umstandslos dem eigenen Theater einverleibt und seinen Zwecken entsprechend zugerichtet.

Mit Beginn des 20. Jahrhunderts setzte dann allerdings eine Entwicklung ein, die einen solchen Transfer vom Theater einer Kultur in eine andere eine völlig neue Dimension, Aktualität und Bedeutung verlieh. Seit Mitte des 19. Jahrhunderts gelangten durch europäische Reisende zunehmend genauere Nachrichten über unterschiedliche, vor allem asiatische Theaterformen nach Europa. Mit Beginn des 20. Jahrhunderts trafen erstmalig Theatertruppen aus Japan und China in Europa – und den Vereinigten Staaten von Amerika – ein. In meist längeren Gastspielen präsentierten sie ihre Inszenierungen einem Publikum, das mit ganz anderen Theaterkonventionen vertraut war. Theaterkünstler in Europa wie Max Reinhardt, Edward Gordon Craig, Vsevolod Meyerhold, Alexander Tairov, Bertolt Brecht, Antonin Artaud ließen sich von diesen Gastspielen inspirieren, übernahmen Elemente und Verfahren in ihre eigenen Inszenierungen und schufen so für das europäische Theaterpublikum völlig neue Theaterformen.

Japanische Theaterkünstler reisten nach Europa und arbeiteten mit Stanislawski, Reinhardt oder Meyerhold zusammen. Nach der Rückkehr in ihre Heimat schufen sie unter Rekurs auf das europäische psychologisch-realistische Theater eine neue Theaterform – das *shingeki* (neues Drama), ein japanisches Sprechtheater. Es wurde auch von chinesischen Studenten in Tokio begeistert aufgenommen. Sie gründeten wenig später in Shanghai ein chinesisches Sprechtheater, das *huaju*.

Zu Beginn des 20. Jahrhunderts setzte also eine Entwicklung ein, die weit über die bis ins 19. Jahrhundert praktizierten Formen einer Aneignung theatraler Elemente aus kaum bekannten Kulturen hinausging. Die neuen

Transporttechnologien ermöglichten nicht nur einzelnen Künstlern, sondern ganzen Truppen, ihre Inszenierungen dem Publikum ganz anderer, bis dahin weitgehend unbekannter Kulturen zu zeigen, so dass sie von diesen in ihrer leiblichen Anwesenheit erfahren werden konnten. Derartige Aufführungen entstanden also aus der Konfrontation von und den Interaktionen zwischen Künstlern und Zuschauern, die unterschiedlichen Kulturen angehörten und für sich je eigene kulturelle Identitäten reklamierten.

Für dies Phänomen soll nachfolgend der Begriff der *Verflechtung* eingeführt werden. Insofern die Wende vom 19. zum 20. Jahrhundert nicht nur wegen der expandierenden Transportmöglichkeiten, sondern auch der neu erfundenen Telekommunikation als eine weitere Etappe der Modernisierung begriffen werden kann, die den Beginn von Globalisierungstendenzen markiert, lässt sich konstatieren, dass Prozesse der Verflechtung von Kulturen in Aufführungen im oben beschriebenen Sinn mit Prozessen der Modernisierung und Globalisierung in einem Zusammenhang stehen. Bei ihrer Untersuchung werden daher u.a. Theorien Anwendung finden, die auf diese Prozesse bezogen sind.

7.2 Verflechtungsprozesse

Wenn Verflechtungsprozesse auf Prozesse von Modernisierung und Globalisierung bezogen sind, empfiehlt es sich, zwischen Verflechtungsprozessen in den ersten Dekaden des 20. Jahrhunderts und solchen, die in den ausgehenden 1960er und den 1970er Jahren einsetzten, zu unterscheiden. Denn vor allem aufgrund der endlich erlangten bzw. erkämpften Unabhängigkeit der ehemaligen Kolonien und der Verbreitung ganz neuer Kommunikationstechnologien markieren die 1960er und 1970er Jahre den Beginn einer neuen Etappe in Modernisierungs- und Globalisierungsprozessen.

7.2.1 Verflechtungen in den ersten Dekaden des 20. Jahrhunderts

Wie im Kapitel über Theaterhistoriografie erwähnt, wandten sich in Europa die Vertreter der historischen Avantgardebewegungen gegen die realistisch-psychologische Schauspielkunst und insbesondere gegen das naturalistische Theater. Zeitungsaufsätze und Bücher über asiatisches, vor allem japanisches Theater hatten den Lesern, die des Naturalismus überdrüssig waren, den Eindruck vermittelt, dass die japanischen Theaterformen als ein Gegenmodell zu ihrem eigenen, dem europäischen Theater zu begreifen seien, das sich ihrer Ansicht nach in die falsche Richtung entwickelte. Eine nähere Auseinandersetzung mit diesem potenziellen Modell wurde durch weitere Veröffentlichungen – wie Adolph Fischers einflussreichen

Aufsatz „Japans Bühnenkunst und ihre Entwicklung", der 1900/1901 in den populären *Westermanns Illustrierten deutschen Monatsheften*[3] erschien und von vielen Theaterkünstlern, darunter auch Meyerhold, gelesen wurde – sowie durch die ersten Gastspiele japanischer Truppen ermöglicht.

Nachfolgend sollen am Beispiel (1) der Gastspiele von Otojirô Kawakami und seiner Frau Sada Yakko, (2) der Verwendung des aus dem japanischen Kabuki Theater stammenden *hanamichi* in Inszenierungen von Max Reinhardt und (3) der Gründung des *shingeki* und der Inszenierung von Ibsens *Nora* (1911) im *shingeki* Stil unterschiedliche Aspekte von Verflechtungen und ihre Beziehung zu Prozessen der Modernisierung erörtert werden. Bei dem ersten Beispiel handelt es sich um eine Art der Verflechtung, die erst in der Aufführung entstehen kann, wenn die Inszenierung, welche in einer Kultur – hier der japanischen – erarbeitet wurde, vor dem Publikum anderer Kulturen zur Aufführung kommt. In den beiden anderen Beispielen dagegen fand eine Verflechtung bereits im Prozess der Inszenierung durch Übernahme von Elementen, Verfahren und Konventionen aus anderen Kulturen statt.

Der Begriff der Verflechtung meint hier nicht jede Art des Zusammentreffens von Kulturen in einer Aufführung. Er zielt vielmehr auf solche Begegnungen, welche entweder den beteiligten Künstlern neue Möglichkeiten eröffnen oder/und deren Publikum neue Erfahrungen ermöglichen.

1) Zwischen 1900 und 1902 gastierte die genannte Truppe in Paris, London, Berlin, Bremen, Hannover, Leipzig, Wiesbaden, Wien, Lwów, Krakau, Warschau, St. Petersburg, Budapest, Rom, Florenz und Mailand. Sie bereiste Europa also nahezu „flächendeckend". So ist kaum verwunderlich, dass sie von vielen gesehen wurde, die an einer Veränderung des europäischen Theaters interessiert waren. Es handelte sich nicht um eine traditionelle Kabuki Truppe; sie gehörte vielmehr der so genannten *soshi*-Schule an, die das Kabuki reformieren wollte. Für dieses Gastspiel wählte Kawakami allerdings traditionelle Kabuki Stücke aus, die er jedoch weitgehend veränderte, um sie, wie er meinte, dem westlichen Geschmack anzupassen. Um die Zuschauer nicht mit langen Dialogen in einer ihnen unverständlichen Sprache zu langweilen, wurden die Dialoge auf ein Minimum gekürzt. Statt ihrer wurden zusätzliche Tanzszenen eingeschoben, so dass das *danmari*, die pantomimische Szene, die traditionellerweise als Zwischenspiel zwischen den aufregendsten Episoden fungiert, zum Hauptteil der Inszenierung avancierte. Außerdem reduzierte Kawakami die Musik, welche die gesamte Handlung begleitet, nicht unerheblich.

3 *Westermanns Illustrierte deutsche Monatshefte* 45, Jg. 89, S. 449–514.

Auch die Truppen der *soshi*-Schule gingen bei allem Reformeifer nicht so weit, Schauspielerinnen zuzulassen, da das 1630 ergangene Verbot von Frauen auf der Bühne noch in Kraft war. Kawakamis Frau Sada Yakko, die als Geisha und Tänzerin ausgebildet war, übernahm erst auf der Auslandstournee (1899 in San Francisco) die weiblichen Hauptrollen. Sie avancierte damit sofort zum Star der Truppe.

In unserem Zusammenhang interessiert vor allem die besondere Art von Verflechtung, die in den Aufführungen der Truppe zwischen der japanischen und der jeweiligen europäischen Kultur zustande kam. Ich werde mich bei ihrer genaueren Charakterisierung und Bestimmung vor allem auf Quellen zu den Aufführungen in London, Paris und Berlin stützen. Die Kritiken zum Londoner Gastspiel lassen den Eindruck entstehen, dass die Zuschauer, zumindest jedoch die Kritiker dem auf der Bühne Dargebotenen mit einer gewissen Arroganz und dem traditionellen Gefühl der Überlegenheit begegneten. Sie äußerten sich abfällig über „the quaint primitiveness and the extravagant oddity of their proceedings"[4] oder beklagten „a disconcerting employment of quaint gesture, naive pantomime, grotesque realism, a baffling insertion of dance and farce into would-be romance"[5]. Die Kritiker betonten: nicht nur die Sprache, sondern auch „many of their gestures and facial movements are Japanese to us"[6], und kamen zu dem Schluss, dass „the persistent habit of introducing violently grotesque antics into tragique situations necessarily deprives their little pieces of anything like serious interest – at least for Western audiences"[7]. Wenn die Mehrheit der Zuschauer in der Aufführung tatsächlich ähnliche Erfahrungen wie die hier zitierten Kritiker gemacht haben sollten, lässt sich kaum davon ausgehen, dass in den Aufführungen eine Verflechtung in oben beschriebenem Sinne zwischen der japanischen und der britischen Kultur zustande kam. Die Inszenierungen wurden von den Kritikern als Ausdruck eines früheren, von der eigenen Zivilisation längst überwundenen Stadiums der Menschheitsgeschichte begriffen und in den Aufführungen entsprechend die eigene kulturelle Überlegenheit über die Nicht-Europäer erfahren und damit die eigene kulturelle Identität bestätigt. Impulse zu einer Veränderung konnten von dem Gastspiel daher kaum ausgehen.

Ganz andere Erfahrungen sprechen aus der Mehrzahl der französischen und deutschen Kritiken. Wenn man ihnen glaubt, gelang es den Aufführungen der Japaner, die französischen und deutschen Zuschauer voll-

4 *The Graphic*, 22. Juni (1–2) 1901.
5 *ILN*, 22. Juni 1901.
6 *The Sketch*, 26. Juni 1901.
7 *The Graphic*, 22. Juni 1901.

kommen in ihren Bann zu schlagen. Besonders die Sterbeszenen der Sada Yakko scheinen die Zuschauer stark affektiv berührt zu haben. Emile Verhaeren, der Rezensent des *Mercure de France,* versucht in seiner Besprechung gar nicht erst, für die ungewöhnlich starke Wirkung dieser Szenen auf das französische Publikum, die er konstatiert, eine Erklärung zu finden. Er begnügt sich vielmehr damit, sie durch möglichst genaue Beschreibung dessen, was er wahrgenommen hat, nachvollziehbar zu machen:

> Noch nie hat man auf dem Theater eine solch düstere Szene gespielt. Dieser Tod der Sada Yakko beängstigt wie ein wirklich erlittener Tod. Die Wirkung ist ganz und gar körperlich. Die Gesichtszüge verzerren sich: Die Augen werden starr; langsam verfärben sich der Mund, die Lippen, die Haut ins Violette; die Haare werden strohig, das ganze Grauen wird sichtbar. Wie sich ein solches Phänomen vollzieht – man weiß es nicht. Es grenzt an ein Wunder. Und trotzdem gibt es nichts, was nicht beobachtet oder von tiefer Intuition wäre.[8]

In gewisser Weise fühlt man sich von dieser Beschreibung an diejenige Lessings, die er vom „Sterben" der Sara in der Darstellung von Madame Hensel liefert, erinnert, auch wenn die jeweils wiedergegebenen Details grundsätzlich verschieden sind und so auf die fundamentale Differenz zwischen den Schauspielstilen verweisen. Es ist jeweils die Darstellung des Sterbens, der es gelingt, beim Zuschauer eine starke Wirkung – sei es Mitleid, sei es Furcht – hervorzurufen. Ein Pariser Kritiker geht sogar so weit, Sada Yakkos Sterbeszene stärker zu rühmen als die der Sarah Bernhardt, die als eine Art nationales Heiligtum galt:

> Ein unvergleichliches Schauspiel. Ohne Verrenkungen, ohne Grimassen vermittelt sie uns den Eindruck eines Todes, der körperlich voranschreitet. Wir sehen, wie langsam das Leben den kleinen Körper verläßt, fast Sekunde um Sekunde [...]. Selbst unsere Sarah Bernhardt, die so unübertrefflich im Sterben ist, hat uns niemals ein stärkeres Gefühl einer künstlerischen Wahrheit gegeben.[9]

Auch der Kritiker der *Neuen Rundschau* hebt auf die ungewöhnliche Wirkung ab, welche diese „ganz unliterarische Schauspielkunst" im Zuschauer hervorrief: „[...] gewaltig ist [...] auch für uns der Effekt".[10]

Wie sehr gerade in dieser Szene aufgrund ihrer starken Wirkung eine Verflechtung zustande kam, geht aus einer eher spöttischen Bemerkung Franz Bleis hervor:

---

8 „Chronique de l'Exposition", in: *Mercure de France* 1900, S. 480–485.

9 Lecture pour tous, März 1908, zit. n. Leonard Pronko, *Theatre East & West. Perspectives Towards a Total Theatre* 1967, S. 121.

10 *Die Neue Rundschau,* 13. Jg., H. 1, Januar 1902, S. 112.

> Alle Welt in Paris ging sich von dem ‚Sterben der Sada' entzücken zu lassen; die höflichen Japaner machten aus dieser Scene, die ich in New York in einer Minute sich abspielen sah, in Paris das ganze Stück; in Berlin nahm das Sterben fast schon gar kein Ende mehr.[11]

Was Blei hier der „Höflichkeit" der Japaner zuschreibt, war der autopoietischen Feedbackschleife geschuldet, aus der und als die die Aufführung jeweils hervorgebracht wurde. Die Schauspielkunst der Sada Yakko wirkte so stark auf die Körperlichkeit der Zuschauer ein, dass beobachtbare Veränderungen ihres physiologischen, affektiven, energetischen und motorischen Zustandes hervorgerufen wurden. Auf sie reagierte die Künstlerin nun wiederum mit einer Veränderung ihrer Darstellung.

Es ist gerade dieses Faktum, dass Sada Yakko, eine Schauspielerin aus einer völlig anderen, einer ‚fremden' Kultur, die in einem ungewöhnlichen, in Europa so nicht bekannten Schauspielstil spielte, eine derartig starke Wirkung auf die Zuschauer auszuüben imstande war, was die Kritiker, die offensichtlich dieselbe Wirkung an sich erfuhren, in Erstaunen versetzte. In solchen Momenten ging es nicht darum, die andere Kultur zu begreifen, zu erklären oder zu verstehen, sondern die Verflechtung zwischen der japanischen und der französischen bzw. deutschen Kultur als eine Art Emotionsgemeinschaft zwischen japanischen Schauspielern und französischen bzw. deutschen Zuschauern zu erfahren. Dies wurde möglich, weil in dieser Aufführung Theater nicht als eine literarische, sondern als eine zuvörderst körperliche Kunst verwirklicht wurde. Es ist diese besondere Art von Körperlichkeit, welche die Entstehung von Gemeinschaft ermöglichte und den Rezensenten auffiel. Immer wieder versuchen sie, sie zu erklären. So schreibt der Rezensent von *Le Théâtre* über die Schauspielkunst insbesondere von Sada Yakko und Otojirô Kawakami:

> Vor allem über die Gestik drücken sie die Leidenschaften aus; und nicht nur die einfachen Leidenschaften, sondern auch noch die kleinsten Feinheiten des Gefühls. So wie die Stimme in der Musik Wagners manchmal nur als ein einfaches Rezitativ zum Darstellen der dramatischen Situation dient, während das Orchester alle Gefühlsnuancen, die sie heraufbeschwört, ausdrückt, so ist die Gestik das Essentielle im Spiel der japanischen Schauspieler. Diese Gestik ist bewundernswert. Madame Sada Yakko und Monsieur Kawakami […] sind, was die Ausdrucksfähigkeit des Mienenspiels angeht, unseren großen Schauspielern ebenbürtig und übertreffen sie vielleicht sogar an Vielfalt. Schrecken und Anmut sind ihnen gleichermaßen bekannt. […] Ihre Überlegenheit liegt im Ausdruck der Gebärde und des Gesichts, die bis zum äußersten Schrecken und den letzten Sinnesfreuden gelangt.[12]

11 Franz Blei, „Otojirô Kawakami" 1902, S. 66.
12 *Le Théâtre*, Nr. 44, Oktober 1900.

Nicht umsonst wird hier der Vergleich zu Wagner gezogen, auf den sich mehrere Avantgardisten, darunter auch ganz ausdrücklich Meyerhold, beziehen. Was nicht nur diesem Kritiker am Spiel der japanischen Schauspieler so überraschend und rätselhaft erscheint, ist die Eigenart, dass hier „alle Wirkung auf die Sinne gerichtet" ist, „von hier erst wandert der Eindruck weiter auf die Seele."[13] Was als Erklärung herangezogen wird, liest sich fast wie ein Kompendium derjenigen Merkmale und Qualitäten, welche die europäischen Theaterreformer und Avantgardisten für ihr neues Theater der Zukunft beanspruchten. Dies gilt vor allem für die Körperlichkeit der Schauspielkunst, die bei allen – trotz anderer großer Divergenzen – im Vordergrund stand und hier von nahezu jedem Kritiker bemerkt wurde, und für ihre Stilisierung – also gerade ihren Bruch mit dem psychologischen Realismus. So merkt Adolphe Appia im Anschluss an das Gastspiel an:

> Der einfachste Vorgang, z.B. wie eine leidenschaftlich erregte Frau ihre Nebenbuhlerin verfolgt, um sie zu schlagen, wird hier peinlich genau zergliedert und mit dem sichersten Geschmack in eine künstliche Zeitfolge festgesetzt, aus welcher sich dann jene Stilisierung ergibt, die unser Auge so sehr entzückt.[14]

Von André Gide und Georg Fuchs wird ausdrücklich auf den Rhythmus abgehoben, den Fuchs in seiner Schrift *Die Schaubühne der Zukunft* (1904) später als das Fundament von Schauspielkunst und Tanz ausweisen wird, da dieser nicht nur für den Ausdruck von Emotion, sondern auch für ihre Übertragung auf die Zuschauer grundlegend sei.

Die französischen und deutschen Kritiker, Theaterkünstler und andere Zuschauer erfuhren also in den Aufführungen der japanischen Truppe eben die Qualitäten, die sie im naturalistischen Theater – dem bisher „modernsten" Theater – vermissten. Und so erstaunt es nicht mehr, beim Rezensenten der Berliner Zeitung *Der Tag* zu lesen:

> Aber das was wir sahen, begreifen und verstehen können, das Aeussere, das Körperliche [...] das ist alles andere, nur nicht naive, unentwickelte, jugendliche Kunst, nur nicht Kunst der Vergangenheit, die hinter uns liegt und über die wir selber hinausgekommen. Das steht noch vor uns, das steht uns noch bevor, darauf steuern wir vielleicht hin. Diese Kultur weiss bereits mehr als die unserige. Wir blicken in etwas Zukünftiges [...]. Wir können von ihr (dieser Kunst) unendlich viel lernen, und ein bißchen Japonismus würde unserer Theaterkunst sicherlich ebenso viel nützen, wie er unserer Malerei genutzt hat. Hier sind jedenfalls große Vorbilder, die studiert sein wollen und der höchsten Versenkung bedürfen.[15]

---

13 *Die Neue Rundschau* 1902, S. 112.

14 Adolphe Appia, *Œuvres Complètes*, Bd. 2, 1986, S. 331.

15 Zit. n. „Die Kawakami-Truppe (Sada Yakko) in Berlin", in: *Ost-Asien*, 4. Jg., Nr. 46, Januar 1902, S. 450.

Die Verflechtungen, die in den Aufführungen der Kawakami Truppe zwischen der japanischen und der französischen Kultur (in Paris) sowie zwischen der japanischen und der deutschen Kultur (in Berlin, Bremen, Hannover, Leipzig, Wiesbaden) zustande kamen, waren – wie das Londoner Gegenbeispiel nahelegt – vor allem dem Umstand geschuldet, dass in der französischen und deutschen Kultur das naturalistische Theater zum Zeitpunkt der Gastspiele als überholt, unproduktiv, als eine Sackgasse galt, aus der nicht durch partielle Veränderungen herauszufinden sei, sondern nur durch eine „Revolution des Theaters" (so der Titel von Fuchs' 1909 erschienener erweiterten Ausgabe von *Die Schaubühne der Zukunft*). Um sie durchzuführen, bedurfte es eines neuen Theaterraums, einer neuen Schauspielkunst, einer Aufkündigung der Abhängigkeit von der Literatur, einer Wiedereinführung von Musik und musikalischen Gestaltungsprinzipien, kurz: einer „Retheatralisierung" des Theaters (Georg Fuchs). Die Gastspiele fanden zu einem Zeitpunkt statt, da die Diskussion um eine solche Retheatralisierung gerade eingesetzt hatte. Sie führten schlagartig vor Augen, dass eine solche Revolution des Theaters, die seine Retheatralisierung bewirken könnte, tatsächlich möglich war. In diesem Sinne lässt sich die These aufstellen, dass das neue, das retheatralisierte Theater als das dem neuen Jahrhundert entsprechende „moderne" Theater zum Teil aus den Verflechtungsprozessen hervorging, die sich in den Aufführungen der Kawakami Truppe vollzogen – zumindest jedoch aus ihnen wichtige Impulse erhielt. Die Verflechtung von Kulturen in Aufführungen erschien hier als ein produktives, erzeugendes, neue Theaterformen hervorbringendes Prinzip.[16]

2) Von ganz anderer Art – wenn auch nicht weniger produktiv – waren Prozesse der Verflechtung, die im Produktionsprozess durch den Transfer von Elementen japanischer oder auch chinesischer Theaterformen wie des *hanamichi*, von Bühnendienern, Umkleidungskonventionen u.a. in Inszenierungen von Reinhardt, Meyerhold, Tairov, Piscator oder Brecht entstanden. Als zum Beispiel Max Reinhardt für seine Inszenierung der Pantomime *Sumurun* (nach Friedrich Freksa 1910) den aus dem Kabuki Theater stammenden *hanamichi* (von Reinhardt als „Blumensteg" bezeichnet) übernahm, verflocht er dieses Element mit Theaterkonventionen, die er zum Teil selbst in den letzten zehn Jahren entwickelt hatte, auf eine Weise, dass daraus nicht nur wieder neue Theaterkonventionen hervorgingen, sondern auch neue *Raumvorstellungen, Wahrnehmungsmodi* sowie *Körperkonzepte,*

---

16 Vgl. zu den Gastspielen Erika Fischer-Lichte, *Das eigene und das fremde Theater* 1999a, S. 39–50.

die in einem engen Zusammenhang mit der umgebenden Kultur standen und sich auf sie auszuwirken vermochten.

Während bisher der Theaterraum klar in Bühne und Zuschauerraum geschieden war, die durch die Rampe strikt voneinander getrennt waren, wurde nun die Bühne mit dem Zuschauerraum durch den *hanamichi* verbunden. Zeitweilig wurden beide simultan bespielt. Der Zuschauer, der bisher gewohnt war, seine Augen unverwandt auf die Bühne zu richten und möglichst von allem anderen abzusehen, war so gezwungen, seinen Körper jeweils anders zu positionieren, je nachdem, ob er seine Aufmerksamkeit auf die Bühne oder auf den *hanamichi* richten wollte. Und da dies für alle Zuschauer galt, kam eine gewisse Unruhe auf. Es entstand so für die Zuschauer ein ganz neues *Raumgefühl.* Sie befanden sich nicht mehr den Geschehnissen nur gegenüber, sondern in gewisser Weise mitten zwischen ihnen. Der Raum war nicht mehr klar gegliedert in einen Teil, auf dem sich die Vorgänge abspielen, welche allein die Zuschauer interessieren sollten, und auf den alles Licht fällt, und in einen Teil, der im Dunkel liegt und eigentlich keine Aufmerksamkeit beanspruchen darf. Jetzt gab es im Raum zwei verschiedene Orte, an denen sich sehenswerte Ereignisse zutrugen und zwischen denen man nicht nur seine Aufmerksamkeit teilen, sondern zu denen man sich auch jeweils körperlich unterschiedlich positionieren musste.

Mehr noch – zum Teil wurde auch gleichzeitig an beiden Orten gespielt. Worauf sollte der Zuschauer seine Aufmerksamkeit konzentrieren? Auf die Bühne oder auf den *hanamichi*? Oder sollte er versuchen, ständig zwischen beiden hin- und herzuwechseln? Der neue Raum und die besondere Art seiner Nutzung zwangen den Zuschauer, mit den eingeübten *Wahrnehmungs*konventionen zu brechen. Er wurde in einen neuen Wahrnehmungsmodus eingeübt, der ihm half ertragen zu lernen, dass er nicht alle Geschehnisse vollständig wahrzunehmen vermochte, dass er vielleicht verpasste, was sein Nachbar gesehen und besonders interessant gefunden, dafür jedoch etwas anderes versäumt hatte. Der Zuschauer lernte so zum einen, dass in der Aufführung ihm nicht bestimmte Bedeutungen und Botschaften vermittelt werden, sondern dass er aufgrund dessen, was er wahrgenommen hat – und das wohl kaum vollkommen identisch mit den Wahrnehmungen eines anderen Zuschauers sein wird – selbst seine eigenen Bedeutungen konstituieren muss. Zum anderen lernte er, mit dem Bewusstsein zu leben, dass nicht alles, was sich gleichzeitig ereignet, wahrgenommen werden kann, und damit zugleich mit den spezifischen Wahrnehmungsbedingungen umzugehen, wie sie für moderne Großstädte galten.

Zugleich wurde durch den *hanamichi* das *Verhältnis zwischen Akteuren und Zuschauern* neu definiert. Während der Zuschauer im Guckkastentheater mit verdunkeltem Zuschauerraum (der sich erst in den 1870er Jahren eingebürgert hatte) die Akteure auf der Bühne nur in körperlicher Distanz wahrzunehmen vermochte, die er durch Einfühlung zu überwinden trachtete, versetzte der *hanamichi* die Akteure mitten unter die Zuschauer, so dass diese nur die Hand auszustrecken brauchten, um die Akteure zu berühren. Dieses neue, auf physischer Nähe und nicht auf Distanz basierende Verhältnis zwischen Akteuren und Zuschauern affizierte nicht nur die Wahrnehmung der Letzteren, sondern vermittelte auch ein neues *Körperkonzept*. Der Körper des Schauspielers figurierte nicht länger mehr als Teil eines Bildes oder Tableaus, das von fern betrachtet und gedeutet werden will, sondern er bewegte sich im dreidimensionalen Raum, der sich durch seine Bewegung veränderte. Verschiedene Zuschauer sahen ihn zur selben Zeit von vorn, hinten, von rechts und von links. Einigen kam er so nahe, dass sie seinen Atem hören, seinen Schweiß riechen konnten, der Saum seines Kostüms sie berührte und sie seine Schminke wahrzunehmen vermochten – was zugleich deutlich auf die Theatersituation selbst zurückverwies und nicht als Nachahmung von Wirklichkeit aufzufassen war. Der semiotische Körper des Schauspielers trat so in den Hintergrund und sein phänomenaler Leib ins Zentrum des Interesses. Es war dieser sein phänomenaler Leib, mit dem er den Zuschauern auf ihren Leib rückte und sie so die leibliche Ko-Präsenz von Akteuren und Zuschauern erfahren ließ und zugleich bewusst machte.

Die Verflechtung eines grundlegenden Elementes des japanischen Kabuki Theaters mit den Elementen, die für Reinhardts Theater so weit konstitutiv waren, ermöglichte so zum einen eine Art von Reflexion auf die spezifische Theatralität der Aufführung – auf die Retheatralisierung des Theaters – mit theatralen Mitteln und zum anderen führte sie Veränderungen von Raumvorstellung, Wahrnehmung und Körperkonzept ein, die sich kulturhistorisch als höchst folgenreich erwiesen, insofern sie als charakteristisch für die Moderne gelten können. Mit Hilfe dieser Verflechtung etablierte Reinhardt eine neue Form eines modernen Theaters.

3) Ungefähr zur selben Zeit, da Vertreter der historischen Theateravantgarde in Europa mit der Übernahme von Elementen aus japanischen und zum Teil chinesischen Theaterformen zu experimentieren begannen, um auf diesem Wege neue Formen eines modernen europäischen Theaters zu schaffen, wurden in Japan und China ebenfalls neue Theaterformen entwickelt, die sich am Modell der von der europäischen Avantgarde scharf kritisierten Form des psychologisch-realistischen Guckkastentheaters ori-

entierten. Seit der Öffnung Japans zum Westen (1853) und insbesondere seit Beginn der Meiji-Periode (1868–1912) bemühten sich Theaterleute um die Einführung zunächst europäischer Dramatik sowie später eines realistisch-psychologischen Schauspielstils und eines realistisch gestalteten Bühnenraums. Der Prozess einer Verflechtung zwischen der japanischen und verschiedenen europäischen Kulturen nahm entsprechend zunächst in Aufführungen europäischer Dramen seinen Ausgang. Während die ersten Dramen wie Shakespeares *Der Kaufmann von Venedig* und Schillers *Wilhelm Tell* stark bearbeitet im Kabuki Stil gezeigt wurden, brachte die 1906 von Tsubouchi Shoyo gegründete *Bungei Kyokai* (Literarische Gesellschaft) 1911 einen *Hamlet* im Stil des psychologisch-realistischen Theaters heraus. Bereits 1909 hatte Tsubouchi eine Schauspielschule gegründet, in der auch Shakespeare, Ibsen und Tschechow auf dem Lehrplan standen. Eine „Literarisierung" des Theaters durch Einführung europäischer Dramatik bildete entsprechend eines der Ziele und zugleich Mittel der neuen Form des Sprechtheaters, des *shingeki* (neues Drama). Während die europäische Avantgarde eine Entliterarisierung und eine Retheatralisierung des Theaters anstrebte und in den Aufführungen der Kawakami Truppe eine Art Modell für ihr Theater der Zukunft fand, strebte die japanische Avantgarde ein neues, literarisiertes und am psychologischen Realismus orientiertes Theater als Sprechtheater an.

Die Vertreter der *shingeki* hielten die traditionellen Theaterformen wie Nô und Kabuki für ästhetisch veraltet, steril und unfähig, auf die seit der Öffnung veränderte Situation der japanischen Gesellschaft und ihre besonderen, durch Prozesse der Modernisierung verursachten Probleme angemessen zu reagieren. Durch Rekurs auf das realistische Theater europäischer Herkunft versuchten sie, für die Entwicklung einer modernen japanischen Gesellschaft Anstöße zu geben und ein Modell zur Verfügung zu stellen. Dazu wurden unterschiedliche Arten von Verflechtungen erprobt.

So gründete Osanai Kaoru nach dem Muster des Pariser *Théâtre libre* von Antoine und der Berliner *Freien Bühne* von Otto Brahm zusammen mit dem berühmten Kabuki Schauspieler Ichikawa Sadanji II 1909 das *Jiyu Gekijo* (Freie Bühne). Die erste Aufführung fand am 27. November 1909 in einem nach dem Vorbild von Max Reinhardts 1906 errichteten Kammerspielen gebauten Theater mit *John Gabriel Borkman*, dem ersten in Japan gespielten Ibsen-Stück, statt. In dieser Aufführung wurden Elemente des realistischen Theaters mit solchen des klassischen Kabuki verflochten. So wurde der Text in Kabuki-Manier, also melodisch intoniert, vorgetragen. In der Aufführung nahmen die Zuschauer vertraute Elemente neben fremden, unbekannten wahr. Diese Art der Verflechtung verwies vor allem auf die Anschlussfähigkeit des Neuen an das Alte – auf dem Theater wie in der Gesellschaft. Mit dieser Aufführung wurde die theaterhistorisch und gesellschaftlich wichtige Epoche der Ibsen-Rezeption auf dem japanischen Theater eingeleitet, die größte soziale Bedeutung und Wirkung erlangte.

Ihren ersten Höhepunkt erreichte sie bereits mit der Erstaufführung von *Nora*, die Tsubouchi im November 1911 herausbrachte. Die Hauptrolle wurde von Matsui Sumako gespielt, einer jungen Schauspielerin, die in Tsubouchis Schule ihre Ausbildung erhalten hatte. Sie war zwar nicht die erste Schauspielerin, die seit 1630 auf einer japanischen Bühne auftrat – dieser Ruhm gebührt Sada Yakko, die nach der Rückkehr ihrer Truppe nach Japan die Erlaubnis zum öffentlichen Auftritt erhielt. Gleichwohl waren Schauspielerinnen zu dieser Zeit für das Publikum immer noch ein ungewohnter Anblick. Matsui Sumako war allerdings die erste, die durchgehend einen ganz neuen Schauspielstil praktizierte. Ihre illusionistische Schauspielkunst erlaubte es den Zuschauern, alltäglichen Menschen dabei zuzusehen, wie sie Probleme diskutierten, die zunehmend auch in ihrem eigenen Leben Bedeutung gewannen. Den Kritikern zufolge gelang es ihr mit ihrer realistisch-psychologischen Schauspielkunst, die Zuschauer nicht nur zu überraschen, sondern sie in die Aufführung hineinzuziehen.

Die neue Form des Sprechtheaters sollte, wie an diesem Beispiel zu sehen, dem Theater eine soziale und politische Funktion übertragen, welche die traditionellen Theaterformen zu erfüllen nicht imstande schienen. Die Inszenierung von *Nora* ist in diesem Sinne im Kontext der Diskussionen zu erörtern, die – vor allem nach dem russisch japanischen Krieg (1905) um die Stellung der Frau in der japanischen Gesellschaft entbrannten.

Trotz des Zusammenbruchs des Feudalismus hatte die neue soziale Ordnung, die Meiji-Restauration, den Frauen keine neuen Rechte verschafft. Ihre Tätigkeit war traditionell auf den Kreis der Familie beschränkt. Im Jahre 1890 – also im Jahre der Verkündigung der Verfassung – wurde den Frauen sogar ausdrücklich jede politische Betätigung verboten. Immerhin wurden ab 1874 verschiedene Gymnasien und Colleges für Mädchen gegründet, die auch ihnen die Möglichkeit einer höheren, zum Teil europäischen Bildung eröffneten.

Nach dem russisch-japanischen Krieg stellten japanische Intellektuelle Überlegungen an, wie sich aufgrund der neuen Bildungsmöglichkeiten in Japan allmählich eine „neue Frau" herausbilden könne. Tsubouchi hielt im Jahre 1910 in Tokio, Osaka, Kyoto und Kobe Vorträge zum Thema „Neue Frauen" und „Neue Frauen im Modernen Drama". Als Beispiele für „Neue Frauen" führte er Nora und Hedda (aus Ibsens *Nora* und *Hedda Gabler*), Vivie (aus Shaws *Mrs. Warren's Profession*) und Magda (aus Sudermanns *Hei-*

mat) an. In dieser Vorlesung listete Tsubouchi folgende Bestimmungen des Begriffs „Neue Frauen" auf:

> Some interpreted „new women" to be women who naturally are to emerge in the new age; others interpreted them to be ideal women who must emerge by any means from now on; others, to be unwomanly women; others, to be aggressive revolutionary women who were born of the reaction to centuries-old conventionalism; still others, to be sort of distasteful, uncontrollable and selfish women who were born of the restles, confused society in transition to the age.[17]

Ermutigt von diesen Vorlesungen beschlossen einige junge Frauen mit europäischer Bildung, die Gründung einer feministischen Gesellschaft ernsthaft in Erwägung zu ziehen. Unter Leitung von Hiratsuka Raicho gründeten sie am 1. Juni 1911 eine literarische Zeitschrift für Frauen, der sie ironisch den Namen *Seito* (Blaustrümpfe) gaben. Die erste Nummer erschien am 1. September 1911. Hiratsuka Raicho schrieb im Aufruf der Herausgeberin:

> In ancient times, the woman was the sun. Woman was the genuine human being. Now she is the moon. She is a pale moon like a sick man. She lives through others; she shines by the light of others. […] We must recover our sun which has been hidden away.[18]

Diese erste Nummer enthielt programmatisch eine Reihe von Aufsätzen, die gegen das japanische Familiensystem und die japanische Gesellschaftsordnung protestierten und die Freiheit des Individuums auch für die Frau forderten. Bereits die erste Nummer stieß auf große Resonanz. Die japanische Frauenbewegung hatte eine Stimme gefunden.

Zwei Monate später wurde *Nora* aufgeführt. Anlässlich dieser Aufführung schrieb der Kritiker Kusuyama Masao:

> Without reservation or exaggeration, I believe that the Nora played by this actress Matsui Sumako, must be remembered as a monument which resolved for the first time problems of using actresses in Japan, and which on stage, emancipated women for the first time in Japan.[19]

Die hier begonnene Diskussion wurde in der Januar-Nummer des zweiten Jahrgangs (1912) der *Seito* Zeitschrift fortgesetzt.

Mit dem *shingeki* war ein modernes Theater in Japan entstanden, das es erlaubte, brennende soziale und politische Probleme auf der Bühne zu be-

---

17 Zit. n. Toshihiko Sato, „Ibsen's Drama and the Japanese Bluestockings" 1981, S. 272.

18 Ebenda, S. 275.

19 *Yomiuri Shimbun* vom 28.11. und 5.12.1911, zit. n. demselben, S. 278.

handeln und so in die öffentliche Diskussion einzuspeisen. In den Aufführungen des *shingeki* wurden im Prozess der Modernisierung Verflechtungen der japanischen Kultur mit der europäischen Theaterkultur eines literarischen, psychologisch-realistischen Theaters vollzogen. Aus diesen Verflechtungen gingen, wie am Beispiel von *Nora* zu sehen, weitere Schritte einer Modernisierung, zumindest aber einer entsprechenden Diskussion hervor.

Die drei Beispiele für unterschiedliche Arten von Verflechtungen der japanischen mit europäischen Kulturen in Aufführungen wurden relativ ausführlich dargestellt, um an ihnen abschließend zwei Fragen nachvollziehbar diskutieren zu können: erstens die Frage, inwiefern für die Untersuchung derartiger Verflechtungsprozesse eine japanologische Kompetenz gegeben oder eine Kooperation mit einem Spezialisten für japanisches Theater – Japanologen oder japanischem Theaterwissenschaftler – gesucht werden muss. Und zweitens soll die Frage erörtert werden, was jeweils mit dem Ausdruck „modernes Theater" in diesem Zusammenhang gemeint ist und welcher Begriff von Moderne bzw. Modernisierung bei der Untersuchung dieser Verflechtungen zugrunde zu legen sei.

Wie leicht einzusehen, bedarf eine Untersuchung des Einsatzes des *hanamichi* bei Reinhardt kaum einer japanologischen Kompetenz. Zwar wird man wissen müssen, was ein *hanamichi* im Kabuki Theater ist und wie er verwendet wird. Aber diese Kenntnis lässt sich leicht Publikationen entnehmen, die aus der Zeit um die Jahrhundertwende stammen, wie der bereits mehrmals erwähnte Aufsatz von Adolph Fischer oder auch Georg Fuchs' Ausführungen zum *hanamichi* in *Die Schaubühne der Zukunft*, in denen Fuchs nachweisen will, dass der *hanamichi* aus Darstellern und Zuschauern eine Einheit schafft. Diese Art von Publikationen sind sogar geeigneter als ein Blick in selbst die besten Handbücher zum Kabuki Theater, da sie dem Stand des Wissens zu Reinhardts Zeit und den Vorstellungen, die europäische Theaterleute mit dem *hanamichi* zu Beginn des 20. Jahrhunderts verbanden, entsprechen. Dieser Art der Verflechtung lässt sich also weitgehend mit den Instrumenten der europäischen Theaterwissenschaft beikommen.

In den beiden anderen Fällen dagegen hängt es vom jeweiligen Erkenntnisinteresse und der aus ihm resultierenden Fragestellung ab, welche Kompetenzen darüber hinaus notwendig sind. Wenn im Falle der Gastspiele der Kawakami Truppe erforscht werden soll, welche Rolle diese bei der Herausbildung der neuen Ideen über das Theater in Europa spielten, so ist kaum japanologische Kompetenz gefragt. Denn in diesem Fall interessiert weniger, wie die Japaner ihr reformiertes Kabuki sahen, welchen Veränderungsprozessen diese Reform geschuldet war und welche Ziele sie mit ihren Gastspielen in den USA und in Europa verfolgten. Im Mittelpunkt des Interesses steht vielmehr die Frage, welche bereits latent vorhandenen, teilweise nur vage ausgebildeten neuen Vorstellungen von Theater durch die Erfahrungen in diesen Aufführungen klar ins Bewusstsein traten – inwiefern also die Verflechtungen der japanischen mit der französischen bzw. der deutschen Kultur in diesen Aufführungen als eine Art Katalysator wirkten, durch den die neuen Vorstellungen eine klarere Kontur erhielten. An diesen Gastspielen zwischen 1900 und 1902 wird mit Blick auf die sich um 1900 formierenden Theaterreformbewegungen, denen zu diesem frühen Zeitpunkt vor allem Craig, Appia, Reinhardt, Fuchs, Meyerhold, Jacques Copeau, André Gide zuzurechnen sind, entsprechend vor allem interessieren, welchen Beitrag sie zu dieser Reform geleistet haben. Haben sie im Sokratischen Sinne nur als Hebamme gewirkt, die bereits im embryonalen Stadium vorhandene Gedanken und Ideen ans Licht der Welt brachte? Oder sind sie darüber hinaus auch als Erzeuger für ganz neue Ideen zu bewerten?

Dies sind alles Fragen, die sich allein unter Rekurs auf Quellen beantworten lassen, die in englischer, deutscher und französischer Sprache vorliegen. Vor allem aber handelt es sich um Fragen, welche die in den Aufführungen vollzogenen Verflechtungen ausschließlich als Teil der deutschen bzw. französischen Theatergeschichte bewerten.

Um dagegen die Fragen klären zu können, wie sich Kawakamis Erfahrungen mit Antoines *Théâtre Libre* in Paris auf die Reform seiner Truppe ausgewirkt haben, wie diese Reform – gerade im Unterschied zur späteren Einführung des *shingeki* – ihrerseits als eine Verflechtung zwischen Verfahren des Kabuki und solchen, die in Antoines Theater beobachtet wurden, geschah; in welchem Verhältnis sie zu den gleichzeitig in der japanischen Gesellschaft ablaufenden Modernisierungsprozessen stand; welche Ziele die Truppe mit ihren Gastspielen verfolgte und welche Auswirkungen die in den Aufführungen im westlichen Ausland vollzogenen und erfahrenen Verflechtungsprozesse nach Rückkehr der Truppe auf die weitere Entwicklung des japanischen Theaters hatten – um für diese Fragen befriedigende Antworten finden zu können, bedarf es der Zusammenarbeit von Experten beider Theaterkulturen.[20] Entweder wird man also interdisziplinär vorgehen müssen oder interkulturell.

---

20 Selbstverständlich haben japanische Theaterhistoriker sich mit diesen Fragen aus ihrer Sicht in den von ihnen verfassten Theatergeschichten Japans auseinandergesetzt.

Dies gilt ebenfalls für das dritte Beispiel eines Verflechtungsprozesses. Die Tatsache, dass man sich als europäischer Theaterwissenschaftler mit den Konventionen des realistisch-psychologischen Theaters auskennt und mit den Dramen Ibsens, Tschechows oder Shakespeares vertraut ist, qualifiziert in keinem Falle ausreichend, um auch nur irgendeine Frage bearbeiten zu können, die sich auf die Einführung des *shingeki* in Japan bezieht, welche offensichtlich ebenso wie die Reform des Kabuki durch die *soshi*-Schule in einem Zusammenhang mit spezifischen Modernisierungsprozessen stand, die in der japanischen Gesellschaft in der Zeit der Meiji-Periode vollzogen wurden. Wer nicht imstande ist, japanische Texte zu lesen und ausschließlich auf Forschungen und Quellen – zum Beispiel Reiseberichte – in wenigen europäischen Sprachen angewiesen ist, wird auf dieser Basis zwar Thesen aufstellen können. Wie weit diese sich allerdings als belastbar erweisen, wird sich erst in der Diskussion mit einem Experten herausstellen.[21]

Da es sich bei diesen Beispielen um Verflechtungen von Kulturen in Aufführungen aus den ersten Dekaden des 20. Jahrhunderts handelt, liegen für manche von ihnen bereits ausführliche Studien von Spezialisten in deutscher, englischer und französischer Sprache vor, die auf der Grundlage einer sorgfältigen Sichtung der Quellen in japanischer Sprache erstellt wurden. In Einzelfällen kann also auf eine umfangreiche theaterhistoriographische Forschung zurückgegriffen werden.[22] Diese Möglichkeit besteht bei der Untersuchung von derartigen Verflechtungsprozessen, die sich in der Gegenwart vollziehen, selbstverständlich nicht.

In diesem Abschnitt über Verflechtungen von Kulturen in Aufführungen in den ersten Dekaden des 20. Jahrhunderts war immer wieder von einem „modernen Theater" ebenso wie von Modernisierungsprozessen die Rede. Reinhardts *Sumurun* wurde als Beispiel für ein modernes Theater in Deutschland in der Zeit vor dem Ersten Weltkrieg angeführt, die ungefähr

21 Daher habe ich meine Sicht auf dieses Beispiel vor dem Abfassen des Abschnitts mit dem japanischen Theaterwissenschaftler Mitsuya Mori, der ein glänzender Ibsen-Kenner ist und erst kürzlich (2005) eine Inszenierung der *Nora* in einer spezifischen Verflechtung von Verfahren des Nô und solchen des *shingeki* herausgebracht hat, ausführlich diskutiert und seine Vorschläge eingearbeitet.

22 Siehe dazu u.a. Peter Pantzer (Hg.), *Japanischer Theaterhimmel über Europas Bühnen* 2005, Tomoko Okada, *Le japonisme sur scène en France de 1870 à 1914* 2005, Hiroko Aoki, *Le Japon à travers le théâtre en France* (1860–1930) 1998, Stanca Scholz-Cionca, Samuel L. Leiter (Hg.), *Japanese Theatre And the International Stage* 2001, den 2. Teil von Erika Fischer-Lichte, *The Show and the Gaze of Theatre* 1997a, dies., *The Dramatic Touch of Difference* 1990. Außerdem die Artikel: James Brandon, „Kabuki Performance: Its Value and Use in Western Theater" 1998, Sang-Kyong Lee, „Influence of Kabuki on European Theatre" 1998, Jean-Jacques Tschudin, „Early Meiji Kabuki and Western theatre: A Rendez-vous Manque" 1998.

zeitgleiche Inszenierung der *Nora* durch Tsubouchi als Beginn des modernen Theaters in Japan bestimmt, nachdem zuvor bereits die Reformen der *soshi*-Schule als Modernisierung des Kabuki bezeichnet wurden. Ganz offensichtlich lässt sich über Verflechtungsprozesse seit Beginn des 20. Jahrhunderts nicht ohne Rückgriff auf Begriffe wie „modern", „Moderne", „Modernisierung" sprechen.

Häufig wird in der historischen Forschung Modernisierung mit Verwestlichung gleichgesetzt. Wenn wir uns die oben dargestellten Beispiele anschauen, leuchtet unmittelbar ein, warum eine solche Gleichsetzung nicht haltbar ist. Denn so wenig es gerechtfertigt erscheint, Max Reinhardt den Vorwurf zu machen, er habe mit der Einführung des *hanamichi* das japanische Kabuki kopiert, so wenig sinnvoll ist es, Tsubouchis *Nora* Inszenierung als eine Imitation des europäischen Theaters zu denunzieren. So wenig es sich im ersten Fall um eine „Asiatisierung" des deutschen Theaters handelt, haben wir es im zweiten mit einer „Verwestlichung" des japanischen Theaters zu tun. In beiden Fällen lässt sich jedoch sinnvoll von einem „modernen" Theater sprechen, weil sie beide im Kontext spezifischer, wenn auch höchst unterschiedlicher Modernisierungsprozesse zu werten sind. Mit welchem Begriff von „Moderne" und „Modernisierung" lässt sich auf diesem Forschungsfeld sinnvoll arbeiten?

Als normative oder auch relationale oder historische Konzepte sind beide heute umstritten. An den vorherrschenden einseitigen, vereinfachenden und glorifizierenden Konzepten wurde in den letzten Jahren vielfach berechtigte Kritik geübt. Als eine solche Kritik hat der Soziologie Shmuel N. Eisenstadt die Theorie von „multiple modernities" entwickelt.[23] Ihr zufolge ist nicht *eine* Moderne – nämlich die der europäisch/westlichen Kulturen – anzunehmen, die dann von anderen Kulturen im Prozess ihrer „Verwestlichung" übernommen wurde. Vielmehr ist von einer Vielfalt der Modernen auszugehen, wobei das „Definitionsmonopol" in den betroffenen Kulturen selbst liegt: Es gilt also zunächst zu klären, welche Vorstellungen, Modelle und Begriffe von Moderne und Modernisierung in den Kulturen entwickelt wurden, deren Theater bzw. Aufführungen Gegenstand der Untersuchung sind.

In diesem Zusammenhang sollte bedacht werden, dass gesellschaftliche Veränderungsprozesse – als die Modernisierung ganz allgemein zu beschreiben ist –, einen multidimensionalen und sozusagen ungleichzeitigen Verlauf nehmen und sich dabei auf je besondere Konstellationen von (zum

23 Shmuel N. Eisenstadt,*Comparative Civilisations and Multiple Modernities* 2003, ders., *The Great Revolutions and Civilisations of Modernity* 2006.

Beispiel künstlerischen, sozialen, technologischen, ökonomischen, politischen) Dimensionen beziehen lassen. Transformationsprozesse solchen Ausmaßes verlaufen weder genau parallel, noch gehen sie in schlichter Kausalität auseinander hervor – etwa so, dass aus einer technologischen Modernisierung mit Notwendigkeit eine „Modernisierung" von Theater folgen müsste. Modernisierung kann aus allen diesen Gründen nicht mit Verwestlichung gleichgesetzt werden. Was mit diesem Begriff in verschiedenen Kulturen jeweils gemeint ist und worauf er angewandt wird, gilt es daher in jeder einzelnen Untersuchung von Verflechtungsprozessen erst zu ermitteln. Denn da sie, anders als der verschiedene Arten von Aufführungen betreffende kulturelle Austausch früherer Zeiten, in einem engen Zusammenhang mit Prozessen der Modernisierung stehen, die jeweils anders verstanden werden und verlaufen, ist für entsprechende Untersuchungen Klarheit über den jeweils zugrunde liegenden Begriff von Moderne und Modernisierung unabdingbar.

7.2.2 Verflechtungen von Kulturen in Aufführungen seit den 1970er Jahren

Bereits beginnend in den 1960er Jahren – und verstärkt seit den 1970er Jahren – vollziehen sich Prozesse der Verflechtung von Kulturen in Aufführungen in einem bis dahin unbekannten und unvorstellbaren Ausmaß. Dafür sind vor allem zwei Faktoren ausschlaggebend: zum einen die Unabhängigkeit der ehemaligen Kolonien und zum anderen die Verbreitung neuer Kommunikationstechnologien. Ganz gleich, wie „ähnlich" oder „unterschiedlich" Kulturen sein mögen, wie weit voneinander entfernt, jederzeit sind zwischen ihnen Verflechtungen der unterschiedlichsten Art möglich. Solche Verflechtungen können – wie in den ersten Dekaden des 20. Jahrhunderts – durch Transfer von Elementen wie Texten, Schauspielstilen, ästhetischen Prinzipien, einzelnen künstlerischen Verfahren u. Ä. aus einer Theaterkultur in eine andere oder auch durch Gastspieltouren zustande kommen. Sie können aber auch durch die Zusammenarbeit von Künstlern, die in unterschiedlichen Kulturen groß geworden sind und dort ein für ihre Kultur spezifisches Training erhalten haben, entstehen. Als prominente Beispiele für derartige international zusammengesetzte Ensembles – die im Musiktheater heute den ‚Normalfall' darstellen – lassen sich Peter Brooks Internationales Zentrum für Theaterforschung am Théâtre des Bouffes du Nord in Paris, Ariane Mnouchkines Théâtre du Soleil in Vincennes bei Paris, Eugenio Barbas Odin Teatret in Holstebro/Dänemark, Sasha Waltz & Guests in Berlin oder Ong Keng Sens Flying Circus in Singapur anführen. Nachfolgend sollen kurz die Probleme skizziert werden, die sich (1) aus den Gastspielen und Internationalen Festivals, (2) aus dem Transfer von Elementen aus einer Theaterkultur in eine andere und (3) aus der Kooperation von Künstlern mit unterschiedlichem kulturellen Hintergrund ergeben.

1) Während *Gastspiele* in den ersten Dekaden des 20. Jahrhunderts durchaus möglich waren, wie außer dem oben besprochenen Beispiel die Gastspiele Sarah Bernhardts – bereits im 19. Jahrhundert – oder Max Reinhardts außer in die verschiedensten europäischen Ländern auch in die USA nachdrücklich belegen – britische Truppen bereisten darüber hinaus ehemalige (USA) oder bestehende Kolonien –, sind sie gleichwohl kaum mit der Reisetätigkeit heutiger Ensembles zu vergleichen. Dies rührt vor allem daher, dass nicht nur einige berühmte Ensembles mit ihren anerkanntesten Inszenierungen und Choreographien rund um den Globus unterwegs sind, sondern dass internationale Theater-, Tanz- und Musikfestivals weltweit wie Pilze aus dem Boden schießen, die darauf zielen, die „prominentesten" Inszenierungen/Choreographien in Schauspiel-, Musik- und Tanztheater zur Aufführung zu bringen. Inszenierungen und Choreographien, die an einem bestimmten Ort für das dortige Publikum geschaffen wurden – oder gar bereits mit Blick auf internationale Festivals –, werden so in den unterschiedlichsten Kulturen vor einem jeweils ganz anderen und ganz anders zusammengesetzten Publikum zur Aufführung gebracht.

Diese Situation stellt die Theaterwissenschaft vor neue Herausforderungen. Denn wenn Aufführungen, wie im ersten Teil dargelegt, aus der leiblichen Ko-Präsenz von Akteuren und Zuschauern, aus ihrer Begegnung und ihren Interaktionen hervorgehen, weswegen jede Aufführung einmalig und unwiederholbar ist, folgt daraus, dass bei jedem Gastspiel, bei jedem Festival der Grad der Unvorhersehbarkeit gesteigert wird, so dass ein und dieselbe Inszenierung bzw. Choreographie sehr viel stärker voneinander unterschiedene neue Aufführungen hervorbringen wird. Hier wirken sich die spezifischen medialen Bedingungen ganz grundlegend aus. Ein Gemälde kann zu Museen in den unterschiedlichsten Kulturen „reisen", ohne dass sich – hoffentlich – irgendetwas an seiner spezifischen Materialität ändert, auch wenn die ästhetischen Erfahrungen, welche die Betrachter in den verschiedensten Regionen der Welt an ihm machen, höchst unterschiedlich sein mögen. Da zur Materialität der Aufführung jedoch auch die Reaktionen der Zuschauer zu rechnen sind und diese Reaktionen sich auf die Schauspieler/Performer/Tänzer auswirken, entsteht jedes Mal eine andere Aufführung. Theoretisch ist dies klar und nachvollziehbar. Wie aber ist mit dieser Einsicht empirisch bei Gastspielen oder internationalen Festivals umzugehen? Wenn eine eindeutig für ein deutsches Publikum geschaffene Inszenierung wie Heiner Müllers Inszenierung des Brechtschen *Arturo Ui* (Berliner Ensemble 1995) bei ihren Gastspielen in westlichen und nicht-westlichen Kulturen bejubelt wird, gleichzeitig aber die Zuschauer jeweils anders reagieren, stellt sich die Frage, wieweit dies mit Methoden der Aufführungsanalyse angemessen berücksichtigt werden kann, ohne dass Experten der jeweiligen Kulturen hinzugezogen werden. Die interessante Frage, wie in jedem einzelnen Fall der Prozess der Verflechtung in der Aufführung abläuft und ob bzw. welche Konsequenzen er für das betreffende Theater oder gar die betreffende Kultur in sich birgt – wie dies mit Blick auf die europäische Theateravantgarde am Beispiel der Gastspiele der Kawakami Truppe mit historiographischen Mitteln zu klären versucht wurde –, wird sich ohnehin nur in Diskussion und Kooperation mit den jeweiligen Experten beantworten lassen.

2) Ein ganz anderes Problem folgt aus der *Verwendung von Elementen aus anderen Kulturen in Inszenierungen/Choreographien* zum einen für ein lokales und zum anderen für ein internationales bzw. „anderes" Publikum. Für Inszenierungen wie Peter Brooks *Orghast* (Persepolis 1971) oder *Mahabharata* (Avignon 1985), Ariane Mnouchkines Shakespeare Zyklus – *Richard II* (1981) und *Heinrich IV* (1984) – oder ihr Antikenprojekt *Les Atrides* (1990/1993) –, Tadashi Suzukis Antikenprojekt – *Die Troerinnen* (1974), *Die Bakchen* (1978) und *Klytämnestra* (1983) – oder seine *Drei Schwestern* (1985), Robert Wilsons *Knee Plays* (Minneapolis 1984), Shakespeare-Aufführungen in traditionellen chinesischen Opernstilen wie *Macbeth* (1984 als Kunqu Oper) oder *Much Ado About Nothing* (1986 als Huangmeixi Oper) – um nur besonders bekannte Beispiele zu nennen –, hat sich die Bezeichnung „interkulturelles Theater" eingebürgert.[24] Der Begriff diente zunächst dazu, Inszenierungen, die sich nicht nur auf die jeweils eigenen Theaterkonventionen beziehen – und sei es, um mit ihnen zu brechen –, sondern in unterschiedlicher Weise theatrale Konventionen aus anderen Kulturen für sich produktiv machen, von solchen abzugrenzen, die sich ausschließlich im Rahmen der eigenen Theatertradition bewegen. Dieser Begriffsbildung und -verwendung lagen entsprechend zwei Annahmen zugrunde, die aus heutiger Sicht problematisch erscheinen:

a) Der Begriff setzt voraus, dass sich das jeweils „Eigene" problemlos vom „Fremden" abgrenzen lässt. Für den französischen Zuschauer müssten sich also spezifische Elemente in Mnouchkines *Heinrich IV* als „japanisch" und damit als „fremd" identifizieren lassen, wie umgekehrt in Suzukis In-

24 Vgl. dazu den Eintrag „Interkulturalität" von Christel Weiler im *Metzler Lexikon Theatertheorie* 2005b, S. 156–159.

szenierung von Tschechows *Drei Schwestern* für den japanischen Zuschauer die „westlichen" Elemente als „fremde" zu erkennen sein müssten.

Es mag durchaus sein, dass Ariane Mnouchkine sich durch Besuche des Nô und Kabuki Theaters zu einer spezifischen Gestaltung von Masken, Musik und Gesten in *Heinrich IV* hat inspirieren lassen. Sie hat das dort Wahrgenommene jedoch soweit verändert, dass es europäische Kenner des japanischen Theaters – wenn überhaupt – nur entfernt an seinen Ursprungskontext erinnerte und japanische Theaterwissenschaftler sich außer Stande sahen, es überhaupt als „japanisch" zu identifizieren. Für die übrigen französischen – und anderen europäischen – Zuschauer wiesen derartige Elemente, insofern sie Filme von Kurosawa und Mizoguchi gesehen hatten, im Einzelfall lediglich assoziativ auf japanisches Mittelalter hin; für andere waren sie schlicht neu. In ihrer spezifischen Gestaltung standen sie in einem Gegensatz zu anderen Konventionen, die sich in Mnouchkines Theater seit seinen Anfängen herausgebildet haben. Die angeblich japanischen Holzmasken wurden von König Heinrich, seinem Ratgeber Westmoreland und dem intriganten Worcester, Hotspurs Onkel, getragen, während die Rebellen um Hotspur und der Prinz weiß grundierte Schminkmasken trugen, die seit *Les Clowns* (1969) im Théâtre du Soleil Verwendung finden und anfangs ebenfalls „fremd" erschienen. Die Alten, die um jeden Preis an der Macht festhalten wollen, wurden auf diese Weise den jungen Aspiranten auf die Macht gegenübergestellt: Die unbewegliche, feste Holzmaske verwies auf die Starrheit der Alten, während die ebenfalls verfremdende Schminkmaske, die ein bewegtes Mienenspiel erlaubt, der Beweglichkeit der Jungen entsprach. Der Einzug des Hofes wurde daher durch „japanisch" klingende Musik gekennzeichnet, das Hofzeremoniell durch immer gleiche „japanisch" anmutende Gesten, der Aufstand der Adligen gegen Heinrich durch rein pantomimische Gesten, die manchem „japanisch" erschienen. Nicht zuletzt endlich wurden derartige als japanisch deklarierte Gesten in psychischen Extremsituationen eingesetzt wie zum Beispiel gewaltige, sich steigernde Pirouetten – die sich so in keiner der traditionellen japanischen Theaterformen finden lassen – als Ausdruck der Kampfbesessenheit Hotspurs und der Feinde des Königs. Es wurden hier also nicht Elemente des japanischen Theaters eingesetzt, sondern solche, die einem französischen/europäischen Zuschauer aufgrund bestimmter Zuschreibungen und Stereotypen als „japanisch", in jedem Fall aber als „fremd" erscheinen mochten.

Suzukis Inszenierung der *Drei Schwestern* wurde in Japan als ein noch deutlicherer Bruch mit dem *shingeki* als seine Antikenprojekte gefeiert. Tadashi Suzuki gehörte der in den 1960er Jahren entstandenen so genannten

„Kleinen Theater Bewegung“ (Angura) an. Diese Bewegung bekämpfte das *shingeki* und suchte an einheimische Traditionen anzuknüpfen. Sie hielt dabei weiterhin den Anspruch aufrecht, der seinerzeit zur Gründung des *shingeki* geführt hatte, sich im Theater mit den Problemen der gegenwärtigen gesellschaftlichen Entwicklung auseinander zu setzen. Umso mehr mochte es überraschen, dass Suzuki 1985 mit seiner Suzuki Company of Toga (SCOT) die *Drei Schwestern* herausbrachte, eines der beliebtesten Stücke des *shingeki* Repertoires. Er inszenierte sie allerdings in dem neuen Schauspielstil, den er mit seiner Truppe unter Rekurs auf Nô, Kabuki und shintoistische Rituale entwickelt hatte. Der Bühnenraum erinnerte an alte Nô Bühnen, ohne ihnen doch zu gleichen – vor allem fehlte der *hashigakari*, der den Umkleideraum mit der Bühne verbindet. Auch gab es keine hölzerne mit einer Kiefer bemalte Rückwand, sondern Schiebetüren schlossen den Raum nach hinten ab. Die drei Schwestern waren modern gekleidet, Andrej, Natascha und Anfisa trugen traditionelle japanische Kleidung.

Für japanische Zuschauer handelte es sich hier um eine rein japanische Inszenierung. Das Stück bildete einen festen Bestandteil des *shingeki* Repertoires, Schauspielstil und Bühnenarchitektur waren Weiterentwicklungen von japanischen Traditionen, die Kostüme bestanden aus traditioneller und moderner japanischer Kleidung.

Bei Gastspielen im westlichen Ausland wie beim Festival Theater der Welt in Frankfurt am Main 1985, bei dem auch Brooks *Mahabharata* und Wilsons *Knee Plays* aufgeführt wurden, erhielt Suzukis Inszenierung der *Drei Schwestern* das Etikett „interkulturell“. Das Stück wurde ausschließlich als der europäischen Tradition zugehörig vorausgesetzt, die zeitgenössische Kleidung wurde als westlich, die japanische traditionelle Kleidung als japanisch wahrgenommen. Was längst Bestandteil der japanischen Kultur war, wurde ihr wieder abgesprochen, so dass nun eine Inszenierung als interkulturelles Theater figurierte, welche die Japaner als japanisch wahrnahmen.

Der Begriff „interkulturell“ implizierte offensichtlich die Annahme, dass Kulturen in sich abgeschlossene Einheiten bilden – einmal japanisch, immer japanisch/einmal europäisch, immer europäisch. Wenn man dagegen davon ausgeht, dass zwischen Kulturen ständig Austauschprozesse stattfinden, Kulturen sich entsprechend permanent verändern, dann wird es schwierig und erscheint auch kaum als sinnvoll, das „Eigene“ vom „Fremden“ unterscheiden zu wollen. Wohl geht es um Differenzen – jedoch um solche, die sich immer wieder neu und anders herstellen. Diesem Sachverhalt wird nicht nur die bisherige Forschung zum so genannten interkulturellen Theater nicht gerecht.[25] Auch neuere Ansätze, die von einer Hybridisierung ausgehen, ignorieren diesen zentralen Aspekt. Denn letztlich setzt auch die Vorstellung von einer Hybridisierung voraus, dass es um Elemente geht, die „ursprünglich", „natürlicherweise" nicht zusammengehören, sondern willkürlich zusammengebracht wurden.

b) In der Forschung zum „interkulturellen" Theater erfuhr die Übernahme von Elementen aus nicht westlichen Theaterkulturen ins westliche Theater in der Regel eine implizit oder teilweise auch ganz explizit andere Bewertung als die aus westlichen Theaterformen in nicht westliche. Während sie im ersten Fall als kühne ästhetische Experimente gefeiert wurden, gelten sie im zweiten als Folge des Modernisierungsprozesses, der im Wesentlichen als Verwestlichung gefasst wird. Hier gilt es zu bedenken, was bereits zu den „multiple modernities" gesagt wurde. Modernisierung ist nicht mit Verwestlichung gleichzusetzen. Verflechtungen, welche Suzuki, Terayama Shuji, Ninagawa Yukio oder Miyagi Satoshi in ihren Inszenierungen zwischen ihrer eigenen und anderen – asiatischen oder nicht-asiatischen – Kulturen vornahmen, sind als ebenso kühne ästhetische Experimente zu begreifen wie diejenigen, die in Brooks, Mnouchkines, Barbas oder Wilsons Inszenierungen vollzogen wurden/werden.

Während einem französischen/europäischen Publikum bestimmte Elemente in Mnouchkines *Heinrich IV* als „japanisch" – und einigen Zuschauern schlicht als „fremd", neuartig – erschienen und es spezifische Elemente in Suzukis *Drei Schwestern* als europäisch bzw. westlich identifizierte, weswegen es beide als „interkulturelle" Inszenierung wahrnahm, nahmen japanische Zuschauer *Heinrich IV* als eine ‚rein' französische und die *Drei Schwestern* als eine ‚rein' japanische Inszenierung wahr.[26] Es lässt sich ganz offensichtlich keine ‚objektive' Feststellung treffen, was jeweils als Eigenes und was als Fremdes wahrgenommen und empfunden wird. Wahrnehmungen werden immer auch auf der Basis des an das Wahrgenommene herangetragenen Bedeutungssystems vorgenommen, d.h. bis zu einem gewissen Grad durch spezifische Zuschreibungen und Vorannahmen gesteuert. So wenig es eine „richtige" oder „falsche" Erfahrung geben kann, so wenig sinnvoll erscheint es, in solchen Fällen zwischen „richtiger" und

---

25 Vgl. Christopher Balme, *Theater im postkolonialen Zeitalter* 1995, Eugenio Barba, *The Secret Art of the Performer* 1991, Erika Fischer-Lichte, *The Dramatic Touch of Difference* 1990; dies., *Das eigene und das fremde Theater* 1999a, Bonnie Marranca & Gautam Dasgupta (Hg.), *Interculturalism and Performance* 1991, Patrice Pavis (Hg.), *The Intercultural Performance Reader* 1996, Christel Weiler, *Kultureller Austausch im Theater* 1994.

26 Hier folge ich den Aussagen japanischer Theaterwissenschafter, die ich hierzu befragt habe.

„falscher" Wahrnehmung unterscheiden zu wollen. Das „Eigene" und das „Fremde" stellen entsprechend Kategorien dar, die den Verflechtungsprozessen, wie sie heute in Aufführungen vollzogen werden, kaum gerecht zu werden vermögen. Der Begriff „interkulturelles Theater", der eben diese Unterscheidung impliziert, sollte daher vermieden werden.

Eine ganz andere Art des Transfers von Elementen einer Theaterkultur in andere stellen die unzähligen Workshops dar, die heute überall in der Welt abgehalten werden, um Praktiken und Techniken der Körperverwendung, die von einer Gruppe entwickelt wurden, an andere Interessierte zu übermitteln. An den Verflechtungen, die hier entstehen und sich später in Inszenierungen und Choreographien auswirken, lässt sich in der Tat nicht mehr Eigenes vom Fremden im Sinne einer Konfrontation von Gegensätzen unterscheiden. Vielmehr erfährt im Prozess der Aneignung von etwas Anderem das bisher Eigene eine grundlegende Veränderung, aus der eine neue künstlerische Identität hervorgehen kann. Was sich in solchen Prozessen ereignet, ist bisher von der Theaterwissenschaft nur in Ansätzen erforscht.[27] Derartige Prozesse lassen sich nur durch eine Art interdisziplinärer Feldforschung genauer erfassen. Theaterwissenschaftliche Kompetenz muss entsprechend durch ethnologische ergänzt werden. Wie am Beispiel der Workshops zu Körperpraktiken besonders deutlich wird, verlangt die Zunahme an Verflechtungsprozessen in Aufführungen in einer globalisierten Welt eine intensive Zusammenarbeit zwischen Theaterwissenschaftlern und Ethnologen. Denn hier entstehen Probleme, die mit den Mitteln einer der beiden Disziplinen allein nicht zu lösen sind.

3) Erst seit der Entstehung der ersten international zusammengesetzten Ensembles in den 1970er Jahren sieht sich die Theaterwissenschaft mit dem Phänomen von Inszenierungen/Choreographien konfrontiert, die von Künstlern aus unterschiedlichen Kulturen gemeinsam geschaffen wurden. In derartigen Arbeiten wird nicht nur der Gegensatz zwischen Eigenem und Fremdem obsolet, sondern auch die für die Verflechtungsprozesse in den ersten Dekaden des 20. Jahrhunderts so wichtige Opposition: europäisch – nicht europäisch. Mit der Aufhebung dieser Gegensätze stellt sich das Problem kultureller Identität neu, das entsprechend häufig auch von ihnen thematisiert oder selbst Gegenstand künstlerischer Untersuchung wird.

Der afro-amerikanische Tänzer und Choreograph Ralph Lemon zum Beispiel hat seine *Geography*-Trilogie: *Geography*, später *Africa/Race* (1997); *Tree* (2000) und *Come home, Charley Patton* (2004) nicht nur mit Tänzern

27 Vgl. hierzu Claudia Tatinge Nascimento, *Crossing Cultural Borders Through the Actor's Work* 2009.

von der Elfenbeinküste, aus Indien, China, Taiwan erarbeitet, die jeweils Elemente ihrer Musik und ihrer Tänze in die Choreographie einbrachten, sondern sie auch innerhalb der verschiedenen Kulturen zur Aufführung gebracht, um die unterschiedlichen Reaktionen des Publikums erforschen zu können. Die kulturellen Unterschiede zwischen den beteiligten Künstlern wurden nicht aufgehoben – sie wurden vielmehr für die Erschaffung eines neuen harmonischen Miteinanders, das von gegenseitigem Respekt und Verstehen gekennzeichnet war, produktiv gemacht. Es entstanden so Aufführungen, die sich nicht *einer* Theaterkultur allein zurechnen ließen, sondern eine neue Kultur schufen – eine Kultur der Kooperation.

Vergleichbares lässt sich an Sasha Waltz' Körpertrilogie – *Körper* (2000), *S* (2000) und *noBody* (2002) – zeigen, an der Tänzer aus den verschiedensten Kulturen beteiligt waren und die vor Zuschauern in den unterschiedlichsten Kulturen gezeigt wurde. Durch Fragmentierungen ebenso wie Entgrenzungen der Körper, durch ihre Verschmelzung mit anderen zu mythischen Gestalten oder überindividuellen Formen und Mustern, durch Ausspielen körperlicher Individualität und andere Verfahren wurde hier die Frage nach kultureller Identität neu gestellt und behandelt. Es ist nicht zu übersehen, dass derartigen Choreographien ein großes utopisches Potenzial innewohnt. Die Verflechtungsprozesse, die in/mit ihnen vollzogen werden, lassen offenbar werden, wie kulturelle Differenzen für eine gemeinsame Arbeit, für die Hervorbringung einer gemeinsamen Zukunft – der unterschiedlichen Aufführungen – fruchtbar gemacht werden können. Wenn diese künstlerische Qualität auch für soziale Prozesse vor allem in Migrationsgesellschaften produktiv gemacht werden soll, bedarf es einer besonders engen Kooperation mit Forschern anderer Disziplinen wie Soziologen oder interdisziplinär geschulten Migrationsforschern. Über diese Dimensionen von Verflechtungsprozessen gibt es bisher noch kaum Forschungen.

Ein solches utopisches Potenzial findet sich nicht nur in Tanzaufführungen, die aufgrund ihres weitgehenden – in Sasha Waltz Trilogie wurden von Zeit zu Zeit englische Sätze geäußert – oder auch vollkommenen Verzichts auf Sprache für derartige utopisch anmutende Verflechtungen prädestiniert zu sein scheinen. In ausgeprägtem Bewusstsein der Sprachproblematik haben gerade Schauspielaufführungen die Frage nach Möglichkeiten neuer kultureller Identitäten gestellt, indem sie mit Mehrsprachigkeit spielen. In ihrer Inszenierung des Shakespeareschen *Sommernachtstraums* (Düsseldorf 1995) versammelte Karin Beier vierzehn Schauspieler aus acht europäischen Ländern, die keine gemeinsame Sprache sprachen. Sie ließ jede/n Schauspieler/in in ihrem/seinem eigenen Stil spielen und die eigene Sprache verwenden. Die daraus resultierenden Missverständnisse und unerwarteten Verläufe der Kommunikation sowohl zwischen den Schauspielern als auch zwischen Schauspielern und Zuschauern wurden nicht nur in Kauf genommen, sondern auf spektakuläre Weise fruchtbar gemacht. Das Missverstehen und Nicht-Verstehen zwischen Angehörigen unterschiedlicher Kulturen, das Sprechen verschiedener Sprachen erschien so keineswegs als ein Hindernis für eine gemeinsame Arbeit, sondern als eine höchst produktive Bedingung, aus der unvorhergesehen die stärksten Wirkungen zu gewinnen waren.[28]

Hier ging es nicht nur um ein vergnügliches Missverstehen, vielmehr wurde hier auf in der Tat vergnügliche Weise die Möglichkeit einer europäischen kulturellen Identität zur Diskussion gestellt. So wie die zunächst sich desaströs auswirkenden Missverständnisse einen Teil jener „liminalen Phase" bildeten, in der die jungen Leute sich aus ihrer Kindheit lösten, neue, zum Teil in der Tat irritierende Erfahrungen durchliefen, ehe sie zu dauerhaften sozialen Bindungen fähig und damit erwachsen wurden und zugleich eine neue soziale Identität erlangten – die von Eheleuten –, so könnte es vielleicht den Europäern gelingen, den Übergang aus den bisherigen nationalen Identitäten in eine neue gemeinsame kulturelle Identität zu schaffen, wenn sie dazu fähig werden, ihre kulturelle und sprachliche Vielfalt ebenso wie mögliche daraus entstehende Missverständnisse produktiv zu machen. Die durch das Miteinander und teilweise auch Gegeneinander der verschiedenen Sprachen und Stile geschaffene neue Ästhetik gewann so eine durchaus politische Dimension.

Während Karin Beier auf diese Weise ihre Inszenierung des *Sommernachtstraums* als ein „europäisches" Projekt durchführte, reflektierte der singaporeanische Regisseur Ong Keng Sen mit seiner Inszenierung des *Lear* (1997) auf die Möglichkeit einer asiatischen kulturellen Identität, die entstehen könnte, wenn die Vielfalt der Sprachen und künstlerischen Traditionen in kreativer Kooperation fruchtbar gemacht würde. Dabei ging er jedoch ganz anders vor als Karin Beier. Die Inszenierung fokussierte nicht Probleme des Miss- oder Nicht-Verstehens, sondern den Zustand des „Dazwischen-Seins", in den die Aufführung alle Teilnehmer, Darsteller wie Zuschauer, versetzte. Auch hier wurden unterschiedliche Schauspielstile und Sprachen miteinander konfrontiert. Lear wurde von einem berühmten Nô-Schauspieler aus Japan dargestellt, der das altertümliche Japanisch der Nô-Spiele sprach und im Stil des Nô agierte. Ein Schauspieler der Na-

28 Vgl. Marvin Carlson, *Speaking in Tongues. Language at Play in the Theatre* 2006, insbes. S 156–167.

tional Beijing Opera aus Beijing spielte Goneril in seinem Stil und sprach Chinesisch (Regans Rolle war gestrichen). Cordelias Rolle hatte ein Thai Tänzer übernommen, der im Stile des traditionellen Maskentanzes Khon tanzte. Die Choreographie, nach der sich Gonerils drei Krieger bewegten, folgte der traditionellen indonesischen Kampfkunst Pencak Silat. Die Musiker entstammten ebenfalls diesen vier verschiedenen theatralen Traditionen. Allerdings begleiteten sie nicht das Spiel des Darstellers ihrer eigenen Tradition, sondern das einer anderen. Den Narren spielte eine junge japanische Schauspielerin. Sie sprach Englisch und bediente sich eines realistischen Schauspielstils. Shakespeares Stück war stark verändert, um mit den Ansprüchen der Konventionen der verschiedenen hier vertretenen Traditionen kompatibel zu sein. Die Inszenierung wurde zuerst in Japan gezeigt, dann in Hongkong, Singapur, Jakarta, Perth und anschließend auf einer Tournee in verschiedenen europäischen Ländern. 1997 wurde sie in Berlin aufgeführt. Da nicht davon auszugehen war, dass das Publikum auch nur eine der hier verwendeten Sprachen verstehen würde, gab es überall Übertitelungen in der jeweiligen Landessprache.

Wie in den anderen bisher angeführten Choreographien und Inszenierungen – von Ralph Lemon, Sasha Waltz und Karin Beier – wurden auch hier die Unterschiede nicht verwischt, sondern unübersehbar ausgestellt. Obwohl jeder Darsteller einem anderen Stil folgte, der sich deutlich von dem der anderen unterschied, spielten alle zusammen und stellten ganz besondere Beziehungen nicht nur zwischen den von ihnen repräsentierten Figuren, sondern auch zwischen den verschiedenen Stilen her. Dies wurde durch die Musik unterstrichen, die nicht die Darstellung in ihrem eigenen Stil, sondern in einem anderen begleitete. Auf diese Weise wurde die Aufführung als Ganzes nicht nur als das hervorgebracht, was heute meist als Hybride bzw. Hybridbildung bezeichnet wird, womit eine Vereinigung des „eigentlich", „natürlicherweise" nicht Zusammengehörigen gemeint ist. Sie wurde vielmehr als eine Reflexion auf eben dieses Konzept von Hybridität vollzogen, auf so genannte hybride Identitäten und auf die Übergänge von einer zu einer anderen Identität.

Den Bühnenraum, in dem die Darsteller agierten, bildeten zwei breite Holzwege, die einander kreuzten und hinter der Bühne ins Nirgendwo führten – also als Übergänge, als Passagen fungierten. Auf diesen Passagen agierten die Darsteller in ihrer je besonderen stilistischen Identität, die jedoch von der sie begleitenden Musik aus einer anderen Tradition in Frage gestellt, wenn nicht verfremdet oder sogar verändert wurde. Sie benutzten ihre spezifische schauspielerische Tradition, um dramatische Figuren darzustellen, die einen Prozess des Identitätsverlustes durchlaufen und sich auf dem Wege von ihrer alten zu – hoffentlich – einer neuen Identität befinden, die, wie durch die Verbindung von Schauspielstil und Musik aus zwei verschiedenen Theatertraditionen antizipiert, aus diesen Verflechtungsprozessen hervorgehen mag.

Obwohl die Aufführung von spezifischen, deutlich konturierten lokalen Traditionen ausging, vollzog sie einen Übergang von einer Tradition zur anderen, von einer Kultur zu einer anderen, von einer Identität zu einer anderen, und reflektierte zugleich auf diesen Übergang. So entstand etwas Neues, das weder das eine noch das andere war, sondern beides zugleich und so etwas ganz anderes. Dies versetzte die Zuschauer in einen Zustand der Liminalität, wie er durch diese spezifische Verflechtung von Kulturen entstand, in einen „dritten Raum" (‚third space'), um mit Homi Bhabha zu sprechen.[29] Ganz gleich, wo in der Welt die Inszenierung gezeigt wurde, nirgendwo erlaubte sie einem Zuschauer, sich ganz und gar in ihr zu Hause zu fühlen, sich vollständig mit einem Schauspielstil oder einer dramatischen Figur zu identifizieren. Die Aufführung löste so eine Wirkung aus – auf die sie zugleich reflektierte –, wie sie der Prozess der Globalisierung auf Menschen wie auf Aufführungen ausüben mag. Sie versetzte die Zuschauer nicht nur in einen Zwischenzustand, sie forderte sie auch dazu heraus, über ihn nachzudenken. Die ästhetische Erfahrung, die sie ermöglichte, lässt sich als eine ganz besondere Art von liminaler Erfahrung beschreiben, welche Faszination ebenso wie Verfremdung beinhaltete, Verzauberung ebenso wie Reflexion. Während diese Art der ästhetischen Erfahrung für Zuschauer in asiatischen Ländern so etwas wie eine Antizipation einer neuen asiatischen kulturellen Identität ermöglicht haben mag, und damit die politische Dimension im Vordergrund stand, wird für Zuschauer in europäischen Ländern eher die ästhetische Dimension überwogen haben, die Erfahrung einer atemberaubenden Schönheit, die hier aus einer Verflechtung ganz verschiedener Traditionen und Sprachen hervorging.

Um die Folgerungen ziehen zu können, wie sie im letzten Abschnitt gezogen wurden, reicht es zunächst aus, im Anschluss an die Aufführung und ihren möglichst mehrmaligen, zumindest zweimaligen Besuch – was in Berlin möglich war –, eine Aufführungsanalyse unter einer Fragestellung vorzunehmen, wie sie der Postkolonialismus, vor allem aber Homi Bhabhas Theorie der Hybridität und des ‚third space' nahe legen, – wobei

29 Vgl. Homi Bhabha, „Culture's In-Between" 1996, S. 53–60; ders., *Die Verortung der Kultur* 2000 (engl. 1994). Zum Postkolonialismus und der inzwischen reichen Forschung dazu vgl. den entsprechenden Eintrag von Christopher Balme im *Metzler Lexikon Theatertheorie* 2005b, S. 248–250 sowie derselbe, *Theater im postkolonialen Zeitalter* 1995, Fiebach, *Die Toten als die Macht der Lebenden* 1986.

natürlich auch andere Fragestellungen möglich sind. Sollten die Schlussfolgerungen, die Zuschauer in asiatischen Ländern betreffend, abgesichert werden, hätte es einer entsprechenden Feldforschung bedurft. Sie hätte zusammen mit Ethnologen und anderen Experten für die jeweilige Kultur und ihr Theater bei den Aufführungen und im Anschluss an sie durchgeführt werden müssen. Dazu bestand damals leider nicht die Gelegenheit. Wenn Theaterwissenschaft in Zukunft derartige Verflechtungsprozesse genauer erforschen will, wird Feldforschung zur Untersuchung von Aufführungen derselben Inszenierung bzw. Choreographie in unterschiedlichen Kulturen, die vor Ort jeweils nur in Kooperation mit entsprechenden Experten vorgenommen werden kann, unabdingbar werden.

7.3 Lokalisierung und Globalisierung

Für Ong Keng Sens *Lear*-Inszenierung wurden erhebliche Veränderungen im Text vorgenommen, um ihn den Konventionen der unterschiedlichen traditionellen Theaterformen anzupassen. Ähnlich wurde bereits in den 1980er Jahren bei Shakespeare-Inszenierungen in verschiedenen chinesischen Opernstilen verfahren. *Macbeth* im Kunqu-Stil wurde unter dem neuen Titel *Die Befleckten Hände* aufgeführt, die Namen der Orte und der handelnden Personen waren sinisiert. Mit der Um-Schreibung des Textes ging allerdings auch eine Veränderung bestimmter theatraler Konventionen des Kunqu einher. Eine solche Anpassung an lokale Gegebenheiten mag auf den ersten Blick an den Umgang mit Texten aus anderen – europäischen – Kulturen erinnern, wie er im europäischen Theater bis weit ins 19. Jahrhundert hinein üblich war. Selbst als Goethe proklamierte, er wolle für seine Weimarer Bühne ein Repertoire schaffen, welches das Theater aller europäischen Kulturen umfassen sollte, ging er wie selbstverständlich davon aus, dass Texte aus anderen Kulturen und Zeiten umgeschrieben werden müssen, ehe sie für eine Aufführung verwendet werden können. Auch wenn Goethe postulierte, „daß der Zuschauer einsehen lerne, nicht eben jedes Stück sei wie ein Rock anzusehen, der dem Zuschauer völlig nach seinen gegenwärtigen Bedürfnissen auf den Leib gepaßt werden müsse“[30], hielt er es doch für notwendig, die Stücke aus anderen Zeiten und Kulturen den herrschenden Bühnenkonventionen sowie den moralischen Vorstellungen und Normen des Weimarer Publikums anzupassen. So wurde in der Weimarer *Macbeth*-Inszenierung die Pförtnerszene weggelassen, die als zu anstößig, ja obszön galt, und durch ein frommes Tagelied ersetzt, das Schiller schrieb. Aus ähnlichen Gründen arbeitete Goethe *Romeo und Julia*

30 Goethe, „Weimarisches Hoftheater“ (1802) 1901, S. 82.

soweit um, dass seine Fassung einem englischen Shakespeare-Forscher aus den 1950er Jahren als eine „amazing travesty“[31] erschien.

In einem Brief an Caroline von Wolzogen erläuterte Goethe sein Vorgehen:

> Die Maxime, der ich folgte, war, das Interessante zu konzentrieren und in Harmonie zu bringen, da Shakespeare nach seinem Genie, seiner Zeit und seinem Publikum viele disharmonische Allotria zusammenstellen durfte, ja mußte, um den damals herrschenden Theatergenius zu versöhnen.[32]

Mit dieser Methode gelang es Goethe, seinem Publikum Stücke anderer Kulturen zu vermitteln und sie als lebendigen Bestandteil seinem Gegenwartstheater einzuverleiben. Über seine Inszenierung des *Standhaften Prinzen* von Calderón schrieb Goethe an Sartorius:

> Diesmal aber haben wir ein Stück, das vor nahe 200 Jahren, unter ganz anderem Himmelsstriche für ein ganz anders gebildetes Volk geschrieben ward, so frisch wieder gegeben, als wenn es eben aus der Pfanne käme.[33]

Während Goethes Bearbeitungen und Anpassungen jeweils so weit einen Hauch von Andersheit, ja Fremdheit bewahrten, wie ihm für die Aufrechterhaltung ästhetischer Distanz notwendig erschien, ging Johann Nestroy mit seinen Bearbeitungen englischer und französischer Komödien und Farcen viel weiter. Er „übersetzte“ sie zugleich mit Namen, Orten, Anspielungen ins Wiener Milieu seiner Zeit und bewirkte so eine vollständige Anpassung. Was aus Paris oder London importiert war, erschien nun als etwas genuin Wienerisches. Ebenso erging es Nestroys Stücken, wenn sie in Paris oder London auf die Bühne gelangten. Die jeweils vorgenommenen Bearbeitungen waren Folge eines europäischen Stückemarktes, der das jeweilige lokale Publikum mit immer neuer Ware versorgen musste.

Was heute als Lokalisierung bezeichnet wird, ist in mancher Hinsicht mit derartigen Anpassungen und Bearbeitungen vergleichbar, auch wenn in anderer Hinsicht Unterschiede bestehen.

Die grundlegende Differenz wird deutlich, wenn man sich nicht nur diese Verfahren selbst ansieht, sondern auch den Kontext berücksichtigt, in dem sie angewandt werden. Die Beispiele eines Um-Schreibens von Shakespeare-Texten im Sinne spezifischer Konventionen traditioneller asiatischer Theaterformen, das überwiegend mit einer Veränderung einiger Konventionen einher ging, wurden bereits erwähnt. Bei der Lokalisierung, die der

31 Walter H. Bruford, Theatre, *Drama and Audience in Goethe's Germany* 1950.

32 Zit. n. Walter Hinck, *Goethe – Mann des Theaters* 1982, S. 19.

33 Brief vom 4. Februar 1811, zit. n. ebenda 1982, S. 14.

nepalesische Regisseur Sumil Pokharel in der Inszenierung von Ibsens *Nora* (Aarohan Theater 2003) vornahm, wurde dagegen nicht von Theaterkonventionen, sondern von Lebensbedingungen und -gewohnheiten im heutigen Nepal ausgegangen. Er verlegte die Handlung in einen Raum, der an einen hinduistischen Tempel erinnerte und von den Reden der Figuren als moderner Mittelstandshaushalt mit Waschmaschine und Mikrowelle ausgewiesen wurde. Das Weihnachtsfest war durch das hinduistische Lichtfest zu Ehren der Göttin Lakschmi, *Tihar*, ersetzt. Die Personen trugen nepalesische Namen. Wie heute in Nepal üblich, waren die Frauen in Saris gekleidet, die Männer in moderne Anzüge. Für den nepalesischen Zuschauer bestand so von Anfang an kein Zweifel, dass es sich bei den Ereignissen auf der Bühne um Vorgänge im zeitgenössischen Nepal handelte.[34]

So wenig, wie auf den ersten Blick ersichtlich sein mag, was die Verfahren der Bearbeitung von *Macbeth* in Goethes Theater und in der Kunqu Oper unterscheidet, so wenig leuchtet ein, warum im Falle der nepalesischen Inszenierung von Lokalisierung gesprochen werden soll, im Falle der *Nora*-Inszenierung von Thomas Ostermeier (Berliner Schaubühne 2002) dagegen von Aktualisierung die Rede ist. Man könnte fortfahren zu fragen, wieso es etwas anderes sein soll, wenn Heiner Müller Sophokles' *Philoktet* (1962–64), *König Ödipus* in *Ödipus Tyrann* (1966) oder Aischylos' *Prometheus* (1967/8) umschreibt, als wenn Wole Soyinka Euripides' *Bakchen* (1974) oder Femi Osofisan Sophokles' *Antigone* in *Tegonni: An African Antigone* (1999) und Euripides' *Troerinnen* in *The Women of Owu* (2004) umschreibt.

In der Tat – hinsichtlich des Verfahrens des Um-Schreibens gibt es keinen grundlegenden Unterschied. Die Differenz in der Bewertung der Anwendung dieser Verfahren ergibt sich erst aus der Situation des Postkolonialismus. Denn die Aneignung von Texten aus der europäischen Tradition durch Theaterkünstler aus nicht-westlichen Kulturen und vor allem aus früheren Kolonien als Um-Schreiben bzw. Neu-Schreiben nimmt allein aufgrund der Tatsache, dass eben diese Texte den Kolonisierten aufgezwungen oder im Gegenteil vorenthalten wurden, eine politische Dimension an, welche der Aktualisierung von Stücken der eigenen Tradition *per se* nicht zukommen kann. Lokalisierung ist entsprechend als eine Strategie zu begreifen, in westlichen Kulturen entstandene Texte – und andere theatrale Elemente – als ein Material zu verwenden, mit dem ihre Inszenierungen als Bestandteil der eigenen Kultur hervorgebracht werden. Mit Lokalisierung wird also Gleichwertigkeit der Kulturen nicht nur postuliert

34 Vgl. Kamaluddin Nilu, „*A Doll's House* in Asia: Juxtaposition of Tradition and Modernity" 2008.

und proklamiert, sondern auch tatsächlich verwirklicht. Sie stellt in diesem Sinne nicht nur ein ästhetisches, sondern zugleich ein eminent politisches Phänomen dar.

Lokalisierung ist insofern eng mit Globalisierung verbunden, als Globalisierung in gewisser Weise die Voraussetzungen dafür schafft, dass Texte und andere theatrale Elemente – ebenso wie Künstler – zwischen verschiedenen Kulturen zirkulieren können. In anderer Hinsicht dagegen kann Globalisierung als Gegensatz zu Lokalisierung aufgefasst werden – vor allem dann, wenn es um kulturimperialistische Eingriffe in das Theater anderer Kulturen geht, die durch Finanzierungen von westlicher Seite ermöglicht und durch eine eben dies verschleiernde Rhetorik legitimiert werden. So unterstützte das „United States National Endowment for the Humanities" die Inszenierung der Euripideischen *Bakchen* (1996) am „China National Beijing Opera Theatre" durch den Regisseur Chen Shi-Zheng, der lange in den USA gelebt hat, mit der höchsten Summe, die es jemals in eine Theaterproduktion investiert hat. Die Inszenierung kam durch Anstrengungen des künstlerischen Leiters der „New York Greek Drama Company", Peter Steadman, zustande, der das Konzept für die Inszenierung entwarf und den Regisseur auswählte. Anstatt – wie bei einer Lokalisierung – den Text den Konventionen der Beijing Oper anzupassen, wurde der Text als Kontrollinstanz verwendet, um die Opernform entscheidend zu verändern. So verlangte Steadman, dass zwölf Schauspieler aus seiner „New York Greek Drama Company" die Chorlieder ungekürzt in altgriechischer Sprache singen sollten, begleitet von „antiker griechischer Musik", wie er sie sich vorstellte. Um eine solche Musik hervorbringen zu können, mussten die chinesischen Musikinstrumente, mit denen sie „wiederhergestellt" werden sollte, verändert werden – so zum Beispiel durch Bohren zweier zusätzlicher Grifflöcher in die chinesische Oboe *Suona*. Drei männliche Darsteller der „China National Beijing Opera" mussten – wie zu Euripides' Zeiten üblich – alle acht Rollen mit Masken spielen. Die Eingriffe in die Form der Beijing Oper sollten dem Ziel dienen, eine möglichst genaue „Rekonstruktion" des antiken griechischen Theaters zu ermöglichen – also ein Interesse des Amerikaners Steadman befriedigen, das weder von dem Pekingoper Ensemble noch von den Zuschauern in Beijing geteilt wurde. Steadman dagegen stellte die Situation folgendermaßen dar:

> Die Zusammenarbeit zwischen dem „China National Beijing Opera Theatre" und der „New York Greek Drama Company" für die Aufführung der *Bakai* stellt ein historisches Ereignis dar. Unsere Aufführung ist die größte Kooperation zwischen dem amerikanischen und dem chinesischen Theater. Das ‚United States Endowment for the Humanities' bietet dem Projekt die höchste Summe,

> die seit seiner Einführung vergeben wurde. Es ist das erste Mal, daß die beiden archaischen Theatertraditionen – antikes Theater und chinesische Pekingoper – den gleichen Status besitzen und sich auf gleichberechtigter Grundlage für ein richtiges künstlerisches Schaffen vereinigen.[35]

Bereits die Bezeichnung der Pekingoper als einer „archaischen Theatertradition" weist darauf hin, dass es sich nicht um eine gleichberechtigte Kooperation handelte. Auch ging es nicht um eine Lokalisierung der Euripideischen *Bakchen* durch ihre Anpassung an die Theaterform der Pekingoper und eine damit einhergehende Veränderung einzelner ihrer Konventionen. Vielmehr wurde die Pekingoper Anforderungen unterworfen, die nach Meinung Steadmans der griechische Text stellte. Es interessierte ihn weder die Pekingoper als solche noch eine durch sie ermöglichte Lokalisierung der Euripideischen *Bakchen*. Sein Ziel bestand in der „Wiederherstellung" des antiken griechischen Theaters, für die er die Pekingoper lediglich als ein aus seiner Sicht geeignetes Mittel benutzte. Dieses in der Tat kulturimperialistische Vorgehen wurde ihm nur möglich durch die hohe Summe, die das National Endowment for the Humanities der USA ihm für das Projekt zur Verfügung stellte. Das wurde auch durchaus von chinesischen Kritikern mit Bitterkeit bemerkt. Tang Xiao-bai schrieb in *Chinese Theatre* (1996):

> Bei dieser Kooperation dient das Xiqu [die chinesische Oper] eigentlich nur als Mittel zur Annäherung (an das antike Theater). Es gibt weder Xipi und Erhuang (Pekingoper-Gesang) noch Gongs und Trommeln oder stilisierte Darstellungen. Das Xiqu konnte als eigenständiges Theatersystem nicht seine selbständigen Charakteristika bewahren. Dies kann insofern nicht als ‚gleichberechtigte Kooperation' gelten, als sie voraussetzt, dass sich eine Theaterform aus der Peripherie einseitig nach der Theaterform des Zentrums [Westens] orientieren muss. […] In diesem Prozess befinden wir uns eigentlich die ganze Zeit in einer passiven Rolle und können nicht selbst bestimmen. Der Westen kocht sein eigenes Süppchen, in welches das Xiqu als zurechtgeschnittene Zutat hineingeworfen wird.[36]

Wie bei der Lokalisierung geht es auch bei dieser Art von Globalisierung nicht nur um die Erfindung oder Entwicklung einer neuen bzw. „Wiederbelebung" einer alten Ästhetik, sondern auch, wenn nicht in erster Linie um Machtfragen und in diesem Sinne um Politik – wenn auch in gegensätzlicher Weise. So wie die Lokalisierung als Ausdruck der Selbstbestimmung des Theaters einer Kultur und einer Gleichwertigkeit aller Kulturen gewertet werden kann, lässt sich diese Art der Globalisierung als

35 Peter Steadman, „Bakai: yanchu de yiyi" 1996, S. 22, zit. n. Kuan-wu Lin, *Westlicher Geist im östlichen Körper?* 2009.

36 Tang Xiao-bai in: *Chinese Theatre* 1996, S. 43, zit. n. ebenda.

kulturimperialistische Strategie – hier der USA – begreifen, mit der eine klare Hierarchie zwischen den Kulturen proklamiert und errichtet werden soll, welche die westliche Kultur in ihrer US-amerikanischen Ausprägung an die Spitze setzt.

Die hier kurz beschriebenen amerikanisch-chinesischen *Bakchen* stellen ein besonders krasses Beispiel von Kulturimperialismus dar, das durch aufwendige Finanzierung ermöglicht wurde. Nicht immer lässt sich so klar entscheiden, ob und wieweit bei derartigen Kooperationen kulturimperialistische Strategien im Spiele sind. Eine entsprechende Bewertung hängt auch von der jeweiligen Perspektive ab. Wenn es um Geld geht, lässt sich ein solcher Verdacht nur schwer von der Hand weisen. So wurde Ong Keng Sens *Lear*-Inszenierung von Angehörigen einiger asiatischer Staaten ebenfalls kulturimperialistische Strategien vorgeworfen, da die Produktion von der Japan Foundation finanziert wurde. Als die norwegische Regierung Ibsens hundertsten Todestag zum Anlass für eine Inszenierung des *Peer Gynt* bei den Pyramiden von Gizeh nahm, die ganz und gar von norwegischer Seite finanziert wurde, an der nur norwegische Schauspieler beteiligt waren und norwegisch gesprochen wurde, mag dies manchem ägyptischen Zuschauer als eine kulturimperialistische Geste erschienen sein. Dass ein ähnlicher Verdacht aufkommt, wenn die norwegische Regierung Geld für ein Ibsen Festival in New Delhi zur Verfügung stellt, liegt ebenfalls nahe.

Wie aber sind die Fälle zu bewerten, bei denen lediglich einer Anregung von außen gefolgt wird, die zu einer Lokalisierung einer griechischen Tragödie, eines Shakespeare oder Ibsen-Dramas führt, wo allerdings von Anfang an eine Einladung zu einem renommierten Internationalen Theaterfestival wie dem „International Meeting of Ancient Greek Drama" in Delphi oder dem Ibsen-Festival in Oslo in Aussicht gestellt wurde?

Nachdem der chinesische Regisseur Luo Jin-Lin bereits mit seinen Inszenierungen des *Ödipus* (1986) und der *Antigone* (1988), die beide dem *huaju* (Sprechtheater) Stil unter Einschluss einiger weniger Konventionen der Pekingoper folgten, zum „International Meeting of Ancient Greek Drama" in Delphi eingeladen war und internationale Anerkennung erlangt hatte, schlug der griechische Regisseur Theodoros Terzopoulos, der Mitglied des Komitees war, ihm vor, eine weitere griechische Tragödie im Stil einer traditionellen chinesischen Oper zu inszenieren. Luo Jin-Lin folgte dem Vorschlag und brachte 1989 eine *Medea* im Hebei Bangzi Stil aus der Provinz Hebei heraus, die nach Delphi eingeladen wurde. Bei dieser Inszenierung handelte es sich eindeutig um eine Lokalisierung. Der Text wurde verändert, um ihn den Konventionen des gewählten Opernstils und dem Vorwissen eines chinesischen Publikums anzupassen, wobei gleichzeitig auch einige Konventionen verändert wurden. Eine „lokale" Produktion gelangte in Delphi auf den „globalen" Markt.[37]

Ähnlich erging es der *Bakchen*-Inszenierung (1995) von Guru Sadanam P.V. Balakrishnan, dem Leiter des International Kathakali Centre in New Delhi: Auch an ihn trat das Komitee aus Delphi mit der Bitte heran, die Euripideische Tragödie im Kathakali Stil zur Aufführung zu bringen. Nach Lektüre des Textes stimmte Balakrishnan zu, kürzte und bearbeitete den Text erheblich, um ihn seiner Theaterform anzupassen, die er jedoch auch veränderte, um den ihr fremden Chor beibehalten zu können. Auch in diesem Fall handelte es sich um eine Lokalisierung, die in Delphi ebenso wie in New Delhi mit Begeisterung aufgenommen wurde. Während Luo JinLins *Medea* allerdings verschiedentlich vor lokalem Publikum aufgeführt wurde, erlebten die *Bakchen* im Kathakali Stil in New Delhi nur eine einzige Aufführung.

Wie ist in beiden Fällen die politische Dimension zu bewerten? Ist die jeweils in Aussicht gestellte Einladung zu einem wichtigen internationalen Theaterfestival und damit Teilhabe am globalen Markt als eine kulturimperialistische Strategie zu begreifen, mit der in diesem Fall die griechische Seite die „Universalität" der griechischen Tragödie – und damit ihrer eigenen Kultur – unter Beweis stellen wollte und den Wunsch asiatischer Theaterkünstler, am globalen Markt zu partizipieren, ausnutzte? Oder ist aus chinesischer und indischer Sicht davon auszugehen, dass sich hier eine Gelegenheit bot, die eigenen theatralen Traditionen einem internationalen Publikum zu präsentieren, wobei man sich die Wünsche der griechischen Seite nach einer Inszenierung einer griechischen Tragödie in einem lokalen Stil zunutze machte? Diese Fragen lassen sich kaum eindeutig klären. Sie werden je nach Perspektive unterschiedliche Antworten herausfordern. Eine derartige Verbindung von Lokalisierung und Globalisierung untersuchen zu wollen, wirft eine Reihe von Problemen auf, die politischer Natur und mit entsprechender Sensibilität zu behandeln sind. Wenn, wie im Falle der *Bakchen* im Kathakali Stil, das lokale Publikum nur ein einziges Mal die Gelegenheit hat, an einer Aufführung teilzunehmen, liegt der Verdacht nahe, dass die sechsmonatige Probenzeit in erster Linie dem Ziel galt, auf dem globalen Markt einen Erfolg zu erringen.

Ein ganz anderes Problem stellen Produktionen dar, die gar nicht mehr mit Blick auf das lokale Publikum, sondern nur noch für den globalen Markt herausgebracht werden. Der Rückgriff auf den westlichen ‚Kanon' – also vor allem griechische Tragödien, Shakespeare, Ibsen, Tschechow, Brecht,

37 Vgl. hierzu Lin, *Westlicher Geist im östlichen Körper?* 2009.

die seit drei Jahrzehnten die Hitliste der weltweit am meisten gespielten Stücke anführen – garantiert im Schauspieltheater ein Interesse des westlichen Publikums an der Inszenierung. Zugleich erwartet dieses Publikum jedoch, bei einer solchen Inszenierung aus nicht-westlichen Ländern nicht etwas geboten zu bekommen, was es meint, genauso gut auf dem eigenen Theater sehen zu können. Es werden also Elemente aus eigenen Theaterformen hinzugezogen – allerdings nicht mit dem Ziel einer Lokalisierung, sondern eher einer Art Selbst-Exotisierung, von der angenommen wird, dass sie ein Interesse beim westlichen Publikum zu erwecken vermag. In diesen Fällen entsteht eine Festival-Ästhetik, die sich dem lokalen Publikum mehr und mehr entfremdet.[38] Hier gehen Lokalisierung und Globalisierung nicht mehr Hand in Hand, sondern es zählt nur noch der globale Markt – auch wenn gerade solche Produktionen dort letztlich nicht erfolgreich sind. Damit erweist sich einmal mehr, wie zutreffend Heiner Müllers Aussage ist, dass Theater zunächst lokal sein muss und nur unter dieser Bedingung wirklich international werden kann.

Hier öffnet sich ein weites Feld für die Theaterwissenschaft, das zunehmend von immer größerer Bedeutung wird, je weiter der Prozess der Globalisierung voranschreitet. Dies Feld wird sich, wie aus der Darstellung der aus ihm resultierenden Probleme hervorgeht, nur durch interdisziplinäre Kooperationen der verschiedensten Art sinnvoll und erfolgreich bearbeiten lassen.

---

38 Vgl. hierzu: Catherine Diamond, „The Floating World of Nouveau Chinoiserie: Asian Orientalistic Productions of Greek Tragedy“ 1999.

8. Aufführungen der Künste

8.1 Theater und andere Künste

> Von der ideellen Seite steht das Theater sehr hoch, so daß ihm fast nichts, was der Mensch durch Genie, Geist, Talent, Technik und Übung hervorbringt, gleichgestellt werden kann. Wenn Poesie mit allen ihren Grundgesetzen, wodurch die Einbildungskraft Regel und Richtung erhält, verehrenswerth ist; wenn Rhetorik mit allen ihren historischen und dialektischen Erfordernissen höchst schätzenswerth und unentbehrlich bleibt; dann aber auch persönlicher mündlicher Vortrag, der sich ohne eine gemäßigte Mimik nicht denken läßt: so sehen wir schon, wie das Theater sich dieser höchsten Erfordernisse der Menschheit ohne Umstände bemächtigt. Füge man nun noch die bildenden Künste hinzu, was Architektur, Plastik, Mahlerei zur völligen Ausbildung des Bühnenwesens beitrage, rechne man das hohe Ingrediens der Musik, so wird man einsehen, was für eine Masse von menschlichen Herrlichkeiten auf diesen einen Punkt sich richten lassen.[39]

Diese Aufzählung „menschlicher Herrlichkeiten", die das Theater in sich begreift, wie Goethe sie nach 24-jähriger Leitung des Weimarer Theaters 1815 in den *Annalen* vornahm, müsste heute um Film, Video- bzw. Medien- und Computerkunst erweitert werden. Denn Theater als eine spezifische Kunstgattung unterscheidet sich von allen anderen Künsten u.a. dadurch, dass es sie alle in sich zu vereinigen und für seine Zwecke zu nutzen weiß. Theaterwissenschaft muss insofern immer als eine Art Interdisziplin betrieben werden. Als Kunstwissenschaft verlangt sie auch literatur-, musik-, film- und kunstwissenschaftliche Kompetenzen. Dabei gilt es allerdings zu bedenken, dass die Beiträge der anderen Künste in einer Aufführung des Theaters nicht als eigenständige Kunstwerke in Erscheinung treten, sondern als Elemente, die den Prozess der Aufführung in ihren Wechselwirkungen konstituieren.

8.1.1 Verhältnis der verschiedenen Künste in Aufführungen des Theaters

Da Theaterkunst aus dem Zusammenwirken unterschiedlicher Künste hervorgeht, können sich ihre Aufführungen u.a. durch das Kriterium unterscheiden, ob in ihr eine Hierarchie zwischen den beteiligten Künsten etabliert wird – und wenn ja, welche – oder nicht. So lässt sich aus den Beschreibungen von Opernaufführungen im Rahmen höfischer Feste im 17. Jahrhundert eine Dominanz von bildender Kunst und Musik folgern, welche entsprechend jeweils die größten Wirkungen auf die Zuschauer aus-

39 Goethe, *Annalen*, in: *Goethes Werke*, Bd. 36, 1901 S. 278f.

zuüben vermochten. Bei Aufführungen von Racines Dramen im Rahmen von Festen am Hofe Ludwigs XIV. scheint dagegen die Sprache dominant gewesen zu sein. In der *commedia dell'arte* vom 16. bis zum 18. Jahrhundert können wir aufgrund zeitgenössischer Berichte die Schauspielkunst als vorherrschend annehmen.

Aus diesen wenigen Beispielen lässt sich der Schluss ziehen, dass in der Geschichte des europäischen Theaters überwiegend mit bestimmten Hierarchisierungen gearbeitet wurde, die jedoch selten zum Ausschluss einer der Künste führten. So war die Musik bis weit ins 19. Jahrhundert hinein keineswegs nur der Oper und dem Ballett vorbehalten, sondern auch ganz selbstverständlich an Schauspielaufführungen beteiligt. In den Archiven des Weimarer und des Stuttgarter Theaters zum Beispiel findet sich ein umfangreiches Korpus von Schauspielmusiken, das davon Zeugnis ablegt.

Der Versuch, ganz ohne Hierarchisierung auszukommen und alle Künste gleichberechtigt an einer Theateraufführung zu beteiligen, führt entweder zu einem eng aufeinander bezogenen Zusammenwirken der verschiedenen Künste oder zu einem ebenfalls gleichberechtigten, doch anscheinend völlig zusammenhanglosen Nebeneinander. Die erste Variante wird von Richard Wagners Konzept des Gesamtkunstwerks (1) erfaßt, die zweite von John Cages aleatorischer Ästhetik (2) – um die beiden Extreme anzuführen, zwischen denen eine Reihe anderer Lösungen möglich sind.

1) *Wagner* entwickelte seinen *Begriff des Gesamtkunstwerks* unter Berufung auf das tragische Theater der Griechen, das er als ein Gesamtkunstwerk *avant la lettre* begriff, vor allem in den beiden frühen theoretischen Schriften *Das Kunstwerk der Zukunft* (1849) und *Oper und Drama* (1850/1). Er strebte das „große Gesammtkunstwerk“ an,

> das alle Gattungen zu der Kunst zu umfassen hat, um jede einzelne dieser Gattungen als Mittel gewissermaßen zu verbrauchen, zu vernichten zu Gunsten der Erreichung des Gesammtzweckes aller, nämlich der unbedingten, unmittelbaren Darstellung der vollendeten menschlichen Natur [...] dieses große Gesammtkunstwerk [...] (erscheint) nicht als die willkürlich mögliche That des einzelnen, sondern als das nothwendig denkbare gemeinsame Werk der Menschen der Zukunft.[40]

Die einzelnen Künste müssen also im Gesamtkunstwerk auf eine solche Weise zueinander in Beziehung treten, dass sie als einzelne gar nicht mehr identifizierbar sind. Das Gesamtkunstwerk würde an sich den Begriff der Einzelkünste auslöschen. Das heißt, die „Vereinigung aller Künste“ zum Gesamtkunstwerk muss besonderen Prinzipien und Bedingungen folgen.

---

40 Richard Wagner, *Richard Wagners Gesammelte Schriften und Dichtungen* 1887/88, Bd. 3, S. 60.

Sie ist auf keinen Fall so zu deuten, „daß z.B. in einer Gemäldegalerie und zwischen aufgestellten Statuen ein Goethescher Roman vorgelesen und dazu noch eine Beethovensche Symphonie vorgespielt würde".[41] Wagner polemisierte auch gegen die Große Oper, die zu seiner Zeit populärste Form der Oper, als einer bloßen Addition der Künste.

Dagegen proklamierte er die Vereinigung der Künste als ihre vollständige Fusion, ihre Verschmelzung. Das hat für die Beschreibung und theoretische Erfassung des Gesamtkunstwerks weitreichende Folgen. Denn da in ihm die Einzelkünste nicht mehr identifizierbar sind, können sie auch nicht als die Elemente bzw. Einheiten bestimmt werden, aus denen das Gesamtkunstwerk sich aufbaut. Es müssen also andere Einheiten gefunden werden, die entweder den einzelnen Künsten zugrunde liegen oder aus der Fusion der Künste hervorgehen.

Entsprechend fordert Wagner, dass das Gesamtkunstwerk „dem Inhalt und der Form nach aus einer Kette [...] organischer Glieder" bestehen solle,

> die sich gegenseitig so bedingen, ergänzen und tragen müssen, wie die organischen Glieder des menschlichen Leibes, der dann ein vollkommener, lebendiger ist, wenn er aus all den Gliedern, die ihn durch gegenseitiges Sichbedingen und Ergänzen ausmachen, besteht, keine fehlen, keine ihm aber auch zu viel sind.[42]

Zwar sind die Einzelkünste an der Konstitution dieser „organischen Glieder" beteiligt, sie sind jedoch nicht mehr als einzelne voneinander abgrenzbar. Jede erfüllt vielmehr eine spezifische Funktion für das gesamte „organische Glied". So hat zum Beispiel „das Orchester zunächst nach seinem besonderen Vermögen [...] die dramatische Gebärde der Handlung" auszudrücken. Der Sänger weiß sich als „Darsteller einer zunächst sprachlich ausgedrückten und bestimmten Persönlichkeit" und ist daher im Stande, „die zum Verständnis der Handlung erforderliche Gebärde dem Auge kundzutun".[43] Es wird also im ersten Schritt auf jene kleineren Einheiten zurückgegangen, in die sich die einzelnen beteiligten Künste zerlegen lassen, wie die Tonfolge, die Gebärde, der sprachliche Ausdruck. Diese Einheiten treten nun auf eine Weise zueinander in eine Beziehung, dass sie zusammen als komplexe Einheiten die „organischen Glieder" bilden. Als ein solches organisches Glied ist beispielsweise die Handlung zu begreifen, die sowohl vom Orchester als auch vom Gesang des Sängers und seinen Gebärden dargestellt wird, oder auch die „dramatische Persönlichkeit", an

41 Richard Wagner, *Richard Wagners Gesammelte Schriften* 1914, Bd. 4, S. 3.
42 Ebenda, S. 196.
43 Ebenda, S. 217–218.

deren Aufbau wiederum Orchester, Gesang, Sprache und Gebärde beteiligt sind. Die Einzelkünste bauen also aus den sie konstituierenden Elementen solche komplexen Einheiten wie Handlung und Figur auf und werden in diesem Prozess selbst als Einzelkünste aufgehoben und ausgelöscht.

Das zeigt sich auch darin, dass in den von ihnen erschaffenen organischen Gliedern die Einzelkünste sich gegenseitig beeinflussen und daher verändern. So bewirkt die Vereinigung von Musik, Sprache und Gebärde, dass Musik und Gebärde stärker semantisiert, also mit Bedeutungen aufgeladen werden, Sprache dagegen desemantisiert wird, also Bedeutungen verliert. Entsprechend äußerte sich Wagner über die große Szene zwischen Alberich und Hagen im *Ring des Nibelungen*: „Das wird wirken, wie wenn zwei seltsame Tiere miteinander sprechen, man versteht nichts und alles ist interessant."[44] Aufgrund dieser Transformationen der beteiligten Einzelkünste kann sich im Gesamtkunstwerk Erkenntnis weniger im Modus des Verstandes als des Gefühls vollziehen. Die Vereinigung der Künste im und zum Gesamtkunstwerk zielt entsprechend darauf, den Zuschauern eine ästhetische Erfahrung zu ermöglichen, die Wagner als Selbsterfahrung eines Subjektes als eines „ganzen" Menschen, wie er aus der Vereinigung von „Leibesmenschen" (Gebärde, Tanz), „Gefühlsmenschen" (Musik) und „Verstandesmenschen" (Dichtkunst) hervorgeht, bestimmt – worin unbestreitbar ein an Schillers ästhetische Erziehung erinnerndes utopisches Potenzial enthalten ist.[45]

2) Während im Wagnerschen Gesamtkunstwerk die Hierarchie zwischen den beteiligten Künsten aufgehoben ist, insofern sie sich gleichberechtigt am Aufbau „organischer Glieder" wie Handlung und Figur beteiligen und in diesem Prozess ihres Zusammenwirkens transformiert werden, wird in *John Cages aleatorischer Ästhetik* eine Dehierarchisierung durch ein Zusammentreffen verschiedener Künste nach dem Zufallsprinzip bewirkt. Dabei wird durchaus auch getestet, ob durch dieses Zusammentreffen eine Transformation der beteiligten Künste bewirkt wird und welche Möglichkeiten einer ästhetischen Erfahrung sich daraus für die Zuschauer ergeben.

Als ein entsprechendes Experiment ist John Cages *Untitled Event* zu begreifen, das dieser im Jahre 1952 – also fast genau 100 Jahre, nachdem Wagner seinen Begriff des Gesamtkunstwerks konzipiert hatte – zusammen

44 Cosima Wagner, *Die Tagebücher, 1869–1883* 1976/77, S. 770.

45 Richard Wagner, *Richard Wagners Gesammelte Schriften* 1914, Bd. 3, S. 67. Zum Begriff des Gesamtkunstwerks vgl. Roger Fornoff, *Die Sehnsucht nach dem Gesamtkunstwerk* 2004, Hans Günther (Hg.), *Gesamtkunstwerk. Zwischen Synästhesie und Mythos* 1994, Detlev Hoffmann (Hg.), *Der Traum vom Gesamtkunstwerk* 1998, Harald Szeemann (Hg.), *Der Hang zum Gesamtkunstwerk* 1983.

mit dem Pianisten David Tudor, dem Komponisten Jay Watts, dem Maler Robert Rauschenberg, dem Tänzer Merce Cunningham sowie den Dichtern Charles Olsen und Mary Caroline Richards im Speisesaal des Blackmountain Colleges durchführte. Die gemeinsamen Vorbereitungen waren minimal: Jeder Akteur erhielt eine Art Partitur ausgehändigt, in der lediglich *time brackets* eingetragen waren. Sie gaben die Zeiten für Aktionen, Pausen und Stille an und waren von jedem Teilnehmer selbst auszufüllen. Auf diese Weise wurde sichergestellt, dass zwischen den Aktionen weder kausale noch andere im Vorhinein festgelegte Beziehungen bestanden, so dass „anything that happened after that, happened in the observer himself".[46] Das *Untitled Event* entsprach also in etwa Wagners Horrorvorstellung, dass „in einer Gemäldegalerie und zwischen aufgestellten Statuen ein Goethescher Roman vorgelesen und dazu noch eine Beethovensche Symphonie vorgespielt wird".

An den Längs- und Schmalseiten des Speisesaals waren die Stühle für die Zuschauer – die sich aus den übrigen Teilnehmern der Sommerschule, Mitarbeitern des Colleges und ihren Familien sowie aus der Landbevölkerung der Umgebung zusammensetzten – jeweils in vier Dreiecken angeordnet, deren eine Spitze in die Mitte des Raumes wies, ohne eine andere zu berühren. In der Mitte blieb so ein großer Raum frei, auf dem sich allerdings nur wenige Aktionen abspielten. Er fungierte eher als eine Art Durchgangsraum. Zwischen den Dreiecken waren breite Gänge freigelassen, die als zwei einander in der Mitte kreuzende Diagonalen den ganzen Raum durchmaßen. Auf jedem Stuhl war eine weiße Tasse platziert. Den Zuschauern wurde jegliche Erläuterung zu ihrem möglichen Gebrauch vorenthalten; sie verwendeten sie zum Teil als Aschenbecher. An der Decke hingen Gemälde von Robert Rauschenberg – seine „white paintings".

Cage, in schwarzem Anzug mit Krawatte, stand auf einer Trittleiter und verlas einen Text über die Beziehung zwischen Musik und Zen Buddhismus sowie Auszüge aus Meister Eckharts Schriften. Anschließend führte er eine „Komposition mit einem Radio" auf. Zur selben Zeit spielte Rauschenberg alte Schallplatten auf einem handbetriebenen Grammophon mit Schalltrichter ab, neben dem ein Hund saß – wie es auf den Plattenhüllen der Deutschen Grammophon-Gesellschaft zu sehen war. David Tudor bearbeitete ein „prepared piano"; später fing er an, Wasser aus einem Eimer in einen anderen zu gießen, während Olsen und Richards eigene Dichtungen vortrugen – zum Teil inmitten der Zuschauer, zum Teil von einer

46 John Cage zit. n. Roselee Goldberg, *Performance Art. From Futurism to the Present* 1988, S. 126.

Leiter aus, die an eine der Schmalwände gelehnt war. Cunningham tanzte mit anderen Tänzern durch die Gänge und zwischen den Zuschauern hindurch, verfolgt von dem inzwischen vollkommen durchgedrehten Hund. Rauschenberg projizierte auf die Decke und eine Längswand abstrakte Dias (die durch das Zerreiben von farbiger Gelatine zwischen zwei Glasplatten entstanden waren) und Filmausschnitte, die zunächst den Koch des Colleges zeigten und später, als sie allmählich von der Decke auf die andere Längswand wanderten, die untergehende Sonne. In einer Ecke des Raumes spielte der Komponist Jay Watts auf verschiedenen, die Zuschauer zum Teil exotisch anmutenden Instrumenten. Die Aufführung endete damit, dass vier in Weiß gekleidete Jungen den Zuschauern Kaffee in die Tassen einschenkten – ganz gleich ob diese sie als Aschenbecher benutzt hatten oder nicht.

Ganz zweifellos wurden in diesem Experiment durch das Zusammentreffen verschiedener Künste deren Medialität und Semiotizität affiziert. So wurden die Werke der bildenden Kunst – die *white paintings* und die Dias – ebenso wie die der Literatur – die Schriften Meister Eckharts und die Dichtungen von Olsen und Richards – den medialen Bedingungen von Aufführungen unterworfen, wie sie generell für Musik und Tanz gelten.[47] Sie konstituierten wesentlich die Materialität der Aufführung mit und wurden von deren Flüchtigkeit und Transitorik tangiert. Die Aufmerksamkeit der Zuschauer wurde von ihrem Artefakt- bzw. Textcharakter ab- und auf die Eigenart hingelenkt, dass mit ihnen etwas getan wurde: dass sie – wie die Dias in schneller Folge vorgeführt und wie die Texte vorgetragen wurden. Anstatt sich in die Betrachtung der Bilder versenken zu können, mussten die Zuschauer an der Decke und der Längswand vorüberhuschenden Farben und Formen folgen. Statt sich lesend in einen Text zu vertiefen, vor- und zurückzublättern, lauschten die Zuschauer den flüchtigen Sprachlauten, welche die Stimmen von Cage, Olsen und Richards artikulierten. Auch die Materialität der beiden Künste wurde in diesem Sinne durch das Zusammentreffen mit anderen tangiert. In diesem Sinne fand auch hier eine Transformation der beteiligten Künste statt, wenn auch auf ganz andere Weise als in Wagners Gesamtkunstwerk.

Da in dieser Aufführung die verschiedenen Künste nicht wie im ihr zeitgenössischen Schauspieltheater (1952!) unter Bezug auf eine Geschichte sowie auf miteinander interagierende Figuren eingesetzt wurden, ihre Dramaturgie vielmehr darin bestand, sie zufällig aufeinandertreffen zu las-

---

47 Zur Theorie von Körper- und Bewegungskonzepten in Schrift, Bild und Tanz vgl. Gabriele Brandstetter, *Tanz-Lektüren. Körperbilder und Raumfiguren der Avantgarde* 1995.

sen, waren die Bedingungen für die Wahrnehmung der Zuschauer und ihre Bedeutungskonstitution grundlegend anders als nicht nur bei Werken der einzelnen beteiligten Künste, sondern auch bei Theateraufführungen, die mit verschiedenen Künsten arbeiten. Denn da dramaturgische und inszenatorische Verfahren fehlten, welche die Wahrnehmung gelenkt und einen sinnvollen Zusammenhang zwischen den Handlungen der Akteure und zum Raum hätten stiften können, war hier jeder Zuschauer aufgefordert, aus den ihm gleichzeitig angebotenen Wahrnehmungsmöglichkeiten selbst eine Auswahl zu treffen bzw. sein Auge beliebig schweifen zu lassen und solche Zusammenhänge herzustellen, die ihm seine Phantasie, sein Erinnerungs- und Assoziationsvermögen eingaben. Das wiederum hatte Auswirkungen auf die Ästhetizität: Da jeder Zuschauer hier seine eigene Aufführung herstellen musste, war die ästhetische Erfahrung, die dadurch ausgelöst wurde, eine ganz besondere.

8.1.2 Veränderungen im Theater durch Veränderungen der beteiligten Künste

Zwischen den beiden Extremen, die Wagners Gesamtkunstwerk und Cages aleatorische Ästhetik markieren, erstreckt sich eine Fülle von Möglichkeiten, wie Theater die verschiedenen Künste mit unterschiedlicher Hierarchisierung zusammenwirken lassen kann. Veränderungen im Theater nehmen daher häufig von Veränderungen in einer oder mehrerer der beteiligten Künste ihren Ausgang. In Europa lässt sich durchgehend eine starke Affinität des Theaters zu technischen Innovationen feststellen – was immer an neuer Technologie entwickelt wird und sich im Theater einsetzen lässt, findet auch Verwendung. Diese Affinität lässt sich von der Antike bis heute beobachten. Nachdem Brunelleschi 1435 in der Malerei die Zentralperspektive erfunden hatte, wurden seit Beginn des 16. Jahrhunderts in Italien die ersten perspektivischen Bühnendekorationen hergestellt. Die ersten Perspektivdekorationen sind für das Jahr 1508 bezeugt. Sie wurden vom Maler Pellegrino da Udine für eine Aufführung von Ludovico Ariostos *Cassaria* in Ferrara und von Girolamo Genga für eine Aufführung in Urbino geschaffen. Vermutlich hatte allerdings schon vor 1508 Balthasar Peruzzi (1481–1536) perspektivische Bühnenbilder entworfen. Außerdem soll Donato Bramante, der Lehrer Gengas und Peruzzis, bereits um 1500 die perspektivische Ansicht einer tragischen Bühne entworfen haben.[48] Mit derartigen perspektivischen Bühnenbildern wurden für die Zuschauer ganz neue Bedingungen und Möglichkeiten der Wahrnehmung geschaffen.

48 Vgl. Günter Schöne, *Die Entwicklung der Perspektivbühne* 1933.

Es waren ebenfalls bildende Künstler – Architekten und Maler –, die mit ihrer Entwicklung von Bühnenmaschinen die unglaublichsten Effekte ermöglichten, welche in den Zuschauern die gewünschten starken Affekte zu erregen vermochten. Sie erlaubten den Einsturz von Häusern, Überschwemmungen, Vulkanausbrüche, Feuersbrünste u. Ä. auf der Bühne. Mit Einsatz einer derartigen Maschinerie brachte zum Beispiel Gian Lorenzo Bernini (1598–1680) bei einer Aufführung seiner Komödie *Fontana di Trevi* in der Karnevalsaison des Jahres 1638 in Rom „die ganze Welt zum Staunen"[49]. Sie fand ein Jahr, nachdem der Tiber über die Ufer getreten und die Straßen und Häuser Roms überschwemmt hatte, statt. Nachdem auf offener Szene die Häuser eingestürzt und die Opfer so täuschend dargestellt waren, dass sie ein „angenehmes" Grauen bei den Zuschauern erregten, stieg vor einem Prospekt, der mit dem Petersdom unmissverständlich Rom abbildete, allmählich das Wasser weiter an und wurde im vorderen Teil der Bühne durch Dämme gestaut. Plötzlich brachen die Dämme, und das Wasser schien sich auf die Zuschauer in der ersten Reihe ergießen zu wollen. Diese sprangen, von Furcht und Entsetzen gepackt, auf, um sich vor der Überflutung oder gar dem Ertrinken zu retten. Im letzten Moment, ehe die Wellen auf sie überschwappen konnten, wurde aus dem Bühnenboden ein weiterer Damm heraufgefahren und „das Wasser zerstreute sich, ohne irgendjemandem Schaden zugefügt zu haben"[50]. Diese Maschinerie eröffnete ganz neue und besonders wirkungsvolle Möglichkeiten, in den Zuschauern starke Affekte wie Staunen, Erschrecken, Entsetzen auszulösen.

Eine andere für das europäische Theater höchst folgenreiche Veränderung wurde durch neue Entwicklungen in der Musik bewirkt. Die so genannte Florentiner Camerata, ein Kreis von Komponisten und Gelehrten, welche das antike tragische Theater wiederzubeleben trachteten, sahen die besten kompositionstechnischen Voraussetzungen dafür in einer stärkeren Gewichtung der Monodie gegenüber polyphoner Musik gegeben. So entstanden die ersten Opern, die im „stile recitativo" komponiert waren. Während als erste Oper *La favola di Dafne* gilt, ein von Ottavio Rinuccini gedichtetes Schäferstück, das von Jacopo Peri und Jacopo Corsi komponiert und 1597 im Haus von Corsi uraufgeführt wurde, begann die neue theatrale Form der italienischen Oper wenig später mit den Werken des Komponisten Claudio Monteverdi (1568–1643) ihren Siegeszug durch Europa, angefangen mit *Orfeo* (1607) und *Arianna* (1608), die beide in Man-

---

49 Gian Lorenzo Bernini, *Fontana di Trevi. Commedia inedita* 1963. Dokumentenanhang S. 96.

50 Ebenda, zit. n. Florian Nelle, „Bernini und das Experiment der Katastrophe" 2006, S. 114.

tua uraufgeführt wurden. Monteverdi erweiterte den „stile recitativo" um Arien, Strophenlieder und polyphone Madrigale und verwandte auch reine Instrumentalmusik. Außerdem schuf er mit Ouvertüre und Leitmotiven spezifische dramaturgische Strukturen.

Wichtige Impulse zur Veränderung des europäischen Theaters gingen immer wieder von der dramatischen Literatur aus. Das elisabethanische Theater, das spanische Theater des Siglo de Oro, das französische klassische Theater wurden durch die Dramatik eines Shakespeare, Lope de Vega, Calderón, Corneille, Molière, Racine ebenso stark geprägt und transformiert wie das naturalistische Theater durch die Dramen Ibsens, Hauptmanns, Strindbergs, Gorkis oder Tschechows. Pirandello veränderte mit seinen Stücken das Theater ebenso wie Brecht und Beckett mit ihren Texten, um nur einige Beispiele zu nennen.

Die Veränderungen, welche durch die Entwicklung einer neuen Schauspielkunst im 18. Jahrhundert, in Goethes Weimarer Theater und von den historischen Avantgardebewegungen in der ersten Dekade des 20. Jahrhunderts herbeigeführt wurden, sind bereits im ersten wie im zweiten Teil des Buches ausführlich gewürdigt worden.

Nach der Erfindung des Films wurde auch dieser bald dem Theater einverleibt – zuerst durch Meyerhold und Piscator –, was eine Reihe von Veränderungen bewirkte. Vergleichbares gilt von der Einführung von Video, Lichtcomputer u. Ä. ins Theater. Sie veränderten die Wahrnehmungsgewohnheiten und -möglichkeiten der Zuschauer erheblich und trugen so zur Entstehung von Aufführungen bei, wie sie vor der Erfindung dieser Medien kaum vorstellbar waren.

Weder die Geschichte des Theaters noch das Gegenwartstheater lassen sich also ohne Rekurs auf Entwicklungen in den anderen Künsten, die alle an seinen Aufführungen beteiligt sein können, angemessen untersuchen. Ohne wenigstens rudimentäre Kenntnisse und Kompetenzen hinsichtlich Architektur (Theaterbau, Raumgestaltung), Malerei, Musik, Literatur, Film und anderen neuen Medien lässt sich Theaterwissenschaft kaum ernsthaft und erfolgreich betreiben. Gleichwohl besteht ein grundlegender Unterschied, ob ein Gemälde den Gegenstand einer Untersuchung bildet oder ein Bühnenbild, eine Symphonie oder eine Opernaufführung, ein Drama oder eine Schauspielaufführung, ein Film oder der Einsatz von Video innerhalb einer Aufführung. Denn mit „Eintritt" in die Theateraufführung verlieren die Werke der Maler, Bildhauer, Dichter, Komponisten, Film- und Videokünstler ihren Werkcharakter und erscheinen als die Aufführung mitkonstituierende Elemente – auch wenn sie, wie in Cages *Untitled Event*, zusammenhangslos nebeneinander in Erscheinung treten. Da Theater in diesem

Sinne eine ‚Interart' darstellt, muss Theaterwissenschaft entsprechend als eine ‚Interdisziplin' betrieben werden.

8.2 Performativierungen der Künste als ihre Aufführung

Spätestens seit den 1960er Jahren zeichnet sich in den verschiedenen Künsten eine Entwicklung ab, die für die einzelnen Kunstwissenschaften ebenso wie für eine allgemeine Kunsttheorie und Ästhetik eine Herausforderung darstellt. Was die historischen Avantgardebewegungen im ersten Drittel des 20. Jahrhunderts proklamierten und unter anderem in futuristischen *serate*, Dada-Soireen und verschiedenen „Besichtigungstouren" der Surrealisten erprobten, haben die Künste am Ende des Jahrhunderts vollzogen: die permanente Überschreitung der Gattungsgrenzen zwischen den verschiedenen Künsten bis hin zu ihrer vollständigen Auflösung. Dieser Prozess lässt sich als eine radikale Performativierung der Künste beschreiben, die ihre ‚Werke' nun häufig als ‚Ereignisse' und entsprechend als Aufführungen hervorbringen.

In der bildenden Kunst überwog bereits bei *action painting* und *body art*, später auch in Lichtskulpturen, Videoinstallationen u. Ä. der Aufführungscharakter. Entweder präsentierte sich der Künstler selbst vor einem Publikum – nämlich in der Aktion des Malens oder in der Zurschaustellung seines in spezifischer Weise hergerichteten und/oder agierenden Körpers; oder der Betrachter war aufgefordert, sich um die Exponate herumzubewegen und mit ihnen zu interagieren, während andere Besucher zuschauten. Der Besuch einer Ausstellung wurde so zur Teilnahme an einer Aufführung. Häufig ging es darüber hinaus um das Erspüren der besonderen Atmosphäre der verschiedenen Räume, welche die Besucher jeweils umfingen, wie zum Beispiel beim *BeuysBlock* im Darmstädter Museum (eingerichtet 1970 und bis 1986 immer wieder leicht abgeändert) oder in der Ausstellung *Inszenierte Räume* der Bühnenbildner Karl-Ernst Hermann und Erich Wonder (1979) in Hamburg oder in Robert Wilsons *Mr. Bojangle* (1991) im Centre Pompidou in Paris.

Es waren vor allem bildende Künstler wie Joseph Beuys, Wolf Vostell, die Fluxus-Gruppe oder die Wiener Aktionisten, welche in den 1960er Jahren die neue Form der Aktions- und Performance-Kunst kreierten. Seit den frühen sechziger Jahren führte – und führt bis heute – der dem Wiener Aktionismus zuzurechnende Hermann Nitsch seine Lammzerreißungsaktionen durch, die nicht nur die Akteure, sondern auch die übrigen Teilnehmer in Berührung mit sonst tabuisierten Objekten brachten und ihnen besondere sinnliche Erfahrungen ermöglichten.

Ebenfalls in den frühen sechziger Jahren begannen die Fluxus Künstler ihre Aktionen. An ihrer dritten Veranstaltung, die unter dem Titel *Actions/Agit Prop/De-collage/Happening/Events/Antiart/L'autrisme/Art total/Refluxus – Festival der neuen Kunst* am 20. Juli 1964 – also am 20. Jahrestag von Stauffenbergs Attentat auf Hitler – im Auditorium Maximum der Technischen Hochschule Aachen stattfand, waren die Mehrzahl der Fluxus Künstler beteiligt, darunter Joseph Beuys, Bazon Brock, Tomas Schmit, Ben Vautier und Wolf Vostell. In seiner Aktion *Kukei, akopee – Nein! Braunkreuz, Fettecken, Modellfettecken* löste Beuys einen Tumult aus – sei es durch eine majestätische Geste, mit der er einen filzumwickelten Kupferstab senkrecht über sein Haupt erhob, sei es durch Verschütten von Salzsäure (nach Aussage der Oberstaatsanwaltschaft im Rahmen ihrer Ermittlungen 1964/5). Studenten stürmten die Bühne. Einer schlug Beuys mehrere Male mit der Faust ins Gesicht, so dass diesem Blut in Strömen aus der Nase floss und auf sein weißes Hemd tropfte. Beuys, über und über mit Blut besudelt und weiter aus der Nase blutend, reagierte, indem er aus einer großen Schachtel Schokoladentafeln hervorholte und ins Publikum warf. Umgeben von tumultartigem Menschengetümmel und wahnsinnigem Geschrei hielt Beuys mit der linken Hand ein Kruzifix, das er wie beschwörend und bannend hochhob, während er die rechte Hand in die Höhe reckte, als wolle er Einhalt gebieten.[51] Es ist nicht zu übersehen, dass diese Aktion aus den Interaktionen zwischen dem Künstler und den Zuschauern, aus Prozessen der Aushandlung ihrer Beziehungen hervorging. Sie fällt also unter die Definition des Aufführungsbegriffs.

Während Konzerte ganz generell als Musikaufführungen gelten, wurde ihr spezifischer Aufführungscharakter bereits in den frühen 1950er Jahren von John Cage mit seinen ‚Silent Pieces' nachdrücklich markiert. Hier waren es die unterschiedlichen Handlungen und Geräusche – gerade auch die von den Zuhörern selbst hervorgebrachten Geräusche –, die zum Laut-Ereignis wurden, während der Musiker – wie zum Beispiel der Pianist David Tudor in *4'33"* (Woodstock/New York 1952) – keinen einzigen Ton spielte. Dieses erste *‚Silent Piece'* bestand aus drei Sätzen. David Tudor betrat, in einen schwarzen Frack gekleidet, die Bühne und setzte sich ans Klavier: Er öffnete den Deckel und blieb eine Weile vor der geöffneten Tastatur sitzen, ohne zu spielen. Dann schloss er den Deckel. Nach 33 Sekunden öffnete er ihn wieder. Kurze Zeit später schloss er ihn erneut und öffnete ihn erst wieder nach zwei Minuten und vierzig Sekunden. Er schloss den Deckel

51 Vgl. hierzu Uwe M. Schneede, *Joseph Beuys – Die Aktionen* 1994, vor allem S. 42–67.

ein drittes Mal – diesmal für eine Minute und zwanzig Sekunden. Dann öffnete er ihn zum letzten Mal. Das Stück war vorüber.

Die Aufführung bestand aus den Lauten, die der Pianist mit seinen Schritten und dem Öffnen und Schließen des Klavierdeckels hervorbrachte, den Lauten, welche die Zuschauer in Reaktion auf sein Nicht-Spielen äußerten wie Räuspern, Husten, Mit-den-Füßen-scharren, Sich-Bemerkungen-zuflüstern, Hinausgehen, Türenschlagen u. Ä., und aus den Lauten, die von außen in den Konzertsaal drangen, wie das Heulen des Windes während des ersten Satzes oder das Prasseln des Regens beim zweiten Satz.[52] Es war eine Aufführung von Lauten, die unterschiedlichen Quellen entstammten – wie den Handlungen des Akteurs oder der Zuschauer oder Naturereignissen – und sie nach dem Prinzip des Zufalls zusammenklingen ließ. Mit *4'33"* wurde so nicht nur der Aufführungscharakter von Konzerten markiert, sondern auch zugleich zur Reflexion über ihn aufgefordert.

Auf ganz andere Weise unternahmen dies auch andere Komponisten. In den 1960er Jahren gingen einige dazu über, den Instrumentalisten bereits in den Partituren Anweisungen zu geben, welche für die Konzertbesucher sichtbaren Bewegungen sie ausführen sollten. Auf den Aufführungscharakter von Konzerten wiesen auch neue von Komponisten geprägte Begriffe wie „szenische Musik" (Karlheinz Stockhausen), „sichtbare Musik" (Dieter Schnebel) oder „instrumentales Theater" (Mauricio Kagel) hin.[53]

In der Literatur lässt sich der generell für die Künste seit den 1960er Jahren bemerkbare Performativierungsschub nicht nur innerliterarisch beobachten – wie zum Beispiel an den sogenannten labyrinthischen Romanen, die den Leser zum Autor machen, indem sie ihm Materialien anbieten, die er beliebig kombinieren kann.[54] Dieser Schub macht sich auch bemerkbar in der Zunahme von Dichterlesungen, in denen die für frühere Jahrhunderte typische Aufführungssituation als Vorlesen bzw. Vortragen von Dichtung im Kreis eines Publikums wiederhergestellt wird. Das Lesepublikum versammelt sich zu einer Dichterlesung, um der Stimme des Dichters/Schriftstellers zu lauschen wie zum Beispiel bei Günter Grass' spektakulärer Lesung aus *Der Butt*, bei der er von einem Schlagzeuger begleitet wurde (12. Juni 1992 im Hamburger Thalia Theater). Unübersehbar geht es bei Dichterlesungen um die Aufführung von Literatur und – wenn es sich um den Dichter selbst handelt – auch um seine Selbstinszenierung. Bei Lesun-

52 Vgl. dazu Richard Kostelanetz, *Cage im Gespräch* 1989, S. 62f.
53 Vgl. hierzu Christa Brüstle, „Performance/Performativität in der neuen Musik" 2001.
54 Vgl. Monika Schmitz-Emans, „Labyrinthbücher als Spielanleitungen" 2002.

gen von Werken längst verstorbener Autoren dagegen geht es ausschließlich um die Aufführung von Literatur wie bei Edith Clevers Vortrag der Kleistschen *Marquise von O.* (1989) oder bei Bernhard Minettis Lesung von Märchen der Gebrüder Grimm *Bernhard Minetti erzählt Märchen*, in der Minetti sich – mit Umhang – als ein Märchenerzähler aus vergangenen Zeiten präsentierte.

Eine mit Blick auf den Aufführungscharakter besonders interessante Lesung stellte die Veranstaltung *Homer Lesen* dar, welche die Gruppe Angelus Novus 1986 im Wiener Künstlerhaus durchführte. Die Mitglieder der Gruppe lasen abwechselnd die 18000 Verse der *Ilias* innerhalb von 22 Stunden ohne Unterbrechung vor. In anderen Räumen waren weitere Exemplare der *Ilias* ausgelegt; sie luden den beim Klang der vorlesenden Stimme durch die Räume wandernden Zuschauer zum eigenen Lesen ein. Die besondere Differenz zwischen Lesen eines Textes und Zuhören beim Vorlesen eines Textes, zwischen Lesen als Text-Entziffern und „Lesen" als Aufführung wurde so deutlich markiert. Nicht zuletzt endlich wurde die Aufmerksamkeit der Zuhörer auf die spezifische Materialität der jeweils vortragenden Stimme gelenkt – ihr Timbre, ihr Volumen, ihre Lautstärke u.a., die bei jedem Wechsel der Lesenden unüberhörbar hervortrat. Hier wurde Literatur emphatisch in und als Aufführung verwirklicht. Sie gewann Leben durch die Stimme der physisch anwesenden Vorlesenden und bahnte sich den Weg in die Einbildungskraft der physisch anwesenden Hörer durch Einwirkung auf verschiedene Sinne. Die Stimme fungierte dabei nicht lediglich als Medium für die Übermittlung des Textes. Gerade aufgrund des Wechsels trat sie in ihrer jeweiligen Eigenart deutlich hervor und wirkte unmittelbar auf die Zuhörer ein. Darüber hinaus spielte die Aufführung den Zeitfaktor aus. Die lange Zeitspanne von 22 Stunden miteinander verbrachter Lebenszeit und ununterbrochenen Wachseins veränderte nicht nur die Wahrnehmung der Teilnehmer, sie machte ihnen diese Veränderung auch bewusst. Jedenfalls äußerten Teilnehmer später die Empfindung, sich im Verlauf dieser Aufführung verändert zu haben.[55]

In allen diesen Fällen handelt es sich um Aufführungen. Die Situation ist jeweils grundlegend verschieden von derjenigen, in der im Museum der mit Filz umwickelte Kupferstab betrachtet, die Partitur von *4'33"* studiert oder die *Ilias* gelesen wird. Gleichwohl steht hier jeweils die Arbeit bildender Künstler, Komponisten und Dichter im Zentrum des Interesses.

---

55 Vgl. Reiner Steinweg, „Ein ‚Theater der Zukunft'. Über die Arbeit von Angelus Novus am Beispiel von Brecht und Homer"1986.

Während in einer Aufführung des Kunsttheaters die Beiträge der verschiedenen Künste ihren Werkcharakter einbüßen, geht es in den skizzierten Beispielen um die Aufführung eben dieser Werke. Wir haben es also in diesem Sinne hier in der Tat mit Aufführungen der verschiedenen Künste zu tun, ohne dass diese als Theater bezeichnet werden müssten, auch wenn von Theatralisierung gesprochen werden kann, da eine Aufführungssituation hergestellt wid.

Da es sich jedoch um Aufführungen handelt, wird die Theaterwissenschaft als Wissenschaft von Aufführungen zu ihrer Untersuchung einen Beitrag leisten können, der sich von dem der Kunstgeschichte, der Musik- und der Literaturwissenschaft wesentlich unterscheidet, gleichwohl aber von grundsätzlicher Bedeutung für die Beschreibung und das Verständnis der jeweiligen Ereignisse ist. Während Kunstgeschichte, Musik- und Literaturwissenschaft bei der Untersuchung der genannten Beispiele in der Regel so vorgehen, dass sie eine Analyse des „Werkes" selbst in den Vordergrund stellen – der *Ilias*, der Partitur von *4'33"* und im Falle der Aktion der aus ihr erhalten gebliebenen Materialien sowie ihrer Dokumentation, die sozusagen als stellvertretend für das Werk gilt –, wird ein theaterhistoriografischer Zugriff sich vor allem auf die Aufführungssituation selbst sowie auf ihre Bedingungen und konstitutiven Elemente beziehen, d.h. über die im Kunstmuseum ausgestellten erhaltenen Elemente einer Aktion und ihre Dokumentation, die Partitur und den verwendeten Text hinaus Quellen suchen, die über die Interaktion von Künstlern und Zuschauern/ hörern Auskunft zu geben und eine Vorstellung von der spezifischen Materialität der erscheinenden Phänomene zu vermitteln vermögen und die beobachtbare Wirkung auf die Zuschauer/-hörer beschreiben. Es handelt sich dabei weder um einen besseren noch einen schlechteren methodischen Zugang, sondern um einen *anderen*, dessen Erkenntnisinteresse vor allem auf den Aufführungscharakter des Ereignisses zielt und weniger auf die einzelnen in der Aufführung verwendeten Materialen – wie den mit Filz umwickelten Kupferstab, die Partitur von *4'33"* und den Text der *Ilias*. Kunst-, musik- und literaturhistorische Zugangsweisen lassen sich so produktiv um theaterhistoriographische ergänzen.[56]

Spätestens seit den 1990er Jahren lassen sich allerdings in den bildenden Künsten Entwicklungen beobachten, die den Aufführungscharakter geradezu als konstitutiv für das Werk erklären, das es folglich nicht nur jenseits seiner Aufführung nicht mehr geben kann, sondern das auch keine mate-

56 Vgl. dazu u.a. Barbara Gronau, *Theaterinstallationen* 2009.

riellen Spuren zurücklässt. So sind zum Beispiel die Arbeiten Tino Sehgals so konzipiert, dass sie erst im Zusammentreffen der von ihm engagierten und instruierten Interpreten mit den Museumsbesuchern entstehen. Sie stellen sich im Ausstellungsraum durch deren Begegnung her und verflüchtigen sich jedesmal, wenn die Besucher den Raum verlassen. Im Augenblick, da einer oder mehrere Besucher gleichzeitig den Raum betreten, beginnen die entweder bereits anwesenden Museumswärter oder die erst in diesem Moment im Raum erscheinenden Interpreten ihre Aktivitäten. Sie wiederholen Sätze wie „This is so contemporary“ (Biennale in Venedig 2005) oder „This objective of that object“ (Köln 2004 oder London 2004/5) und vollziehen dabei die unterschiedlichsten Bewegungen. Je nach Reaktion der Besucher sprechen sie weitere Sätze, zum Teil vorher auswendig gelernt, zum Teil improvisiert, und ändern ihre Bewegungen.[57]

In derartigen Fällen handelt es sich für jeden Besucher deutlich erfahrbar um Aufführungen. Daher scheinen hier die in der Theaterwissenschaft entwickelten Methoden der Aufführungsanalyse für eine Untersuchung sehr viel geeigneter zu sein als die kunstwissenschaftlichen Methoden der Werkanalyse. Zwar mögen in solchen Arbeiten auf den ersten Blick die Grenzen zur Performance-Kunst überschritten sein, gleichwohl sind sie im Kontext des zeitgenössischen Kunstmarktes zu verorten (auf den Sehgal sich auch insofern bezieht, als er seine Werke an Kunst-Museen und Sammler verkauft). Auf kunstwissenschaftliche Kompetenzen wird bei ihrer Untersuchung nicht zu verzichten sein. Wenn der Theaterwissenschaftler, der die Werke Sehgals mit aufführungsanalytischen Methoden untersucht, nicht über sie verfügt, bedarf es der Kooperation mit einem Kunstwissenschaftler.

Sehgals Werke sind zwar nicht umstandlos der Performance-Kunst zuzuordnen. Während dort der Performance-Künstler in der Regel selbst in seiner Performance agiert, die Aufführung also wesentlich von ihr oder ihm getragen wird, tritt Sehgal im Museumsraum nicht selbst auf. Er engagiert vielmehr „Interpreten“, welche bestimmte Sätze und Handlungen einstudieren und unter klar beschriebenen Bedingungen Freiraum für Improvisationen erhalten. Ob diese „Interpreten“ nicht doch als Performer zu begreifen sind, hängt allerdings von der Perspektive ab. In jedem Fall haben wir es hier mit Aufführungen der Kunst zu tun.

Performance-Kunst ist als neues Kunstgenre überwiegend auch von bildenden Künstlern kreiert worden. Diese wollten sich zum einen vom

57 Vgl. dazu Dorothea von Hantelmann, *How to Do Things with Art* 2007 und Sandra Umathum, *Kunst als Aufführungserfahrung* 2008.

überlieferten kommerziellen Kunstbetrieb absetzen und keine verkäuflichen Werke schaffen. Zum anderen wandten sie sich gegen das bürgerliche Illusionstheater, in dem Geschichten erzählt sowie Rollen gespielt und so dramatische Figuren geschaffen werden. Auch wenn entsprechend in den Anfängen wichtige Unterschiede zwischen den in den 1960er Jahren vorherrschenden theatralen Formen und der Performance-Kunst bestanden, haben sich diese in den nachfolgenden Jahrzehnten zunehmend verringert. Narrativität und Repräsentation wanderten in die Performance-Kunst ein, während umgekehrt die theatralen Gattungen Charakteristika der Performance-Kunst wie Fokussierung des phänomenalen Akteurleibes, Präsenz, Rollenwechsel zwischen Akteur und Zuschauer u.a. übernahmen. Darüber hinaus darf nicht übersehen werden, dass die Performance-Kunst bereits mit ihrer Bezeichnung sich als ein Aufführungsgenre definierte und insofern unbestreitbar einen Gegenstand der Theaterwissenschaft bildet. Das unterscheidet sie von den übrigen, in diesem Abschnitt besprochenen Aufführungen der Künste.

Insofern diese nicht *per definitionem* performativen Künste sich in und durch Aufführungen artikulieren, können sie durchaus den Gegenstand theaterwissenschaftlicher Forschung bilden. Denn gerade die in dieser Disziplin entwickelten Methoden zielen darauf, den Aufführungscharakter zu erfassen und ihm Rechnung zu tragen. Gleichwohl ist darauf zu bestehen, dass solche Untersuchungen zugleich mit kunst-, musik- und literaturwissenschaftlicher Kompetenz durchgeführt werden – sei es, dass sie sich in der Person des/r Forschers/in vereinen, sei es, dass entsprechende Kooperationen eingegangen werden.

8.3 Intermedialität und Hybridisierung

Die im ersten Abschnitt dieses Kapitels geführte Diskussion um das Verhältnis der verschiedenen Künste in einer Theateraufführung hat bereits eine lange Tradition. Sie geht bis auf Aristoteles' *Poetik* zurück, in der dieser das Verhältnis der verschiedenen Künste zueinander in einer Tragödienaufführung erörtert. Auch die Frage nach dem Transfer von Verfahren, die für eine Kunstgattung charakteristisch sind, in eine andere, wie sie im zweiten Abschnitt mit Blick auf die Transformation unterschiedlicher Künste in Aufführungen, die durch ihre Performativierung bewirkt wird, diskutiert wurden, hat eine lange, ebenfalls bis in die Antike zurückzuverfolgende Tradition, die sich allerdings vor allem auf das Verhältnis von Dichtung und Malerei konzentriert. So setzte Simonides von Keos beide in eine Art Interrelation zueinander, indem er die Malerei als eine „stumme Poesie" und die Dichtung als eine „redende Malerei" bezeichnete – Ausdrücke, die Plutarch in seinen *Moralia* aufgriff. Den Kern der hier begonnenen Diskussion stellt die Frage dar, wie sich die je spezifische Leistungsfähigkeit der einzelnen Künste genauer kennzeichnen lässt und welche Möglichkeiten bestehen, das mit einer Kunst gegebene Potenzial auf andere zu übertragen.

Für Theoretiker des 18. Jahrhunderts stellte diese Frage ein Grundproblem dar, das überall in Europa diskutiert wurde. So griffen es u.a. Perrault, Du Bos, Batteux, Harris, Hogarth und Diderot auf und setzten sich vor allem mit den Unterschieden zwischen den Künsten und Möglichkeiten eines Transfers auseinander. Von dem Stand, den sie erreicht hatten, ging Lessings *Laokoon* (1766) aus.[58]

Im Gegensatz zur Mehrzahl seiner Vorgänger, welche die *Ut-pictura-poesis*-These vertraten – also postulierten, dass die Dichtung wie die Malerei zu verfahren habe –, ging es Lessing darum, eben diese These zu widerlegen. Entsprechend konzentrierte auch er sich auf Dichtung und Malerei. Für sein Vorhaben war es daher wichtig, im Vergleich beider vor allem ihre Differenzen herauszuarbeiten. Seine berühmt gewordene Gegenüberstellung beider lautet:

> Wenn es wahr ist, daß die Malerei zu ihren Nachahmungen ganz andere Mittel, oder Zeichen gebrauchet, als die Poesie; jene nämlich Figuren und Farben in dem Raume, diese aber artikulierte Töne in der Zeit; wenn unstreitig die Zeichen ein bequemes Verhältnis zu dem Bezeichneten haben müssen: So können neben einander geordnete Zeichen, auch nur Gegenstände, die neben einander, oder deren Teile neben einander existieren, auf einander folgende Zeichen aber, auch nur Gegenstände ausdrücken, die auf einander, oder deren Teile auf einander folgen.[59]

Der erste Schritt, den Lessing in seiner Abgrenzung von Malerei und Dichtung vornimmt, bezieht sich auf die je spezifische Materialität der Künste: Figuren und Farben in der Malerei und artikulierte Töne in der Dichtung. Zunächst fällt auf, dass er hier unter Dichtung nicht den geschriebenen Text versteht, der sich aus „Figuren" zusammensetzt, sondern die vorgetragene, die aufgeführte Poesie, deren Material die von einer Stimme artikulierten Töne ausmachen. Aus der Differenz in der Materialität als solcher zieht Lessing noch keine besonderen Schlussfolgerungen, sondern erst nachdem er diese auf ihr Verhältnis zu Raum und Zeit hin bestimmt hat:

---

58 Vgl. hierzu Karlheinz Stierle, „Das bequeme Verhältnis. Lessings Laokoon und die Entdeckung des ästhetischen Mediums" 1984.

59 Lessing, *Laokoon* 1974 (1766), XVI, S. 102f.

Figuren und Farben in dem Raume in der Malerei und artikulierte Töne in der Zeit in der Dichtung. Damit sind Malerei und Dichtung als zwei grundlegend unterschiedliche Medien definiert. Das eine verwendet Zeichen, die es durch eine simultane räumliche Anordnung dem Auge präsentiert, das andere solche, die es in einer zeitlichen Abfolge als transitorische dem Ohr übermittelt.

Aus diesem Unterschied hinsichtlich Materialität und Medialität der beiden Künste – der natürlich ganz anders zu bestimmen wäre, wenn von Dichtung als einem schriftlich fixierten Text ausgegangen würde – zieht Lessing nun in der Tat weitreichende Konsequenzen. Sie betreffen zum einen die Gegenstände, die von den beiden Künsten repräsentiert werden sollen, d.h. ihre spezifische Semiotizität, und zum anderen die Wahrnehmung und ästhetische Erfahrung, die sie ermöglichen – ihre Ästhetizität. Beide, Semiotizität und Ästhetizität, hängen nicht nur eng miteinander zusammen; sie hängen nach Lessing auch unmittelbar von den jeweiligen materialen und medialen Bedingungen ab, die mit den beiden Künsten gesetzt sind.

Lessing spricht in dem oben zitierten Absatz von einem „bequemen Verhältnis", welches die Zeichen zu dem Bezeichneten haben müssen, und zieht daraus den Schluss, den er braucht, um die Leistungen von Malerei und Dichtung grundsätzlich voneinander abgrenzen zu können, nämlich dass „nebeneinandergeordnete Zeichen auch nur Gegenstände, die nebeneinander, oder deren Teile nebeneinander existieren", auszudrücken vermögen, „aufeinanderfolgende Zeichen aber auch nur Gegenstände, die auf einander, oder deren Teile aufeinander folgen". Entsprechend fährt er fort:

> Gegenstände, die neben einander oder deren Teile neben einander existieren, heißen Körper. Folglich sind Körper mit ihren sichtbaren Eigenschaften, die eigentlichen Gegenstände der Malerei. Gegenstände, die auf einander, oder deren Teile auf einander folgen, heißen überhaupt Handlungen. Folglich sind Handlungen der eigentliche Gegenstand der Poesie.[60]

Zwar räumt Lessing die Möglichkeiten ein, dass auch die Poesie Körper und die Malerei Handlungen darzustellen vermögen. Er besteht jedoch darauf, dass die Dichtung Körper lediglich andeutungsweise und auch nur durch Handlungen darstellen könne und entsprechend die Malerei Handlungen nur andeutungsweise durch Körper. Die besondere Semiotizität der beiden Künste ist also in diesem Sinne durch eine gewisse Entsprechung zwischen der Materialität der verwendeten Zeichen sowie den medialen

60 Lessing, *Laokoon* 1974 (1766), XVI, S. 103.

Bedingungen ihrer Vermittlung und den von ihnen bezeichneten Gegenständen charakterisiert.

Man mag daher zunächst versucht sein, Lessings Konzept des „bequemen Verhältnisses" auf eine Nachahmungsästhetik zu beziehen. Denn wenn es darum geht, Körper und Handlungen nachzuahmen, so mag dies am leichtesten zu bewerkstelligen sein, wenn man dazu jeweils Zeichen verwendet, die gewisse materielle und mediale Bedingungen mit ihnen teilen: also für die Darstellung von Körpern Zeichen, die nebeneinander im Raum kombiniert werden, und für die Darstellung von Handlungen Zeichen, die einander in der Zeit folgen.

Nun ist jedoch die Nachahmungsästhetik bei Lessing den Zielen einer Wirkungsästhetik nachgeordnet. Sie hat nur insofern Geltung, als sie die Ziele der Wirkungsästhetik zu befördern vermag. Insofern die Herstellung von Illusion einer Wirklichkeit die Voraussetzung für die jeweils intendierte Wirkung darstellt und die Nachahmungsästhetik eben auf die Möglichkeit reflektiert, Illusionen zu schaffen, gewinnt sie für Lessing ihre Bedeutung. Das Konzept des bequemen Verhältnisses zielt jedoch nicht auf sie, sondern auf die Wirkung, die das betreffende Werk auf den Rezipienten ausüben soll, auf die spezifische ästhetische Erfahrung, die es ermöglicht.[61]

Für diese Erfahrung ist zum einen die durch die besonderen medialen Bedingungen der beiden Künste gezogene Verbindung zu den verschiedenen Sinnen von Bedeutung: zum Auge und zum Ohr. Mit jedem sind andere Voraussetzungen für die Wahrnehmung gegeben. Das Auge zielt auf die Wahrnehmung eines Dinges als Ganzes.

> Erst betrachten wir die Teile desselben einzeln, hierauf die Verbindung dieser Teile, und endlich das Ganze. Unsere Sinne verrichten diese verschiedene Operationen mit einer so erstaunlichen Schnelligkeit, daß sie uns nur eine einzige zu sein bedünken, und diese Schnelligkeit ist unumgänglich notwendig, wann wir einen Begriff von dem Ganzen, welcher nichts mehr als das Resultat von Begriffen der Teile und ihrer Verbindung ist, bekommen sollen.[62]

Für das Hören dagegen gelten ganz andere Bedingungen. Dies wird vor allem deutlich, wenn der Dichter versucht, das, was das Auge auf ein Mal übersieht, langsam nach und nach aufzuzählen:

> [...] für das Ohr [...] sind die vernommenen Teile verloren, wann sie nicht in dem Gedächtnisse zurückbleiben. Und bleiben sie schon da zurück: welche Mühe, welche Anstrengung kostet es, ihre Eindrücke alle in eben der Ordnung so

61 Vgl. vor allem Stierle, „Das bequeme Verhältnis" 1984.
62 Lessing, *Laokoon* 1974 (1766), XVII, S. 110.

> lebhaft zu erneuern, sie nur mit einer mäßigen Geschwindigkeit auf einmal zu überdenken, um zu einem etwanigen Begriffe des Ganzen zu gelangen![63]

Das „bequeme Verhältnis" der Zeichen zu dem von ihnen Bezeichneten hat also weniger mit dem Problem der Nachahmung – oder auch dem der Unterscheidung zwischen natürlichen und willkürlichen Zeichen, die Lessing der Malerei bzw. der Dichtung zuordnet – zu tun, als mit den spezifischen medialen Bedingungen der beiden Künste, die zugleich als bestimmte Wahrnehmungsbedingungen zu begreifen sind.

In diesem Zusammenhang sollte nicht unerwähnt bleiben, dass die Schauspielkunst in dieser Hinsicht offensichtlich privilegiert ist, da sie „zwischen den bildenden Künsten und der Poesie, mitten inne" steht[64], Kunst im Raum und in der Zeit ist und sowohl das Auge als auch das Ohr anspricht.

Es mag zunächst den Anschein haben, als wenn jede der beiden Künste – Malerei und Poesie – eine andere Art der ästhetischen Erfahrung bewirkt. Für diese sind jedoch zum anderen die Möglichkeiten relevant, welche die Art der Darstellung für die Tätigkeit der Einbildungskraft eröfffnet: „Dasjenige aber nur allein ist fruchtbar, was der Einbildungskraft freies Spiel läßt."[65] Wenn es der Malerei gelingt, durch die Wahl des fruchtbaren Augenblicks die Einbildungskraft so anzuregen, dass sie das Vorher und Nachher hervorzurufen vermag, ist sie daher auch imstande, Handlungen in der Zeit darzustellen. Und wenn es die Dichtung bewerkstelligt, durch ihre Worte in der Einbildungskraft die lebhafte Vorstellung von Körpern hervorzurufen, ist sie befähigt, Körper darzustellen. Der Transfer von einer Kunst in die andere gelingt hier durch eine spezifische Anwendung der eigenen Mittel, welche die Einbildungskraft in der gewünschten Weise in Bewegung zu setzen vermögen, oder aber durchaus auch durch die auf die Einbildungskraft gerichtete Übernahme von Verfahren einer anderen Kunst.

Auf die im letzten Abschnitt angeführten Beispiele angewandt, in denen die Performativierung der Werke ihre Aufführung bewirkte, ließe sich die spezifische ästhetische Erfahrung, die sie ermöglichen, indem sie die Einbildungskraft in Bewegung setzen, entsprechend auf den Transfer der spezifischen medialen Bedingungen zurückführen.

Wagners Theorie des Gesamtkunstwerks und Lessings Theorie von der Spezifizität der einzelnen Künste stellen in gewisser Weise gegensätzliche

63 Ebenda, XVII, S. 110f.
64 Lessing, *Hamburgische Dramaturgie* 1973 (1766/67), S. 256.
65 Lessing, *Laokoon* 1974 (1766), III, S. 25f.

Modelle dar, die für jeweils andere künstlerische Phänomene Geltung beanspruchen. Während sich Wagners Theorie auf das Verhältnis der verschiedenen Künste in einer Theateraufführung bezieht und ihre Verschmelzung postuliert, geht es Lessing um Möglichkeiten, wie jede Kunst entweder ihre eigenen Mittel gezielt so einsetzen oder Verfahren aus anderen Künsten übernehmen kann, dass eine bestimmte Art der ästhetischen Erfahrung bewirkt wird.

Seit den 1960er Jahren sind mit der Diskussion um Intermedialität neue theoretische Ansätze entstanden, die beide Möglichkeiten unter sich begreifen. Denn mit dem Begriff „Intermedialität" können sowohl Medienkombinationen als auch Medienwechsel als auch intermediale Bezüge gemeint sein.[66]

Zwar stellt Theater selbst kein Medium dar.[67] Gleichwohl werden in seinen Aufführungen in der Regel mehrere Medien miteinander kombiniert. Es würde hier zu weit führen, in eine Diskussion des Medienbegriffs einzusteigen. Wir werden uns daher mit einer knappen Definition begnügen. Der so genannte schwache Medienbegriff bezieht sich auf jedes Mittel, durch das etwas anderes in Erscheinung tritt wie Schrift, Stimme, Bewegung oder technische (Speicher-, Übertragungs-, Massen-)Medien wie Telefon, Film, Radio, Fernsehen, Computer. Im Verständnis des schwachen Begriffs verschwindet das Medium hinter dem, was es vermittelt. Der starke Medienbegriff, wie er von Marshall McLuhan in *Understanding Media* (1964; dt. *Die magischen Kanäle* 1968) vorausgesetzt wird, beinhaltet dagegen, dass „the medium is the message". Eine mittlere Position vertritt Sybille Krämer, wenn sie schreibt: „Das Medium ist nicht einfach die Botschaft; vielmehr bewahrt sich an der Botschaft die Spur des Mediums."[68] Mit Blick auf Theorien der Intermedialität sind in unserem Kontext nur das starke von McLuhan vertretene und das mittlere, von Krämer favorisierte Konzept von Interesse. Denn nur wenn das Medium nicht vollständig hinter der Botschaft, die es übermittelt, verschwindet, kann sich Intermedialität wahrnehmbar ereignen.

Das Konzept der Intermedialität beansprucht in unserem Zusammenhang besonderes Interesse, weil es sich auf jede Art von Aufführung be-

---

66 Vgl. hierzu vor allem Irina O. Rajewsky, *Intermedialität* 2002 sowie den Eintrag „Intermedialität" von Doris Kolesch im *Metzler Lexikon Theatertheorie* 2005b, S. 159–161.

67 Vgl. hierzu den Eintrag „Medialität" von Hans-Christian von Hermann im *Metzler Lexikon Theatertheorie* 2005b, S. 196–199. Zu der Frage, ob Theater als ein Medium zu betrachten ist, gibt es unterschiedliche Auffassungen. Vgl. hierzu Christopher Balme, *Einführung in die Theaterwissenschaft* 2008a, S. 155 ff. sowie Samuel Weber, *Theatricality as Medium* 2004.

68 Sybille Krämer, „Das Medium als Spur und Apparat" 1998, S. 81.

ziehen lässt, ganz gleich, ob es sich um eine Aufführung im institutionalisierten Kunsttheater, Aufführungen anderer Künste oder kulturelle Aufführungen handelt. Denn in allen treten nicht nur Medienkombinationen auf; es können auch Medienwechsel vorgenommen werden, wenn zum Beispiel ein dramatischer Text, ein Roman, ein Film, ein Skript o.a. als Vorlage für eine Aufführung dienen – wie bei der Inszenierung von Dramen, den Inszenierungen von Romanen wie zum Beispiel Andreas Kriegenburgs *Der Prozeß* (nach Kafka, Münchner Kammerspiele 2008), Frank Castorfs *Der Meister und Margarita* (nach Bulgakow, Volksbühne am Rosa-Luxemburg-Platz 2002), oder Andrea Breths *Verbrechen und Strafe* (nach Dostojewski, Burgtheater Wien 2008), oder die Inszenierung einer Theateraufführung nach einem Film wie Frank Castorfs *Clockwork Orange* (1993) und *Trainspotting* (1997; beide Volksbühne am Rosa-Luxemburg-Platz Berlin); der Wechsel von der Partitur zum Konzert, vom geschriebenen Text zur Dichterlesung, von der schriftlich fixierten Liturgie zum Vollzug des Rituals oder vom schriftlich fixierten Set von Regeln zum Spiel. Dabei gilt es zu beachten, dass die Aufführung selbst nicht als ein Medium zu begreifen ist, sondern der Medienwechsel zum Beispiel den Wechsel von der Partitur zu den Instrumenten und den Bewegungen, mit denen sie gespielt werden, meint oder den Wechsel von einem schriftlichen Text zu Stimmen, Bewegungen, Licht, Musik, Düften im Ritual.

In unserem Kontext sind die intermedialen Bezüge von besonderem Interesse. Dabei ist zu unterscheiden, ob jeweils auf das Produkt eines anderen Mediums Bezug genommen wird oder auf die Verfahren eines anderen Mediums. Wenn im *Hamlet* der New Yorker Wooster Group während der Aufführung die Verfilmung der Theaterinszenierung mit Richard Burton als Hamlet läuft oder in Michael Thalheimers Inszenierung der *Emilia Galotti* immer wieder die Musik aus dem Film *In the Mood for Love* eingespielt wird, dann wird jeweils auf ein spezifisches Produkt eines anderen Mediums, in diesem Fall des Films, Bezug genommen. Wenn dagegen Sergej Eisenstein seine Inszenierung von Ostrowskijs *Eine Dummheit macht auch der Gescheiteste* (1922 in Meyerholds Studio, Moskau) nach dem Montageprinzip strukturiert, dann bezieht er sich damit auf ein filmisches Verfahren und damit auf das Medium Film als solches. Sowohl Produkte als auch Verfahren, Wahrnehmungsmodi, mediale Bedingungen eines Medium können in den Produkten eines anderen zitiert, imitiert, reflektiert, transformiert oder kommentiert werden. Zwar bleibt auch in diesen Fällen – wie von Lessing theoretisiert – die Differenz zwischen den Medien relevant, zugleich werden aber auch die Möglichkeiten der Übergänge und Interaktionen zwischen ihnen bis hin zu ihrer Vermischung, ja Verschmelzung ausgelotet und genutzt.[69] Derartige medientheoretische Ansätze sind, wie bereits betont, für die Untersuchung von Aufführungen jeglichen Genres in Vergangenheit und Gegenwart von großer Bedeutung. Dabei ist jeweils danach zu fragen, welche Funktion derartige intermediale Bezüge zu erfüllen imstande sind, welche Wahrnehmungsmodi sie herausfordern, welche Wirkungen sie auszulösen vermögen und welche ästhetische Erfahrung sie ermöglichen. Tragen sie dazu bei, den Zustand des Dazwischen, der Liminalität zu verstärken oder haben sie sich bereits so weit eingebürgert, dass sie kaum mehr auffallen?

Ähnliches gilt für die Medienkombination. Während 1979 die Verwendung von Fernsehmonitoren auf der Bühne in Hansgünther Heymes Inszenierung des *Hamlet* (zusammen mit Wolf Vostell in Köln) eine enorme Aufregung zu verursachen vermochte, hat sich inzwischen durch den Einsatz von Video die Verwendung von Monitoren und Leinwänden auf der Bühne so verbreitet, dass sie einem heutigen Zuschauer ebenso wenig als etwas Besonderes auffallen wird, wie dem Besucher einer Opernaufführung in der zweiten Hälfte des 17. Jahrhunderts die Verwendung der Zentralperspektive im Bühnenbild.

In den letzten Jahren – vor allem seit den 1990er Jahren – hat sich für die Arbeit mit unterschiedlichen Künsten und Medien zunehmend der Begriff der *Hybridisierung* bzw. des *Hybriden* eingebürgert. Bei diesem Begriff handelt es sich um einen *terminus technicus* aus der Biologie, der Pflanzen oder Tiere bezeichnet, die als Ergebnis eines speziellen Zuchtprozesses aus der Mischung zweier verschiedener Arten entstanden sind. In einem Hybriden erscheint also vereint, was „von Natur aus" nicht zusammengehört.

Wie bereits im Kapitel über Verflechtungen von Kulturen in Aufführungen angesprochen, halte ich es für problematisch, diesen Begriff auf kulturelle Phänomene und Prozesse zu übertragen. Stellen die verschiedenen Künste „von Natur aus" unterschiedliche Phänomene dar, weswegen eine Aufführung, die aus mehreren entsteht, als eine Hybridbildung zu betrachten ist? Oder handelt es sich nicht vielmehr um Formen des menschlichen Ausdrucksvermögens, die in oralen Kulturen in Ritualen, Festen, Spielen immer schon miteinander verbunden auftraten, so dass eher ihre Absonderung voneinander als ein ‚künstlicher Eingriff' in ihren ‚natürlichen' Verbund zu begreifen ist?

Wenn man mit McLuhan davon ausgeht, dass Medien als Extensionen des menschlichen Körpers zu begreifen sind – sei es die Schrift oder sei-

69 Vgl. Dick Higgins, *Horizons. The Poetics and Theory of Intermedia* 1980.

en es die neuen und neuesten Medien –, dann wird es auch in ihrem Fall schwierig, den Begriff anzuwenden.

Auch wenn aus den genannten Gründen die Verwendung des Begriffs im Felde des Kulturellen deplatziert erscheint, findet er dennoch weitgehend Verwendung – nicht nur im Kontext des Postkolonialismus, wo von hybriden Identitäten die Rede ist, sondern auch im Bereich der Künste und Medien. Mit dem Begriff Hybridisierung werden Prozesse bezeichnet, welche Phänomene zusammenbinden, die traditionell als dichotomisch gedacht sind und daher einander auszuschließen scheinen – wie das Organische, Lebendige und das Mechanische (zum Beispiel in den Performances des Künstlers Stelarc, der mit einem dritten, mechanischen Arm operiert oder sich an Computer anschließen lässt u. Ä.) – oder Formen, die in verschiedenen Epochen entwickelt wurden. Weniger im Sinne klar definierter Begriffe denn als Metapher werden „Hybridisierung" und „Hybrid" auf Mischungen von Materialien, Verkettungen von Kodes und Kombinationen verschiedener Modelle in theoretischen Diskursen angewandt. Mit klarerer begrifflicher Kontur findet der Ausdruck als Gegensatz von Einheit und Homogenität Verwendung. Das Hybride meint hier Vielfalt, Heterogenität, Relativität. Häufig bezeichnet der Terminus auch das Gegenteil zum Hierarchischen und Hegemonialen. Das Hybride wird in diesem Zusammenhang als eine formale Struktur begriffen, als eine Verkettung von Kodes, die nicht in einer Mischung resultiert. In diesem Begriffsverständnis würde zum Beispiel Cages *Untitled Event* als Hybrid zu bezeichnen sein.

Es bleibt abzuwarten, ob der Begriff in Zukunft eine klarere Bestimmung erhält oder ob sein Vorzug gerade in seinem bisherigen metaphorischen Charakter besteht, der ein weites, nicht genauer bestimmtes Feld der Verwendung eröffnet. Wenn sich seine Semantik allerdings noch stärker ausweitet und jede Verbindung von Elementen einbezieht, die nicht auf den ersten Blick als zusammengehörig erscheinen, ist er nicht mehr produktiv einsetzbar.[70] Für die Untersuchung von Aufführungen, in denen sich in der Regel Differenzen verbinden, scheint er dann kaum mehr sinnvoll zu sein. Denn da in Aufführungen immer unterschiedliche Materialien, Medien, Zeichensysteme oder eben auch Künste Verwendung finden, wären Aufführungen *per definitionem* hybrid. In diesem Fall würde jedoch die Aussage, dass diese oder jene Aufführung hybrid sei, eine Tautologie darstellen und daher nichts aussagen. Wird Hybridität dagegen zum Beispiel als Oppositionsbegriff zu dem der Einheit verstanden – und insofern als Gegenbegriff beispielsweise zu Wagners Gesamtkunstwerkkonzept –, dann lassen

70 Vgl. Kien Nghi Ha, *Hype um Hybridität* 2005.

sich Aufführungen wie das *Untitled Event* oder Cages *Europeras 1&2* (Oper Frankfurt a.M. 1988) sinnvoll als hybrid charakterisieren. Eine Ausweitung des semantischen Feldes, wie sie sich gegenwärtig abzeichnet, wäre daher in der Tat weder sinnvoll noch produktiv.

Wie sich gezeigt hat, beinhaltet die Verwendung des Begriffs des Hybriden häufig die Gefahr einer Ontologisierung. Ihr muss entschieden mit dem Hinweis auf die Historizität und Historisierung der Verfahren zum Einsatz der unterschiedlichen Medien begegnet werden. Dies sei abschließend mit zwei Beispielen verdeutlicht.

Ariane Mnouchkines Inszenierung *Le dernier caravanserail* (*Odyssées* 2003) und Stefan Puchers Inszenierung von Shakespeares *Der Sturm* (Münchner Kammerspiele 2007) begannen beide mit einem Sturm auf hoher See und einem Schiff, das gegen die Wellen kämpft. *Der Sturm* setzte mit einem Film des Videokünstlers Chris Kondek ein. Er zeigte eine raue See und ein Boot mit einigen Menschen, das unterzugehen drohte. Zugleich verdeutlichte der Film, dass es sich nicht um die Abfilmung eines „wirklichen" Schiffsuntergangs handelte, sondern um eine Studioarbeit: Immer wieder erschienen die Requisiteure im Bild, die die „Mannschaft" mit Wasser aus Blecheimern überschütteten. Hier wurde zeitgenössische Technologie eingesetzt, die zugleich auf sich selbst verwies und nicht eine „Illusion" herstellen sollte oder konnte.

Mnouchkine dagegen arbeitete mit ‚veralteter' Technologie. Der Eindruck eines stürmischen Meeres wurde durch blaugraue Stoffstreifen hervorgerufen, die wie Wellen auf- und abbewegt wurden und ein winziges Boot hin und her warfen, das mit viel zu vielen Menschen bemannt war. Für heutige Zuschauer wurde dadurch wohl der Eindruck, nicht aber die Illusion einer wütenden See hervorgerufen, wie dies bei Zuschauern des 17. Jahrhunderts durchaus der Fall gewesen sein mag. Vielmehr wurde die ‚veraltete' Technik eingesetzt, um auf die Theatralität der Mittel zu verweisen. Zugleich wurde sie mit dem Geräusch eines heutigen Hubschraubers kombiniert.

Beide Inszenierungen zeichneten sich dadurch aus, dass sie auf den besonderen historischen Ort, an dem die jeweiligen Medien verwendet wurden, hinwiesen, und insofern selbst über den Einsatz ihrer Mittel reflektierten. Alte wie neue und neueste Medien können im Theater Verwendung finden. Welche den Vorzug erhalten, hängt von den unterschiedlichen Überlegungen und Strategien ab. Mit Verfahren, welche die Historizität von Medien geradezu ausstellen, weist Theater selbst immer wieder auf sie hin.

9. Kulturelle Aufführungen/cultural performances

9.1 Theater und andere Genres kultureller Aufführungen

In jeder Kultur gibt es eine Fülle von Aufführungsgenres. Zu ihnen gehören Feste, Rituale (wie Initiations-, Heilungs-, Bestattungs-, Strafrituale u.a.), Gerichtsverhandlungen, politische Veranstaltungen (wie Inaugurationen, zum Beispiel Krönungen oder Amtseinführungen, die auch unter die Rituale zu rechnen sind, Volksversammlungen, Parlamentsdebatten, Parteitage u.a.), Sportwettkämpfe, Spiele, Geschichtenerzählen, Tänze, Aufführungen der Künste u.a. mehr. Für diese unterschiedlichen Arten von Aufführungen prägte der Ethnologe Milton Singer Ende der 1950er Jahre den Ober-Begriff *„cultural performance"*, der im Deutschen entweder als englischer Ausdruck oder in den Übersetzungen „kulturelle Aufführung" und „kulturelle Inszenierung" Verwendung findet. Mit Blick auf die eingangs getroffene Unterscheidung zwischen den Begriffen „Aufführung" und „Inszenierung" wird hier der Begriff „kulturelle Aufführung" gewählt.[71]

Singer verwendete den Begriff *„cultural performance"* zur Beschreibung von „particular instances of cultural organization, e.g. weddings, temple festivals, recitations, plays, dances, musical concerts etc.". Nach Singer formuliert eine Kultur in *cultural performances* ihr Selbstverständnis und Selbstbild, das sie so vor ihren Mitgliedern ebenso wie vor Fremden dar- und ausstellt:

> For the outsider, these can conveniently be taken as the most concrete observable units of the cultural structure, for each performance has a definitely limited time span, a beginning and an end, an organized programme of activities, a set of performers, an audience and a place and occasion of performance.[72]

Während bis weit in die fünfziger Jahre unter westlichen Geisteswissenschaftlern überwiegend Konsens bestand, dass Kultur durch Artefakte geschaffen wird, in denen sie sich zugleich manifestiert – d.h. in Texten und Monumenten, die folglich als einzig angemessene Gegenstände der Geisteswissenschaften galten –, lenkte Singer die Aufmerksamkeit auf die Tatsache, dass Kultur auch in und durch Aufführungen hervorgebracht wird und sich manifestiert. Eine Aufführung des institutionalisierten Kunsttheaters beispielsweise lässt sich entsprechend als ein besonderes Genre von *cultural performance* begreifen und bestimmen, das sich durch eine spezifische Verwirklichung der von Singer aufgelisteten Merkmale von an-

[71] S. S. 27 (im Abschnitt 3.1 Leibliche Ko-Präsenz).
[72] Milton Singer (Hg.) *Traditional India. Structure and Change* 1959, S. XIIf.

deren Genres – wie Ritualen, politischen Zeremonien, Spielen, Vorträgen, Dichterlesungen, Konzerten, Sportwettkämpfen u.a. – unterscheidet als auch mit ihnen überschneidet. Insofern es sich bei allen um Aufführungen handelt, stimmen sie darin überein, dass sie aus der leiblichen Anwesenheit von Akteuren und Zuschauern hervorgehen – ohne in einem Produkt zu resultieren – und sich in ihrem Vollzug erschöpfen. Daher stellt sich die Frage, wie sich die verschiedenen Genres kultureller Aufführungen voneinander unterscheiden lassen – insbesondere die Frage, ob und wie zwischen künstlerischen und nicht-künstlerischen Aufführungen zu differenzieren ist. Auf sie eine befriedigende Antwort zu finden, hat sich bis heute als außerordentlich schwierig erwiesen.

Der Philosoph Richard Shusterman zum Beispiel, der sich in allen seinen Schriften konsequent weigert, eine essentialistische Definition von Kunst vorzunehmen, mit der sich künstlerische Werke und Ereignisse grundlegend und ein für alle Mal von nicht-künstlerischen unterscheiden ließen, hat zu Beginn des 21. Jahrhunderts erneut einen Versuch unternommen, eine Definition als heuristisches Instrument zu formulieren, „um bestimmte Merkmale von Kunst zu betonen, die keine hinreichende Aufmerksamkeit erfahren haben“[73]. Sein Vorschlag, Kunst als „Dramatisieren“ zu begreifen und zu bestimmen, meint zweierlei: zum einen „das Auf-die-Bühne-Bringen oder Einrahmen von Szenen“ und zum anderen „die größere Lebendigkeit von Erfahrung und Handlung“[74], durch die sich künstlerische Hervorbringungen von der gewöhnlichen Alltagsrealität unterscheiden. Diese Merkmale sind jedoch allen Aufführungen eigen, ganz gleich, ob es sich um künstlerische oder nicht-künstlerische handelt. Auch ein Fußballspiel, eine Parlamentssitzung, eine Gerichtsverhandlung, ein Gottesdienst, eine Hochzeit, ein Begräbnis u.a. „dramatisieren“ in diesem Sinne: Sie rahmen bestimmte Szenen ein, die sie damit von anderen, die nicht in den Rahmen eingeschlossen werden, abgrenzen, und sie ermöglichen eine größere Lebendigkeit von Erfahrung und Handlung. Es ist, wie Singer erkannt hat, gerade das „Dramatisieren“, das kulturelle Aufführungen von der alltäglichen Lebenswelt unterscheidet. Es scheint grundsätzlich schwierig zu sein, Merkmale zu finden, die tatsächlich imstande sind, als Differenzkriterium in Bezug auf künstlerische und nicht künstlerische Aufführungen zu fungieren.

Auch wenn ein solches Kriterium sich kaum finden lässt, haben wir merkwürdigerweise dennoch keine größeren Schwierigkeiten, Beuys' Flu-

73 Richard Shusterman, „Tatort: Kunst als Dramaturgie“ 2001, S. 128.
74 Ebenda, S. 136.

xus-Aktion, Cages *4'33"*, Castorfs *Trainspotting*-Inszenierung oder der Aufführung *Homer Lesen* den Status von künstlerischen Aufführungen zuzusprechen, den Olympischen Spielen, der Love Parade oder Parteitagen dagegen nicht. Zwar arbeiten viele Künstler daran, mit ihren Aufführungen die Grenze zu nicht-künstlerischen Aktionen zu überschreiten, wie umgekehrt die Veranstalter von nicht-künstlerischen Aufführungen zunehmend mit Verfahren der Ästhetisierung und Theatralisierung arbeiten. Gleichwohl haben wir keine Schwierigkeiten, entsprechende Grenzen zu ziehen, insofern die Aufführungen im Rahmen bestimmter Institutionen stattfinden. Eine Aufführung gilt als künstlerisch, wenn sie sich im Rahmen der Institution Kunst ereignet[75]; sie wird als nicht-künstlerisch aufgefasst, wenn sie im Rahmen der Institutionen Politik, Sport, Recht, Religion etc. veranstaltet wird. Ausschlaggebend für die Unterscheidung zwischen künstlerischen und nicht-künstlerischen Aufführungen sind also weder ihre je spezifische Ereignishaftigkeit noch die besonderen, ihnen zugrunde liegenden Inszenierungsstrategien. Man könnte daher sagen, dass es der institutionelle Rahmen ist, der darüber entscheidet, ob die jeweilige Aufführung der Kunst zuzurechnen ist oder nicht. Dieser Rahmen ist allerdings wiederum nur in institutionell ausdifferenzierten Gesellschaften gegeben.

Zwar wurde bei der Charakterisierung der besonderen Ereignishaftigkeit von Aufführungen im ersten Teil (3.4) der Versuch unternommen, die Möglichkeit liminaler Erfahrung in ästhetische und nicht-ästhetische liminale Erfahrungen auszudifferenzieren. Während in ästhetischer Erfahrung der Zustand der Liminalität selbst das Ziel darstellt, ist nicht-ästhetische liminale Erfahrung als der Weg zu einem anderen Ziel zu begreifen – zur Erlangung eines neuen gesellschaftlichen Status bzw. einer neuen Identität, zur Herstellung oder Affirmation von Gemeinschaften, zur Legitimation von Machtansprüchen, zur Herstellung einer sozialen Verbindlichkeit, der Generierung von Siegern und Verlierern.[76]

Wenn diese Unterscheidung gelten soll, kann allerdings kaum eine klare Zuordnung ästhetischer Erfahrung zu künstlerischen und nicht-ästhetischer zu nicht-künstlerischen Aufführungen erfolgen. Bei der ersten kann der Zustand der Liminalität durchaus auch als Weg zu einem anderen Ziel begriffen und in der letzten vorübergehend als Selbstzweck erlebt werden. So strebte das Jesuitentheater mit seinen künstlerisch ausgefeilten, die Zuschauer überwältigenden Aufführungen danach, diesen nicht nur eine ästhetische Erfahrung zu ermöglichen, sondern sie, auf dem Wege über die

75 Zum Begriff der Institution Kunst vgl. Peter Bürger, *Theorie der Avantgarde* 1974.

76 Vgl. Abschnitt 3.4, S. 59ff. „Die Ereignishaftigkeit der Aufführung und ihre Erfahrung durch den Zuschauer".

ästhetische Erfahrung, in ihrer Zugehörigkeit zur allein selig machenden katholischen Kirche zu bestätigen oder, im Falle, dass jemand von ihr abzufallen drohte, ihn in ihren Schoß zurückzuholen.

Erwin Piscator verfolgte mit seinem ästhetisch anspruchsvollen Theater, das auf die Sinne der Zuschauer einwirkte und sie so – in dieser Hinsicht den Aufführungen der Jesuiten vergleichbar – überwältigte, das Ziel, sie zu seiner eigenen politischen Überzeugung zu bekehren und möglichst zum Eintritt in die Kommunistische Partei zu bewegen.

Diese beiden Beispiele, bei denen es sich jeweils um Aufführungen auf höchstem künsterlischen Niveau handelte, sofern wir den überlieferten Zeugnissen Glauben schenken können, mögen genügen, um zum Schluss zu kommen, dass auch die wichtige Differenzierung zwischen verschiedenen Arten liminaler Erfahrung nicht dazu taugt, künstlerische Aufführungen ganz generell von nicht-künstlerischen zu unterscheiden.

Bei der Entwicklung der Aufführungstheorie im ersten Teil des Buches wurde betont, dass es sich bei künstlerischen Aufführungen immer auch um einen sozialen, ja, sogar um einen politischen Prozess handelt. Umgekehrt werden auch nicht-künstlerische Aufführungen, bei denen die soziale, politische oder religiöse Wirkung im Vordergrund steht, nicht ohne bestimmte Inszenierungs- und Gestaltungsprinzipien, d.h. ästhetische Verfahren, auskommen. Entsprechend ist von unterschiedlichen Schwerpunkt- und Zielsetzungen auszugehen. Im letzten Kapitel soll daher zum einen auf Theaterformen eingegangen werden, die entweder – wie Brechts Lehrstücke – auf eine dauerhafte Veränderung der Spielenden zielen oder eine direkte Intervention in das Alltagsleben ihrer Zuschauer beabsichtigen wie Augusto Boals „Theater der Unterdrückten" sowie das aus ihm hervorgegangene, vor allem in Gesundheitskampagnen in Afrika aktive „Theatre for Development". Zum anderen sollen exemplarisch einzelne Genres anderer Gattungen kultureller Aufführungen wie zum Beispiel Feste oder Rituale hinsichtlich der Frage in den Blick genommen werden, welchen Beitrag die Theaterwissenschaft – neben Ethnologie, Religionswissenschaft, Theologie und Soziologie – bei ihrer Untersuchung zu leisten vermag. In beiden Fällen werden Möglichkeiten und Notwendigkeit interdisziplinärer Kooperation zu erörtern sein.

9.2 Neue Wirkungsästhetiken oder „Angewandtes Theater" (applied theatre)?

Wirkungsästhetiken haben ästhetische Erfahrung, ganz gleich, wie sie sie jeweils definiert haben, immer als Weg zu einem bestimmten Ziel begriffen.

Ihnen geht es stets um die Transformation der Zuschauer. So beschreibt Aristoteles in seiner *Poetik* die Wirkung des tragischen Theaters als die Erregung von *ἔλεος* (éleos) und *φόβος* (phóbos), von Jammer und Schauder, sowie als Reinigung von eben diesen Leidenschaften. Der Begriff, den er wählte, um diese Reinigung als Ziel des tragischen Theaters zu bestimmen, ist derjenige der Katharsis. Der Begriff hat rituelle Ursprünge; er stammt aus Heilungsritualen. Wie Heilungsrituale soll auch das tragische Theater zu einer Reinigung führen, ohne dass allerdings proklamiert würde, dass es sich dabei um eine nachhaltige, länger andauernde Reinigung handeln müsste. Da Tragödien jedes Jahr bei den Großen Dionysien im Frühjahr aufgeführt wurden, ist davon auszugehen, dass zumindest eine jährliche Wiederholung der Katharsis angebracht schien.

Der Begriff der Katharsis hat die Diskussion um Wirkungen von Theateraufführungen auf die Zuschauer bis zum vorläufigen Ende der Wirkungsästhetik im ausgehenden 18. Jahrhundert maßgeblich beeinflusst. So sprach Lessing Aufführungen des Theaters die transformative Kraft zu, „uns so weit fühlbar [zu] machen, daß uns der Unglückliche zu allen Zeiten, und unter allen Gestalten, rühren und für sich einnehmen muß." Durch Teilnahme an Tragödienaufführungen würde so eine nachhaltige Besserung des Menschen erreicht. Denn

> *der mitleidigste Mensch ist der beste Mensch,* zu allen gesellschaftlichen Tugenden, zu allen Arten der Großmut der aufgelegteste. Wer uns also mitleidig macht, macht uns besser und tugendhafter, und das Trauerspiel, das jenes tut, tut auch dieses – es tut jenes, um dieses tun zu können.[77]

Aufführungen des tragischen Theaters wurde damit eine langanhaltende Wirkung zugesprochen, die zu einer dauerhaften Veränderung des Zuschauers führen sollte – allerdings nur, wenn er regelmäßig ins Theater ging. Wiederholung der Erfahrung war auch hier die Voraussetzung.

Auch wenn mit dem Postulat der Autonomie der Kunst der in der Aufklärung vorherrschenden Wirkungsästhetik der Kampf angesagt wurde, scheinen Goethe und Schiller mit ihrem Konzept eines Bildungstheaters durchaus weiterhin der Idee angehangen zu haben, dass Theater auf den Zuschauer eine nachhaltige, die Aufführung überdauernde Wirkung auszuüben vermag. Dies lässt sich u.a. aus Schillers *Briefen über die ästhetische Erziehung des Menschen* (1795) schließen. Denn im „Spiel" mit der „Schönheit" verwandelt sich der gewöhnliche Mensch, bei dem Stofftrieb und Formtrieb, sinnliche und vernünftige Natur auseinanderfallen und im ewi-

[77] Brief an Nicolai vom November 1756, in: Gotthold Ephraim Lessing, „Briefwechsel über das Trauerspiel", in: ders., *Werke,* Bd. 4., 1973, S. 153–227, hier: S. 163.

gen Kampf miteinander liegen, in den „idealen" Menschen, in dem beide miteinander versöhnt sind. Da dies nur im Spiel mit der Kunst – zum Beispiel in Aufführungen – geschieht, bedarf es auch hier der dauernden Wiederholung dieser Erfahrung, um eine nachhaltige Veränderung zu bewirken.

Es ist daher kein Wunder, dass mit der Rückkehr der Wirkungsästhetik um die Wende vom 19. zum 20. Jahrhundert, vor allem durch die Vertreter der Avantgardebewegungen, erneut Überlegungen und Proklamationen in den Vordergrund rückten, wie der Mensch durch Theater verändert werden könne. Sei es Georg Fuchs oder Meyerhold, Brecht oder Artaud, sie alle proklamierten die Entstehung eines „neuen Menschen", der durch Theater geschaffen werden sollte, auch wenn ihre Vorstellungen von diesem „neuen Menschen" erheblich divergierten, ja, zum Teil einander diametral entgegengesetzt waren und sich offen widersprachen.

In diesem Zusammenhang wurden die „ersten" Formen von Theater entwickelt, die im Englischen heute unter dem Begriff „applied theatre" (angewandtes Theater) zusammengefasst werden. So lassen sich die britische *pageant* Bewegung (1905–1917) und ihre Fortsetzung in den USA (ab 1908) durchaus als Vorläufer dessen qualifizieren, was heute als *community theatre* bezeichnet wird. Denn die *pageants* wurden von den Bewohnern eines Ortes gemeinsam durchgeführt und thematisierten die Geschichte des Ortes und seiner Bewohner. Während diese in England als ein „Bollwerk" gegen Modernisierung und Industrialisierung gemeint waren, sollten die *pageants* in den Vereinigten Staaten der Integration der verschiedenen Einwanderer-Gruppen in die Gemeinschaft des Ortes, an dem sie lebten, dienen.[78] Die kommunistischen Agitprop Gruppen, die in den 1920er Jahren durch die junge Sowjetunion und die Weimarer Republik zogen, verstanden sich – wie gut fünfzig Jahre später Boals Gruppe – als ein „Theater der Unterdrückten", das eben diesen Unterdrückten ihre Handlungskraft und -mächtigkeit, ihre *agency* zurückgeben wollte.

In diesen Zusammenhang gehören auch Brechts Lehrstücke. Zwar konnten sie durchaus vor Zuschauern aufgeführt werden, wie es auch mit der *Maßnahme* im Rahmen des Festivals „Neue Musik Berlin 1930" tatsächlich geschah; sie brauchten jedoch letztlich kein Publikum. Vielmehr sollten die Spielenden „durch die Durchführung bestimmter Handlungsweisen, Einnahme bestimmter Haltungen, Wiedergabe bestimmter Reden und so weiter" in einen Lernprozess eintreten und ihn gestalten: „Das Lehrstück lehrt

78 Vgl. Robert Withington, *English Pageantry. A Historical Outline* 1963 sowie David Glassberg, *American Historical Pageantry* 1990.

dadurch, daß es gespielt, nicht dadurch, daß es gesehen wird."[79] Dadurch, dass Brecht hier die Aufführungssituation eher marginalisiert, unterscheidet er sich wesentlich von den Agitprop Truppen, denen es gerade um die Wirkung des Spiels auf die Zuschauer zu tun war.

Dieses Merkmal teilen die Lehrstücke mit Jacob Levy Morenos Psychodrama, das sich in anderer Hinsicht grundlegend von Brechts Lehrstücken unterscheidet. Moreno entwickelte seit 1910 in Wien in improvisierten Aufführungen und Diskussionen mit marginalisierten Gruppen wie Straßenkindern, Prostituierten und Flüchtlingen spezifische Techniken, die er nach seiner Übersiedlung in die USA Mitte der zwanziger Jahre zum Psychodrama und zum therapeutischen Rollenspiel als spezielle Behandlungsformen ausbaute. Mit dem Psychodrama, das – entgegen der Bezeichnung – keinen dramatischen Text verlangte und die Grenze zwischen Akteuren und Zuschauern verwischte, sollte eine langanhaltende Veränderung der Beteiligten bewirkt werden. Wie bei Brechts Lehrstücken ist durch das therapeutische Setting die Situation eher mit einer Probensituation zu vergleichen als mit einer öffentlichen Aufführung. Im Gegensatz zur Aufführung, in der ständig mit unvorhergesehenen „Eingriffen" der Zuschauer zu rechnen ist, wird hier ein geschützter Raum hergestellt, der allerdings gerade die Emergenz von Unvorhergesehenem in den Patienten und zwischen ihnen begünstigt, was zur Heilung beiträgt.

Diese Beispiele mögen genügen, um zu belegen, dass viele der neuen, auf dauerhafte, das Leben der Zuschauer und/oder Spieler verändernde Transformationen zielende Theaterformen, die seit den ausgehenden 1960ern, vor allem seit den siebziger Jahren entstanden sind, ihre Vorläufer in Initiativen finden, die auf neue Wirkungsästhetiken aus der ersten Hälfte des 20. Jahrhunderts zurückgehen – wenn nicht gar auf Formen, die „alten" Wirkungsästhetiken zuzurechnen sind. Zu diesen Formen gehört zweifellos das Schultheater, das seit dem 16. Jahrhundert die Aufgabe hatte, nicht nur die Latein- und Griechischkenntnisse der Schüler zu verbessern, sondern ihnen die Fähigkeit zu einem wirkungsvollen öffentlichen Auftreten zu vermitteln. Im 18. Jahrhundert dagegen stand die Vermittlung und Internalisierung der neuen familialen Werte und Tugenden im Vordergrund des Interesses.

Grotowskis „Special Projects", die außerhalb des Theaters und meist in der Natur ohne Zuschauer durchgeführt wurden und den Teilnehmern helfen sollten, ihre Persönlichkeit zu entwickeln, Boals „Unsichtbares Theater", bei dem die Zuschauer nicht wussten, dass die Szenen, deren Zeugen

79 Bertolt Brecht, undatierte Äußerung aus den frühen 1930er Jahren zur Theorie des Lehrstücks, *Gesammelte Werke* 1967b, S. 1024f.

sie in der Öffentlichkeit wurden, von Schauspielern gespielt wurden, Theater for Development, Gefängnistheater, *community theatre*, Schultheater, die verschiedensten Formen von Theatertherapie, Theater in Kriegsgebieten – ihnen allen liegt die Überzeugung zugrunde, dass Theater die Beteiligten nachhaltig zu transformieren und so ihr Leben zu ändern vermag, seien es die Spieler, seien es die Zuschauer. Während bei Aufführungen des Kunsttheaters die ästhetische Erfahrung als Erfahrung der Liminalität im Vordergrund steht, gilt sie in allen diesen Theaterformen als der Weg zu einem anderen Ziel, das eine über die Aufführung hinausgehende langanhaltende Veränderung in einer bestimmten Hinsicht darstellt, die sowohl als eine Bewusstseins- als auch als eine Verhaltensänderung konzipiert ist. Dieses Ziel ist allerdings nicht allein durch die Übermittlung spezifischer Inhalte zu erreichen. Es bedarf auch einer besonderen Ästhetik – es bedarf neuer Wirkungsästhetiken. Insofern erscheint es nicht nur unangebracht, sondern geradezu kontraproduktiv, in Projekten dieser Theaterformen die ästhetische Dimension ausblenden zu wollen. Es sind niemals die „Inhalte an sich", die eine Wirkung zu entfalten vermögen, sondern immer nur spezifische Formen ihrer Darstellung. Dies gilt für Formen, die auf Zuschauer einwirken wollen, ebenso wie für solche, bei denen es um die Veränderung der Spielenden geht.

Ein besonders eindrucksvolles Projekt, das durch den weltweit gezeigten Film *Rhythm Is It* (Regie Thomas Grube und Enrique Sánchez Lansch 2004) zu ungewöhnlicher Berühmtheit gelangt ist, wurde vom britischen Choreographen Royston Maldoom in Kooperation mit dem Dirigenten Sir Simon Rattle, dem Leiter des Berliner Philharmonischen Orchesters, im Jahre 2002 in Berlin durchgeführt: Innerhalb von drei Monaten wurde eine Aufführung von Strawinskys *Sacre du Printemps* mit 250 Schülern im Alter zwischen 11 und 17 Jahren von Berliner Schulen und Tanzstudios erarbeitet. Ein Drittel von ihnen hatte einen Migrationshintergrund. Das Ensemble umfasste Schüler aus fünfundzwanzig verschiedenen Nationen. Die Aufführung fand im Januar des folgenden Jahres in der Arena Treptow statt, die über 2000 Zuschauer zu fassen vermag. Es spielte das Berliner Philharmonische Orchester unter Leitung von Sir Simon Rattle.

Zwar war diese Aufführung das Ziel, auf das alle Beteiligten hinarbeiteten. Das eigentliche Ziel bestand jedoch darin, durch die Arbeit an sich selbst, die der Probenprozess jedem abverlangte, eine dauerhafte Einstellungs- und Verhaltensänderung in den Schülern zu erreichen. Während, wie im Film festgehalten, die Lehrer öfter der Meinung waren, dass Maldoom ihre Schüler überfordere und so frustriere, zeigte der Choreograph sich zu keinen Kompromissen bereit. Was ihm künstlerisch notwendig erschien, verlangte er den Schülern ab. Wie der Film am Beispiel ausgewählter Schülerinnen und Schüler zeigt, veränderten diese sich in der Tat im Verlauf der Probenzeit, ganz so wie Maldoom es behauptete: „You can change your life in a dance class." Ob diese Veränderungen eher die Ausnahme als die Regel waren und ob sie tatsächlich die Probenzeit soweit überdauerten, dass sie für das weitere Leben der Betroffenen entscheidend waren, darüber vermag der Film natürlich keine Auskunft zu geben.

Zwar hat sich die Theaterwissenschaft ausführlich mit Brechts Lehrstücken als Theorie und Praxis auseinandergesetzt und Boals „Unsichtbares Theater" erforscht, bei dem die Zuschauer in der U-Bahn, im Café oder auf dem Marktplatz nicht wissen, dass die Szenen, deren Zeugen sie sind, von Schauspielern dargestellt werden und nicht – wie Brechts Straßenszene – in diesem Sinne Szenen aus dem Alltagsleben sind, die sich hier und jetzt tatsächlich zwischen ihren Mitbürgern abspielen. Sogar Jerzy Grotowskis „Special Projects", bei denen jenseits von Aufführungen in spezifischen Umgebungen neue Lebensformen eingeübt werden sollten, sind, sofern Berichte über sie vorliegen, Gegenstand theaterwissenschaftlicher Untersuchungen geworden, die sich mit Grotowskis Arbeit auseinandersetzen. Über therapeutisches Theater bzw. Theatertherapie finden sich jedoch in der deutschsprachigen Theaterwissenschaft kaum Arbeiten. Sie gelten als Gegenstand der Psychologie, Psychoanalyse, Psychotherapie. Entsprechendes gilt für Schultheater bzw. „Darstellendes Spiel" in der Schule. Während das protestantische Schultheater und das Schultheater der Jesuiten des 17. Jahrhunderts immer wieder Gegenstand theaterhistorischer Forschung geworden sind, setzt sich die Theaterwissenschaft kaum mit dem „Darstellenden Spiel" an der Schule auseinander. Wohl begreift sie Aufführungen des Kinder- und Jugendtheaters als ihren Gegenstand, nicht jedoch das heutige Schultheater, das weitgehend der innerhalb der Erziehungswissenschaften angesiedelten Theaterpädagogik überlassen wird.[80] Mit Formen von *community theatre*, von Gefängnistheater oder auch Theater in Kriegsgebieten beschäftigen sich eher die Sozialwissenschaften.

Während dies – mit einigen bemerkenswerten Ausnahmen[81] – für die deutschsprachige Theaterwissenschaft gilt, bilden in der englischsprachigen

80 Vgl. hierzu den Eintrag „Theaterpädagogik/Theatertherapie" von Wolfgang Sting im *Metzler Lexikon Theatertheorie* 2005b, S. 348–351.

81 Vgl. z. B. Matthias Warstat, *Krise und Heilung* 2009, wo unter dem Begriff der Wirkungsästhetik erstmalig auch Theatertherapien, *community theatre* und Theater in Kriegsgebieten neben dem institutionalisierten Kunsttheater gleichberechtigt diskutiert werden. Auf ihn geht der Vorschlag zurück, diese Formen unter den Begriff der Wirkungsästhetik zu fassen.

Theaterwissenschaft diese unterschiedlichen Theaterformen, die unter dem Oberbegriff *„applied theatre"* zusammengefasst werden, den Gegenstand eines speziellen Zweiges der Theaterwissenschaft.[82] Viele dieser Arbeiten liefern allerdings lediglich eine Beschreibung von Projekten, welche die Autoren oder auch andere durchgeführt haben, und bewerten ihren Erfolg nach Kriterien, die häufig nicht nachvollziehbar sind.

Hier liegt das eigentliche Problem für Forschungen in diesem Bereich. Während die Analyse einer Aufführung der Performance-Kunst oder des institutionalisierten Kunsttheaters aufgrund der beobachteten Zuschauerreaktionen Aussagen über mögliche Transformationen machen kann, die einzelne Zuschauer während der Aufführung durchlaufen, und so die Theorie von der transformativen Kraft der Aufführung bzw. von der Aufführung als autopoietischer Feedbackschleife zu stützen vermag, lässt sich auf diesem Wege nicht zu Erkenntnissen über länger andauernde Wirkungen der Aufführungen gelangen. Über möglicherweise eingetretene Bewusstseins- und Verhaltensänderungen kann die Aufführungsanalyse keine Aussagen machen. Wenn solche Aussagen erwartet werden, ist eine Kooperation mit den Sozialwissenschaften unabdingbar. Denn sie verfügen über Methoden bzw. sind imstande, solche zu entwickeln, die entsprechend belastbare Aussagen über derartige Veränderungen ermöglichen – seien dies

82 Vgl. allgemein zu *applied theatre* Helen Nicholson, *Applied Drama. The Gift of Theatre* 2005 und James Thompson, *Applied Theatre. Bewilderment and Beyond* 2003; zum *community theatre* Richard Boon, Jane Palstow (Hg.) *Theatre and Empowerment. Community Drama on the World Stage* 2004; Petra Kuppers, Gwen Robertson, *The Community Performance Reader: An Introduction* 2007; Philip Taylor, *Applied Theatre. Creating Transformative Encounter in the Community* 2003; Eugene Van Erven, *Community Theatre – Global Perspectives* 2001; zur Theatertherapie Adam Blatner, *Foundations of Psychodrama: History, Theory and Practice* 2000; Roger Grainger, *Drama and Healing. The Books of Dramatherapy* 1990; Sue Jennings (Hg.), *Dramatherapy – Theory and Practice* 1997, dies.: *Dramatherapy with Families, Groups and Individuals* 1990; zu *Theatre for Development* Zakes Mda, *When People Play People: Development Communication through Theatre* 1993; Julie McCarthy, *Enacting Participatory Development – Theatre-Based Technique* 2004; Mady Schutzman, John Cohen-Cruz, *Playing Boal. Theatre, Therapy, Activism* 1994; zu *Theatre in Education* David Hornbrook, *Education and Dramatic Art* 1998, Antony Jackson, *Learning through Theatre: New Perspectives on Theatre in Education* 1993; ders., *Theatre, Education and the Making of Meanings: Art or Instrument?* 2007; Lynn McGregor, Maggie Tate, Ken Robinson, *Learning through Drama* 1977; zu Theater im Gefängnis Michael Balfour, *The Use of Drama in the Rehabilitation of Violent Male Offenders*, 2003; ders. (Hg.), *Theatre in Prison* 2004; James Thompson (Hg.), *Prison Theatre – Perspectives and Practices* 1997; Rachel Marie-Crane Williams, *Teaching the Arts Behind Bars* 2003; zu Theater in Krisen- und Kriegsgebieten Guglielmo Schininà, „Here We Are. Social Theatre and Some Open Questions about Its Developments" 2004, ders. „‚Far Away, So Close'. Psychological and Theatre Activities with Serbian Refugees". 2004, James Thompson, „Digging Up Stories. An Archaeology of Theatre in War" 2004.

Interviews vor und nach der Aufführung, einen Monat oder ein Jahr später etc. oder ethnographische Methoden, die vor und nach der Aufführung sowie eine Woche oder einen Monat später etc. in der Feldforschung eingesetzt werden. Zwar gab es auch in der Theaterwissenschaft vereinzelt Versuche, mit empirischen Methoden zu arbeiten – vor allem in den 1980er Jahren.[83] Wie sich gezeigt hat, lässt sich mit ihnen nur Erfolg versprechend arbeiten, wenn ausreichende sozialwissenschaftliche Kompetenz gegeben ist. Darüber hinaus zeigte sich, dass manche Ergebnisse letztlich trivial waren und den erheblichen Aufwand, den die Methoden beanspruchen, nicht rechtfertigten.

Auch wenn man auf diesem Wege zu belastbaren Aussagen über nachhaltige Wirkungen gelangen mag, folgt daraus noch keineswegs die Möglichkeit von Prognosen. Dass eine bestimmte Aufführung unter spezifischen Bedingungen bei einzelnen Individuen zu beobachtbaren länger andauernden Verhaltensänderungen geführt hat, berechtigt nicht zu der Annahme, dass sie dies unter vergleichbaren Bedingungen noch einmal zu leisten vermag. Auch für Aufführungen dieser Theaterformen gilt, dass sie einmalig und unwiederholbar sind und ihre Wirkung auf Zuschauer und Spieler trotz sorgfältig ausgefeilter Inszenierungsstrategien nicht mit Sicherheit vorhersagbar ist. Insofern es um Veränderung bzw. Stabilisierung von Individuen und Gemeinschaften geht – und nicht um die Programmierung von Automaten –, sind Veränderungen nicht berechenbar. Es kann also „nur" darum gehen, methodisch abgesichert herauszufinden, ob die Teilnahme einzelner Individuen an derartigen Aufführungen tatsächlich zu länger andauernden Verhaltensänderungen geführt hat, was an sich schon schwierig und problematisch ist.

Sozialwissenschaftliche Methoden können sich darüber hinaus bereits im Vorfeld der Aufführungen als hilfreich erweisen. Sie lassen sich zum Beispiel einsetzen, um zu ermitteln, welche Art von Theater mit Blick auf die jeweilige Zielgruppe oder spezifische Situationen und die gewünschten Verhaltensveränderungen am ehesten Erfolg verspricht – wie zum Beispiel stark körperbetontes oder eher sprachlich vermittelndes Theater; ein Theater, das eher das Auge als das Ohr anspricht oder eines, das auf *alle* Sinne wirkt; Aufführungen, die viele Anlässe zum Lachen bieten oder mit Schocks und der Erregung starker Emotionen arbeiten, solche, die Situationen schaffen, die sich unmittelbar auf die Situation der Zuschauer oder Spieler beziehen lassen, oder solche, die durch mehrere Instanzen symbolischer Vermittlung eine größere Distanz erlauben etc. etc. Aber auch hier

83 Vgl. u.a. Willmar Sauter (Hg.), *New Directions in Audience Research* 1988.

gilt, dass Schlüsse, die aus den so gewonnenen Befunden auf der Basis von Erfahrungswissen gezogen werden und zum Teil durchaus zutreffen, keine sicheren Prognosen hinsichtlich der später tatsächlich eintretenden Wirkung erlauben. Prognosen sind auch auf diesem Feld generell nicht möglich.

Dem aufmerksamen Leser mag aufgefallen sein, dass hinter der Überschrift dieses Abschnitts „Neue Wirkungsästhetiken oder angewandtes Theater" ein Fragezeichen steht, das bis jetzt weder thematisiert noch gerechtfertigt wurde. Insofern man argumentieren könnte, dass es sich lediglich um zwei unterschiedliche Bezeichnungen für dieselbe Gruppe von Untersuchungsobjekten handelt, wäre das Fragezeichen letztlich überflüssig, weil ihm keine spezifische Funktion zukäme. Beide Bezeichnungen erscheinen als gleich geeignet – oder ungeeignet. Wenn beide Begriffe jedoch als zwei unterschiedliche Weisen aufgefasst werden, ein bestimmtes Gegenstandsfeld zu beschreiben oder zu charakterisieren, verweist das Fragezeichen auf den Tatbestand, dass es hier um eine Wahl zwischen zwei Möglichkeiten geht, die jeweils etwas anderes fokussieren. Wird der Ausdruck „neue Wirkungsästhetiken" gewählt, wird die Aufmerksamkeit zum einen auf eine spezifische Tradition und Kontinuität gelenkt, die der Begriff impliziert, da, wie dargestellt, Wirkungsästhetik sich in Europa bis auf das tragische Theater der Griechen und seine Theoretisierung durch Aristoteles zurückführen lässt.[84] Auch wenn die historische Avantgarde in mancher Hinsicht gegen Aristoteles polemisierte, stimmte sie doch mit ihm in der wirkungsästhetischen Prämisse überein, dass Aufführungen ein transformatorisches Potenzial innewohnt, das sie jeweils auf andere Weise und zu anderen Zwecken zu nutzen suchten. Diese Prämisse gilt, wie gezeigt, auch für alle hier angesprochenen Arten von Aufführungen. Zum anderen weist dieser Begriff mit Nachdruck darauf hin, dass es gerade die jeweils eingesetzten spezifischen *ästhetischen* Mittel und Verfahren sind, von denen Möglichkeit und Art der Wirkung abhängen. Wer den Begriff „neue Wirkungsästhetiken" wählt, schließt diese Form des Theaters an eine lange Tradition an, welche gerade das Ästhetische als den besten Weg zum gewünschten

84 Auch in anderen Kulturen ist eine vergleichbare Tradition zu finden. So wird im *Natyasastra,* dem indischen „Lehrbuch für das Theater", das zwischen dem 1. und 3. Jahrhundert n.Chr. entstand, ausgeführt, wie in der Aufführung sowohl in den Tänzern/Schauspielern als auch den Zuschauern *rasas* ausgelöst werden können. Dieser Begriff wird im Deutschen mit den Termini „Gefühlszustand", „Geschmack" oder „Saft" und im Englischen mit den Ausdrücken „sentiment", „aesthetic rapture" oder auch „emotional consciousness" wiedergegeben. Die Lehre von den *rasas* ist bis heute in den darstellenden Künsten in Indien von Bedeutung.

Ziel begreift, auch wenn jeweils ein anderes Verständnis des Ästhetischen zugrunde liegen mag.[85]

Interessanterweise gibt es im Englischen kein Äquivalent für den deutschen Begriff „Wirkungsästhetik" – auch wenn dieser sich als „aesthetics of effect" – übersetzen ließe. Insofern besteht hier diese Option nicht. Der Begriff „applied theatre", der sich umstandslos als „angewandtes Theater" übersetzen lässt, fokussiert den Aspekt der Anwendung. Theater interessiert hier als ein Instrument, mit dem etwas bewerkstelligt werden soll, das jenseits von ihm liegt und sich vielleicht auch mit anderen Mitteln erreichen ließe. Ob die Frage, ob, wieweit und welche ästhetischen Verfahren dazu eingesetzt werden sollen oder gar müssen, sich überhaupt stellt, hängt entsprechend von den jeweils vorherrschenden Vorstellungen von Theater, vom jeweiligen Theaterbegriff ab. Der dem Begriff „applied theatre" zugrunde liegende Gedanke einer schlichten Anwendung bzw. Übertragbarkeit von künstlerischen Theaterformen auf andere Kontexte erscheint zudem irreführend und stark vereinfachend. Insofern ist ihm mit einer gewissen Skepsis zu begegnen.

Die Bevorzugung bzw. Wahl eines der beiden Begriffe, die im Deutschen durchaus möglich ist, beinhaltet also jeweils eine andere Akzentsetzung. Wie aus den obigen Ausführungen unschwer zu erraten, wird hier die Bezeichnung „neue Wirkungsästhetiken" vorgezogen, um die Gemeinsamkeiten mit anderen Theaterformen zu betonen, ohne die Differenzen ausblenden zu wollen.

9.3 Kulturelle Aufführungen

Während bei den im vorhergehenden Abschnitt behandelten Aufführungen der Bezug zur Theaterwissenschaft durch Bezeichnungen wie therapeutisches Theater, Schultheater, Gefängnistheater, Theater in Krisengebieten u.a. sich geradezu aufdrängt, ist dies bei vielen anderen Genres von kulturellen Aufführungen nicht der Fall. Theaterwissenschaft wurde jedoch im ersten Kapitel ganz generell als Wissenschaft von Aufführungen bestimmt. Insofern kann kein Zweifel bestehen, dass auch kulturelle Aufführungen wie Feste, Rituale, Spiele, Sportwettkämpfe, politische Versammlungen, Gerichtsverhandlungen u.a. zu ihren Gegenständen gehören. Gleichwohl wird Festforschung vor allem von Ethnologie und Soziologie betrieben, Ritualforschung von Religionswissenschaft, Theologie, Ethnologie, Soziologie und Spielforschung von Philosophie, Psychologie, Soziologie, den Wirtschaftswissenschaften. Sportwettkämpfe werden von Sportwissenschaft

85 Vgl. hierzu Warstat, *Krise und Heilung* 2009.

und Soziologie untersucht, Gerichtsverhandlungen von der Rechts- und Geschichtswissenschaft und politische Versammlungen von Politologie und Geschichtswissenschaft. Welchen Beitrag kann die Theaterwissenschaft zur Erforschung dieser Genres von kulturellen Aufführungen leisten, den die genannten Wissenschaften zu erbringen nicht imstande sind?

9.3.1 Inszenierung und Aufführung

Trotz aller zum Teil gravierender Unterschiede, die zwischen den zahlreichen Untersuchungen zu den verschiedenen Genres kultureller Aufführungen in den jeweiligen Disziplinen bestehen, weisen sie eine ebenso merk- wie denkwürdige Gemeinsamkeit auf. Sie ignorieren nahezu durchgehend den Unterschied zwischen Aufführung und Inszenierung. Bei historischen Aufführungen untersuchen sie Quellen, welche Aussagen über die Inszenierung und damit lediglich über die Intentionen der Veranstalter machen, und alles, was sie aus anderen Quellen über den tatsächlichen Verlauf der Aufführung erfahren, setzen sie unmittelbar zu diesen Intentionen in Verbindung. Ein solches Vorgehen erweist sich zumindest in zweierlei Hinsicht als fragwürdig und entsprechend folgenreich: zum einen mit Blick auf das damit vorausgesetzte Verhältnis zwischen den verschiedenen Gruppen der Beteiligten, die sich als Akteure und Zuschauer bezeichnen lassen (1), und zum anderen hinsichtlich der Übermittlung bzw. Generierung von Bedeutungen (2).

1) Was den ersten Aspekt betrifft, so scheint in den Sozialwissenschaften die Meinung vorzuherrschen, dass bei kulturellen Aufführungen, vor allem in totalitären Gesellschaften, die Zuschauer stets als passiv und entsprechend als „Objekte" in der Hand der Herrschenden vorauszusetzen sind. In der weitverbreiteten Manipulationsthese zum Beispiel wird von der Annahme ausgegangen, dass politische Feste und andere Arten von Massenspektakeln dazu geeignet sind, die an ihnen beteiligten Bevölkerungsgruppen im Sinne der Herrschenden zu manipulieren. Das hieße, dass die Veranstalter imstande wären, den Verlauf der Aufführung zu steuern und zu kontrollieren – also erfolgreich eben die Inszenierungsstrategien anzuwenden, die ein „passives" und daher „unschuldiges" Publikum in der genau vorausberechneten Weise zu überwältigen und das gewünschte Verhalten auszulösen vermögen. Wenn man jedoch davon ausgeht, wie es im ersten Teil des Buches bei der Entwicklung einer Theorie der Aufführung geschieht, dass die Aufführung aus der leiblichen Ko-Präsenz aller Beteiligten hervorgeht und sich als eine autopoietische Feedbackschleife vollzieht, erscheint die der Manipulationsthese zugrunde liegende Annahme nicht

plausibel. Denn da die Aufführung aus den Interaktionen aller Beteiligten entsteht, die eben nicht präzise vorauszuplanen und zu berechnen sind, sind alle aktiv in sie involviert. Das heißt, auch die Zuschauer tragen eine Mit-Verantwortung. Wer anwesend ist und sich beteiligt, willigt in das ein, was in ihr geschieht, und trägt entsprechend Mit-Verantwortung für das, was sich in der Aufführung zuträgt. Von Manipulation kann daher kaum oder nur unter Vorbehalt die Rede sein. Beteiligte, auch wenn sie den Status von Zuschauern innehaben bzw. die Rolle von Zuschauern übernehmen, sind nicht als passiv vorauszusetzen, nicht als Objekte, mit denen beliebig verfahren werden kann. Sie sind vielmehr, wie im ersten Teil erläutert, als Subjekte zu begreifen, welche sich zwar durchaus von der Aufführung bestimmen lassen, aber sie zugleich mitbestimmen, die also weder als autonome noch als fremdbestimmte Subjekte handeln bzw. sich verhalten. Wird der fundamentale Unterschied zwischen Inszenierung und Aufführung berücksichtigt, kann daher die Manipulationsthese, wie sie heute weitgehend vertreten wird, nicht aufrechterhalten werden. Dies hat weitreichende Konsequenzen zum Beispiel für die Debatte von Schuld und Verantwortung im Nationalsozialismus.

2) Wenn es um die Frage der Bedeutungen geht, die in/durch bestimmte kulturelle Aufführungen konstituiert werden, hält sich die Forschung zunächst an Quellen, die Auskunft über die Intentionen der Veranstalter geben. So wird das allegorische Programm untersucht, das einem höfisches Fest zugrunde liegt – wie zum Beispiel das Cartell zu einem Feuerwerk –, die verwendete Symbolik oder die Reden, die bei einer politischen Kundgebung gehalten wurden. Aus ihrer Interpretation werden die Bedeutungen gewonnen, von denen angenommen wird, dass sie in der betreffenden Aufführung an das Publikum übermittelt wurden.

Ein solches Vorgehen lässt außer Acht, dass in der Aufführung erstens nicht nur die in dieser Quelle schriftlich fixierten Zeichen als Zeichen begriffen und gedeutet werden konnten, sondern alles, was im Laufe der Aufführung im Raum erschien, und dass zweitens von einer Übermittlung von Bedeutungen im Sinne eines technischen Kommunikationsmodells nicht die Rede sein kann. Vielmehr wird jeder Zuschauer/Zuhörer auf der Basis seines eigenen Bedeutungssystems sowie der Erfahrungen, die er in der Aufführung macht, selbst Bedeutungen konstituieren. Dabei ist auch das gegebenenfalls bei jedem anders verlaufende Umspringen der Wahrnehmung von der Phänomenalität des Erscheinenden zu seiner Zeichenhaftigkeit zu berücksichtigen. Der Zuschauer ist daher nicht als ein passiver Empfänger einer Botschaft zu begreifen, sondern bringt unter den genannten Bedingungen selbst Bedeutungen hervor. Insofern die Teilnehmer sich hinsichtlich ihres Bedeutungssystems, ihres *universe of discourse* und ihrer Erfahrungen unterscheiden, werden sie je andere Bedeutungen hervorbringen.

Es erscheint daher auch als problematisch, Wirkungen, über die in manchen Quellen berichtet wird, unmittelbar auf die Bedeutungen zurückzuführen, die aus der Interpretation der Quellen folgen, welche Aussagen über die Intentionen der Veranstalter oder über die von ihnen zugrunde gelegten Symbole, Allegorien, Programme etc. machen. Denn die Wirkungen können ganz anderen Dynamiken geschuldet sein, die durch die nicht vorhersehbaren Wendungen in Gang gesetzt wurden, welche die autopoietische Feedbackschleife in ihrem Verlauf nahm.

Es gibt keine kulturelle Aufführung ohne Inszenierung. Auch wenn der Begriff selbst erst im 19. Jahrhundert geprägt wurde[86], ist der Vorgang, den er meint, uralt. Denn Aufführungen, an denen sich mehrere Menschen am selben Ort zur selben Zeit versammeln, um an einem „programme of activities" (Singer) teilzunehmen, bedürfen der Vorbereitung, zum Teil sogar einer sorgfältigen und aufwendigen Einstudierung. Ob es sich um ein Volksfest oder ein Fußballspiel, einen Gottesdienst oder eine Gerichtsverhandlung, einen Parteitag oder die Hauptversammlung der Aktionäre eines großen Konzerns handelt, immer sind weit vorausschauende Planungen und ausführliche Vorbereitungen notwendig. Diese Vorbereitungen haben selbstverständlich immer einen bestimmten, von den Veranstaltern gewünschten Verlauf zum Ziel. Sie sind jedoch nicht imstande, das Verhalten aller an den Aufführungen Beteiligten bis ins Detail zu kontrollieren und zu steuern. Welchen Verlauf die Aufführung tatsächlich nimmt, bleibt abzuwarten. Daher ist die von der Theaterwissenschaft eingeführte fundamentale Unterscheidung zwischen Inszenierung und Aufführung für jegliche Forschung zu kulturellen Aufführungen relevant, ganz gleich, in welcher Disziplin sie durchgeführt wird.

9.3.2 Überschneidungen zwischen verschiedenen Genres

Bei diesen Forschungen gilt es nun nicht nur die grundlegende Differenz zwischen Inszenierung und Aufführung zu berücksichtigen. Vor allem müssen die vielen Überschneidungen zwischen Aufführungen unterschiedlicher Genres in den Blick genommen werden, wie sie sich, wenn auch jeweils auf andere Art, in allen Kulturen finden. Auf diese Überschneidungen ist es auch zurückzuführen, dass klare Differenzkriterien zur Unterscheidung

86 Vgl. meinen entsprechenden Eintrag im *Metzler Lexikon Theatertheorie* 2005b, S. 146–153.

zwischen künstlerischen und nicht-künstlerischen Aufführungen sich auf einer systematischen Ebene – d.h. gültig für alle denkbaren Fälle – nicht finden lassen, so dass letztlich auf die institutionelle Ebene rekurriert werden muss, die jedoch von Kultur zu Kultur unterschiedlich gestaltet sein mag. Zu derartigen Überschneidungen gehören zum einen Kombinationen verschiedener Genres (1), und zum anderen spezifische Strukturähnlichkeiten (2).

1) *Kombination von Genres*: Feste zum Beispiel stellen einen Typus von kulturellen Aufführungen dar, in die in der Regel Aufführungen anderer Genres eingelagert sind. So fanden im Rahmen der Großen Dionysien in Athen Prozessionen, Akte nationaler Selbstdarstellung, Verleihung von Rüstungen an Knaben, deren Väter im Krieg gefallen waren, Dithyramben-, Komödien- und Tragödien-Aufführungen sowie eine abschließende Volksversammlung statt. Mittelalterliche städtische Feste begannen in der Regel mit einem Gottesdienst, häufig gefolgt von einer Prozession und je nach Fest der Aufführung eines Oster-, Passions-, Weihnachts-, Heiligenspiels o.A., das mit dem gemeinsamen Gesang einer Hymne endete. Höfische Feste des 16.–18. Jahrhunderts beinhalteten ein höchst umfangreiches Programm, das unterschiedliche Zeremonien, Rituale, Theateraufführungen, Rollenspiele, Musikaufführungen, Feuerwerke, Ballspiele, Tänze u.A. umfasste. Alle diese Feste zogen sich über Tage, zum Teil sogar über Wochen hin. Wenn auch nicht mehr ganz so groß dimensioniert, sind derartige Kombinationen auch bei nationalen Festen – angefangen mit den Festen der Französischen Revolution wie dem *Fête de l'Unité*, dem Fest der Einheit 1793 , Arbeiterfesten und Sportfesten seit dem 19. Jahrhundert zu finden. Die von Baron Pierre de Coubertin im ausgehenden 19. Jahrhundert „wieder belebten" Olympischen Spiele, die in der Moderne zum ersten Mal 1896 in Athen stattfanden, fassten von Beginn an sportliche Wettkämpfe mit den unterschiedlichsten Arten von Ritualen und Zeremonien zusammen, die seit den Spielen in Los Angeles im Jahre 1932 um die Aufführung von so genannten Pageants, Festspielen, Tanz-, Opern- und Schauspielaufführungen immer weiter ergänzt wurden. Eine vergleichbare Kombination unterschiedlicher Genres von kulturellen Aufführungen in Festen, wie sie hier mit Blick auf europäische Feste konstatiert ist, lässt sich in den verschiedensten Kulturen finden.

Festen eignet eine merkwürdige, paradox anmutende Struktur, welche ihre Zeitverhältnisse als auch das Verhalten der Festteilnehmer charakterisiert. Die Zeitverhältnisse sind durch den Gegensatz von Liminalität und Periodizität bestimmt. Einerseits sind Feste in die Routine des Alltags eingebettet, indem sie sich regelmäßig wiederholen; andererseits ermöglichen sie auch in zeitlicher Hinsicht eine Transgression, weil sie eine eigene Zeit konstituieren, die die jeweils gültige Zeitgestaltung unterbricht. Der zweite Gegensatz betrifft das Handeln im Fest: Einerseits unterliegt es einem genauen Reglement, andererseits besteht die Quintessenz festlichen Handelns gerade darin, bestimmte Regeln, nämlich die Beschränkungen des Alltags, zu durchbrechen.[87]

Aus diesen Gegensätzen lassen sich vier Wirkdimensionen ableiten, die für Feste charakteristisch sind: Der erste Gegensatz betont zunächst eine *liminale* Dimension; die eigene Zeitlichkeit, welche das Fest konstituiert, ist eine Zwischenzeit, eine Zeit des Übergangs, in die Alltagszeit und in die historische Zeit eingelagert. Sie setzt voraus, dass sich die Festteilnehmer aus ihrem Alltag herauslösen, in den sie nach dem Ende des Festes verwandelt, nämlich in einer besonderen Identität bestärkt oder auch mit einer neuen Identität, zurückkehren. Die liminale Dimension stellt insofern die Voraussetzung für eine weitere Dimension dar: die *transformative*. Inwieweit mögliche im Laufe des Festes übernommene und probeweise ausagierte Identitäten oder auch die Affirmation einer bestehenden Identität zum Beispiel als Mitglieder einer spezifischen Gemeinschaft – der christlichen Gemeinde oder des Hofes oder der Gemeinschaft der Sportler – tatsächlich die Zeit des Festes überdauern, ist – anders als bei klassischen Übergangsritualen und ähnlich wie bei Theateraufführungen – nicht festgelegt und auch nicht immer zu überprüfen. Eine Stärkung des Gefühls der *communitas*, der Zusammengehörigkeit der Beteiligten ist allerdings anzunehmen.

Aus dem zweiten Gegensatz lässt sich zunächst eine *konventionelle* Dimension ableiten. Es ist die Regelhaftigkeit, welche bestimmte Interaktionsrituale, wie der Soziologe Goffman sie nennt[88], zwingend vorschreibt. Mit der Transgression, die sich in unterschiedlichen Exzessen äußert, wie im Ausagieren von Gewalt oder im Anschauen von Gewaltdarstellungen, ist eine *kathartische* Dimension aufgerufen.

Wie sich bei der Entwicklung des Aufführungsbegriffs gezeigt hat, sind diese vier Wirkdimensionen, die von der Festforschung[89] immer wieder nachgewiesen sind, für Aufführungen generell charakteristisch, auch wenn sie zum Teil nur in stark abgeschwächter Form oder unvollständig auftreten mögen. Die in Feste eingelagerten anderen Genres von kulturellen Aufführungen verstärken entsprechend entweder die eine oder andere dieser Wirkdimensionen in besonderer Weise oder, wenn in ihnen ebenfalls alle vorgegeben sind, die spezifische paradoxale Struktur des Festes.

87 Vgl. Klaus-Peter Köpping, „Fest" 1997.

88 Vgl. Erving Goffman, *Interaktionsrituale* 1971 (1967).

89 Vgl. u.a. Walter Haug und Rainer Warning (Hg.), *Das Fest* 1989 sowie Köpping, „Fest" 1997.

Bei Aufführungen, an denen der Forscher teilnimmt, lässt sich dies jeweils mit Methoden der Aufführungsanalyse nachweisen, welche die je spezifische Realisation der Wirkdimensionen und die jeweilige Funktion des eingelagerten Genres genauer zu bestimmen vermag.

Es fällt auf, wie eng nicht nur in der europäischen Geschichte Fest und Theater miteinander verbunden sind. Feste sind kaum ohne Theateraufführung denkbar und Theateraufführungen können bis zum Beginn der Neuzeit überhaupt nur innerhalb von Festen stattfinden. Auch nachdem im 16. Jahrhundert sich zuerst in Italien und England und dann in anderen europäischen Ländern professionelle Schauspielergesellschaften herausbildeten, die ihre Aufführungen als eine käufliche Ware bei Messen feilboten, blieb ein Zusammenhang zwischen Fest und Theater bestehen, da Theater in der Regel nur zu bestimmten Festzeiten gespielt werden durfte. Auch Theateraufführungen verstärken entweder die eine oder andere dieser Wirkdimensionen in besonderer Weise oder, wenn in ihnen ebenfalls alle effektiv sind, die spezifische paradoxale Struktur des Festes. Theateraufführungen bildeten auch weiterhin – und bilden zum Teil bis heute – einen festen Bestandteil von Festen: höfischen Festen, bürgerlichen Festen, nationalen Festen, Arbeiterfesten, Festen der Revolution, Sportfesten, Schulfesten, Betriebsfesten etc.

2) *Strukturähnlichkeit von Genres*: Auf der anderen Seite lässt sich seit der Mitte des 19. Jahrhunderts eine Tendenz feststellen, eine neue Art von Festlichkeit aus dem Theater heraus zu generieren – sozusagen die vorherige Beziehung von Theater und Fest umzukehren. Theater sollte selbst zum Fest werden, wie Richard Wagner nicht müde wurde zu proklamieren. In einem abgelegenen, ausschließlich als Festspielhaus errichteten Gebäude sollte für Theater als autonome Kunst Theater als Fest jene Wirkdimensionen wieder herstellen, die es Wagners Meinung nach im 19. Jahrhundert verloren hatte. Während das Festspielhaus als liminaler Raum *par excellence* zunächst als Ort für eine demokratische Festversammlung konzipiert war, zeichnete sich bereits in Wagners Rede zur Grundsteinlegung auf dem Grünen Hügel in Bayreuth am 22. Mai 1872 seine Umwertung zum Tempel einer Kunstreligion ab, die spätestens mit der Aufführung des *Parsifal* 1882 vollzogen war. Wagner bezeichnete den liminalen Zustand, in den die Bayreuther Aufführungen die Zuschauer versetzen sollten, als „ein dämmerndes Wähnen, ein Wahrträumen des nie Erlebten"[90] – einen Zustand, der nur erreicht werden kann, wenn der Zuschauer zum „Mitschöpfer des

90 „Ein Einblick in das heutige deutsche Opernwesen" (1872), in: Richard Wagner 1914, Bd. 9, S. 340.

Kunstwerks"[91] aufstieg, also aktiver Teilnehmer an der Aufführung, am Theaterfest wurde.

Um die Wende vom 19. zum 20. Jahrhundert gingen Georg Fuchs und Max Reinhardt noch weiter, indem sie nicht nur Festspielpläne entwarfen und verwirklichten, sondern proklamierten, dass jede einzelne Theateraufführung selbst ein festliches Ereignis werden müsse: „Das Theater wird wieder zum festlichen Spiel werden, das seine eigentliche Bestimmung ist", wie Max Reinhardt es 1902 formulierte.[92]

Bei diesen Entwicklungen, die sich, wenn auch in veränderter Form, bis in die heutigen Festivals fortsetzen, in denen eine Serie von Aufführungen zu einer Art Fest erklärt wird, geht es nicht um die Verbindung der beiden verschiedenen Genres von kulturellen Aufführungen „Fest" und „Theater". Vielmehr wird eine prinzipielle Strukturähnlichkeit zwischen beiden proklamiert, wie sie in vormoderner Zeit durch die vier Wirkdimensionen gegeben zu sein schien. Interessanterweise setzten ebenfalls um die Wende vom 19. zum 20. Jahrhundert in den Altertumswissenschaften und in der Theateravantgarde Versuche ein, eine solche Strukturähnlichkeit auch zwischen Ritual und Theater nachzuweisen. Während die Ritualforscher aus den Altertumswissenschaften, wie vor allem die Gruppe der sogenannten *Cambridge Ritualists*, die Strukturähnlichkeit aus einer historischen Entwicklung erklärten, in der Theater aus dem Ritual hervorgegangen sei, setzten die Avantgardisten diese Entwicklung anscheinend als eine Tatsache voraus, wenn sie, wie Georg Fuchs und zwanzig Jahre später Antonin Artaud erklärten, das Theater müsse „wieder" zum Ritual werden, um seine angeblich verlorenen liminalen, kathartischen und transformativen Wirkdimensionen wiederzugewinnen.

Jane Ellen Harrison (1850–1928), der Kopf der *Cambridge Ritualists*, suchte in ihrer Schrift *Themis. A Study of the Social Origins of Greek Religion* (1912; 1962) den Nachweis zu führen, dass das griechische Theater aus einem spezifischen Ritual, dem von ihr so genannten *eniautos daimon* Ritual hervorgegangen sei. Bei diesem Ritual handelte es sich um ein Jahresgott-Ritual, wie der Ethnologe James George Frazer es in seinem Buch *The Golden Bough* (1890) auf der Grundlage einer Fülle ethnologischen – von anderen gesammelten – Materials als nahezu universal behauptet hatte. Auf ein solches „dionysisches" Ritual führte Harrison den Ursprung des griechischen Theaters zurück. Da Aristoteles in seiner *Poetik* die These aufgestellt hatte, dass Theater sich aus dem Dithyrambus entwickelt habe, versucht sie zu

91 Richard Wagner, *Gesammelte Schriften und Dichtungen* 1887/8, Bd. IV, S. 186.
92 Zit. n. Arthur Kahane, *Tagebuch der Dramaturgen* 1928, S. 119.

beweisen, dass der Dithyrambus in der Tat aus einem dionysisches Ritual hervorgegangen ist. In ihrer Untersuchung eines erst kurz zuvor im Zeus-Tempel in Palaikastro auf Kreta gemachten Fundes, des *Hymnos der Koureten*, die sie mit einer komparatistischen Methode durchführte, welche nicht nur andere griechische Texte und archäologischen Funde berücksichtigte, sondern auch ethnologisches Material aus afrikanischen, australischen und amerikanischen Kulturen, kommt sie zu dem Schluss:

> [...] the Dithyramb [...] is a Birth-Song, [...] giving rise to the divine figures of Mother, Full-grown Son and Child; it is a spring-song of magical fertility for the new year; it is a group song [...], later sung by a *thiasos*, a song of those who leap and dance rhythmically together.[93]

Damit meinte Harrison, den Chor des tragischen Theaters auf ein Jahresgott-Ritual zurückgeführt zu haben. Ihr Mitstreiter und jüngerer Kollege Gilbert Murray (1866–1957), der Sophokles' *König Ödipus* für Max Reinhardts Londoner Inszenierung der Tragödie im Jahre 1912 neu übersetzt hatte, steuerte seinerseits ein Kapitel zu Harrisons großer Studie bei: „Excursus on the Ritual Forms Preserved in Tragedy". In ihm sucht Murray Harrisons Theorie zu stützen, indem er wichtige Strukturelemente des Jahresgott-Rituals in der griechischen Tragödie, vor allem unter Bezug auf die jüngste (!) Tragödie, Euripides' *Bakchen*, nachweist. Zu diesen Elementen gehören ein *agon* oder Wettkampf, ein *pathos*, d.h. ein Opferritual, ein Bote, der den Tod des Opfers verkündet, ein *threnos*, eine Klage, eine *anagnorisis*, eine Wiedererkennung, und eine *Theophanie*, eine Gotteserscheinung. Zugleich betont Murray den Unterschied zwischen dem gewöhnlichen Jahresgott und dem trotz seiner Zerreißung niemals sterbenden Dionysos:

> An outer shape dominated by tough and undying tradition, an inner life fiery with sincerity and spiritual freedom; the vessels of a very ancient religion overfilled and broken by the new wine of reasoning and rebellious humanity, and still, in their rejection, shedding abroad the old aroma, as of eternal and mysterious things: these are the fundamental paradoxes presented to us by Greek Tragedy.[94]

Während die Ritualforschungen an der Wende vom 19. zum 20. Jahrhundert Strukturähnlichkeiten oder gar -analogien zwischen Ritual und Theater auf eine historische Beziehung zwischen beiden – die Entwicklung von Theater aus dem Ritual – zurückführten, argumentiert die ethno-

93 Harrison, *Themis. A Study of the Social Origin of Greek Religion* (1912) 1962, S. 203.
94 Gilbert Murray, „Excursus on the Ritual Forms Preserved in Tragedy" in Harrison, *Themis*, S. 341–363, 1962, S. 362f.

logische Ritualforschung seit den 1960er Jahren nicht mehr historisch. Die Ursprungsthese gehört offensichtlich ins 19. Jahrhundert mit seiner Besessenheit von Ursprüngen und Evolution. Es lassen sich vor allem zwei Standpunkte unterscheiden. Die Mehrzahl der ethnologischen Forschungen der 1960er und 1970er Jahre war mehr an Unterschieden denn an Ähnlichkeiten interessiert. Unter Rekurs auf Rituale in überwiegend oralen Kulturen einerseits und einen am psychologisch-realistischen Guckkastentheater gewonnen Theaterbegriff andererseits wurden wesentliche Unterschiede zwischen Ritual und Theater herausgearbeitet und betont.

Interessanterweise entwickelten zur selben Zeit Theaterkünstler wie Jerzy Grotowski oder Richard Schechner neue Formen eines so genannten „rituellen Theaters“. Im Juni 1968 wurde Richard Schechners Version der *Bakchen, Dionysos in 69* in der New Yorker Performance-Garage aufgeführt. Mit dieser Aufführung, die sich auf Euripides' Tragödie ebenso wie auf Adoptionsrituale der Asmat auf Neu Guinea sowie auf autobiographisches Material der beteiligten Performer bezog, wurde die herkömmliche Trennung von Akteur und Zuschauer aufgehoben und die Partizipation von Zuschauern nicht nur zugelassen, sondern geradezu herausgefordert. Theater sollte auf diese Weise „wieder“ zum Ritual werden.

Schechner arbeitete später mit einem Ethnologen zusammen, der bereits in den 1960er Jahren vielfältige Beziehungen zwischen Ritual und Theater aufgedeckt hatte – mit dem bereits im ersten Teil bei der Einführung des Liminalitätskonzepts erwähnten Victor Turner (vgl. S. 61 ff.). Turner vertrat den zweiten Standpunkt, der erst seit den 1990er Jahren dominant wurde. Er sah im Unterschied zur Mehrzahl seiner ethnologischen Kollegen seiner Zeit durchaus Strukturähnlichkeiten zwischen „sozialem Drama“ und Bühnendrama sowie zwischen dramatischem Ritual und rituellem Drama; gleichwohl versuchte er, die Unterschiede zwischen Ritualen, wie er sie in afrikanischen Stammesgesellschaften erlebt und erfahren hatte, und den von ihm so genannten Freizeitgattungen in komplexen Industriegesellschaften wie Theater, Tanz, Gesang oder Aufführungen der „Massen-, Pop-, Volks-, Hoch-, Gegen-, Untergrundkultur usw.“[95] nicht nur aufrechtzuerhalten, sondern deutlich zu markieren. Deswegen wollte er den Begriff des Liminalen Ritualen in Stammesgesellschaften vorbehalten, bei denen die Teilnahme verpflichtend ist und das Kollektiv im Vordergrund steht; für die „Freizeitgattungen“ in modernen Gesellschaften, an denen teilzunehmen in jedermanns Belieben gestellt ist, und bei denen es eher um das Individuum geht, führte er dagegen den Begriff des Liminoiden ein. Gleichwohl

95 Victor Turner, *Vom Ritual zum Theater* 1989 (1982), S. 59.

werden mit dem Begriffspaar „liminal" – „liminoid" nicht Gegensätze bezeichnet, sondern Strukturähnlichkeiten hervorgehoben, die jedoch nicht als Strukturübereinstimmungen missverstanden werden sollen.

In Weiterführung und zugleich Kritik an Turners Ansatz betonen die Ethnologen Ursula Rao und Klaus-Peter Köpping die Affinitäten zwischen Ritual und Theater:

> Bereits auf der formalen Ebene teilen Ritual und Theater eine große Anzahl von Komponenten, die die Behauptung einer mehr als nur analogen Ähnlichkeit dieser zwei Handlungsdomänen des Performativen nahe zu legen scheinen. Die meisten Versuche, spezifische formale Kriterien als Eigenschaften unterschiedlicher performativer Rahmensetzungen aufzulisten, sind sowohl durch ethnographische Beobachtungen als auch durch Schauspieler-Erlebnisberichte aufgelöst worden. Beide Genres kennen Inszenierung, Skriptvorlagen (wenn man Mythen als solche bezeichnen möchte), Improvisation, Proben, Einstudierung, in beiden können Teilnehmer wie Zuschauer ihre Rolle verändern und beide können sowohl dem Ziel der Unterhaltung dienen wie auch dazu, neue Wirklichkeiten aufzuzeigen.[96]

Mit dieser ausdrücklichen Einschränkung bzw. Erweiterung trifft die Bestimmung auch auf Theateraufführungen zu. Denn auch hier handelt es sich, was jegliche Art von Wirkungsästhetik unterstreicht, um eine „transformative Performanz"[97]. Aus diesem Sachverhalt lässt sich zu folgendem Schluss kommen: Zwischen Ritual und Theater als potenziell transformativen Aufführungen, die zu einer Transformation der Beteiligten führen können, jedoch nicht müssen, lassen sich keine klaren, systematisch begründbaren Grenzen ziehen. Damit soll nicht behauptet werden, dass zwischen Ritual und Theater keine Unterschiede bestehen. Entsprechende Differenzierungen lassen sich sinnvoll jedoch nur im Hinblick auf bestimmte historische Zeitabschnitte innerhalb von Kulturen vornehmen, in denen Ritual und Theater deutlich unterschiedliche Funktionen zugewiesen werden und sie entsprechend unterschiedlichen Institutionen zugehören. Auf einer allgemeinen, systematischen Ebene ist eine derartige Differenzierung dagegen nicht möglich.

So wie ganz offensichtlich Ritualität und Theatralität hier Hand in Hand gehen, lassen sich rituelle und/oder theatrale Elemente in allen Genres von kulturellen Aufführungen nachweisen, seien dies Spiele, Sportwettkämpfe, Gerichtsverhandlungen oder politische Veranstaltungen. Denn diese Ele-

---

96 Ursula Rao, Klaus-Peter Köpping, „Die ‚performative Wende': Leben – Ritual – Theater" 2000, S. 11.

97 Ebenda.

mente folgen aus dem Aufführungscharakter. Der einleitend entwickelte Aufführungsbegriff gilt daher mit Blick auf *alle* Genres kultureller Aufführungen. Sie lassen sich deshalb auch alle mit theaterhistoriographischen oder aufführungsanalytischen Methoden untersuchen.

Gleichwohl reichen theaterwissenschaftliche Ansätze für eine Reihe von Fragestellungen, mit denen kulturelle Aufführungen untersucht werden können, nicht aus. Wie bereits die Überlegungen zu Fest und Ritual gezeigt haben, ist hier auf Ergebnisse der Fest- und der Ritualforschung zurückzugreifen, an der die Theaterwissenschaft nicht oder nur marginal beteiligt war. Je nach Fragestellung wird die Theaterwissenschaftlerin also zu unterscheiden haben, ob und in welchem Maße sie auf den Stand der Forschung in anderen Disziplinen zurückgreifen muss oder darüber hinaus eine ganz gezielte Zusammenarbeit mit einem Ethnologen, Religionswissenschaftler, Soziologen, Juristen o. a. anstreben sollte. Die erste der beiden Alternativen wird wohl generell anzunehmen sein – eine „rein" theaterwissenschaftliche Fragestellung, die zu ihrer Bearbeitung nicht wenigstens der Vorarbeiten durch andere Disziplinen bedarf, ist hier kaum vorstellbar. Die zweite wird auf jeden Fall zusätzlich zu wählen sein, wenn es sich um zeitgenössische kulturelle Aufführungen handelt – eine Aufführungsanalyse ohne einen „Input" aus entsprechenden anderen Disziplinen wird nur begrenzt durchführbar sein. Umgekehrt ist im selben Fall den anderen Disziplinen eine Kooperation mit einem Theaterwissenschaftler zu empfehlen, da ohne ausreichende Berücksichtigung des Aufführungscharakters wichtige Dimensionen verschlossen bleiben. Das Forschungsfeld der unterschiedlichen kulturellen Aufführungen stellt insofern geradezu ein Paradigma für interdisziplinäre Forschung dar.

Epilog

Alles Theater?

Wie sich gezeigt hat, stellen alle Arten kultureller Aufführungen Gegenstände der Theaterwissenschaft dar, auch wenn es zu ihrer Untersuchung in der Mehrzahl eines inter- oder transdisziplinären Ansatzes oder gar der Kooperation mit anderen Disziplinen bedarf. Lässt sich daraus der Schluss ziehen, dass Phänomene und Prozesse, die sich nicht als kulturelle Aufführung ereignen, nicht zu den Untersuchungsobjekten der Theaterwissenschaft gehören? Dass es Aufführungen folglich nur als kulturelle Aufführungen gibt?

Boals ‚Unsichtbares Theater' wurde berücksichtigt, da die Aufführungen, die es initiiert, in der Tat einem speziellen Genre kultureller Aufführungen – nämlich dem des Theaters – zuzurechnen sind, auch wenn die eine Gruppe der Teilnehmer, die Zuschauer, sich dessen nicht bewusst war. Aber was ist mit Szenen, die im alltäglichen Leben aufgeführt werden, wie Brechts Straßenszene, bei der weder die Darsteller noch die Zuschauer an einer kulturellen Aufführung teilnehmen, aber ganz zweifellos an einer Aufführung?

Brecht beschreibt als Grundmodell seines Epischen Theaters folgende Straßenszene:

> Der Augenzeuge eines Verkehrsunfalls demonstriert einer Menschenansammlung, wie das Unglück passierte. Die Umstehenden können den Vorgang nicht gesehen haben oder nur nicht seiner Meinung sein, ihn „anders sehen" – die Hauptsache ist, daß der Demonstrierende das Verhalten des Fahrers oder des Überfahrenen oder beides in einer solchen Weise vormacht, daß die Umstehenden sich über den Unfall ein Urteil bilden können.[1]

Die Straßenszene findet in der Öffentlichkeit statt. Sie entwickelt sich aus der Interaktion zwischen einem Akteur – dem Augenzeugen, der die Vorfälle, die er gesehen hat, demonstriert – und den ihn umstehenden Zuschauern – der Menschenansammlung. Diejenigen, die nicht seiner Meinung sind, den Ablauf des Unfalls „anders sehen", werden dies äußern, die anderen werden zuhören, beifällig nicken, Partei ergreifen und so fort. Wir

1 Bertolt Brecht, „Der Messingkauf" 1967a, S. 546.

haben es in der Tat mit einer Aufführung zu tun. Würde also eine solche Szene – zumal sie als Modell für eine spezifische Theaterform dient – folglich nicht auch den Gegenstand der Theaterwissenschaft bilden müssen?

Brecht selbst scheint dieser Meinung gewesen zu sein. Denn in seinem *Arbeitsjournal* findet sich mit Datum vom 6. Dezember 1940 folgender Eintrag:

> anschließend an die untersuchungen der STRASSENSZENE müßte man andere arten alltäglichen theaters beschreiben, die gelegenheiten aufsuchen, wo im täglichen leben theater gespielt wird. in der erotik, im geschäftsleben, in der politik, in der rechtspflege, in der religion usw. man müßte die theatralischen elemente in den sitten und gebräuchen studieren, die theatralisierung der politik durch den faschismus habe ich schon ein wenig bearbeitet. aber dazu müßte das alltägliche theater studiert werden, das die individuen ohne publikum machen, das geheime ‚eine rolle spielen'. so müßte man das elementare ausdrucksbedürfnis unserer ästhetiken einzirkeln.[2]

Diese Überlegungen erweisen sich in unserem Kontext in verschiedener Hinsicht als besonders aufschlussreich. Wenn Brecht das „Theater" anspricht, das in der Politik, in der Rechtspflege und in der Religion gespielt wird, so hat er dabei zweifellos auch, wenn nicht vor allem, Phänomene im Blick, die sich spezifischen Genres von kulturellen Aufführungen zuordnen lassen wie Parteitage, politischen Feste und Gedenkfeiern – die im Faschismus mit besonderem Prunk begangen wurden – oder auch Gerichtsverhandlungen und alle Arten religiöser Rituale. Darüber hinaus interessiert ihn jedoch auch das „alltägliche theater, das die individuen ohne publikum machen". Unter Brechts Theaterbegriff fallen also auch solche Szenen des alltäglichen Lebens, in denen zwischen den Beteiligten eine Kommunikation und Interaktion abläuft, bei der außer ihnen selbst keine weiteren Zeugen anwesend sind.

In der Soziologie besteht eine lange Forschungstradition, die darauf zielt herauszufinden, wie wir uns in einer derartigen Situation ‚aufführen', wie Kommunikation und Interaktion beim Zusammensein von Menschen funktionieren. So hat zum Beispiel Erving Goffman versucht, „natürliche" Interaktionseinheiten zu isolieren und zu beschreiben[3]; Albert Scheflen hat untersucht, wie durch Verhalten in solchen Situationen die Mobilität von Individuen und Gruppen innerhalb einer sozialen Hierarchie bestimmt wird.

---

2 Bertolt Brecht, *Arbeitsjournal* 1973, S. 204.

3 Vgl. Erving Goffman, *Interaktionsrituale* 1971 (1969); Albert E. Scheflen, *Körpersprache und soziale Ordnung* 1976 (1972) sowie ders., *How Behaviour Means* 1974.

Selbstverständlich handelt es sich auch bei derartigen Kommunikations- und Interaktionssituationen im alltäglichen Leben insofern um Aufführungen, die als autopoietische Feedbackschleife sich selbst hervorbringen, als hier die Beteiligten sich für einander ‚aufführen', d.h. sich in einer spezifischen Weise zeigen, in der sie von dem/den anderen wahrgenommen werden wollen, um diese oder jene Ziele zu erreichen. Soziologen wie Goffman oder Scheflen tragen dem Aufführungscharakter insofern durchaus Rechnung, als sie untersucht haben, wie gerade der Körper in solchen Situationen eingesetzt wird, um bestimmte „Signale" zu übermitteln und Wirkungen auszulösen. Dabei berücksichtigen beide, ihrem besonderen Erkenntnisinteresse entsprechend, ausschließlich den semiotischen Körper der Interaktionspartner, ohne den Leib in seiner bloßen Phänomenalität in Betracht zu ziehen.

Abgesehen davon, dass Theaterwissenschaftler mit aufführungsanalytischen Methoden durchaus einen produktiven Beitrag zu derartigen Untersuchungen zu leisten vermögen, hängt es vom jeweiligen Erkenntnisinteresse ab, wieweit solche Aufführungen des alltäglichen Lebens tatsächlich von der Theaterwissenschaft erforscht werden sollten. So kann es für die Untersuchung therapeutischer oder pädagogischer Theaterprojekte wichtig sein, sich mit Modellen spezifischer Kommuniktions- und Interaktionsformen im Alltag auseinanderzusetzen. Das „alltägliche theater" sollte auch dann „studiert werden", wenn es um die Entstehung neuer Schauspielstile und -ästhetiken geht, die sich ausdrücklich auf Verhaltens- und Kommunikationsformen des gesellschaftlichen Alltags beziehen, wie das Postulat eines „natürlichen" Schauspielstils im 18. Jahrhundert: Hier wirkten im Bürgertum bestehende Verhaltensformen und von der Schauspielkunst nach der Regel der Analogie neu entwickelte gegenseitig aufeinander ein.[4] Außerdem sollte nicht übersehen werden, dass für jegliche Analyse von Aufführungen des Gegenwartstheaters Kenntnisse alltäglicher Darstellungsformen relevant sind. Ganz gleich, ob es um Parallelen zwischen alltäglichem Verhalten und Verhalten im Theaterraum oder um Gegensätze oder lediglich Differenzen geht, kann die Analyse nur auf der Basis fundierter Kenntnisse der vielfältigen Darstellungsformen außerhalb des Theaters durchgeführt werden. Denn die Darstellungsformen des Kunsttheaters sind immer auch auf die Gesamtheit der Darstellungsformen innerhalb einer Kultur bezogen.[5]

---

[4] Vgl. das 5. Kapitel zur Theaterhistoriografie, spez. S. 117 sowie S. 126–133.

[5] Vgl. dazu Fischer-Lichte, *Semiotik des Theaters* 1983, Bd. 1.

Brecht bringt noch einen anderen Begriff ins Spiel, der in unserem Zusammenhang von Interesse ist – den Begriff der *Theatralisierung*. Mit ihm ist die Frage aufgeworfen, wie sich entscheiden lässt, ob es sich um eine alltägliche Situation handelt oder um eine theatrale – eine Aufführung? Was transformiert eine alltägliche Kommunikationssituation in eine theatrale?

Während bei Boal die Zuschauer nicht wissen, dass es sich bei den Akteuren der Szene, die sich vor ihnen abspielt, um Schauspieler handelt, nehmen wir ein Experiment an, in dem die Situation genau umgekehrt ist. In einem öffentlichen Raum, zum Beispiel einem Café, sitzt ein Paar beieinander, das sich miteinander unterhält, Zärtlichkeiten austauscht und zu streiten anfängt. Am Nebentisch trinkt ein einsamer Cafébesucher, der das Paar beobachtet, seinen Espresso. Auch hier handelt es sich, so möchte man annehmen, um ein ‚unsichtbares Theater', weil die Akteure nicht wissen, dass sie vor den Augen eines anderen „spielen". Aber ist dieser Umkehrschluss tatsächlich zulässig? Wird eine Szene bereits dadurch zu einer theatralen, dass sie beobachtet wird? Dann schüfe jede Form von Voyeurismus oder Beobachtung durch Detektive o. Ä. eine theatrale Situation. Weder der Voyeur noch der selbst unbeobachtete Beobachter ist jedoch imstande, die Situation zu theatralisieren, d. h., eine autopoietische Feedbackschleife in Gang zu setzen. Erst in dem Augenblick, in dem die Beobachteten bemerken, dass sie beobachtet werden und daraufhin nicht einfach aufstehen und gehen oder sich die Beobachtung verbitten, sondern im Bewußtsein des Wahrgenommenwerdens weiter miteinander kommunizieren, nimmt die Szene theatrale Qualitäten an. Denn erst unter dieser Bedingung kann eine Wechselwirkung zwischen Akteuren und Zuschauern entstehen.

Derartige Vorgänge bedürfen, wie Brecht andeutet, in der Tat einer sorgfältigen Untersuchung, die durchzuführen eine Aufgabe der Theaterwissenschaft darstellt. Ihr obliegt es herauszufinden, unter welchen Bedingungen Situationen theatrale Qualitäten zu- oder abzusprechen sind.

Brecht erwähnt in seinen die Straßenszene weiterführenden Überlegungen „das geheime ‚eine Rolle spielen'". Er spricht damit ein Phänomen an, das nicht nur für alle darstellenden Künste, sondern auch für das gesellschaftliche Leben von grundlegender Bedeutung ist. Es ist diese menschliche Fähigkeit, Rollen zu spielen, die seit der Antike immer wieder in der Metapher vom *Theatrum mundi* oder *Theatrum vitae humanae* angesprochen und herausgestellt wird. Wie Helmuth Plessner gezeigt hat, handelt es sich bei dieser Fähigkeit um die *conditio humana*, eine anthropologische Grundgegebenheit. Er bezeichnet diese Grundgegebenheit als Abständigkeit des Menschen von sich selbst, als exzentrische Positionalität. Der Mensch tritt sich selbst oder einem anderen gegenüber, um ein Bild von sich selbst als einem anderen zu entwerfen, das er mit den Augen eines anderen reflektiert bzw. in den Augen eines anderen reflektiert sieht. Der Mensch setzt sich zu sich selbst auf dem Umweg über einen anderen oder ein anderes in ein Verhältnis. Er vermag zu sich selbst in ein distanzierendes und distanziertes Verhältnis zu treten und sich selbst beim Handeln und Verhalten wie ein anderer bzw. wie einem anderen zuzuschauen und zu beobachten.

Mit der *conditio humana,* wie Plessner sie bestimmt, ist zugleich die theatrale Grundsituation beschrieben, aus der eine Aufführung hervorgeht. In der ersten Variante erfolgt die Beschreibung eher aus der Perspektive dessen, der als Akteur auftritt, in der zweiten aus der des Zuschauenden. Die Akteure erscheinen vor dem bzw. für die anderen als eine Art magischer Spiegel, der ihnen ihr Bild als das eines anderen bzw. das Bild eines anderen als ihr eigenes zurückwirft. Indem der Zuschauer seinerseits dies Bild reflektiert, tritt er zu sich selbst in ein Verhältnis. Mit den Handlungen, welche die Akteure mit Körper und Sprache vollziehen, mit den Rollen, die sie spielen, setzen sie Aspekte und Faktoren in Szene, die nicht nur ihr eigenes Selbst konstituieren, sondern vom Zuschauer zugleich auch im Hinblick auf sein eigenes Selbst wahrgenommen und gedeutet werden können. Mit der theatralen Grundsituation, mit Übernahme und Spielen von Rollen ist insofern immer schon die Frage menschlicher Identität gestellt.

Es ist daher nicht verwunderlich, dass einerseits Plessner den Schauspieler geradezu als Inbegriff der *conditio humana* begreift und charakterisiert, und andererseits in den Sozialwissenschaften der Begriff der Rolle zu einem Schlüsselbegriff im Hinblick auf die Herausbildung von Identitäten avanciert ist. So stellte George H. Mead in den 1930er Jahren den Begriff der Rolle ins Zentrum seiner Identitätsforschung und beschreibt Identität als das Produkt eines Kommunikationsprozesses, in dem über die Zuschreibung möglicher Rollen verhandelt wird.[6] Erving Goffman entwickelte den Gedanken systematisch weiter. Seiner Meinung nach sieht sich jeder Mensch mit der Notwendigkeit konfrontiert, als Darsteller seiner selbst aufzutreten: Er muss den eigenen Ausdruck kontrollieren, ein Selbst modellieren und dies den anderen durch die Art seiner Körperverwendung wahrnehmbar machen, damit er ihnen als dieses Selbst erscheinen kann.[7] In diesem Sinne ist der Mensch immer schon als ein Schauspieler zu begreifen – was durch den Schauspieler symbolisiert und bewusst gemacht wird.

6 Vgl. George Herbert Mead, *Geist, Identität und Gesellschaft aus der Sicht des Sozialbehaviorismus* 1972.

7 Vgl. Erving Goffman, *Wir alle spielen Theater* 1969.

Wenn die *conditio humana* selbst als theatral gelten kann, ist damit das menschliche Leben nicht allgemein als ein Schauspiel zu begreifen, wie es die Metapher von *Theatrum vitae humanae* suggeriert? Und müssten entsprechend nicht alle menschlichen Aktivitäten und Hervorbringungen *sub specie theatri*, unter der Pespektive des Theatralen betrachtet und untersucht werden? In diesem Fall würde Theaterwissenschaft sich zu einer allgemeinen Kulturwissenschaft ausweiten, die zu allem etwas beizutragen hätte, jedoch auf keinem Feld mehr wirklich substanzielle Forschung zu betreiben imstande wäre. Selbst wenn die Theaterwissenschaft über eine vergleichbare Fülle an Instituten, Institutionen, Professuren und anderen Forschern verfügen würde wie die Geschichtswissenschaft, würde eine derartige Ausweitung zu einer allgemeinen Kulturwissenschaft ohne entsprechende interdisziplinäre Kooperation wohl kaum seriöse und zugleich bahnbrechende Forschungen ermöglichen. Angesichts der wenigen Institute und der geringen Zahl von Professoren und anderen Forschern in der Theaterwissenschaft ist eine solche Ausweitung zum gegenwärtigen Zeitpunkt nicht zu verantworten. Sie kann von einzelnen Forschern mit einem spezifischen Erkenntnisinteresse, entsprechenden Kompetenzen und Kooperationspartnern aus anderen Disziplinen mit Blick auf bestimmte Fragestellungen durchaus gewinnbringend vorgenommen werden. Aus der Perspektive der Theaterwissenschaft als einer Universitätsdisziplin dagegen ist eher Zurückhaltung geboten. Selbst wenn Theaterwissenschaft Ernst damit macht, ganz allgemein Aufführungen als ihren Gegenstand zu begreifen, bleibt das Feld, das es zu bestellen gilt, weit genug. Wenn sie in ihrem Selbstverständnis als eine Aufführungswissenschaft im Unterschied zu den Textwissenschaften aufführungsbezogene Theorien entwickelt wie Aufführungs-, Performativitäts- und Theatralitätstheorien, Theorien ästhetischer Erfahrung oder Wirkungsästhetiken, um nur einige Beispiele zu nennen, sowie vielfältige methodische Ansätze zur Aufführungsanalyse, stellt sie damit Instrumente bereit, die andere Kunst- und Kulturwissenschaften aufgreifen und in ihrem Bereich fruchtbar einsetzen können. Eine allgemeine, allumfassende Kulturwissenschaft kann es als Einzeldisziplin ohnehin nicht geben. Um nicht nur neue Fragestellungen entwickeln zu können, sondern auch zu neuen Erkenntnissen zu gelangen, wird es in der Zukunft verstärkt der interdisziplinären Kooperation bedürfen.

Literatur

Adler, Heidrun (Hg.), *Theater in Lateinamerika: Ein Handbuch*, Berlin: Reimer 1991.

Aoki, Hiroko: *Le Japon à travers le théâtre en France (1860–1930). Etude de réception*, Univ. Diss., Paris 1998.

Appia, Adolphe: *Œvres Complètes*, Überarbeitete und kommentierte Ausgabe von Marie-Louise Bablet-Hahn mit einer allgemeinen Einführung von Denis Bablet, Bd. 1–4, Montreux: L'âge d'homme 1983–1992, Bd. 2, 1986.

Arvatov, Boris: *Kunst und Produktion* (1926), München: Hanser 1972.

Austin, John L.: *How to do things with Words: The William James Lectures delivered at Harvard University in 1955*, Oxford: Clarendon 1962, dt. *Zur Theorie der Sprechakte*, Stuttgart: Reclam 1979.

Baier, Gerold: *Rhythmus. Tanz in Körper und Gehirn*, Reinbek bei Hamburg: Rowohlt 2001.

Balfour, Michael: *The Use of Drama in the Rehabilitation of Violent Male Offenders*, New York: Mellen 2003.

–,: *Theatre in Prison*, Bristol: Intellect Ltd. 2004.

Balme, Christopher (Hg.), *Theater im postkolonialen Zeitalter*, Tübingen: Niemeyer 1995.

–,: *Einführung in die Theaterwissenschaft*, Berlin: Erich Schmidt 1999, 4. Aufl. 2008a.

–,: *Pacific Performances. Theatricality and Cross-Cultural Encounters in the South Seas*, Hampshire/New York: Palgrave 2007.

–,: *The Cambridge Introduction to Theatre Studies*, Cambridge: Cambridge University Press 2008b.

Banham, Martin (Hg.), *The History of Theatre in Africa*, Cambridge: Cambridge University Press 2004.

Barba, Eugenio: *The Secret Art of the Performer*, London/New York: Routledge 1991.

Bergmann, Anna: *Der entseelte Patient. Die moderne Medizin und der Tod*, Berlin: Aufbau Verlag 2004.

Bernini, Gian Lorenzo: *Fontana di Trevi. Commedia inedita*, hg. von Usare d'Onofrio, Rom: Staderini 1963.

Bhabha, Homi: *The Location of Culture*, London/New York: Routledge 1994, dt. *Die Verortung der Kultur*, Tübingen: Stauffenberg 2000.

–,: „Culture's In-Between", in: Stuart Hall und Paul du Gay (Hg.), *Questions of Cultural Identity*, London: Seyl 1996.

Blatner, Adam: *Foundations of Psychodrama: History, Theory ad Practice*, 4. Aufl., Berlin: Springer 2000.

Blei, Franz: „Otojirô Kawakami", in: *Die Insel*, Jg. 3, H. 7/8, Leipzig: Inselverlag 1902, S. 63–68.

Böhme, Erich: *Berliner Zeitung* vom 2./3. Mai 1992.

Böhme, Gernot: *Atmosphäre. Essays zur neuen Ästhetik*, Frankfurt a. M.: Suhrkamp 1995.

Boon, Richard und Jane Palstow (Hg.), *Theatre and Empowerment. Community Drama on the World Stage*, Cambridge: Cambridge University Press 2004.

Böttiger, Karl August: *Entwicklung des Ifflandischen Spiels in vierzehn Darstellungen aus dem Weimarischen Hoftheater im Aprilmonath 1796*, Leipzig: Göschen 1796.

Brandon, James: „Kabuki Performance: Its Value and Use in Western Theater", in: *Kabuki, International Symposium on the Conversation and Restoration of Cultural Property*. Tokio: Tokyo National Research Institute of Cultural Properties 1998, S. 1–20.

Brandstetter, Gabriele: *Tanz-Lektüren. Körperbilder und Raumfiguren der Avantgarde*, Frankfurt a. M.: Fischer 1995.

Brauneck, Manfred: *Die Welt als Bühne. Geschichte des europäischen Theaters*, 3 Bde., Stuttgart: Metzler 1993–1999.

Brecht, Bertolt: *Gesammelte Werke in 20 Bänden*, Bd. 15 und 16, *Schriften zum Theater 1 und 2*, Frankfurt a. M.: Suhrkamp 1967a.

–,: *Gesammelte Werke in 8 Bänden*, Frankfurt a. M.: Suhrkamp 1967b.

–,: *Arbeitsjournal*, Bd. 1, Frankfurt a. M.: Suhrkamp 1973.

Brockett, Oscar und Franklin Hildy, *History of Theatre* (1982), 10th revised edition, Boston: Allyn & Bacon 2007.

Bruford, Walter H.: *Theatre, Drama and Audience in Goethe's Germany*, London: Routledge & Kegan Paul 1950.

Brüstle, Christa: „Performance/Performativität in der neuen Musik", in: Erika Fischer-Lichte und Christoph Wulf (Hg.), *Theorien des Performativen*, (= *Paragrana*. Bd. 10, H. 1), Berlin: Akademie Verlag 2001, S. 271–283.

–,: Nadja Ghattas, Clemens Risi, Sabine Schouten (Hg.), *Aus dem Takt. Rhythmus in Kunst, Kultur und Natur*, Bielefeld: transcript 2005.

Bürger, Peter: *Theorie der Avantgarde*, Frankfurt a. M.: Suhrkamp 1974.

Burkert, Walter: „Die antike Stadt als Festgemeinschaft", in: Paul Hugger (Hg.) in Zusammenarbeit mit Walter Burkert und Ernst Lichtenhahn, *Stadt und Fest. Zu Geschichte und Gegenwart europäischer Stadtkultur*, Stuttgart: Metzler 1987, S. 29–57.

Carlson, Marvin: *Places of Performance. The Semiotics of Theatre Architecture*, Ithaca/London: Cornell University Press 1989.

–,: *Performance. A Critical Introduction*, London/New York: Routledge 1996, 2. Auflage 2004.

–,: *The Haunted Stage. The Theatre as Memory Machine*, Ann Arbor: University of Michigan Press 2001.

–,: *Speaking in Tongues. Language at Play in the Theatre*, Ann Arbor: The University of Michigan Press 2006.

Corssen, Stefan: *Max Herrmann und die Anfänge der Theaterwissenschaft*, Tübingen: Niemeyer 1997.

Craig, Edward Gordon: *Über die Kunst des Theaters*, Berlin: Gerhardt 1969.

Craik, Thomas Wallace (Hg.), *The Revels History of Drama in English*, 8 Bde., London: Methuen 1975–1980.

Csórdas, Thomas J. (Hg.), *Embodiment and Experience. The Existential Ground of Culture And Self*, Cambridge: Cambridge University Press 1994.

Devrient, Eduard: *Geschichte der deutschen Schauspielkunst* (1848), 5 Bde., 2. Aufl., Berlin/Zürich: Eigenbrödler 1929.

Diamond, Catherine: „The Floating World of Nouveau Chinoiserie: Asian Orientalistic Productions of Greek Tragedy", in: *New Theatre Quarterly*, Bd. 15, H. 58, 1999, S. 142–164.

Diderot, Denis: *Das Paradox über den Schauspieler* (1769–1778), Frankfurt a. M.: Insel 1964.

–,: *Ästhetische Schriften*, 2 Bde., hg. von Friedrich Bassenge, Frankfurt a. M.: Europäische Verlagsanstalt 1968.

Eisenstadt, Shmuel N.: *Comparative Civilisations and Multiple Modernities*, Leiden a. o.: Brill 2003.
–,: *The Great Revolutions and Civilisations of Modernity*, Leiden a. o.: Brill 2006.
Eisenstein, Sergej: „Die Montage der Attraktionen" (1923), in: ders., *Schriften*, Bd. 1, hg. von Hans-Joachim Schlegel, München: Hanser 1974, S. 216–221.
Elias, Norbert: *Über den Prozeß der Zivilisation*, 2 Bde., Frankfurt a. M.: Suhrkamp 1976.
Engel, Johann Jakob: *Ideen zu einer Mimik* (1785/6), in: ders., *Schriften*, Bd. 7/8, Berlin: Mylius 1804. Fotomechanischer Nachdruck, Frankfurt a. M.: Athenäum 1971.
Erven, Eugene van, *Community Theatre – Global Perspectives*, London/New York: Routledge 2001.
Fiebach, Joachim: *Die Toten als die Macht der Lebenden. Zur Theorie und Geschichte von Theater in Afrika*, Berlin: Henschel 1986.
Fischer-Lichte, Erika: *Semiotik des Theaters*, 3 Bde., Tübingen: Narr 1983, 5. Aufl. 2007.
–,: „Theatre and the Civilizing Process: An Approach to the History of Acting", in: Thomas Postlewait und Bruce A. McConachi (Hg.), *Interpreting the Theatrical Past. Essays in the Historiography of Performance*, Iowa: Iowa University Press 1989, S. 19–38.
–,: *The Dramatic Touch of Difference. Theatre, Own and Foreign*, Tübingen: Gunter Narr 1990.
–,: *Geschichte des Dramas*. Epochen der Identität auf dem Theater von der Antike bis zur Gegenwart. 2 Bde., Tübingen/Basel: Francke 1990, 2., erw. Aufl. 1999.
–,: *Kurze Geschichte des deutschen Theaters*, Tübingen/Basel: Francke 1993, 2. Aufl. 1999.
–,: „Theatergeschichte und Wissenschaftsgeschichte: eine bedenkenswerte Konstellation", in: dies., Wolfgang Greisenegger, Hans-Thies Lehmann (Hg.), *Arbeitsfelder der Theaterwissenschaft*, Tübingen: Gunter Narr 1994, S. 13–24.
–,: *The Show and the Gaze of Theatre. A European Perspective*, Iowa City: University of Iowa Press 1997a.
–,: „Auf dem Weg ins Reich der Schatten. Robert Wilson Frankfurter *King Lear* Inszenierung", in: dies., *Die Entdeckung des Zuschauers. Paradigmenwechsel auf dem Theater des 20. Jahrhunderts*, Tübingen/Basel: Francke 1997b, S. 221–244.
–,: *Das eigene und das fremde Theater*, Tübingen/Basel: Francke 1999a.
–,: „From Text to Performance: The Rise of Theatre Studies as an Academic Discipline in Germany", in: *Theatre Research International*, Jg. 24, H. 2, 1999b, S. 168–178.
–,: *Ästhetik des Performativen*, Frankfurt a. M.: Suhrkamp 2004a.
–,: *Theatre, Sacrifice, Ritual: Exploring Forms of Political Theatre*, London: Routledge 2005a.
Fischer-Lichte, Erika, Doris Kolesch, Christel Weiler (Hg.), *Berliner Theater im 20. Jahrhundert*, Berlin: Fannei & Walz 1998.
Fischer-Lichte, Erika, Doris Kolesch, Christel Weiler (Hg.), *Theater der neunziger Jahre*, Berlin: Theater der Zeit 1999c.
Fischer-Lichte, Erika und Christoph Wulf (Hg.), *Theorien des Performativen*, (= *Paragrana*, Bd. 10, H. 1), Berlin: Akademie Verlag 2001.
Fischer-Lichte Erika und Gertrud Lehnert (Hg.), *[(v)er]SPIEL[en]. Felder – Figuren – Regeln*, (= *Paragrana*, Bd. 11, H. 1), Berlin: Akademie Verlag 2002.
Fischer-Lichte, Erika, Clemens Risi, Jens Roselt (Hg.), *Kunst der Aufführung – Aufführung der Kunst*, Berlin: Theater der Zeit 2004b.
Fischer-Lichte, Erika, Doris Kolesch, Matthias Warstat (Hg.), *Metzler Lexikon Theatertheorie*, Stuttgart: Metzler 2005b.
Fornoff, Roger: *Die Sehnsucht nach dem Gesamtkunstwerk*, Hildesheim/Zürich/New York: Georg Olms 2004.
Foucault, Michel: *Die Ordnung der Dinge. Eine Archäologie der Humanwissenschaften*, Frankfurt a. M.: Suhrkamp 1971.

–,: *Überwachen und Strafen. Die Geburt des Gefängnisses,* Frankfurt a. M.: Suhrkamp 1976.
Frenzel, Herbert: *Geschichte des Theaters. Daten und Dokumente 1470–1890,* 2. Aufl., München: dtv 1984.
Fried, Michael: *Absorption and Theatricality, Painting and the Beholder in the Age of Diderot,* Berkeley/Los Angeles/London: University of California Press 1980.
Gastev, Aleksej: *Kak nado rabotat' (Wie man arbeiten muss),* Moskau: Izd. Ekonomika 1966.
Gebauer, Gunter (Hg.), *Das Laokoon-Projekt. Pläne einer semiotischen Ästhetik,* Stuttgart: Metzler 1984.
Geertz, Clifford: „History and Anthropology", in: *New Literary History 21,* H. 2, 1990, S. 321–335.
Genast, Eduard: *Aus dem Leben eines alten Schauspielers,* Leipzig: Voigt & Günther 1862/1866.
Gennep, Arnold van: *Übergangszeiten.* Les rites de passage, Frankfurt/New York: Campus, Paris: Edition de la Maison des Sciences de l'Homme 1999.
Glassberg, David: *American Historical Pageantry. The Use of Tradition in the Early Twentieth Century,* Chapel Hill/London: University of North Carolina Press 1990.
Goethe, Johann Wolfgang von: *Goethes Werke,* hg. im Auftrage der Großherzogin Sophie von Sachsen, Bd. 36 und 40, Weimar 1901.
Goffman, Erving: *Wir alle spielen Theater* (engl. *The Presentation of Self in Everyday Life* 1959), München/Zürich: Piper 1969.
–,: *Interaktionsrituale. Über Verhalten in direkter Kommunikation* (1967), Frankfurt a. M.: Suhrkamp 1971.
–,: *Rahmen-Analyse. Ein Versuch über die Organisation von Alltagserfahrungen,* Frankfurt a. M.: Suhrkamp 1977.
Goldberg, Roselee: *Performance Art. From Futurism to the Present,* New York: Thomas & Hudson 1988.
Grainger, Roger: *Drama and Healing. The Roots of Dramatherapy,* London: Kingsley 1990.
Gregor, Joseph: *Weltgeschichte des Theaters,* Zürich: Phaidon 1933, 2. Aufl. München: Piper 1939.
Grimm, Jacob und Wilhelm (Hg.), *Deutsches Wörterbuch,* Bd. 1–31, Bd. 25, Sp. 683, München 1984.
Gronau, Barbara: *Theaterinstallationen. Performative Räume bei Beuys, Boltanski und Kabakov,* München: Fink 2009.
Grotowski, Jerzy: *Für ein armes Theater,* Zürich: Orell Füssli 1986.
Gumbrecht, Hans-Ulrich und Ursula Link-Heer (Hg.), *Epochenschwelle und Epochenstruktur im Diskurs der Literatur- und Sprachtheorie,* Frankfurt a. M.: Suhrkamp 1985.
Günther, Hans: (Hg.), *Gesamtkunstwerk. Zwischen Synästhesie und Mythos,* Bielefeld: Aisthesis 1994.
Ha, Kien Nghi: *Hype um Hybridität. Kultureller Differenzkonsum und postmoderne Verwertungstechnik im Spätkapitalismus,* Bielefeld: transcript 2005.
Haller, Albrecht von: *Mémoire sur la nature sensible et irritable des parties du corps animal,* 4 Bde., Lausanne: 1756–1760.
–,: *Kleine Physiologie, Biblioteca anatomica,* 2 Bde., Zürich: 1774.
Hantelmann, Dorothea von, *How to Do Things with Art. Zur Bedeutsamkeit von Performativität von Kunst,* Zürich/Berlin: Diaphanes 2007.
Haug Walter und Rainer Warning (Hg.), *Das Fest,* München: Fink 1989.
Harrison, Jane Ellen: *Themis. A Study of the Social Origin of Greek Religion* (1912), Cleveland/New York: Macmillan 1962.

Herder, Johann Gottfried: *Von und an Herder. Ungedruckte Briefe aus Herders Nachlaß*, hg. von Heinrich Düntzer und Ferdinand Gottfried Herder, 3 Bde., Leipzig: Dyk 1861–1862.

Herrmann, Max: *Forschungen zur deutschen Theatergeschichte des Mittelalters und der Renaissance*, Berlin: Weidmann 1914.

–,: „Bühne und Drama", in: *Vossische Zeitung* vom 30. Juli 1918.

–,: „Das theatralische Raumerlebnis", in: *Bericht vom 4. Kongreß für Ästhetik und Allgemeine Kunstwissenschaft*, Berlin 1931, S. 152–163.

–,: „Über die Aufgaben eines theaterwissenschaftlichen Instituts" (Vortrag vom 27. Juni 1920), in: Helmar Klier (Hg.), *Theaterwissenschaft im deutschsprachigen Raum*, Darmstadt: Wissenschaftliche Buchgesellschaft 1981, S. 15–24.

Herzog, Reinhart und Reinhart Kosellek (Hg.), *Epochenschwelle und Epochenbewußtsein, Poetik und Hermeneutik*, Bd. XII, München: Fink 1987.

Heynig, Johann Gottlob: *Psychologisches Magazin*, 3 Stücke, Altenburg 1796–1797.

Higgins, Dick: *Horizons. The Poetics and Theory of Intermedia*, Carbondale/Edwardsville: Southern Illinois University Press 1980.

Hinck, Walter: *Goethe – Mann des Theaters*, Göttingen: Vandenhoek 1982.

Hoenerbach, Wilhelm: *Das nordafrikanische Schattentheater*, Mainz: Rheingold-Verlag, 1959.

Hoffmann, Detlev (Hg.), *Der Traum vom Gesamtkunstwerk*, Loccum: Evangelische Akademie 1998.

Hollander, Julia: *Indian Folk Theatre*, London/New York: Routledge 2007.

Horn, Christian: *Der aufgeführte Staat. Zur Theatralität höfischer Repräsentation unter Kurfürst Johann Georg II von Sachsen*, Tübingen/Basel: Francke 2004.

Hornbrook, David: *Education and Dramatic Art*, 2. Aufl., London: Routledge 1998.

Hugger, Paul (Hg.), *Stadt und Fest. Zu Geschichte und Gegenwart europäischer Stadtkultur*, in Zusammenarbeit mit Walter Burkert und Ernst Lichtenhahn, Stuttgart: Metzler 1987.

Hulfeld, Stefan: *Theatergeschichtsschreibung als kulturelle Praxis. Wie Wissen über Theater entsteht*, Zürich: Chronos 2007.

Ingarden, Roman: *Das literarische Kunstwerk*, Tübigen: Niemeyer 1960.

Inoura, Yoshinobu: *The Traditional Theater in Japan*, Tokyo: Japan Foundation 1981.

Jackson, Antony: *Learning through Theatre: New Perspectives on Theatre in Education*, London/New York: Routledge 1993.

–,: *Theatre, Education and the Making of Meanings: Art or Instrument?* Manchester: Manchester University Press 2007.

Jackson, Shannon: *Professing Performance: Theatre in the Academy from Philology to Performativity*, Cambridge: Cambridge University Press 2004.

Jacobsohn, Siegfried: *Max Reinhardt*, Berlin: Erich Reiß 1910.

–,: *Das Jahr der Bühne*, Bd. 1, Berlin: Verlag der Weltbühne 1912.

Jennings, Sue: *Dramatherapy with Families, Groups and Individuals*, London: Kingsley 1990.

–,: (Hg.), *Dramatherapy – Theory and Practice*, 3. Aufl., London: Routledge 1997.

Kahane, Arthur: *Tagebuch des Dramaturgen*, Berlin: Cassirer 1928.

Kernodle, George Riley: *The Theatre in History*, Fayetteville: Ark 1989.

Klaar, Alfred: Kritik zu Reinhartds *Orestie*, in: *Vossische Zeitung* vom 14. Oktober 1911.

–,: „Bühne und Drama", in: *Vossische Zeitung* vom 30. Juli 1918.

Kircher, Athanasius: *Musurgia universalis*, Rom: Corbelletti 1650, deutsche Übersetzung von Andreas Hirsch, Schwäbisch Hall 1662.

Klier, Helmar (Hg.), *Theaterwissenschaft im deutschsprachigen Raum*, Darmstadt: Wissenschaftliche Buchgesellschaft 1981.

Knudsen, Hans: *Deutsche Theatergeschichte*, Stuttgart: Reclam 1959.

Kolesch, Doris: *Theater der Emotionen*. Ästhetik und Politik zur Zeit Ludwigs XIV. Frankfurt a. M./New York: Campus Verlag 2006.

–, und Jenny Schrödl (Hg.): *Kunst-Stimmen*, Berlin: Theater der Zeit 2004.

Köpping, Klaus-Peter: „Fest", in: Christoph Wulf (Hg.), *Vom Menschen. Handbuch Historische Anthropologie*, Weinheim/Basel: Beltz 1997, S. 1048–1065.

Kostelanetz, Richard: *Cage im Gespräch*, Köln: DuMont 1989.

Kotte, Andreas: *Theaterwissenschaft. Eine Einführung*, Köln/Weimar/Wien: Böhlau 2005.

Krämer, Sybille: „Das Medium als Spur und Apparat", in: dies. (Hg.), *Medien, Computer, Realität. Wirklichkeitsvorstellungen und neue Medien*, Frankfurt a. M.: Suhrkamp 1998, S. 73–94.

Kreuder, Friedemann: *Spielräume der Identität in Theaterformen des 18. Jahrhunderts*, Habilitationsschrift, Freie Universität Berlin 2005.

Kreuder, Friedemann, Stefan Hulfeld, Andreas Kotte (Hg.): *Theaterhistoriographie. Kontinuität und Brüche in Diskurs und Praxis*, Tübingen/Basel: Francke 2007.

Kuppers, Petra und Gwen Robertson (Hg.): *The Community Performance Reader: An Introduction*, London/New York: Routledge 2007.

Kutscher, Arthur: *Grundriß der Theaterwissenschaft*, Düsseldorf: Pflugschar-Verlag 1936.

Lacaze, Louis: *L'idée de l'homme physique et moral*, Paris: Guerin & Delatour 1755.

Le Cat, Claude-Nicolas: *Traité des sensations et des passions en général, et des sens en particulier*, 3. Bde., Paris: Vallat-La-Chapelle 1767.

Lazardzig, Jan: *Theatermaschine und Festungsbau. Paradoxien der Wissensproduktion im 17. Jahrhundert*, Berlin: Akademie Verlag 2007.

Lee, Sang-Kyong: „Influence of Kabuki on European Theatre", in: *Kabuki, International Symposium on the Conversation and Restoration of Cultural Property*. Tokio: Tokyo National Research Institute of Cultural Properties 1998, S. 73–82.

Lehmann, Hans-Thies: *Postdramatisches Theater*, Frankfurt a. M.: Verlag der Autoren 1999a, 2. Aufl. 2001.

–,: „Die Gegenwart des Theaters", in: Erika Fischer-Lichte, Doris Kolesch, Christel Weiler (Hg.), *Theater der neunziger Jahre*, Berlin: Theater der Zeit 1999b, S. 13–26.

Lessing, Gotthold Ephraim: *Werke*, hg. von Herbert G. Göpfert, 8 Bde., München: Hanser 1970–1979, Bd. 4 1973, Bd. 6 1974.

Lichtenberg, Georg Ch.: „Über Physiognomik; wider die Physiognomen. Zur Beförderung der Menschenliebe und Menschenkenntnis" (1778), in: ders., *Schriften und Briefe*, hg. von Wolfgang Promis, 3 Bde.: *Aufsätze, Entwürfe, Gedichte, Erklärungen der Hogarthischen Kupferstiche*, München: Hanser 1972, S. 256–295.

Lin, Kuan-wu: *Westlicher Geist im östlichen Körper? –* Medea *im interkulturellen Theater Chinas und Taiwans*. ‚Universalisierung' der griechischen Antike, Transcript: Bielefeld 2009.

Litzmann, Berthold: *Friedrich Ludwig Schröder. Ein Beitrag zur deutschen Literatur- und Theatergeschichte*, 2 Bde., Hamburg/Leipzig: Voss 1890 und 1894.

Löwen, Johann Friedrich: *Geschichte des deutschen Theaters* (1766), Neudruck, hg. von Heinrich Stümcke, Berlin: 1905.

Luhmann, Niklas: „Das Problem der Epochenbildung und die Evolutionstheorie", in: Hans-Ulrich Gumbrecht und Ursula Link-Heer (Hg.), *Epochenschwelle und Epochenstruktur im Diskurs der Literatur- und Sprachtheorie*, Frankfurt a. M.: Suhrkamp 1985, S. 11–33.

Mackerras, Colin: *Chinese Theatre. From its Origins to the Present Day*, Honolulu: University of Hawaii Press 1983.

Marranca, Bonnie und Gautam Dasgupta (Hg.), *Interculturalism and Performance*, New York: PAJ Publications 1991.

McCarthy, Julie: *Enacting Participatory Development – Theatre-Based Technique*, London: Earthscan 2004.

McGregor, Lynn, Maggie Tate, Ken Robinson, *Learning through Drama*, London: Heinemann 1977.

McKenzie, Jon: *Perform or Else: From Discipline to Performance*, London/New York: Routledge 2001.

Mda, Zakes: *When People Play People: Development Communication through Theatre*, London: Zed Books, 1993.

Mead, George Herbert: *Geist, Identität und Gesellschaft aus der Sicht des Sozialbehaviorismus* (engl. 1934), Frankfurt a.M.: Suhrkamp 1972.

Mendelssohn, Moses: *Über* die Hauptgrundsätze der schönen Künste und Wissenschaften (1777), in: ders., *Ästhetische Schriften*, Hamburg: Meiner 2006, S. 188–215.

Mentzel, Elisabeth: *Geschichte der Schauspielkunst in Frankfurt am Main*, Frankfurt a.M.: Völcker 1882.

Meyerhold, Vsevolod: *Theaterarbeit 1917–1930*, hg. von Rosemarie Tietze, München: Hanser 1974.

Mouchart, Immanuel David: *Allgemeines Repertorium für empirische Psychologie und verwandte Wissenschaften*, 1792–1803.

Münz, Rudolf: „Theater – eine Leistung des Publikums und seiner Diener. Zu Max Herrmanns Vorstellungen von Theater“, in: Erika Fischer-Lichte, Doris Kolesch, Christel Weiler (Hg.), *Berliner Theater im 20. Jahrhundert*, Berlin: Fannei & Walz 1998a, S. 43–52.

–,: „Giullari nudi, Goliarden und ‚Freiheiter'“ (1989), in: ders., *Theatralität und Theater. Zur Historiographie von Theatralitätsgefügen*, Berlin: Schwarzkopf & Schwarzkopf 1998b, S. 104–140.

Murray, Gilbert: „Excursus on the Ritual Forms Preserved in Tragedy“, in: Jane Ellen Harrison, *Themis. A Study of the Social Origin of Greek Religion* (1912), Cleveland/New York: Macmillan 1962, S. 341–363.

Nelle, Florian: „Bernini und das Experiment der Katastrophe“, in: Helmar Schramm, Ludger Schwarte, Jan Lazardzig (Hg.), *Spektakuläre Experimente. Praktiken der Evidenzproduktion im 17. Jahrhundert*, Berlin/New York: de Gruyter 2006, S. 114–130.

Nicholson, Helen: *Applied Drama. The Gift of Theatre*, Basingstoke: Macmillan 2005.

Nicoll, Allardyce: *A History of English Drama 1660–1980*, 6 Bde., Cambridge: Cambridge University Press 1923–1959.

Niessen, Carl: „Aufgaben der Theaterwissenschaft“, in: *Die Scene. Blätter für Bühnenkunst 17*, 1927, S. 44–49.

Nilu, Kamaluddin: „*A Doll's House* in Asia: Juxtaposition of Tradition and Modernity“, in: *Ibsen Studies*, Jg. 8, H. 2, 2008.

Okagbue, Osita: *African Theatre and Performance*, London/New York: Routledge 2007.

Okada, Tomoko: *Le japonisme sur scène en France de 1870 à 1914*, Univ. Diss., Paris 2005.

Ortolani, Benito: *The Japanese Theatre: From Shamanistic Ritual to Contemporary Pluralism*, Princeton: Princeton University Press 1995.

Pantzer, Peter: (Hg.), *Japanischer Theaterhimmel über Europas Bühnen, Kawakami Otojirô, Sadayakko und ihre Truppe auf Tournee durch Mittel- und Osteuropa 1901/1902*, hrsg. und eingeleitet von Peter Pantzer, München: Iudicium 2005.

Pavis, Patrice (Hg.), *The Intercultural Performance Reader*, London/New York: Routledge 1996.

Pannewick, Friederike: *Das Wagnis Tradition: arabische Wege der Theatralität*, Wiesbaden: Reichert 2000.

Plessner, Helmuth: „Zur Anthropologie des Schauspielers“, in: ders., *Gesammelte Schriften*, hg. von Günter Dux, Odo Marquard, Elisabeth Ströker, Frankfurt a. M.: Suhrkamp 1982, S. 399–418.

Pockel, Karl Friedrich: *Beiträge zur Beförderung der Menschenkenntnis, besonders in Rücksicht unserer moralischen Natur*, 1. und 2. Stück, Berlin: 1788/89.

Postlewait, Thomas und Bruce A. McConachie (Hg.), *Interpreting the Theatrical Past. Essays in the Historiography of Performance*, Iowa: Iowa University Press 1989.

Pronko, Leonard: *Theatre East & West. Perspectives Towards a Total Theatre*, Berkely/Los Angeles/London: University of Calinfornia Press 1967.

Rao Ursula und Klaus-Peter Köpping, „Die ‚performative Wende‘: Leben – Ritual – Theater“, in: dies. (Hg.), *Im Rausch des Rituals. Gestaltung und Transformation der Wirklichkeit in körperlicher Performanz*, Münster/Hamburg/London: LIT 2000, S. 1–11.

Rajewsky, Irina O.: *Intermedialität*, Tübingen/Basel: Francke 2002.

Reden-Esbeck, Friedrich Johann von: *Caroline Neuber und ihre Zeitgenossen*, Leipzig: Barth 1881. Neudruck der Originalausgabe, Leipzig: Zentralantiquariat der DDR 1985.

Roach, Joseph: *Cities of the Dead: Circum-Atlantic Performance*, New York: Columbia University Press 1996.

Roselt, Jens: „Kreatives Zuschauen – Zur Phänomenologie von Erfahrungen im Theater“, in: *Der Deutschunterricht*, H. 2, 2004, S. 46–55.

Roselt, Jens (Hg.) *Seelen mit Methode. Schauspieltheorien vom Barock bis zum postdramatischen Theater*, Berlin: Alexander 2005.

–,: *Phänomenologie des Theaters*, Übergänge Bd. 56, München: Fink 2008.

Rüsen Jörn et al. (Hg.), *Die Zukunft der Aufklärung*, Frankfurt a. M.: Suhrkamp 1988.

–,: *Zeit und Sinn*. Strategien historischen Denkens, Frankfurt a. M.: Fischer 1990.

Sartingen, Kathrin: *Zwischen-Spiel: lateinamerikanisches Theater zwischen Eigen- und Fremdkultur*, Wien: Praesens 2007.

Sato, Toshihiko: „Ibsen's Drama and the Japanese Bluestockings“, in: *Edda*, H. 5, 1981, S. 265–293.

Sauter, Willmar (Hg.), *New Directions in Audience Research*, Utrecht: Institut voor Theaterwetenschap 1988.

Schacter, Daniel L.: *Wir sind Erinnerung. Gedächtnis und Persönlichkeit*, Reinbek bei Hamburg: Rowohlt 1999.

Schechner, Richard: *Performance Theory*, durchgesehene und erweiterte Ausgabe, London/New York: Routledge 1988.

Scheflen, Albert E.: *How Behaviour Means*, New York: Anchor Press 1974.

–,: *Körpersprache und soziale Ordnung* (engl. 1972), Stuttgart: Klett 1976.

Schininà, Guglielmo: „Here We Are. Social Theatre and Some Open Questions about Its Developments“, in: *The Drama Review* 48, H. 3, 2004, S. 17–31.

–,: „‚Far Away, So Close‘. Psychological and Theatre Activities with Serbian Refugees“, in: *The Drama Review* 48, 3, 2004, S. 32–49.

Schink, Johann Friedrich: *Zeitgenossen*, Leipzig: Brockhaus 1818.

Schmid, Friedrich E.: *Psychologisches Magazin*, 3 Bde., 1796–1798.

Schmitz-Emans, Monika: „Labyrinthbücher als Spielanleitungen“, in: Erika Fischer-Lichte und Gertrud Lehnert (Hg.), *[(v)er]SPIEL[en] Felder – Figuren – Regeln* (= *Paragrana*, Bd. 11, H. 1), Berlin: Akademie Verlag 2002, S. 179–207.

Schneede, Uwe M.: *Joseph Beuys – Die Aktionen. Kommentiertes Werkverzeichnis mit fotografischer Dokumentation*, Ostfildern-Ruit: Cantz 1994.

Scholz-Cionca Stanca und Samuel L. Leiter (Hg.), *Japanese Theatre and the International Stage*, Leiden u. a.: Brill 2001.

Schöne, Günter: *Die Entwicklung der Perspektivbühne von Serlio bis Galli-Bibiena nach den Perspektivbüchern*, (= *Theatergeschichtliche Forschungen* Bd. 43), Leipzig: Voss 1933.

Schöttler, Peter: „Mentalitäten, Ideologien, Diskurse. Zur sozialgeschichtlichen Thematisierung der ‚dritten Ebene'", in: Alf Lüdtke (Hg.), *Alltagsgeschichte. Zur Rekonstruktion historischer Erfahrung und Lebensweise*, Frankfurt a. M./New York: Campus 1989, S. 85–136.

Schouten, Sabine: *Sinnliches Spüren, Wahrnehmung und Erzeugung von Atmosphären im Theater*, Berlin: Theater der Zeit 2007.

Schramm, Helmar: *Karneval des Denkens*, Berlin: Akademie Verlag 1996.

–, Ludger Schwarte, Jan Lazardzig (Hg.), *Kunstkammer, Laboratorium, Bühne. Schauplatz des Wissens im 17. Jahrhundert*, Berlin/New York: de Gruyter 2003.

–, *Spektakuläre Experimente. Praktiken der Evidenzproduktion im 17. Jahrhundert*, Berlin/New York: de Gruyter 2006.

Schulze-Kummerfeld, Karoline: *Ein fahrendes Frauenzimmer. Die Lebenserinnerungen der Komödiantin Karoline Schulze-Kummerfeld 1745–1815*, hg. von Inge Buck, Berlin: Orlanda 1988.

Schütze, Johann Friedrich: *Hamburgische Theatergeschichte*, Hamburg: Treder 1794. Fotomechanischer Neudruck der Originalausgabe 1794 im Zentralantiquariat der DDR, Leipzig: Zentralantiquariat der DDR 1975.

Schutzman, Mady und John Cohen-Cruz (Hg.), *Playing Boal. Theatre, Therapy, Activism*, London: Routlegde 1994.

Seltmann, Friedrich: *Schattenspiel in Kerala, sakrales Theater in Süd-Indien*, Stuttgart: Steiner 1986.

Shusterman, Richard: „Tatort: Kunst als Dramaturgie", in: Josef Früchtl und Jörg Zimmermann (Hg.), *Ästhetik der Inszenierung*, Frankfurt a. M.: Suhrkamp 2001, S. 126–143.

Simmel, Georg: „Zur Philosophie des Schauspielers" (1909), in: ders., *Das individuelle Gesetz. Philosophischer Diskurs*, Einleitung von Michael Landmann, Frankfurt a. M.: Suhrkamp 1968, S. 75–95.

Singer, Milton (Hg.), *Traditional India. Structure and Change*, Philadelphia: American Folklore Society 1959.

Stamm, Rudolf: *Geschichte des englischen Theaters*, Bern: Franke 1951.

Steadman, Peter: „Bakai: yanchu de yiyi" (Bedeutung der Aufführung Bakai), übersetzt aus dem Englischen von Lian Yü-hua, in: *China Pekingoper*, Nr. 2, 1996.

Steinbeck, Dietrich: *Einleitung in die Theorie und Systematik der Theaterwissenschaft*, Berlin: de Gruyter 1970.

Steinweg, Reiner: „Ein ‚Theater der Zukunft'. Über die Arbeit von Angelus Novus am Beispiel von Brecht und Homer", in: *Falter*, Ausg. 23, 1986.

Stierle, Karlheinz: „Das bequeme Verhältnis. Lessings *Laokoon* und die Entdeckung des ästhetischen Mediums", in: *Das Laokoon-Projekt. Pläne einer semiotischen Ästhetik*, hg. von Gunter Gebauer, Stuttgart: Metzler 1984, S. 23–58.

Szeemann, Harald (Hg.), *Der Hang zum Gesamtkunstwerk*, Europäische Utopien seit 1800, Aarau/Frankfurt a. M.: Sauerländer 1983.

Taylor, Frederick W.: *Die Grundsätze wissenschaftlicher Betriebsführung*, München: Oldenburg 1913. (*The principles of scientific management 1911*)

Taylor, Philip: *Applied Theatre. Creating Transformative Encounter in the Community*, Portsmouth: Heinemann 2003.

Tatinge Nascimento, Claudia: *Crossing Cultural Borders Through the Actor's Work. Foreign Bodies of Knowledge*, London/New York: Routledge 2009.

Thirouin, Laurent: (Hg.), *Pierre Nicole, Traité de la comédie et autres pièces d'un procès du théâtre*, Paris: Champion 1998.

Thompson, James (Hg.), *Prison Theatre – Perspectives and Practices*, London/New York: Kingsley 1997.

–,: *Applied Theatre. Bewilderment and Beyond*, Bern: Peter Lang 2003.

–,: „Digging Up Stories. An Archaeology of Theatre in War", in: *The Drama Review* 48, H. 3, 2004, S. 150–164.

Tkaczyk, Viktoria: *Himmels-Falten. Zur Theatralität des Fliegens in der Frühen Neuzeit*, München: Fink 2010.

Tschudin, Jean-Jacques: „Early Meiji Kabuki and Western theatre: A Rendez-vous Manque", in: *Kabuki, International Symposium on the Conversation and Restoration of Cultural Property.* Tokio: Tokyo National Research Institute of Cultural Properties 1998, S. 183–193.

Turner, Victor: *The Ritual Process. Structure and Anti-Structure*, London: Routledge & Paul 1969.

–,: „Variations on a Theme of Liminality", in: Sally F. Moore & Barbara C. Myerhoff (Hg.), *Secular Rites*, Assen: Van Gorcum 1977, S. 36–57.

–,: *The Anthropology of Performance*, New York: PAJ Publication 1987.

–,: *Vom Ritual zum Theater. Der Ernst des menschlichen Spiels* (1982), 1989, 2. Aufl., Frankfurt a. M.: Campus 2009.

Umathum, Sandra: *Kunst als Aufführungserfahrung*, Univ. Diss., Freie Universität Berlin 2008 (im Erscheinen).

Varadpande, Manohar Laxman: *History of Indian Theatre*, New Delhi: Abhinav 1987.

Wagner, Cosima: *Die Tagebücher, 1869–1883*, hg. von Martin Gregor-Dellin und Dietrich Mack, 2 Bde., München: Piper 1976/77.

Wagner, Richard: *Gesammelte Schriften und Dichtungen*, Bd. I–X, 2. Aufl., Bd. IV, Leipzig: Fritsch 1887/8.

–,: *Richard Wagners Gesammelte Schriften*, 10 Bde., hg. von Julius Kapp, Leipzig: Hesse & Becker 1914.

Warstat, Matthias: *Theatrale Gemeinschaften. Zur Festkultur der Arbeiterbewegung 1918–33*, Tübingen/Basel: Francke 2005.

–,: *Krise und Heilung. Wirkungsästhetiken des Theaters*, München: Fink 2009.

Warstat, Matthias, Jan Lazardzig, Victoria Tkaczyk, *Einführung in die Theatergeschichtsschreibung*, Tübingen/Basel: Francke (erscheint 2010).

Weber, Samuel: *Theatricality as Medium*, New York: Fordham University Press 2004.

Weiler, Christel: *Kultureller Austausch im Theater. Theatrale Praktiken Robert Wilsons und Eugenio Barbas*, Marburg: Tectum 1994.

–,: *Einführung in die Aufführungsanalyse*, Tübingen/Basel: Francke (erscheint 2010).

White, Hayden: *Metahistory: The Historical Imagination in Nineteenth-Century Europe*, Baltimore: Johns Hopkins University Press 1973, dt. *Metahistory: die historische Einbildungskraft im 19. Jahrhundert in Europa*, Frankfurt a. M.: Fischer 1994.

Williams, Rachel Marie-Crane: *Teaching the Arts Behind Bars*, Boston: Northeastern 2003.

Withington, Robert: *English Pageantry. A Historical Outline*, 2 Bde., New York: Blom 1963.

Wolfsteiner, Andreas: *Der formatierte Körper. Relationen von Wissenschaft, Kunst und Technik als Interface-Problematik und -Phänomen*, Univ. Diss., Freie Universität Berlin 2008 (im Erscheinen).

Wulf, Christoph (Hg.), *Vom Menschen. Handbuch Historische Anthropologie*, Weinheim/Basel: Beltz 1997.
Zarrilli, Philipp B.: *Kathakali Dance-Drama. Where Gods and Demons Come to Play*, London/New York: Routledge 2000.
–, Bruce McConachie, Gary Jay Williams, Carol Fisher Sorgenfrei (Hg.), *Theatre Histories: An Introduction*, New York/London: Routledge 2006.

Personenregister

Titelregister

Sachregister